KB071733

이 책에 쏟아진 찬사

"이 정도로 책장마다 귀퉁이를 꼭꼭 접어가며 책을 읽기는 정말 오랜만이다. 어디서도 들을 수 없었던 흥미진진한 이야기와 인터뷰가 풍성하게 담겨 마음을 홀딱 빼앗길 만큼 흡인력 있다. 이 책은 우리가 디자인을 소비할 때 더 날카롭고 비판적인 안목을 갖추도록 일깨워 주고, 미래가 어떻게 달라질지 제시한다. 디자인에 관심이 있고, 앞으로 디자인이 해결해야 할 난제를 고민하는 사람이라면 꼭 읽어야 할 책이다."

— 조 게비아, 에어비앤비 공동 창업자

"기업과 사회가 변화와 성장의 열쇠로 왜 디자인을 주목하는지 궁금한 사람이라면 꼭 읽어야 할 책이다. 이 책의 예리한 시선 덕분에 우리는 더욱 자신 있게 인간이 도전하는 모든 일을 디자인 중심으로 추진할 수 있다."

— 팀 브라운, IDEO 전 CEO, 《디자인에 집중하라》 저자

"디지털 시대의 디자인은 사용설명서를 없애려 노력해왔다. 켜자마자 '바로 쓸 수 있는' 물건을 만들고 판매하려 했던 것이다. 하지만 그럴수록 물건이 어떻게 작동하는지, 왜 지금처럼 작동하게 되었는지는 점점 알기 어려워졌다. 이 책은 해답을 제시한다. 디자인된 세계의 사용설명서가 드디어 나왔다. 우리에게 꼭 필요한 처방이다."

— 롭 워커, 《The Art of Noticing》 저자

"경쾌하고 친절하고 반짝거리는 제품들! 이들은 어디에나 있고, 항상 우리를 지켜보고 있다. 사용자 친화성은 우리가 늘 사용하는 물건을 애정 어린 눈으로 바라보게 돕는 인지적 윤활유 같은 역할을 한다. 이 매력적인 책에서는 일상 속 제품들이 왜 우리의 호감을 얻고 번거로움 없이 쓰이고 싶어 애쓰는지, 그리고 그걸 어떻게 해내는지 알 수 있다."

— 엘런 럽튼, 《뷰티풀 유저스》 저자

"기계의 시대에서 아이폰의 시대로 넘어온 과정을 눈이 휘둥그레지는 이야기로, 또 가슴 뭉클한 이야기로 엮었다. 한때 전쟁을 승리로 이끌었던 기념비적인 전쟁 도구들은 이제 경쾌하고 친절한 개인 비서가 되었지만, 그 대가가 만만치 않았다. 두 저자는 열정적이면서도 침착한 필치로 사용자 친화성이 어떻게 주도권을 잡고 인터넷 세계에서 부글부글 끓고 있는 혼란과 무질서를 정리하고 새로운 기틀을 세웠는지 보여준다."

— 알렉시스 마드리갈, 《Powering the Dream》 저자

"이 책은 기기들이 우리를 속속들이 파악하려 애쓰는 현시대의 실상을 알기 쉽게 풀이해 준다. 우리 삶에서 점점 시급해지는 디자인의 역할에 관심 있는 사람이라면 반드시 읽어야 할 설득력 있는 책이다."

— 스콧 대디치, 다큐멘터리 〈앱스트랙트: 디자인의 미학〉 제작자

"《도널드 노먼의 디자인과 인간 심리》의 뒤를 잇는, 손에서 놓기 어려울 정도로 흥미진진한 책이다. 두 저자는 각 페이지를 장식하는 제품에 견줄 만큼 탁월한 디자인으로 이야기를 완벽하게 전개했다."

— 브라이언 머천트, 《원 디바이스》 저자

"이 책을 읽다 말고 책 속 이야기를 동료에게 당장 보내야겠다는 생각이 들었다. 전문 디자이너뿐 아니라 일상 속 디자인에 의문을 느껴본 사람이라면 꼭 읽기를 권한다. 어떤 독자든 관심 있는 참여자로 바꿀 영향력을 지닌 이런 책은 드물다."

— 리즈 단지코, 뉴욕 SVA 인터랙션 디자인 프로그램 MFA 의장

"디자인의 흐름을 주도하는 법칙이 지난 100년 동안 어떻게 변해왔는지 살펴봄으로써 그동안 전면에 드러나지 않았던 디자인의 원리를 밝혀낸다. 바로 기계와 기술이 인간의 가려운 구석을 알아서 긁어줘야 한다는 원리이다. 전직 언론인이자 UX 디자이너인 쿠앙, 그리고 디자인 회사를 공동 창업한 패브리칸트야말로 이 주제를 다룰 적임자이다."

— 〈뉴욕타임스〉

"상품 디자인과 기술혁신 분야가 사용자 경험을 전면으로 내세우기까지의 발자취를 생생하게 전한다. 우리가 발견하지 못하고 그냥 지나쳤을 사고의 대전환을 깊은 통찰력으로 탐구한 책이다."

— 〈퍼블리셔스 위클리〉

"디자인이 어떤 식으로 우리 삶을 더 나아지게 하는지 탐색한 유익하면서도 술술 읽히는 책이다. 헨리 페트로스키나 도널드 노먼의 저서에 견줄 만한 대작으로서, 디자이너를 꿈꾸는 사람은 이 책에서 유용한 사례를 무궁무진하게 접할 뿐 아니라 '사용자에서 출발하기'를 비롯한 중요한 디자인 원리를 배울 것이다. 디자인하는 사람이 늘 가까이 두고 읽어야 할 참고서이자 디자인을 소비하는 사람도 즐길 만한 책이다."

— 〈커커스 리뷰〉

유저 프렌들리

유저 프렌들리

USER FRIENDLY

클리프 쿠앙·로버트 패브리칸트 지음

정수영 옮김

청림출판

한 그루의 나무가 모여 푸른 숲을 이루듯이
청림의 책들은 삶을 풍요롭게 합니다.

아내와 딸에게

- 클리프 쿠앙

가족과 친구들에게
내가 매일 하는 일이 무엇이며, 왜 중요한지
이 책으로 충실한 설명이 되기를

- 로버트 패브리칸트

애플 매킨토시 (1984)

시작하며

사용자 친화성의 제국

사용자 친화적 User Friendly

1. 컴퓨터 하드웨어 또는 소프트웨어 분야: 미숙한 사용자도 이해하거나 사용하기 쉬운. 사용자에게 무엇이 필요한지 고민하며 디자인한.

2. 확장된 의미: 사용하기 쉬운. 접근성이 높은. 다루기 쉬운.

세계 최대 규모의 이 사옥은 겨우 4층 정도 높이로, 지면에 바짝 붙어 있다. 그러나 차지하는 면적으로는 태양을 완전히 가리는 UFO 정도는 되어 보인다. 완벽한 도넛 모양인데, 둘레 길이만 1.5킬로미터가 넘는다. 도넛 한가운데는 과거를 기억하려는 듯 작은 과수원이 있다. 불과 50년 전, 실리콘밸리가 지금의 이름이 아닌 '마음의 기쁨 골짜기'Valley of Heart's Delight'로 불리며 벗나무를 비롯해 살구와 복숭아, 배, 사과 나무 1000만 그루로 뒤덮여 있던 시절 말이다. 거대 IT 기업 애플은 수년을 들여 비밀리에 이곳의 땅을 사 모았다. 50억 달러가 투입된 복잡한 과제였는데, 약 20만 제곱미터(약 6만 평)에 걸쳐 16개의 서로 다른 토지를 짜 맞추었다. 이 빌딩은 조용한 교외 주택가 한복판에 뚝 떨어진 우주선처럼 보인다. 이는 스티브 잡스의 상상력에서 시작된 일이었다. 그 위대한 인물이 세상을 뜨기 전 마지막으로 승인한 대형 프로젝트가 바로 이것이었다.

잡스의 마지막 꿈이 건설되는 동안 할런 크라우더Harlan Crowder는 아침마다 대형 트럭이 공사 현장으로 열을 지어 이동하며 화물을 이리저리 바로잡을 때 내는 경고음을 들으며 잠에서 깼다. 나와 만났을 때 크라우더는 일흔세 살이었고, 다 큰 자녀가 셋이 있었다. 그는 턱 아래쪽으로는 염소수염을 하얗게 길렀고, 은퇴자 특유의 구김이 간 바지와 꽃무늬 셔츠를 입고 있었다. 그가 사는 동네에서는 애플 캠퍼스 2의 완공을 둘러싼 소란을 필두로, 부동산 중개업자들이 떼로 몰려와 가가호호 돌며 부자로 만들어주겠다고 제안하기 시작했다.

부동산 중개인들은 대부분 윤이 나도록 반질반질 꾸민 여성이었는데, 큼직한 장신구를 갑옷처럼 주렁주렁 달고 나타나 크라우더처럼 비협조적인 사람에 맞섰다. "한 명은 딱 이렇게 말했어요. '선생님 댁에서 입찰 전쟁을 벌이려고 벌써 10명을 대기시켜 두었답니다.'" 나는 크라우더와 그의 집 뒤쪽 테라스에 앉아 대화를 나누었다. 그는 줄곧 모음을 길게 빼는 느릿한 텍사스 말투로 이야기했다. 이런 집들은 대부분 1960년대에 막 성장하던 트랜지스터 산업으로 사람이 물밀듯이 몰려들던 시기에 이들을 수용하기 위해 지어졌다. 내가 방문했을 때는 방 세 개짜리 단출한 단층집이면 250만 달러를 받는 건 일도 아니었다. 크라우더는 집값이 1년도 되지 않아 10퍼센트쯤, 어쩌면 더 오를 것으로 예상했다. 정말이지 신기한 꿈속 세상 같았다.

크라우더가 특별히 유명 인사는 아니며, 실리콘밸리 곳곳에는 그와 비슷한 사람이 족히 수천 명은 된다. 뛰어난 기술 전문성으로 이곳을 일구어냈지만 역사에는 기록되지 않을 개인들이다. 하지만 그중 **크라우더는 기록상 '사용자 친화적'이라는 단어를 최초로 컴퓨터에 사용한 사람 중 한 명이다.** 지금은 수백만 달러를 약속하는 부동산 중개인들의 공세를 일주일에 한 번 정도 막아내고 있다. 이 모든 법석 뒤에는 애플이 있다. '사용자 친화적'이라는 개념을 친숙한 일상으로 만든 바로 그 애플 말이다.

크라우더는 매일 애플 파크Apple Park(애플의 새 캠퍼스 이름-옮긴이)를 산책하며 캠퍼스를 구경한다. 캠퍼스는 아이팟과 아이맥, 아이패드, 애플워치, 아이폰의 성공으로 벌어들인 이 수조 달러 규모 제국의 빛나는 상징이다. 애플의 성공을 일군 기기들은 사상 최고로 발달한 컴퓨터이면서도 걸음마를 배우는 아이들이 조작할 정도로 쉽다. 이 기기 하나의 성능이 한때 크라우더가 IBM에서 다뤘던 '슈퍼컴퓨터'를 앞선다. 크라우더는 8학년 대수학 과목에 낙제한 학생이었던 자신이 IBM에서 일할 수 있었던 것부터가 꿈만 같았다고 한다. 고등학교를 졸업한 뒤 빈둥거리던 그는 군대에 자원해 위생병 훈련을 받았다. 1년 반 동안 이론 수업만 없을 뿐 의사 훈련을 그대로 받은 터라 생명을 구하는 데 필요한 핵심 지식은 전부 갖출 수 있었다. 위생병으로 현실성과 긴장감 넘치는 생활을 하며 더욱 의욕이 솟았고, 한때 빈

둥대던 젊은이는 훈련을 수석으로 마쳤다. 군 복무 후에는 이스트텍사스주립대학교East Texas State University (현 Texas A&M University Commerce-옮긴이)에 다녔다. "완전히 깡촌은 아니었지만, 비슷했어요."

크라우더는 대학교 게시판에서 최첨단 입사 훈련 프로그램에 지원할 과학 전공자들을 찾는 IBM 채용 전단을 보고 지원서를 냈다. 그리고 면접 기회를 얻어 떨리는 마음으로 비행기에 올라 뉴욕주 요크타운으로 날아갔다. IBM 연구소는 저명한 핀란드계 미국 디자이너인 에로 사리넨Eero Saarinen이 설계한 초승달 모양의 기념비적인 건물로, 우주선을 닮은 사옥의 원조 격이었다. 건물 정면은 곡면 유리창을 전체적으로 덮은 긴 벽이고, 내부에는 뉴욕주에서 나는 화강암으로 벽을 세웠다. 웬만한 대학교만큼 박사 인력이 많은, 세계에서 가장 앞선 기업의 현대적인 일터란 이래야 한다고 건물 디자인 전체가 당당하게 선언하는 것 같았다.

크라우더는 경외감을 안고 면접 장소로 걸어갔다. 건물은 1968년 개봉해 큰 반향을 일으킨, 기술의 미래를 그린 영화 〈2001 스페이스 오디세이2001: A Space Odyssey〉에 나오는 우주선과 꼭 닮았다. 정수기 앞에 모여 잡담할 때조차 과학계의 새로운 발견 소식을 나눌 만한 곳이었다. "그때는 여기서 일할 수만 있다면 무엇이라도 할 태세였죠. 화장실 청소라도 상관없다고 생각했어요." 아직도 기쁨에 떨리는 목소리로 크라우더가 회상했다.

당시 IBM은 컴퓨터 프로그래머가 몹시 부족했고, 훈련을 시켜서라도 더 키우고자 했다. 크라우더는 면접에 합격했고 일하기 시작했다. 업무의 현실적인 성격이 금세 마음에 들었다. 운송 경로를 짜거나 화물 수송량을 계산하는 등 컴퓨터를 활용해 실제 세상의 굵직한 문제를 해결하는 일이었다. 그는 자신이 직무에 필요한 복잡한 계산식을 머릿속에서 시각화하는 데 재능이 있다는 사실도 발견했다.

크라우더가 일하던 운영 연구Operations Research, OR(과학적 방법을 통해 최적의 의사 결정을 하는 방법-옮긴이) 분야는 제2차 세계대전과 마셜 플랜(미국의 유럽 경제 원조 계획. 전후 서유럽 경제를 재건해 민주주의 국가들이 살아남을 수 있는 안정된 환경을 조성하려는 취지에서 시작되었다-옮긴이)을 계기로 탄생했다. 유럽 재건은 상상을 초월하는 양의 자재와 장비를 대서양 건너로 보내야 한다는 것을 의미했고, 반대로 사상 초유의 전쟁을 치르며 수십 개국에 쌓였던 어마어마한 양의 물자를 다시 실어 온다는 것을 의미하기도 했다. 유럽을 오가는 배에 효율적으로 선적하는 일은 본질적으로 수학 문제였는데, 불규칙하면서도 복잡한 특성 때문에 컴퓨터 계산이 반드시 필요했다.

1960년대에 크라우더는 IBM 고객들이 직면한 운영 문제를 담당했다. 컴퓨터 프로그램을 짜려면 비행기 탑승권 크기의 카드에 기계로 복잡하게 구멍을 뚫어야 했다. 이 작업이 끝나도 직접 컴퓨터로 들고 갈 수 없었다. 당시 컴퓨터는 500만 달러(오늘날 가치로 3500만 달러)짜리 값비싼 장비였고, 보안요원 둘이 귀를 쫑긋 세운 독일셰퍼드 한 마리를 앞세워 순찰을 돌았다. 크라우더는 온종일 프로그래밍한 카드 뭉치를 유리창 너머의 컴퓨터 보조 직원에게 제출했고, 보조 직원은 컴퓨터에 카드를 넣었다. 컴퓨터가 밤새 계산하면 크라우더가 아침에 출근했을 때 결과가 나왔다. 단, 카드에 실수가 없는 경우에만 그랬다. 사실 변수가 너무 많아 '단'보다는 '만에 하나'에 가까웠다. 실수는 고작 글자 하나의 위치가 틀려 계산에 부하가 걸리는 것부터, 잘못 정의된 계산식이 영(0)으로 나뉘어 컴퓨터가 무한 루프를 도는 상황까지 수없이 다양했다. (다시 애플이 연상된다. 애플의 예전 캠퍼스가 '무한 루프One Infinite Loop' 길에 있었다.)

며칠씩 고생해서 짠 프로그램이 고작 오타 하나 때문에 휴지 조각으로 변하지는 않았는지 가슴 졸이느라 밤잠을 설치는 현실에 부딪히자, IBM 내부의 열정적인 프로그래머 무리가 해결 방법을 찾아냈다. 복도 저편 메인프레임 컴퓨터에 소형 컴퓨터를 연결한 다음, 단순화한 프로그래밍 언어인 APL(문자 그대로 '프로그래밍 언어A Programming Language')을 사용해 프로그램을 짜고 곧바로 실행할 수 있게 되었다. 그저 프로그램을 타자로 친 다음, 컴퓨터가 유의미한 결과를 뱉어내는지 확인하면 그 프로그램의 방향성이 맞는지 곧장 알 수 있었다. 그야말로 마법이었다. 작업의 결과를 그 자리에서 보기만 해도 머릿속에 떠오른 아이디어를 곧바로 형상화할 수 있었다. 이후에 스티브 잡스는 컴퓨터를 '생각의 자전거'라고 불렀다. 보통 사람의 근력을 하루 만에 산 하나를 가로지르는 능력으로 높여주는 어마어마한 기계라는 뜻이었다. 크라우더와 동료들은 그런 이상을 가장 먼저 생생하게 체험해 본 무리였다. 기계가 *즉시 피드백*을 줄 능력을 갖추고 나니, 실제로 사람의 사고력이 확장되었다. 머릿속에 아이디어가 번뜩이면, 곧바로 그 아이디어를 시험해 볼 수 있었다. 그 아이디어가 잘 돌아가는 게 눈에 보이면 또 새로운 아이디어가 떠오르고, 이 과정이 반복되었다. 이러한 피드백 순환 고리 덕분에 한때 실내악의 느리고 우아한 속도로 움직였던 컴퓨터 프로그래밍은 즉흥 연주가 가능한 재즈의 시대(제1차 세계대전 후 재즈 음악이 미국에 대유행한 시기로, 부유와 향락뿐 아니라 급격한 사회 변화와 발전을 상징한다-옮긴이)를 맞게 되었다.

새로운 '재즈 연주가'들은 학술 논문으로 새로운 아이디어를 주고받았다. 단 하나 불만이 있다면, 한 사람이 만들어낸 음악을 다른 사람이 다른 기계에서 재현하는 게 끔찍이도 어렵다는 사실이었다. 타인의 작업을 시험해 보거나 재현하는 작업이 얼마나 어려울지 전혀 판단할 수 없었다. 프로그램을 만들 때 *제삼자*가 어떻게 활용할지는 전혀 고려 사항이 아니었다. 크라우더가 보기에 프로그램들은 *사용자 친화적*이지 않았다. 그래서 크라우더는 **컴퓨터 프로그램을 평가할 때 문제를 얼마나 잘 해결하는지보다 문제를 해결하려는 사람에게 얼마나 도움을 주는지를 기준으로 삼자고 제안했다.** 정확히 따지자면 이 용어를 이때 처음 고안했던 것은 아니다. 그가 아는 한 이 개념은 원래 여기저기서 나타나는 것이었는데, 때마침 자신에게 떠오른 것이다. 당시 사용자 친화적이라는 말이 얼마나 영향력 있었는지, 또 시대 정서를 얼마나 잘 나타냈는지 알 수 있는 부분이다.

하지만 이 개념을 이어받아 사용자 친화적인 세상을 창조해 나간 기업은 IBM이 아니었다. IBM은 세상에서 가장 뛰어난 디자이너들, 즉 기업 로고를 디자인한 폴 랜드Paul Rand와 사옥을 설계한 에로 사리넨, 셀렉트릭Selectric 전동 타자기를 디자인한 엘리엇 노이스Eliot Noyes를 고용했는데도 활용하지 못했다. 대신 그 공은 애플에 돌아간다. 애플은 제록스 파크 연구소Xerox PARC(개인용 컴퓨터와 그래픽 사용자 인터페이스 등 컴퓨터 분야의 효시를 이루는 다수의 연구 업적으로 널리 알려졌다-옮긴이)에서 싹튼 아이디어를 응용해 매킨토시 컴퓨터를 만들었다. 크라우더가 사용자 친화적인 알고리즘을 설명하는 논문을 쓴 지 딱 10년 후, 애플은 사용자 친화적인 기계를 홍보하는 광고를 내보냈다.

옛날 옛적, 1984년 이전에는 컴퓨터를 사용하는 사람이 별로 없었습니다. 그럴 만한 이유가 있었죠. 사용할 줄 아는 사람이 별로 없었으니까요. 게다가 배우고 싶어 하는 사람도 별로 없었죠. … 그런데 어느 눈부시게 밝은 날 캘리포니아에서 웬 똑똑한 엔지니어들이 획기적인 아이디어를 떠올렸어요. 컴퓨터가 이렇게 똑똑한데, 사람에게 컴퓨터를 가르치지 말고 컴퓨터에게 사람에 대해 가르쳐 보면 어떨까?

그렇게 해서 이 똑똑한 엔지니어들은 밤낮없이 일해 아주 작은 실리콘 칩에게 사람들에 대해 가르쳤답니다. 사람이 어떻게 실수를 저지르고 마음을 바꾸기도 하는지, 어떻게 서류철을 정리하고 전화번호를 보관하는지, 어떻게 일해 생계를 유지하는지, 한가로울 때 어떻게 낙서를 하는지. … 이 엔지니어들이 드디어 일을 마쳤을 때, 이들이 소개한 개인용 컴퓨터는 성격이 좋다 못해 손을 내밀어 악수를 할 정도였어요.

겨우 몇 마디 속에 얼마나 많은 이야기와 새로운 아이디어를 담을 수 있는지 놀라운 뿐이다. 이 책에서는 우리가 눈앞에 두고도 놓치고 있는 이야기를 풀고자 한다.

시작하며

  이 책을 처음 시작한 건 당시 프로그 디자인Frog Design에서 크리에이티브 부문 부사장이었던 로버트 패브리칸트가 내게 어렵사리 이야기를 꺼내서였다. 그때까지 우리는 2, 3년간 교류해 왔는데, 로버트는 사용자 경험User-Experience, UX 디자인이 지금까지는 컴퓨터광과 미래주의자들만의 영역이었지만 이제는 더 이상 틈새 분야가 아니라고 주장했다. 이 생각은 내가 10년 이상 작가이자 편집자로 일해 온 방향과 일치했다. 스마트폰 보유 인구가 25억 명을 기록하는 시대를 맞이해, 사용자 경험은 현대인의 일상에서 중심을 차지하고 개인의 디지털 일상뿐 아니라 기업과 사회, 자선 활동까지 완전히 바꾸고 있다. 이 책 제목을 '유저 프렌들리'라고 지은 것도 패브리칸트의 생각이었다. '사용자 친화적'이라는 말이 얼마나 익숙한지 생각해 보면 이미 그 영향력을 알 수 있지 않은가. 하지만 이 용어의 역사적 배경이나 깊은 의미, 세세한 작용은 몇몇 전문가들을 제외하고는 거의 모르거나 파편적으로 알고 있을 뿐이다. 우리가 몇 달에 걸쳐 처음 기획한(그리고 반년이면 완성하리라 예상했던) 내용은 내가 조사하고 쓰는 데 6년이나 걸렸다. 그 결과가 여러분이 지금 읽는 이 책이다. 여기서 '사용자 친화적'이란 말이 어떻게 만들어졌고, 이 개념이 우리 일상을 어떻게 바꿔가는지, 앞으로는 어떻게 진화할지를 제시하려 한다.

  '사용자 친화성'이라는 용어를 두고 옥신각신하는 디자이너 세대가 있다. 이 디자이너들은 제품이 언제나 사용자에게 쾌활하고 친숙해야 한다는 기본 전제에 반대한다. 이들은 사용자와 기기 사이에 '친화성'이 정말 올바른 관계인지 트집을 잡는다. 은근히 사용자들을 어린이 취급한다는 면에서 잘난 체하는 개념이라고 생각하기도 한다. 어떻게 보면 일리 있는 비판이다. 그러나 이런 비판으로는 용어의 영향력을 약화시키지도 못할뿐더러 더 포괄적인 맥락을 놓치게 된다.

오늘날 매력적인 디자인을 자랑하는 전자기기들 덕택에 우리가 돈을 버는 방식부터 친구를 사귀는 방식, 심지어 아기를 갖는 방식까지 일상의 느낌이 크게 달라졌다. 이제 우리는 암을 진단하는 도구나 비행기 엔진의 고장 원인을 분석하는 도구도 '앵그리버드Angry Birds' 게임만큼 쉽기를 요구한다. 그렇게 요구하는 것도 무리는 아니다. **기술은 시간이 지날수록 단순해져야 한다. 한 발 더 나아가, 눈에 띄지 않을 정도로 훨씬 더 단순해져야 한다.** 이 단순화는 이미 빠르게 진행되었으며, 이 변화야말로 지난 50년 사이의 가장 큰 문화적 성과다. 하지만 디자인된 세계의 영향을 받으면서도 디자인의 작동 원리는 우리 일상 대화에서 전혀 찾아볼 수 없다. 그 대신 우리가 자녀와 이야기하든 조부모와 대화를 나누든 동원할 수 있는 어휘라고는 '사용자 친화적'이라는 단어뿐이다. 우리는 이 말을 자세히 들여다보지 않는다. 그러나 이 말은 **디자인된 세계를 판단하는 우리의 기준이기도 하다.**

우리가 사용자 친화적이라는 말을 무의식중에 쉽게 술술 말하는 것은 무슨 뜻인지 알고 있거나, 혹은 안다고 생각하기 때문이다. '이 물건이 내가 원하는 일을 실제로 했나?' 정도의 뜻 아닌가. 하지만 이처럼 단순화한 정의에도 끝없이 의문이 든다. 대체 왜, 무슨 이유로 웬 제품이 우리 의지에 따라야 하는가? 게다가 애초에 제품을 만든 사람은 내가 무엇을 원하는지 어떻게 알게 된단 말인가? 이렇게 우리의 욕구를 물건으로 바꾸는 과정 중 잘못될 만한 일은 없을까? 한 세기가 넘는 동안 발전과 위기를 겪고 나서야 우리는 이런 의문에 답할 수 있게 되었다. 이 책에서는 사용자 친화성이라는 개념이 어떻게 탄생했고, 어떻게 작용하는지를 다룬다. 시간을 거슬러 갔다가 앞서 가기도 하며, 사용자 친화성을 알아차린 계기가 되었던 몇 차례의 패러다임 전환 시기부터 사용자 친화성이 우리가 깨어 있는 시간의 일분일초까지 바꾸게 된 오늘날까지 쭉 살펴보았다.

사용자 경험 디자이너들에게는 이 책에서 다루는 개념 대부분이 친숙할 것이다. 이들은 우리 생활을 관찰해 새로운 제품을 발명하는 장본인이다. 그렇다 해도, 이 이야기가 새롭게 느껴질 것이다. 사용자 경험 디자인은 오늘날 테마파크부터 챗봇까지 모든 분야를 포괄하면서도 지금껏 일반인과 전문가가 모두 공감할 수 있는 이야기의 흐름이나 맥락을 갖추지 못했다. 이 분야가 탄생하기까지 이어졌던 굵직한 개념의 변천사는 타 분야만큼 개인의 개성과 사상의 대립, 우연한 사건들이 서사로서 진가를 인정받지 못했다. 사용자 경험이 생소한 독자라면, 이 책을 덮을 때 우리가 사는 세상이 매일 어떻게 변화하고 있는지, 여러분이 무심코 화면을 탭하고 스와이프하는^{swipe} 행위 이면의 이상과 원리와 전제를 이해하게 되었으면 한다. 디자이너라면, 여러분이 매일 접하는 개념이 어디에서 비롯되었는지 더 명확하게 이해함으로써 자신의 작업에 주입하는 가치 기준을 더욱 비판적인 눈으로 보고, 때로는 이의를 제기할 수 있기를 소망한다. 가장 작게는 여러분이 읽은 이 책을 주위 사람들에게 건네주며 "이래서 사용자 경험이 중요해"라고 말할 수 있기를 기대해 본다.

차례

Part 2
사람들이 바라는 것은 무엇인가

사용하기 쉬운
제품은 무엇인가

스리마일섬 원자력발전소 냉각탑 (1978)

01

혼란스러운 디자인

1979년 3월 28일 수요일 아무도 없는 고요한 시간에, 지하실 어딘가의 배관이 막히면서 미국 역사상 최악의 원자력발전소 사고가 시작되었다.

전문 엔지니어 프레드 샤이먼Fred Scheimann은 스리마일섬 발전소 제어실에서부터 장비가 어지럽게 배열되어 있는 발전소 내부까지 여덟 개 층을 뛰어 내려가며 숨을 헉헉 내쉰다. 샤이먼은 미식축구장만큼 긴 지하실의 중앙 통로를 건너는 동안 지나는 모든 펌프와 파이프, 게이지까지 속속들이 잘 알고 있다. 그는 7번 탱크까지 찾아간다. 그가 관리하는 야간 조 근무자들이 자정 전부터 모여 있었다. 그는 다시 탱크 점검 창을 들여다보기 위해 탱크 측면을 지나는 거대한 파이프에 기어오른다. 탱크는 마치 정글 속처럼 덥고, 철커덩거리는 펌프 소리와 쉭쉭거리는 밸브 소리로 시끄럽다. 저 멀리 발전소 반대쪽에서는 한 블록 길이는 족히 되고 1초당 30회씩 회전하는 500톤짜리 터빈에서 날카롭게 끼익, 끽 소리가 난다.[1] 샤이먼은 더 자세히 보려고 안경을 벗어 들고 손으로 이마를 훔친다. *빌어먹을… 진짜 막혔군.* "이봐, 밀러…" 샤이먼이 부른다. 하지만 밀러가 미처 대답하기 전에 구조물 전체가 흔들리기 시작한다. 모여든 근무자들은 샤이먼이 밟고 선 거대한 파이프 속에서 '마치 화물열차처럼'[2] 거대한 물줄기가 차오르는 듯한 진동을 느낀다. 샤이먼이 간신히 몸을 아래로 던지자마자 파이프가 고정 장치에서 떨어져 갈라지고, 뜨거운 물줄기가 방금 그가 서 있던 곳을 적신다. 그대로 서 있었다면 피부가 통째로 벗겨질 뻔했다.

그렇다 해도 이 정도면 아주 미미한 누출이다. 스리마일섬 정도의 발전소면 보통 자체 보호 능력을 갖추고 있고, 곧바로 발전소 내 수천 개의 하부 시스템이 진동하며 작업을 개시하는 소리가 근무자들 귀에 들린다. 수백 미터 멀리 발전소 심장부에서 원자로 노심은 자동으로 작동을 정지하기 시작한다. 저 높은 곳, 30층 높이의 냉각탑이 500톤의 증기를 뿜어 올려 느릿느릿 흐르는 서스쿼해나강 위 아직 동트기 전의 하늘로 내보낸다. 당시 강 건너 골즈버러에 살던 농부는 제트엔진 소리 같은 굉음에 놀라 헛간 불빛 아래에 얼어붙어 있었던 순간을 지금도 기억한다.[3]

샤이먼은 몸을 일으켜 죽을힘을 다해 제어실로 뛰어간다. 제어실 내부 배열은 선박의 선교(항해를 지휘하기 위해 갑판 앞쪽에 높이 있는 곳-옮긴이)와 비슷한 모양이다. 사실 제어실에 있는 대부분의 사람이 전직 해군으로, 항공모함이나 핵잠수함에서 복무한 적이 있다. 방

024

한가운데에는 거대한 조종 장치가 있다. 그 뒤 벽에도 천장까지 빼곡한 제어판이 27미터 길이의 활 모양으로 늘어서 있다.[4] 모두 합하면 1100개의 다이얼과 게이지, 스위치 상태 표시등과 600개가 넘는 경고등이 제어실에 있다. 그런데 이 순간, 이 모든 장치가 한꺼번에 울부짖는 것 같다. 방 전체가 소리에 묻혀버릴 지경이다. 이런 위기의 순간에 기계에서 나오는 것은 소음만이 아니었다. 기계를 다루는 사람들의 마음속에도 소음만큼이나 어지러운 혼돈이 휘젓고 있었다. 이 혼란의 흔적은 그 후 계속 남아 근무자들을 괴롭혔다.[5]

　　도대체 이 수많은 경고 표시가 다 무슨 뜻인가? 기계에서 수백가지 잘못을 지적해대는 이 순간, 핵심 문제 단 하나를 어떻게 찾아내야 하는가? 샤이먼은 비상 매뉴얼을 휘휘 넘겨 보며 모든 절차를 완벽하게 따랐는지 확인한다. 원자로 잔 고장은 무척 까다롭지만, 그렇다고 드문 일은 아니었다. 그러나 안전장치가 수백 겹 겹친 덕택에 노심이 실제로 용융될 가능성은 거의 없었다. 사람이 특별히 끼어들지 않는다면 위험이 감지된 즉시 발전소 전체가 작동을 멈추게 되어 있었다. 하지만 경고등 하나를 끄면 다른 것도 꺼진다. 전체 장치가 복잡하게 설계된(또는 방치된) 탓에 각각의 장치가 전부 어떻게 연결되는지, 또 신호 하나를 놓쳤을 때 연쇄반응이 어떤 방식으로 일어나는지 예상하기란 불가능하다.

　　원자로의 시스템은 모두 둘 중 한 가지 기능을 한다. 열을 생성하거나 억제하는 것이다. 원자로의 노심은 손가락 크기의 우라늄 알갱이 수천 개로 이루어졌다. 원자핵의 원자가 분열할 때 우라늄에서 열과 중성자를 분출한다. 이 중성자가 다른 우라늄의 분열을 유도하고 연쇄반응이 일어난다. 연쇄반응에서 발생하는 에너지 양을 보면, 각각의 알갱이에서 석탄 1톤과 맞먹는 열이 발생한다.[6] 이 모든 작용이 일어나는 동안 열을 안정적으로 제어해야 하며, 이 때문에 대량의 냉각수가 원자로 위와 주변을 흐르며 원자핵에서 발생한 열을 빼앗아 가야 한다. 이 냉각수를 순환시키는 2층 높이의 거대한 펌프는 콜로라도강의 흐름을 거꾸로 돌릴 만큼 강력하다. 냉각수는 노심 위를 지나며 열을 빼앗아 식힌다. 뜨거워진 물은 증기로 변환된다. 이 증기로 대형 터빈을 돌려 소도시 하나에 공급할 만큼 전기를 생산한다.

제어실 엔지니어들은 가장 먼저 펌프를 작동시키고 보일러와 터빈을 확인하며 노심 주변에 물을 충분히 공급한다. 그런데 이때 이상한 일이 일어난다. 엔지니어들이 이해한 내용과 기계가 알려주는 내용이 결정적으로 어긋나기 시작한 것이다. 비상 펌프를 최대치로 작동시켰는데도 원자로를 식히는 (사람의 몸으로 치면) 폐 순환계 부분의 냉각수 수위가 *내려가기* 시작한 것이다. 샤이먼은 여전히 매뉴얼을 하나씩 붙잡고 처리 절차를 한 단계씩 차례대로 목청껏 소리치며, 누군가가 처리 완료를 외치면 고개를 끄덕인다. 그러다 어느 순간, 더 이상 수위가 내려가지 않는다. 수위는 같은 자리에 멈춰 있다. 비상 펌프 덕분에 드디어 시스템 내부에 물이 차오르기 시작하는 듯하다. 방 전체가 안도의 숨을 내쉰다. 하지만 불과 몇 분 만에 안도의 숨은 증발해 버린다.

원래는 시스템 내부 압력이 충분해야 한다. 압력이 있어야 시스템 내에 물이 충분히 있다는 뜻이 된다. 하지만 압력에도 최적 압력 범위가 있는데, 원자로 순환계 압력은 최적 범위를 재빨리 지나쳐버린다. 처음에는 압력이 천천히 오르더니 이내 점차 빨라진다. *대체 무슨 일이 벌어지는 거야?* 수위는 160인치(406센티미터-옮긴이)로, 그다음에는 180인치, 190인치, 200인치… 그러더니 한 번에 가파르게 튀어 오른다. 350인치, 여태껏 본 적 없는 높은 수치다. 전문가들의 침착한 얼굴에 근심이 슬금슬금 기어오른다.[7]

"어, 이러다 꽉 차버린다!"

모두가 가장 두려워하는 사태가 벌어졌다. '꽉 찬다'는 원자로 순환계에 물이 끝까지 차올라, 앞으로 압력이 점점 커지다가 파이프가 폭발하고 원자로 냉각수는 완전히 비어버린다는 뜻이다. 엔지니어들은 노심에 더 이상 물이 차지 않도록 서둘러 비상 펌프를 꺼버린다.[8] 결과적으로 이날 최악의 의사 결정을 내린 꼴이었다.

이 모든 일이 일어나는 동안 노심의 온도는 점점 상승한다. 그럴 리가 없다. *시스템 내부에 물이 그렇게 넘치는데 왜 원자로는 식지 않는 거지? 어딘가에 밸브가 열려 있어 물이 그저 새고 있는 건 아닐까?* 해답이 들어 있는 게이지가 제어실 안에 있다. 제어실 안에서도 게이지를 찾기는 쉽지 않다. 건너편 어느 제어판 뒤에 눈에 띄지 않게 꼭꼭 숨어 있기 때문이다. 근무자 한 사람이 지시를 받고 건너가 게이지를 찾고, 수치가 괜찮다는 것을 확인한다. 하지만 이 근무자는 전혀 다른 게이지를 본 것이다. 이 근무자는 돌아서서 나오며 밸브가 닫혀 있다고 방 전체에 알린다. 시스템에서 물이 새는 상태도 아니니 이제 모두 원점으로 돌아가 다른 해결안을 찾아야 한다. 누구도 노심이 파괴되기 시작했다는 것을 알아차리지 못한다.[9]

불과 몇 시간 후 오전 여섯 시, 누구도 상황을 파악조차 하지 못하는 사이 사태는 더욱 소름 끼치게 가속도가 붙는다. 피트 벨레즈 Pete Velez는 여느 때처럼 야간 근무를 하기 위해 제2번 원자로 제어실에 들어선다. 보통 때라면 동료 두어 명만이 녹색 제어판과 차분히 깜빡대는 표시등 사이를 자유롭게 다니며, 절대적인 질서가 주는 특유의 고요함을 누리고 있을 터였다. 하지만 오늘은 한눈에도 뭔가 끔찍한 상황이 벌어지고 있다. 꾹꾹 숨겨도 드러나는 공포 분위기 가운데, 사방에 사람들이 돌아다닌다. 커피 잔은 여기저기 흩어져 있고, 안전 운행 매뉴얼은 아무렇게나 높이 쌓여 있다. 근무자들이 매뉴얼 책장을 뜯어대는 동안 겨드랑이에는 땀자국이 점점 퍼져 간다. 벨레즈가 평소에 보고서 결재 칸 속 이름으로만 접하던 높은 사람들, 지역 담당 관리자들과 그 상관들이 지금 방 안에서 서성거리고 있다. 모두 오하이오에 있는 본사에서 들어와 도대체 무슨 일이 일어난 건지 해독해 내려 애쓰는 중이다. 벨레즈는 주머니에서 녹색 새 수첩을 꺼내 그날의 첫 문장을 적는다. *젠장, 죽었다.*[10]

✻

벨레즈와 이곳 엔지니어들은 모두 원자력발전소에서 근무하는 것이 얼마나 위험한지 잘 알고 있었다. 그래서 그 위험이 일상 업무처럼 익숙해질 때까지 훈련을 반복했던 것이다. 하지만 벨레즈 혼자만 친숙하게 다루는 섬뜩한 수치가 있었다. 방사선 안전 담당자로서 근무자 한 명당 방사선 노출 한계치를 정확히 파악하는 일이었다. 보통은 근무자 한 명당 3개월 동안 총노출량이 3램^{rem}을 넘지 않아야 한다. 하지만 비상사태는 또 다른 얘기였다. 가령 대단히 중요한 장비를 고치러 사람 한 명을 보내야 한다고 가정해 보자. 한 달 동안 총 25렘 정도에 노출되어도 큰 문제는 없을 것이다. 장기적인 영향도 없다. 대참사를 막는다면 각 개인이 아주 작은 위험부담을 감수할 수는 있을 것이다. 하지만 방사능 수치가 그보다 커진다면, 그때부터는 일이 복잡해진다. 보통 다른 사람의 목숨을 구하는 일도 100렘 이하여야 위험을 무릅쓸 만하다. 그보다 조금이라도 높다면, 예컨대 120렘이라면 결정은 전적으로 본인 몫이다. 다른 사람이 혼자 고통을 견디게 둘 수 있을까?

바로 다음 날인 3월 29일, 이 방사능 수치는 더 이상 추상적으로 논할 문제가 아니었다. 어느덧 벨레즈는 들어가면 죽을 수도 있는 방의 문을 빼꼼히 열고 안을 살짝 들여다보고 있다. 벨레즈는 화학 담당 에드 하우저Ed Hauser와 움츠리며 붙어 서 있다. 하우저는 평소 원자로 냉각수가 제대로 작동하는지, 냉각수가 원자로에서 발생하는 엄청난 열을 식혀 원자로를 보호하는지 확인하는 임무를 맡고 있다. 두 사람 모두 머리부터 발끝까지 가리는 작업복과 잠수복과 장갑, 장화까지 착용하고 벌어진 곳이 없도록 모든 이음새를 테이프로 막고 있다. 그 짧은 순간, 벨레즈는 방 안 상황이 한눈에 들어온다. 교대 근무자들은 위험 경고음이 울린 순간, 말 그대로 하고 있던 일을 모두 놓고 탈출한 것이다. 외투와 모자는 아직 걸려 있고 전화 수화기도 아무렇게나 내려놓은 상태에다 책상에서는 뜨거운 커피 주전자가 끓고 있다.[11] 방 뒤쪽에는 덮개가 씌워진 개수대 위에 밸브가 25개가량 붙어 있다. 바로 저 밸브 때문에 벨레즈와 하우저가 여기까

사용하기 쉬운 제품은 무엇인가

지 왔다. 원자로에 정확히 무슨 일이 벌어지고 있는지 확인하고, 상황이 얼마나 나빠졌는지 파악하기 위해서였다. 제어실 장비로는 이를 전혀 알 수 없었기 때문이다.

이제는 원자로 노심에서 방사능이 얼마나 많이 새어 나가고 있는지 누구도 알 길이 없다. 눈앞의 밸브 25개는 전체 건물의 보이지 않는 굴곡을 수백, 수천 미터 순환하는 25대의 파이프와 연결되어 있다. 그중 딱 하나, 옆 건물로 이어지는 성인 남자 손가락 굵기만 한 파이프가 있다. 원자로 노심과 직접 연결된 전선으로, 연결된 노심은 이미 녹기 시작했을지도 모른다.

이런 상황에서 근무자들은 방사능 노출도 조금씩 나눠 가지고 위험도 분담한다. 각자 자기 역할을 충실히 수행함으로써 방사능 노출 부담을 똑같이 나눈다. 하우저에게는 천만다행이다. 바로 어제 발전소 다른 곳에서 시험을 진행하다가 이 사고로 모든 것이 엉망으로 변하는 바람에 불과 몇 분 만에 무려 600렘을 뒤집어 썼기 때문이다. 그런데도 하우저는 또다시 여기서 벨레즈와 작전을 세우고 있다. 알고 보니 벨레즈는 밸브의 배열 순서를 전혀 모른다. 반면 하우저는 알고 있다. 그러니 이미 방사능에 노출된 하우저가 먼저 들어가야 한다. 600렘보다 더 뒤집어 써도 할 수 없다.

벨레즈는 하우저를 한 번 보고, 손목시계를 내려다보며 시간을 확인한다. 출발! 하우저는 방 안으로 뛰어 들어가 개수대 위 밸브로 직행하여 그중 15개를 정확한 순서대로 열어젖힌다. 마지막 밸브에 손을 대기 무섭게 몸을 돌려 복도로 뛰어나간다. 그러고 나서 둘은 기다린다. 제2번 원자로에서 나온 물이 수천 미터를 이동해 개수대

030

에 털털털 쏟아지기까지 괴로울 만큼 긴 40분이 흐른다. 그래도 아직 밸브를 더 돌려야 한다. 벨레즈에게는 굳이 서둘러 들어가지 않아도 되는 핑곗거리가 있다. 어느 밸브를 돌려야 하는지 모르기 때문이다. 하지만 벨레즈는 하우저에게 방 안을 자세히 설명해 달라고 채근한다. 하우저가 더는 방사능에 노출되지 않도록 벨레즈도 노출량을 나누려는 것이다. 벨레즈가 뛰어 들어가 마지막 밸브를 돌린다. 이제는 하우저가 마무리할 차례다. 하우저는 방 안으로 뛰어 들어가 개수대 앞에 서서 유리병에 물 샘플을 채취한다. 물은 방사성 동위원소를 흡수하는 용도로 만든 화학약품 때문에 노란색을 띠는 데다 마치 마녀의 솥처럼 부글부글 끓는다. 하우저는 방사선량계를 물이 든 병에 가져다 댄다. 수치가 1250렘으로 치솟는다. 병에 맨손을 대면 손끝이 저릿저릿할 정도로 높은 수치다.[12]

기적적으로 하우저와 벨레즈 둘 다 살아남았다. 누군가는 이렇게 말하고 싶을지도 모른다. 형편없이 만든 제어판 뒤 표시등 하나만 잘못 읽지 않았다면, 아니면 그전에 연쇄적으로 일어난 오해만 아니었다면, 벨레즈와 하우저 둘 다 목숨을 걸지 않아도 될 일이었다고. 하지만 한 발 물러서서 그때 무엇이 잘못되었는지를 돌아보면, 당시 1100개의 다이얼과 600개의 경고음이 한꺼번에 울리는 상황을 생각해 보면, 이는 단순히 기계가 고장 났다거나 사람이 할 일을 완수하지 못한 문제가 아니다. 그보다는 기계를 처음부터 달리 만들었어야 한다. 의미 없이 정보만 잔뜩 쏟아부으면 모든 상황을 통제해야 하는 인간이 당황할 수 있다는 경각심을 갖고 설계했어야 한다. 하지만 **사고 당시 기계와 인간은 상대방이 이해하는 언어로 소통하지 못했다.** 서

사용하기 쉬운 제품은 무엇인가

로 너무나 달라 그 상황에서는 누구도 무엇이 다른지조차 파악힐 수 없었다. 이런 불통의 이야기는 오늘날까지도 이어진다.

＊

스리마일섬의 과거를 깊숙이 들여다보기로 결심한 것은 오로지 직감 때문이었다. 이 정도로 중대한 산업재해를 열심히 조사하면 보통 디자인 오류가 나오기 마련이었다. 특히 항공기가 추락했을 때는 예외 없이 디자인 오류에서 원인을 찾을 수 있다. 노트르담 대성당도 최악의 순간에 잘못 읽은 신호 때문에 2019년 화재로 소실되었다. 최첨단 화재 진압 시스템을 이해하기 어려운 조작부와 결합하니, 불길이 아무 조치 없이 30분이나 번지는 동안 사실 확인조차 못 했던 것이다.[13] 재해를 들여다보면, 일이 어떻게 돌아갔어야 하는지를 알 수 있다. 그렇다면 스리마일섬 사고에서는 어떤 교훈을 얻을 수 있을지 생각해 보자. 인간과 기계는 어떻게 상호 작용해야 바람직한가?

솔직히, 처음 조사를 시작할 때는 인간과 기계의 상호 작용이 왜 중요한지 비유와 상징으로 교묘하고 멋들어지게 설명할 생각이었다. 그러나 사고에 대한 보고서를 읽다가 묻혀 있던 다른 보고서 제목을 발견했다. 국회에서 의뢰하고 도널드 노먼Donald Norman이 공저한 사고 원인 조사 보고서였다. 정말 '그' 도널드 노먼일까? 1990년대에 '사용자 경험'이라는 용어를 처음 발명한 그 사람?[14] 보고서에서 노먼의 이름을 본 순간, 스리마일섬과 오늘날의 문제들을 이어주던 가느다란 실이 마치 강철 케이블처럼 느껴졌다.

21세기 들어 우리의 디지털 일상 전반을 사용자 경험이라는 잣대로 평가하기 전, 노먼이야말로 제품 디자인 분야에서 성경의 모세에 견줄 만한 인물이었다. 1988년에는 《도널드 노먼의 디자인과 인간 심리The Design of Everyday Things》를 출판했는데, 이 책은 사용자 경험 분야에서 아마도 유일하게 베스트셀러에 오른 대중서일 것이다. 노먼은 이 책에서 문고리부터 온도조절계까지 일상의 여러 물건이 우리를 실망시키는 사례들을 낱낱이 밝혔다. 노먼의 책들은 한 세대 내내 인터랙션 디자이너들이 책상에 꽂아놓고 늘 참고하는 자료로 자리 잡았다. 노먼은 1990년대 초반에 정년 퇴임하려 했지만, 애플의 설득으로 다시 일하게 되었다. 애플에 출근한 노먼은 제일 먼저 사용성 분야의 대가들을 모아 패널을 꾸렸고, 이들을 '사용자 경험 전문가'라고 부르며 애플에서 개발하는 전 제품을 감시·추적하게 했다. 그럼으로써 당시 애플에 새로 합류했던 제품 디자이너 조니 아이브Jony Ive를 처음부터 지원하게 되었고, 이후에 아이브는 아이팟, 아이맥, 아이폰까지 디자인하게 된다.[15] 하지만 노먼의 책을 주석까지 훑어봐도 원자로 설계에 관한 이야기는 별로 없었고, 있다고 해도 스리마일섬에 대한 언급은 전혀 없었다. 스리마일섬 사건은 현대 디자인의 대부에게 어떤 영향을 끼쳤을까?

노먼은 162센티미터 정도의 작고 마른 체구에 어깨가 구부정하고 허리가 가늘었으며, 매일 검정 터틀넥에 청바지, 회색 뉴스보이캡 복장으로 출근했다. 아름다운 계곡으로 뒤덮인 캘리포니아주립대학교 샌디에이고 캠퍼스를 가로지르는 가파른 언덕을 넘어 매일 집에서 사무실까지 걸어 다니며 건강을 유지한다고 했다. 나는 12월의 어느 오후에 노먼이 설립한 디자인 연구소로 찾아갔다. 전형적인 캘리포니아 날씨로 따스하고 햇살이 가득했으며, 유칼립투스와 로즈메리 향으로 공기가 상쾌한 날이었다.

우리는 특이한 녹색 털 카펫이 깔린 아주 작은 회의실에 단둘이 앉았다. 노먼은 내게 낮은 접이식 의자를 권한 다음, 내가 올려다볼 수 있는 위치에서 방 안을 천천히 돌아다니며 강의 태세를 갖췄다. 그러고는 6개월 전에 막 시작해 위대한 마지막 업적이 될 거라는 프로젝트를 설명하기 시작했다. 그가 은퇴했다가 복직한 것은 이번이 두 번째이며, 곧 돌아오는 성탄절에 그는 일흔아홉 살이 된다.(본서가 집필된 2019년 기준-옮긴이) "아시다시피 대학교에는 무엇이든 깊이 분석하는 사람으로 가득해요." 그는 장난꾸러기 같은 목소리로 얘기했다. "하지만 디자이너는 분석하지 않고 만들어내죠. 우리 연구소에서는 우리 학교의 모든 지식을 모아서 환경과 고령화, 의료 문제를 해결할 수 있어요. 우리가 해결하고자 하는 문제는 주로 이런 분야에 있죠."[16]

나는 회의실 바깥쪽 연구소를 내다보았다. 아직은 달랑 책상 몇 개에 대학원생 네댓 명이 앉아 키보드를 두드리며 한창 코딩을 하고 있었다. 노먼의 디자인 연구소는 반짝이는 신축 포스트모더니즘 양식 건물 한 귀퉁이에 자리 잡았는데, 캠퍼스에서 가장 좋은 위치에 있었다. 새로 지어진 대학 캠퍼스가 으레 그렇듯, 샌디에이고 캠퍼스 역시 시대별로 가장 유행한 현대 건축 양식을 늘어놓은 야외 전시장 같았다. 우선 도서관은 대학이 설립된 1960년대에 인기를 끈 브루탈리즘 brutalism 양식이었고, 옆에 이어지는 건물들은 1980년대의 포스트모더니즘 양식에 따라 고전 형태를 재해석한 모습이었다. 연구소 건물은 강철과 유리가 들쭉날쭉하게 조합된 형태로, 최신 유행을 따랐다.

디자인의 영향력을 확대하려는 꿈은 노먼 혼자만 품고 있는 건 아니었다. 디자이너들 사이에도 이는 널리 퍼져 있었다. 노먼은 이렇게 말했다. "얼마 전 상하이에서 프로그 디자인 사무실을 방문했어요. 그곳 사람들은 자기들이 제품 디자인을 지배한다고 자랑스럽게 얘기하더군요. 그다음에는 IDEO를 방문해 경쟁사 프로그가 한 말을 전해주었죠. 하지만 IDEO는 이러더군요. '상관없어요. 싱가포르 정부가 저희에게 도시 전체를 디자인해 달라고 했거든요.'"

단순한 자랑이 아니었다. 오늘날 현대 디자인의 접근 방식과 업무 과정을 뜻하는 '디자인 싱킹design thinking'은 이 개념을 처음부터 적극적으로 홍보한 IDEO보다 훨씬 유명해졌다. 디자인 싱킹은 이제 여러 가지 크고 작은 문제를 다룰 때 접근법으로 도입되고 있다. 한때 주로 의자를 만드는 일로 인식되던 틈새 직종이 지금은 세상의 문제점을 해결하는 묘안으로 거론된다. 관점이 달라졌기 때문이다.

노먼은 질문에 대답하기 전이나 생각을 이어가는 중간에 한 번씩 길게 쉬어 가는 습관이 있다. 수십 년 동안 사람들이 자신의 말 한마디 한마디에 집중한 데서 나오는 여유다. 겨우 끼어들 기회가 왔을 때 나는 노먼에게 물었다. "스리마일섬에 대해 기억나는 게 있나요?" 그는 스리마일섬 프로젝트가 그때까지 해왔던 특수하고 전문적인 학문 연구에서 더 넓은 세상을 향한 연구로 넘어가는, 연구 인생의 전환점이었다고 설명했다. 처음에 노먼은 사람들이 주어진 과업을 수행할 때 저지르는 실수를 몇 년에 걸쳐 유형별로 분류했다. 하지만

035

사용하기 쉬운 제품은 무엇인가

스리마일섬 조사를 맡게 되자, 그는 자신의 연구 결과를 *다른* 사람들은 전혀 모른다는 사실을 깨달았다. "기술적인 부분을 설계하는 데만 시간을 아주 많이 쏟고, 그런 곳에서 일하는 일상은 어떨지, 실제로 사람들은 어떤 일을 겪을지 이해하는 데는 전혀 시간을 들이지 않았다는 것이 문제였죠. 이를테면 발전소 제어실은 가장 마지막에, 남은 일정도 예산도 거의 없을 때 뒤늦게 덧붙이듯 만들었답니다."

노먼은 이런 근시안적 사고가 얼마나 깊이 뿌리내려 있었는지를 드러내는 충격적인 이야기를 들려주었다. 원자로는 항상 한 쌍으로 지었다. 누군가가 문득 원가를 절감하려면 각 원자로의 제어실을 따로따로 맞춤 설계하는 것보다 제어실 한 곳을 만든 뒤에 정확히 대칭으로 남은 한 곳을 추가하는 방법이 낫다는 결론을 내렸다. 그 결과 근무자들이 하루는 이쪽 제어실에서 근무한 후, 바로 다음 날은 모든 것이 반대로 뒤집힌 말도 안 되는 세상에서 일하게 되었다. 이와 비슷한 사례들을 본 노먼은 "기술을 인간 심리와 통합하는 체계가 전혀 없다는 사실을 알게 되었다"고 했다. "사람이 사용할 기술을 만들어내면서, 정작 전문가들이 사람을 전혀 이해하지 못한 것이죠."

이러한 근시안적 사고는 문화 전반에서도 볼 수 있었다. 노먼처럼 학계에서 인간이 기계를 어떻게 사용하는지 연구하는 사람들은 실제로 기계를 만드는 사람들과 완전히 단절되어 있었던 것이다. "인적 오류에 대해 제2차 세계대전 때부터 정말 좋은 연구 결과가 많지만, 일반인들의 일상과는 별로 상관이 없었습니다. 나 같은 연구자들조차 누가 같은 연구를 하는지도 모를 정도였으니까요." 노먼이 기억을 되살려 이야기했다. "한편 디자이너들은 미술학교나 광고계 출신이 많아서 내용 없이 미적인 것만 추구하기도 했죠." 당시 노먼은 아는 디자이너가 한 명도 없었다. 한창 각광받던 디자인이라는 분야에서 노먼은 나침반도 안내서도 없이 새로운 세계에 뚝 떨어져 버린 이방인이었다. 따라서 노먼이 쓴 책들은 늘 당혹스러운 어조를 담고 있다. *맙소사, 이 사람들이 제발 내 말을 들었으면!*

노먼은 어렵고 복잡한 문제들을(이를테면 환경문제를) 크게 강조했지만, 사실 그가 유명해진 진짜 이유는 디자인의 대가로서 문고리나 찻주전자를 고민하며 소박한 데서 통찰력을 발휘했다는 점에 있다. 자기 책 속에서 그는 마치 성경에 등장하는 욥처럼 어느 무자비한 디자인 신에게 늘 시험당한다. 그는 당겨야 하는 문을 늘 밀고, 집 전등을 켤 때도 늘 헤매며, 샤워기만 틀면 늘 뜨거운 물에 덴다. 하지만 이렇게 철저하게 헷갈리고 실수하는 노먼의 모습이 바로 우리의 모습이다.

이 모든 혼란이 설령 인적 오류 탓이라고 해도, 누구든지 같은 과실을 범한다는 생각이 노먼의 연구를 뒷받침하는 가장 중요한 전제다. 인간은 과실을 범할 수 있다. 하지만 그렇다고 틀린 것은 아니다. 또한 사람들의 생각을 따라가 본다면, 가장 이상하고 멍청해 보이는 행위에도 나름의 확실한 논리가 있다. **디자이너는 사람들이 왜 지금처럼 행동하는지 이해해야 하고, 존재하지 않는 이상향이 아닌 인간의 약점과 한계를 디자인에 반영해야 한다.** 노먼이 보기에는 기술이 아무리 복잡해도, 또 아무리 익숙해도 우리의 기대치는 항상 똑같다. 그의 전공 분야인 인지심리학은 원래 버튼의 느낌이나 제어판에 관한 학문이 아니라(물론 자세히 보면 버튼과 제어판도 많지만), 인간이 주변 환경의 작동 원리에 *기대하*는 모습, 그 원리를 학습하는 방법과 이해하는 방법을 다루는 학문이라고 할 수 있다. 이런 과정을 파악해야 앱을 만들어도 사람들이 처음부터 문제없이 사용할 수 있고, 비행기를 만들어도 인간이 사고를 내지 않으며, 원자로를 만들어도 인간의 실수로 대륙붕을 뚫고 녹아내리지 않는다.

이 모든 교훈은 대학교수들이나 이름 모를 디자이너와 엔지니어들만 이해하는 난해한 영역으로 남을 수도 있었지만, 곧 기술 발전의 물결이 일어났다. 반도체 기술의 보급으로 컴퓨터와 각종 전자 제품이 우리 생활 속에 녹아들었다. 1980년대를 시작으로 스리마일섬에서나 겪었던 복잡한 문제들이 곧 일반 소비자의 일상 문제가 되었다. VCR과 컴퓨터 같은 전자 제품도 버튼으로 간단히 조작할 수 있어야 했기 때문이다.

이런 기기를 디자인하는 방식은 나중에 스마트폰에도 적용되었다. 그러니 우리가 잘못 만든 앱을 사용하면서 짜증이 치밀어 오르는 이유나, 스리마일섬 발전소가 땅속으로 녹아내릴 뻔한 이유는 같다고 볼 수 있다. 결국 스리마일섬 사고를 일으킨 문제들은 우리가 스마트폰 알림을 끄려 할 때 짜증을 일으키는 문제들과 비슷하다. 잘못 디자인된 전등 스위치 때문에 혼란을 겪든, 잘못 디자인된 텔레비전 셋톱박스 때문에 혼란을 겪든 원인은 똑같다. 이를테면 자리를 잘못 잡은 듯한 버튼이나 읽기도 전에 사라져버리는 팝업 메시지 창처럼, 방금 무언가를 하긴 했지만 그것이 무엇인지 모르겠다는 느낌이 든다. 전체적으로 작동 원리를 이해하지 못했다는 생각이 드는 것이다.

스마트폰이 우리의 일상을 차지하게 되면서, 결국 당장의 문제

(어떻게 해야 사람들이 이 앱의 사용법을 이해할까?)뿐 아니라 이 시대의 문제(어떻게 해야 사람들이 의료 서비스의 활용법을 이해할까?)까지 스마트폰을 탄생시킨 디자인 원칙으로 해결할 수 있을 것처럼 보인다. 결국 두 가지 문제 모두 기계가 사용자의 기대에 부응하지 못해 발생하기 때문이다. 왜 부응하지 못했는지 원인을 조사하면 사용자가 주변 세상을 어떻게 이해했는지, 일상 속 사물들이 어떻게 작동하기를 기대하는지 깨달을 수 있다.

✽

다시 1979년 3월 28일로 돌아가 보자. 야간 근무 시간이 거의 끝나가고 해가 뜨기 시작했을 때에야 근무자들은 가장 심각한 문제를 해결했다고 생각했다. 시스템 내부에 물이 꽉 차버리는 문제였다. 이 현상을 막기 위해 근무자들은 치명적인 선택을 했다. 비상 냉각수 펌프를 완전히 꺼버린 것이다. 펌프가 작동을 멈추자, 원자로 순환계를 채우는 가압기加壓器의 냉각수 수위가 서서히 떨어졌다. 다시 한번 방안에 안도감이 돌았다. 하지만 이번에도 안도감은 오래가지 못했다. 원자로를 충분히 식힐 만큼 시스템 내부에 물이 많았는데도 원자로 온도는 아찔할 만큼 꾸준히 기어 올라갔다.

자, 이 재난 영화가 우리의 머릿속에서 펼쳐지는 동안, 상상 속 카메라로 원자로 제어실 쪽을 다시 비추며 천천히 중앙 제어판으로 이동해 보자. 그다음에는 제어판 위에서 번쩍이는 수많은 표시등 위로 카메라를 쭉 가로질러 이동해 보자. 그리고 그중 하나에 카메라의

사용하기 쉬운 제품은 무엇인가

시선을 고정하자. 커다란 빨간 표시등과 바로 아래에 테이프로 고정한 이름표가 보인다. 이름표에는 표시등을 읽는 방법이 정확히 적혀 있다. 제어판의 수많은 표시등 중 몇 안 되게 꺼져 있는 등으로, 꺼져 있어 천만다행이다. 근무자들은 그날 밤 확인차 이 표시등을 수백 번도 더 처다보았을 것이다. 하지만 그 등이 거짓말을 하고 있었다.

이 표시등이 중요한 이유는 원래 원자로 꼭대기에 있는 수동 방출 밸브에 연결되는 것이기 때문이다. 이 밸브는 마치 물이 끓으면 소리를 내는 찻주전자의 주둥이 부분처럼, 원자로 내부의 압력이 지나치게 높아지면 증기를 내뿜게 되어 있다. 만약 밸브가 열렸다면, 원자로 꼭대기에서 대대적인 누출이 일어난다는 뜻이었다. 하지만 나중에 조사관들이 발견했듯이, 이른바 PORV라고 부르는 이 수동 방출 밸브의 표시등에는 설계 단계부터 심각한 개념상의 오류가 있었다. 이 표시등은 누군가가 밸브 제어 스위치를 작동할 때 불빛이 꺼졌다. 밸브가 *실제로* 닫혔을 때가 아니었다. 다시 말해, 조작한 사람의 의도를 알려줄 뿐 실제 동작은 알려주지 못했다. 만약 표시등이 꺼져 있으면, 조작자가 할 일을 제대로 완수해 밸브를 닫았다는 뜻일 수도 있고, 조작자는 할 일을 제대로 했지만 스위치가 제대로 동작하지 않았다는 뜻일 수도 있다.[17] 잘못 설계된 이 표시등은 그저 모든 게 괜찮다고 할 뿐이었다.

실제로는 원자로의 순환 시스템에 거대한 구멍이 생겼는데도 누구도 알아차릴 길이 없었다. 스위치가 내보내는 피드백이 전혀 쓸모 없었기 때문이다. 근무자들이 미국 전역의 점점 더 많은 사람에게 도움을 요청하는 때에도, 스리마일섬 상황이 좋지 않다는 소식이 전 국민에게 퍼지는 동안에도, 노심 온도는 계속 올라갔다. 그러다가 온도가 기계로 표시할 수 있는 최고치를 넘어갔다. 노심 온도를 알려주는 컴퓨터 화면은 섭씨 370도에서 멈췄다. 이제 화면에는 '???' 표시뿐이었다.[18] 무슨 일이 벌어지고 있는지 시스템은 전혀 알리지 못했다. 실제로 이때 노심은 무려 화씨 4300도(섭씨 2370도)에 도달했다. 여기서 700도만 더 올라갔다면 150톤이나 되는 우라늄 노심은 녹아내렸을 것이고, 20센티미터 두께의 격납용기를 뚫고 나와, 다시 6미터 두께의 콘크리트 기초도 뚫고 나간 다음, 서스쿼해나강 아래 기반암까지 닿아 방사능이 든 뜨거운 물을 공중으로 뿜어 올렸을 것이다.

지하실의 막힘 현상 때문에 원자로의 전 시스템이 자동 정지로 치달은 지 거의 세 시간이 지나서야 겨우 다음 교대 조 근무자가 이 구멍을 막았다. 새로 나타난 근무자는 편견 없이 새로운 관점으로 상황을 파악했고, 사람들이 놓쳤을 만한 일을 직감적으로 잡아냈다. 만약을 대비해 수동 방출 밸브의 예비 밸브를 닫았던 것이다. 그러고 한참 지나서야 수정안 시스템을 설계한 개발자 하나가 비상 냉각 시스템을 다시 가동하라고 지시해 사태가 겨우 마무리되었다. 나중에서야 밝혀졌지만, 노심이 완전히 녹아내리기까지 불과 30분이 남은 시점에 이루어진 조치였다.[19]

스리마일섬 사고는 원자력발전소 사고 은폐로 인한 피해를 다룬 제인 폰다 주연의 블록버스터 영화 〈차이나 신드롬The China Syndrome〉이 개봉한 지 채 2주도 지나지 않아 일어났다. 이 영화의 제목은 미국에서 원자로가 녹아내리면 지반을 뚫고 내려가 지구 핵을 지나 지구 반대편 중국까지 도달한다는 도시 괴담에서 유래했다. 대중문화의 상상력과 실제 세계의 사고가 결합해 미국의 원자력 에너지 산업의 성장에 제동을 걸었다.[20] 사고가 발생하자 미국 내 약 80개에 가까운 원전 건설 계획은 모두 폐기되었다. 2012년까지 미국에서 원자력 발전소는 단 한 건도 승인되지 않았다.[21] 일부 전문가들이 가장 안전하고 값싸고 신뢰할 만하다고 평가하는 에너지원에는 오늘날까지도 공포가 드리워 있다. 따라서 잃어버린 가능성까지 고려하면 스리마일섬 사고는 미국 역사상 최대의 디자인 실패 사례라고 평가할 수 있다. 또 가장 교훈적인 실패 사례이기도 하다. 스리마일섬에서의 굵직한 오류들은 우리가 현재 살아가는 사용자 친화적인 시대를 거울처럼 비춘다. 이 오류들은 스마트폰과 터치스크린과 앱이 우리의 일상에 자연스럽게 녹아들기까지 차곡차곡 정립된 디자인 원칙들의 기록이기도 하다.

　　노먼과 조사팀이 스리마일섬 사고에서 밝혀낸 사실은 너무나 당연해 보였기 때문에 더욱 공포스러웠다. 이 참사는 이틀에 걸쳐 일어났다. 그 시간 동안 수백 개의 눈이 시스템을 샅샅이 뒤졌다. 만약 누군가가 더 일찍 밸브를 제대로 닫았거나, 아니면 어느 때고 누군가가 비상 펌프를 재가동하기만 했어도 발전소를 살릴 수 있었을 것이다. 근무자들은 바보가 아니었다. 그런데도 오늘날까지도 스리마일섬을 다루는 몇 안 되는 보고서에서는 사고 원인을 '설비 고장과 조작자 실수'라고 평가한다.[22] 하지만 이 평가는 사실과 전혀 다르다. 스리마일섬에 심각한 설비 오류는 없었다. 근무자들은 업계 최고의 인력이었고, 무엇보다 처음부터 끝까지 공포에 질리지 않고 침착했다.

　　게다가 실제로 발전소 시설은 대체로 처음 만들어진 그대로 매끄럽게 작동했다. 근무자들이 그대로 두었다면 발전소는 사고로부터 자신을 보호했을 것이다.[23] 하지만 대참사라고 할 만큼 잘못된 제어실 설계 탓에 근무자들은 무엇이 잘못되어 가고 있는지 파악할 수 없었다. 앞이 보이지 않는 혼란 속에서 이들은 계속 위험천만한 판단을 내렸던 것이다. 발전소와 근무자들은 서로 딴소리를 하고 있었다. **발전소는 인간의 사고 과정을 예상하도록 설계된 것이 아니었다. 마찬가지로 인간은 기계의 작동 방식을 온전히 이해할 수 없었다.**

제어판 표시등부터 보자. 이 장치는 겉보기에는 철저히 산업용 수준의 정밀함을 갖추었지만, 사용자가 이해할 수 있는 일관된 작동 원리가 없었다. 물론, 빨간색 등이 켜지면 대체로 밸브가 열려 있다는 뜻이었다. 그렇지만 밸브가 꼭 열리고 닫히는 동작만 하는 건 아니었다. 정상 작동일 때도 제어판에는 서로 반대되는 색상의 표시등이 뒤얽혀 있었다. 즉 상황이 괜찮다고 모두 한 가지 색으로 점등되는 것이 아니었다. 스리마일섬 사건의 조사관들은 빨간색은 *14가지* 의미가 있고, 녹색은 *11가지* 의미가 있다고 밝혔다. 오늘날 수많은 둥근 버튼과 빨간 경고등에 적용되는 일관성을 당시 스리마일섬에서는 전혀 찾아볼 수 없었다.

어떤 표시등은 조작부 바로 위에 달렸고, 또 다른 표시등은 조작부 옆에 달렸다. 이해하기 쉽게 표시등이 모여 있지도 않았다. 같은 제어판에 원자로 누수 경고등과 승강기 고장 경고등이 나란히 있었다. 마치 누군가가 원자로 지도를 조각조각 잘라 공중에 높이 던진 후, 떨어진 조각을 그대로 테이프로 붙여놓은 것 같았다. 이런 지도로는 누구도 필요한 것을 찾지 못할 것이다. 오늘날 우리가 처음 사

043

용해 보는 앱도 쉽게 이해하는 이유는 *필요한 정보 찾기*/navigability과 *일관성*consistency이 앱 디자인 방식의 핵심 요소이기 때문이다. 앱의 메뉴들은 대체로 같은 방식으로 작동하며, 스와이프나 탭도 마찬가지다.

자동차의 연료계처럼 근무자들에게 순환 시스템이 비었다고 알려주는 표시 장치도 없었다. 모두 첫 번째로 발생한 위기 상황, 즉 냉각수가 너무 많이 차오르는 현상을 막는 데 골몰한 나머지 그 외의 가능성에는 전혀 생각이 미치지 못했다. 이러한 표시 장치 또한 지금은 당연하게 지키는 원칙이지만 당시에는 디자인 오류였다. 대상이 잘 작동해 다음 동작을 충분히 예상할 수 있을 때 우리는 마음속에 *멘탈모델*mental model(대상이 어떻게 작용하는지에 대해 우리가 갖는 직관. '정신 모형'이라고도 한다-옮긴이)을 형성한다. 멘탈모델은 간단할 수도 있고 복잡할 수도 있다. 이 버튼은 이런 동작을 할 것이라는 간단한 느낌부터, 하이브리드 차량이 배터리 충전을 하는 전체 과정을 머릿속에 그린 모습까지 멘탈모델은 다양하다. 하지만 한 가지는 분명하다. 멘탈모델은 인터페이스 디자이너들이 의도적으로 만들어낸 결과물이다.

의미 없는 경고, 개연성 없이 묶인 정보, 일관성의 부재. 그 결과 사람들은 마음속 지도도, 필요한 정보를 찾는 것도, 멘탈모델도 형성하지 못했다. 이 세 가지는 오늘날 스마트폰을 사용하는 사람이라면 누구나 당연하게 여기는 주요 원칙이다. 이 원칙이 있기에 사용자 친화적인 세상이 매끄럽게 돌아간다. 원자로든 어린이 장난감이든 기계를 속속들이 파악하려면 이 원칙이 전부 적용되어야 한다. 기계의 작동 방식을 완벽히 파악하려면, 기계에 패턴 언어가 적용되어야 한다.

하지만 스리마일섬 사고에서 가장 결정적인 타격을 준 요소는 또 있었다. 어느 기기든 반드시 필요한 것, 즉 피드백이다. 표시등이 엉뚱한 것을 알려줄 때, 화면에 온도가 '???'라고 표시될 때, 시스템 내부 냉각수의 총량을 알려주는 장치가 없을 때, 기계는 근무자들에게 필요한 정보를 알려주지 않고 있었다. 근무자들은 계속해서 엉뚱한 피드백에 매달렸고, 결과적으로 엉뚱한 곳에 집중했다.

오늘날의 일상에서는 피드백이 늘 정확하기 때문에 우리는 평소에 거의 관심을 두지 않는다. 우리가 원하는 결과를 입력했을 때 피드백을 보면 제품이 어떻게 동작했는지 알 수 있다. **피드백이 있기에 언어 없이도 디자이너가 사용자와 소통할 수 있다.** 피드백은 마치 아치의 쐐기돌처럼 사용자 친화적인 세계의 핵심 요소다. 실제로 신경과학과 인공지능 분야는 인간과 기계에 모두 피드백이 중요하다는 사실을 토대로 발달했다. 이 분야는 1940년 매사추세츠공과대학교MIT의 천재 수학자 노버트 위너Nobert Wiener가 개척했다. 제2차 세계대전이 한창일 때, 독일 공군은 기존의 어떤 것보다도 빠른 전투기를 투입했다. 독일군 전투기는 빠르게 방향을 전환하며 대공포를 피해 영국 도시들을 마구 폭격했다. 반격하는 포탄을 쏘아 올리면 빈 하늘에서 폭발했다. 위너는 레이더에 잡힌 전투기 위치 정보를 자동으로 읽어, 여기에 포탄의 비행 시간을 더해 예상되는 조준점을 계산하는 알고리즘을 발명했다. 레이더 신호 입력을 바탕으로 적의 전투기가 있을 만한, 시공간적으로 아주 작은 틈을 찾아낸다는 의도였다. 새로운 레이더 신호가 들어올수록 그 틈도 조금씩 이동하며 피드백의 순환이 이루어졌다.

하지만 위너와 그의 동료 줄리언 비글로Julian Bigelow는 우연히 훨씬 더 큰 것을 발견했다. 가령 연필을 집어 든다고 생각해 보자. 우리 머릿속에 연필을 집어 든다는 생각이 형성된다. 그다음으로 팔을 움직이기 시작해 보자. 팔을 움직이는 동안 우리 두뇌는 눈과 근육, 손가락 끝을 모두 활용해 미세한 수정 과정을 수없이 거친다. 신경과학자 친구를 둔 덕분에 위너는 이 미세 수정 과정에 문제가 발생할 때 수전증이 생길 수 있다는 사실을 알고 있었다. 두뇌는 판단 실수로 목표 지점을 지나치면 정보를 끝없이 과잉 수정하게 되며, 이는 위너가 수학적으로 예측한 결과와 같았다. 위너와 비글로는 "자발적인 동작에는 *반드시* 피드백이 필요하다"라고 밝혔다.[24] 피드백은 말로 표현되지 않는 마음(우리가 원하는 것들)을 우리 몸이라는 기계와 주변 환경의 정보에 연결해 준다. 인류학자 그레고리 베이트슨Gregory Bateson이 훗날 감탄했듯이 "그리스 철학의 가장 중요한 문제, 즉 의미의 문제가 2500년 동안 풀리지 않다가 드디어 철저히 분석할 수 있는 범위에 들어왔다." 정보에 피드백을 더하면 행위가 된다. 단지 데이터나 신경, 신경세포만의 이야기가 아니다.

우리가 만약 장작을 패기 위해 도끼를 내리찍으면 결과는 나무가 쪼개지든지 아니든지 둘 중 하나다. 만약 나무가 그대로라면, 우리는 장작을 똑바로 세우고 도끼로 다시 한번 내리찍을 것이다. 우리가 식빵을 토스터에 넣고 레버를 내릴 때, 토스터를 켤 만큼 충분히 깊이 누르면 레버가 짤깍 소리를 낸다. 그리고 필라멘트에 전류가 흐르는 소리가 들리면 토스터가 켜졌다는 신호다. 처음부터 끝까지 우리가 지시한 일을 토스터가 수행했다는 피드백을 받는다. 레버의 짤깍 소리도 누군가가 디자인하고 기계적으로 구현한 결과다. 열선 온도가 올라가는 소리는 토스터 작동 중 자연스럽게 발생하는 부산물을 유용하게 활용하는 경우다. 중간 중간 이런 신호가 없다면, 우리는 토스터가 작동하는지 마는지 몰라 끝없이 씨름할 것이다.

자연 세계는 피드백으로 가득하지만, 사람이 만들어낸 세계에서는 피드백마저도 사람이 디자인해야 한다. 우리가 버튼을 누를 때 버튼이 대상을 제대로 동작시키는지 확인하도록 말이다. 현실에는 정보가 조밀하게 겹쳐 있어, 디자인의 세계에서 이 정보나 피드백을 얼마나 재현해야 하는지 가늠하기 어렵다. 하지만 우리가 자연이 아닌 인공물을 사용할 때 애착을 느끼는 이유도 피드백 때문이고, 짜증나거나 만족스럽거나 화나거나 편안한 감정을 느끼는 것도 피드백 때문이다. 피드백에 대한 모든 감정은 우리가 주변 세상과 관계를 맺을 때 뼈대가 된다.

일상에서 우리가 결심한 대로 실천하지 못하는 이유도 대부분 피드백 문제가 아닌가? 우리가 너무 많이 먹거나 바람직하지 않은 것을 먹는다면, 그 작은 선택이 미래에 어떤 영향을 미치는지 그 순간에는 알아차리기 어렵기 때문이다. 미국에서는 의사들이 약이나 의학적 처치를 처방한 다음 *사후 관리*는 하지 않는다. 따라서 새로운 환자가 올 때마다 둘 다 처방한다. 둘 중 어느 것이 실제로 효과를 발휘하는지 모르기 때문에 두 방법을 한꺼번에 동원하는 것이다. 결국 미국인은 매년 의료비를 점점 더 지출한다. 기후변화도 피드백의 문제로 볼 수 있다. 매일의 탄소 배출량을 눈으로 볼 수 없고, 기후에 대

사용하기 쉬운 제품은 무엇인가

한 영향을 확인하기까지 너무 많은 시간이 걸린다. 만약 탄소 배출의 영향은 현재와 같은데 하늘 색깔만 탄소가 누적될수록 파랑에서 초록으로 바뀐다고 상상해 보자. 그런 세상에서는 인류가 기후에 영향을 미치는지 논쟁할 필요도 없을 것이다. 아마도 그 대신 문제를 어떻게 해결할지 논쟁하고 있을 것이다. 모두 결과를 체감하지 못해 발생하는 문제다. 최악의 사태가 벌어지지 않는 한 우리 행동이 어떤 영향을 미치는지 전혀 피드백이 없고, 최악의 사태가 벌어진 다음에는 이미 너무 늦었을 것이다.[25] **21세기 디자인의 가장 큰 숙제는 환경이나 의료, 정부처럼 현재 피드백이 부족한 영역에 좀 더 양질의 피드백을 자주 제공하는 일이 아닐까.**

피드백은 우리가 현재 살고 있는 세계를 이미 지배하고 있다. 예를 들어, 우리는 인터넷이 사람들 사이를 연결하는 데 크게 기여했다고 생각하곤 한다. 일부는 맞는 이야기다. 하지만 판매자와 구매자 사이의 피드백이 어떻게 탄생했는지 잠시 돌아보자. 온라인 쇼핑몰 이베이eBay는 그리 알려지지 않은 스타트업이었는데, 구매자와 판매자가 서로를 평가하는 기능을 적용하면서 인기를 끌기 시작했다. 이와 같은 구매자/판매자 피드백이 있기에 오늘날 우리는 안심하고 온라인 상거래를 이용할 수 있다. 아마존Amazon에서 전에 본 적 없는 상품을 구입하거나 에어비앤비Airbnb를 이용해 만나본 적 없는 사람의 집에 머문다. 이전 시대에는 소비자의 신뢰를 얻기 위해 브랜드를 활용했다. 콜게이트Colgate 상표가 붙은 치약을 보면, 좋은 상품을 만들어야 장기적으로 성공한다고 여기는 크고 안정적인 기업의 제품이라고 믿고 안심할 수 있었다. 오늘날에는 관심이 가는 상품을 볼 때, 다른 사람들이 평가한 피드백을 참고한다. 비록 평가자들이 내가 모르는 사람이어도 여러 명이 평가를 내리고 있기 때문에 우리는 그 내용을 신뢰한다. 경제학자 팀 하포드Tim Harford가 말했듯이, 피드백이 없었다면 지금처럼 낯선 사람 사이의 신뢰를 바탕으로 한 온라인 상거래는 발전하지 못했을지도 모른다. 마치 지나가는 자동차를 얻어 타는 히치하이크처럼 위험을 감수하려는 사람들만 할 수 있는 활동일 것이다.[26] 지난 15년 사이 가장 크게 성장한 스타트업인 페이스북Facebook(현 메타 플랫폼스Meta Platforms—옮긴이)마저도 피드백을 기반으로 창업했다. 페이스북의 '좋아요' 버튼이 등장함으로써 사용자들은 서로 지지하고 긍정해 주는 새로운 수단을 얻었고, 전 세계의 3분의 1이나 되는 사람들의 관계 맺는 구조와 방식이 크게 바뀌었다(그 결과와 영향에 대해서는 9장에서 자세히 다룬다).

새로운 기술이 등장하면 우리가 주고받을 수 있는 피드백의 내용뿐 아니라 속도도 발전한다. 그 결과로 우리는 새로운 정보를 더 효율적으로 활용할 수 있다. 미래적인 기술을 생각하면 아직 존재하지 않는 새로운 피드백을 떠올려 볼 수도 있다. 우리의 신진대사에 꼭 맞춰 제공되는 그럴싸한 식이요법부터 탑승 인원에 따라 실시간으로 경로를 조정하는 버스 시스템까지, 이 모든 것이 새로운 피드백을 몰고 올 상품이다. 21세기의 가장 중요한 기술인 인공지능도 피드백을 기초로 작용한다. 간단히 설명하자면, 인공지능과 머신러닝이란 알고리즘이 스스로 조금 전의 활동을 평가하고, 그 평가 결과를 바탕으로 변수를 조정해 지속적으로 성과를 개선해 나가게 하는 함수의 집합이다. 알고리즘이 피드백을 처리할 수 있게 되면서 인공지능이 비약적으로 발전했다. (최초의 '신경망'은 워런 매컬러Warren McCulloch와 월터 피츠Walter Pitts가 처음 제안했다. 매컬러는 노버트 위너의 피드백 관련 초기 강의를 듣고 영감을 얻었다.)27

대부분의 피드백은 우리의 기대대로 행위가 이루어졌다고 확인해 주는 역할을 하지만, 앞으로 우리를 안심시키든 불안을 조성하든 경쟁심을 자극하든 더 큰 역할도 얼마든지 할 수 있다. 예를 들어, 페이스북의 '좋아요' 버튼이 등장하면서 우리가 느슨하게 유지하던 사회적 관계를 수치화할 수 있게 되었고, 사람들은 관계 맺기를 좀 더 가볍고 일시적인 개념으로 보게 되었다. 또 서로 다른 피드백 방식으로 최근 몇 년간 가장 크게 성공한 스타트업 사례가 있다. 바로 인스타그램Instagram과 스냅챗Snapchat이다.

인스타그램이 2010년에 먼저 등장했다. 처음에는 여기서 사진을 공유하고 자신과 연결된 친구들이 올린 사진을 볼 수 있는 것이 전부였다. 인스타그램이 서비스를 시작한 지 얼마 되지 않았을 때, 페이스북에서 '나'의 포스팅에 친구들이 '좋아요'를 누를 수 있게(그리고 물론 친구의 포스팅에 '좋아요'가 얼마나 붙었는지 볼 수 있게) 되었고, '좋아요' 기능은 업계에서 상식으로 자리 잡았다. 인스타그램은 이런 간단한 응원과 지지를 바탕으로 성장했다. 나는 '좋아요'를 몇 개 받았나? 친구들은?

스냅챗은 처음부터 다른 길을 택했다. 스냅챗도 기본적으로 사진 공유 앱이다. 하지만 스냅챗은 결정적으로 두 가지 면에서 달랐다. 첫째, 공유한 사진은 24시간이 지나면 사라졌다. 둘째, 사진에 '좋아요'를 누를 수 없었다. 친구가 포스팅한 사진을 보고 거기에 답하는 방법은 친구에게 직접 메시지를 보내는 것뿐이었다. 달리 보면, 사진을 올린 뒤 친구와 직접 대화하는 것 말고는 피드백이 전혀 없었다. 결과에 얽매이지 않고 무엇이든 공유할 수 있었다. 슬픈 사진에 '최악의 하루'라는 글만 붙여서 올려버리면 그뿐, 남들이 어떻게 평가할지 고민할 필요가 없었다. 오로지 자신에게 중요한 사람들만 게시물을 볼 수 있다는 생각, 자기 모습 그대로여도 괜찮다는 생각만 남았다.

2016년이 되자 인스타그램은 사용자들이 서비스를 다르게 인식하는 모습을 포착했다. 처음에는 사진을 있는 그대로 즉시 공유하는 서비스였지만, 사용자들은 이제 더는 그렇게 생각하지 않았다. 사용자들은 다른 사람에게 보여주는 내용을 기획하고 선별하는 어려움을 이야기했다. 또 각각의 사진을 최대한 아름답게 보여주고 싶은 마음을 이야기했다. 피드백의 순환 고리가 단단히 자리 잡은 것이다. '좋아요'를 받은 사용자는 포스팅할 때 남을 더 의식하게 되었고, 더 성능이 좋은 카메라로 사진을 찍게 되었다. 인스타그램 스타들이 주목을 받으며 포스팅의 기준은 점점 높아졌다. 인스타그램 상품기획자 로비 스타인Robby Stein은 이렇게 말했다. "점차 인스타그램은 지금 순간보다 최고의 순간을 보여주는 곳처럼 느껴지기 시작했지요."[28] 이 말만 들으면 별일이랴 싶지만, 인스타그램의 미래에 치명적일 수도 있는 현상이었다. 남의 시선을 많이 의식하는 사용자들이 포스팅 횟수를 점차 줄이다가 앱에서 살짝 멀어질 수도 있다는 우려가 퍼졌다. 인스타그램 입장에서는 사업이 통째로 위기를 맞을 수도 있는 일이었다. 따라서 인스타그램은 스냅챗의 피드백 철학을 적극적으로

사용하기 쉬운 제품은 무엇인가

받아들여 앱 상단에 '스토리' 띠를 추가했다. 스토리에서는 포스팅한 사진에 '좋아요'를 누를 수 없기 때문에 부담 없이 포스팅할 수 있고, 굳이 답하고 싶다면 쪽지Direct Message, DM를 보내야 한다.(2022년 2월 이후, 스토리에서 '좋아요'를 누를 수 있게 기능이 업데이트되었다-옮긴이) 결과는 성공이었다. 인스타그램 스토리는 크게 인기를 끌어, 도입한 지 1년 만에 하루에 4억 명이 사용하는 기능이 되었고, 인스타그램은 이 기능 덕분에 평균 앱 사용 시간을 현저히 끌어올렸다.

스냅챗과 인스타그램의 성공 서사를 두고, 여가를 새로운 방식으로 즐기게 해준 10억 달러 가치의 앱이라고 해석할 수도 있다. 인스타그램은 미술관이 되어 갔다. 스냅챗은 친구들끼리 즉흥적으로 쓸데없는 짓을 하며 노닥거리는 곳이 되었다. 결국, 두 비즈니스의 차이는 서로 다른 두 가지 피드백이 빚어낸 전혀 다른 두 경험이라고 풀이해야 한다. 스리마일섬 사고 이후 40년이 지난 지금, 피드백은 이제 기계를 이해하기 쉽게 만들어주는 장치 이상의 의미가 있다. 만약 기계의 작동방식뿐 아니라 우리가 가장 가치 있게 생각하는 것, 즉 자아 정체감과 주변 사람들에 관해서도 피드백을 받을 수 있다면, 이 피드백을 길잡이 삼아 삶을 계획할 수도 있다. 피드백에 따라 일상 경험의 인상이 달라진다. 오늘날처럼 제품을 사용하는 느낌에 따라 사용량을 결정하는 시대에는 이런 피드백이 전부라 해도 과언이 아니다.

✳

우리는 보통 가장 무시무시한 사건을 가장 먼저 잊곤 한다. 때로는 망각 작용이 있어 우리가 일상을 안전하게 이어가기도 한다. 또 더러는 꿍꿍이가 있어 일부러 기억을 지우기도 한다. 스리마일섬 사고는 이 두 가지 모두에 해당하는 것 같았다. 미국 전체 원자력 에너지 투자의 맥을 끊어버릴 정도의 대형 사고가 일어나고 30년이 지나는 동안 원자력 산업 전체가 외부의 관심을 끄는 걸 꺼려 쥐 죽은 듯 조용했다.

1979년 사고 이후 스리마일섬 제2번 원자로는 완전히 폐쇄되었다. 한편 제1번 원자로는 조용히 40년을 더 가동했다. 노먼이 이끈 조사위원회가 미국 내 모든 원자로 디자인 개선 사항을 제안한 뒤, 제1번 원자로 역시 근무자들이 더 쉽게 운행할 수 있도록 개조되었다. 여기까지 읽은 독자는 제1번 원자로가 계속 운행될 수 있었던 것 자체가 성공이며, 이를 자축해야 한다고 생각할 수도 있다. 하지만 이 산업의 경우 꼭 그렇지만은 않다. 언론은 공포심을 부추기고 대중은 상황을 제대로 이해하지 못하고 있기 때문이다. 나는 사고 후 제1번 원자로 디자인을 어떻게 바꿨는지 정확히 확인하고 싶었다. 제2번 원자로에서 겪었던 혼란을 막기 위해 어떤 조치를 취했는지 알고 싶었다. 발전소 홍보 담당자들에게 내 방문 의도가 위험한 곳을 지적하는 것이 아니라 *개선된* 곳을 확인하는 것이라고 설득하는 데에만 몇 개월이 걸렸다. 수개월을 공들인 끝에 겨우 방문할 수 있었다. 발전소를 완전히 폐쇄하기로 결정한 2019년 9월이 얼마 남지 않은 때였다.

사용하기 쉬운 제품은 무엇인가

스리마일섬 발전소는 나무가 우거진 이차선 도로 끝에 있었다. 이따금 나무 사이로 강둑이 살짝 보였다. 그리고 드디어 두 개의 거대한 냉각탑이 아주 작은 섬 전체를 차지하고 서 있는 모습이 보였다. 높이 90미터가 넘는 두 탑은 주변의 모든 사물에 비해 지나치게 컸다. 제1번 원자로에서만 증기 기둥이 노동요의 느릿느릿한 리듬처럼 뭉게뭉게 솟아올랐다. 그 옆에는 제2번 원자로가 죽은 보초병처럼 녹슨 자국으로 뒤덮여 조용히 서 있었다. 기묘하게 아름다운 풍경이었다. 철거하는 비용이 상상할 수 없이 비싸기 때문에 남겨 놓은 제2번 원자로는 거대한 포스트모더니즘 조각 작품처럼 보였다. 과거의 흔적이 현실을 그림자처럼 따라다니는 모습이었다.

✼

길 건너에는 아무 특징 없는 땅딸한 벽돌 건물이 서 있었다. 남은 제1번 원자로가 다시는 전과 같은 위기에 처하지 않도록 근무자들을 훈련시키는 곳이었다. 건물 내부는 공공시설 특유의 칙칙한 색조로 덮여 있었다. 주황색과 갈색과 회색이 뒤섞인 카펫이 깔려 있었고, 공립학교에서나 볼 법한 크롬과 합판 소재 가구가 놓여 있었다.

이 발전소가 펜실베이니아주에 자리 잡게 된 것은 순전히 조직범죄 때문이었다. 1970년대 당시 전력회사 메트로폴리탄 에디슨Metropolitan Edison은 뉴저지주에 발전소를 세우려 했다. 당시 지역 노동조합을 장악하고 있던 마피아는 관례대로 전체 공사 예산의 1퍼센트를 사례금으로 내지 않으면 공사 현장을 파괴하겠다고 회사를 협박했다. 공사 예산을 7억 달러로 잡았을 때 700만 달러에 달하는 금액이었다. 회사는 개의치 않고 공사를 추진하며 기초공사를 시작했다. 그러나 어느 날, 크레인이 700톤짜리 노심을 땅으로 내리고 있는데 웬 공사 인부 한 사람이 작동 중인 크레인에 말 그대로 '렌치(스패너)를 던져 넣었다('렌치를 던져 넣다'는 계획을 틀어지게 만든다는 뜻의 관용적 표현이다-옮긴이).' 빚을 갚지 않으면 상상도 못할 갖가지 방법으로 발전소를 망가뜨리겠다는 확실한 경고였다. 회사는 즉시 공사 현장을 버리고 펜실베이니아주에 있는 자그마한 섬으로 서둘러 떠났다. 그런 사정으로 제2번 원자로는 스리마일섬 현장에서 겨우 90일 안에, 그것도 전혀 계획에 없던 자리에 세워지게 되었다. 발전소 근무자들 눈에 제1번 원자로는 항상 매끄럽게 작동했다. 반면 제2번 원자로는 걸핏하면 화를 내는 괴팍한 골칫덩어리였다.[29] 어찌 보면 마피아가 직접 손을 대지 않고도 진정한 의미에서 원자로를 망가뜨린 것이다.

  훈련 시설 안에 실물과 똑같이 재현해 놓은 제어실은 산업용 녹색 페인트로 칠한 제어판과 줄지어 배열되어 보호 덮개로 감싸인 표시등이 흡사 달 착륙 프로젝트를 그린 영화 〈미션 컨트롤Mission Control〉의 세트장 같았다. 그날 나를 안내한 사람은 훈련장 관리자였다. 자그마한 체구에 가느다란 금속 테 안경을 쓴 그는 발전소에서 수십 년간 근무한 전문가였다. 그는 투박한 갈색 운동화에 머리끝부터 발끝까지 베이지색으로 입어, 마치 우주 경쟁(냉전 시대 미국과 소비에트 연방이 우주 개발을 놓고 벌인 경쟁-옮긴이)을 다룬 시대극에서 튀어나온 단역배우 같았다. 그는 종말의 시작과도 같은 상황을 가상으로 만들어 근무자들이 어떻게 대응하는지 평가하는 일을 맡고 있었다. 제1번 원자로 제어실을 마지막 스위치 하나까지 똑같이 재현한 방이었다.

제2번 원자로에서 발생한 사고 이후, 산업 전반에 미세하지만 강력한 변화가 차근차근 퍼졌다. 복제판 제어실 안에 들어가자, 그 모든 변경 사항을 확인할 수 있었다. 우선, 제어실 뒤쪽에 서면 모든 것이 시야에 들어왔다. 제어판 뒤에 숨겨져 잊힐 만한 표시등이 하나도 없었다. 방 안 어디서든 필요한 정보를 금방 찾을 수 있었다. 표시등도 일관성 있게 작동했다. 모든 점검이 끝난 뒤에는 표시등이 일제히 파랗게 빛났다.

하지만 지금은 정상 상태를 보러 온 것이 아니었고, 이 방을 고안한 목적도 정상 상태를 보려는 것이 아니었다. 엔지니어는 뒤쪽 관찰실로 슬쩍 들어가더니, 다시 나와 원자로가 자동으로 운행을 정지했다고 공지했다. 과거 제2번 원자로가 막혔을 때와 같은 상황이었다.[30] 길게 늘어선 표시등 한 줄이 꺼졌지만, 근무자들의 반응은 차분했다. 그리고 모두 침착하게 행동했다. 나는 상황을 정확하게 파악하기 위해 버튼을 눌러 모든 경고음을 껐다.

이와 달리 1979년 사고 당시 제어실에 있던 사람들에게는 피드백 오류, 일관성도 없고 필요한 정보를 찾을 수도 없는 조작부 등 모든 문제가 더해져 더 큰 문제로 발전했다. 근무자들은 상황을 전혀 파악할 수 없었다. 기계들을 전혀 이해할 수 없었기 때문이다. 근무자들 머릿속에는 당시 벌어지는 기이하고 서로 동떨어져 보이는 사건들이 어떻게 연결되는지 파악할 수 있는 멘탈모델이 없었다. 연결 관계만 보였어도 상황을 추론할 수 있었을 것이다.[31]

멘탈모델은 대상이 어떻게 작동하는지, 세부 기능끼리 어떻게 맞물리는지를 보는 직관 그 이상도 이하도 아니다. **우리는 과거에 사용한 적 있는 사물을 바탕으로 멘탈모델을 형성한다.** 사용자 경험이란, 사물이 어떻게 작동*해야 하는지*의 멘탈모델에 새로 접한 상품을 맞추는 과제라고 설명할 수 있겠다. 간단하게 예를 들면, 우리는 보통 책이 어떻게 '작동'하는지 이미 알고 있다. 책에는 정보가 책장 순서에 따라 배열되어 있다. 정보를 더 얻으려면 책장을 넘기면 된다. 아마존의 터치스크린 전자책 단말기인 킨들이 성공한 것도 이 멘탈모델을 영리하게 각색했기 때문이다. 종이책의 책장을 넘기듯이 전자책 화면을 스와이프함으로써 책장을 '넘기'는 것이다.[32]

눈앞의 도구나 장치를 보고도 어떻게 작동하는지 모를 때 우리는 피드백을 활용해 시행착오를 거치며 작동 원리를 흐릿하게나마 머릿속에 그려간다. 하지만 가장 정확하게 멘탈모델을 만들려면 그림을 그려야 한다. 제1번 원자로 제어실을 둘러보니, 전체 원자로를 멘탈모델으로 구현한 모습이 보였다. 잘 모르는 사람이 보기에도 시스템의 주요 단위가 무엇인지 쉽게 알 수 있었다. 그 방은 원자로의 전체 모습을 그대로 반영했다. 제어판마다 보조 순환 시스템이나 노심 같은 시스템을 하나씩 나타냈다. 방을 찬찬히 살펴보니 각각의 시스템이 어떻게 연결되어 연쇄적으로 작동하는지 이해할 수 있었다. 방 안의 장치들이 원자로 구조에 그대로 대응되어 있었다. 마치 가스레인지에서 각각의 화구와 다이얼이 대응된 모습, 또 자동차 운전석의 위치 조작 버튼이 좌석의 각 부분에 대응된 모습과 같았다.[33] 모두 기기를 조작하는 사람의 머릿속에 흔들림 없는 확실한 그림을 심어주기 위해서였다. 이들이 침착해야 혼란을 막을 수 있기 때문이다.

사용하기 쉬운 제품은 무엇인가

하지만 무엇보다 신기했던 것은 근무자들이 정확성을 보장하기 위해 훈련받는 소통의 절차였다. 근무자들은 중요한 장치를 확인할 때 두 명씩 함께 갔다. 한 명이 행위를 하면, 다른 사람이 그 행위를 확인한다. 첫 번째 사람이 그 행위가 제대로 되었는지 검사하고, 두 번째 사람이 다시 확인한다. 1979년에 벌어진 오류를 없애려는 조치였다. 당시 제어판 뒤를 근무자 한 명이 담당했기 때문에 엉뚱한 게이지를 확인하고 밸브가 열린 사실을 놓쳤다. 지금은 근무자들이 따르는 절차가 버튼 작동 원리와 똑같다. 버튼을 누르면, 버튼은 직전 행위를 확인하기 위해 피드백을 보낸다. 원자로 제어실에서는 이 피드백이 두 번째 근무자의 입에서 나온다. 동일한 원리다.

참 신기한 세상이다. 인간이 기계로 대혼란을 초래하지 않으려면 버튼처럼 행동해야 한다니. 그러나 더 깊이 생각해 보면 그렇게 놀라운 일도 아니다. 노버트 위너가 독일 전투기를 격추하는 피드백 알고리즘을 만든 선구적인 연구에서 발견했듯이, 피드백이 있어야 정보를 행동으로 옮길 수 있다. 따라서 결국 **버튼은 우리의 의지와 사용자 친화적인 세상을 이어주는 연결점이 되었다.** 버튼에는 우리 뇌가 세상을 이해하는 근본 원리가 숨어 있다. 지극히 평범하고 시시해 보이기까지 하지만, 제대로 살펴보면 세상 전부처럼 느껴진다. 중요한 통찰은 늘 예상치 못한 곳에서 오기 마련이다. 내게는 가장 예상치 못한 경우가 아내의 입으로 상담사의 말을 전해 들었을 때였다. 배우자와의 말다툼을 건설적으로 전환하려면 상대방의 이야기를 듣고, 방금 들은 말을 *반복*하고, 마지막으로 배우자가 내 말을 *확인*하는 과정을 거치라는 내용이었다. 누르고, 피드백을 주고, 행위를 확인하는 것이다. 버튼과 똑같지 않은가? 세상에 조금이라도 영향력을 행사하려는 것보다, 상황을 함께 이해하고 공감하는 것이 먼저다. 디자인도 마찬가지다. **디자인은 함께 이해하고 공감한 내용이 스며들어 사용자들이 읽을 수 있는 사물을 만드는 일이다.** 그 이상도 이하도 아니다.

스리마일섬 사고는 한 시대에서 새로운 시대로 넘어가는 전환점이었다. 스리마일섬 이전은 기계 때문에 조작자들이 실수할 수밖에 없는 시대였고, 그 이후는 현재 우리가 살고 있는 사용자 친화적인 세상이다. 여기서 잠시 스리마일섬 발전소는 인간과 기계가 상호 작용하는 방식을 전혀 모른 채 설계되었다는 사실을 생각해 보자. 이미 제2차 세계대전 직후부터 30년 동안 심혈을 기울여 연구해 왔던 분야였다. 하지만 이 연구로 얻었어야 하는 교훈은 모두 어딘가에 처박혀 전혀 활용되지 않았다. 그런데 스리마일섬 사고 이후 고작 5년이 지나자, 매킨토시 컴퓨터 광고가 처음 등장해 아주 쉽게 사용할 수 있는 기계를 뽐냈다. 스리마일섬 사고가 아니었다면 아이폰도 없었을 것이라고 단언하기에는 무리가 있지만, 적어도 그 둘은 거대한 사슬처럼 연결되어 있다. 스리마일섬에서 제 기능을 하지 못했던 표시등과 엉뚱한 곳에 배치되었던 게이지, 그 반대편에는 우리가 신경 쓸 필요가 없을 정도로 사용자 친화적인 기기들이 있다. 우리가 화면 위 버튼을 누르면, 눌렀다는 표시로 버튼이 아래로 조금 내려간 후 새로운 화면이 뜬다. 그러면 성공이다. 우리는 스마트폰 메뉴에서 낯선 화면에 처음 보는 버튼을 잔뜩 접하더라도 대충 어떻게 사용하는지 안다. 가능한 선택지가 눈앞에 모두 펼쳐져 있기 때문이다. 정반대의 경우를 나타내는 사례로 제2번 원자로가 있다(제2번 원자로 사례는 구

사용하기 쉬운 제품은 무엇인가

성원 모두가 상황을 똑같이 이해하지 못하면 일이 얼마나 크게 잘못될 수 있는지를 단적으로 보여준다는 점에서 중요하다). 표시등과 다이얼은 시야 밖에 숨어 있고, 버튼은 방금 지시한 사항이 제대로 수행되었는지 확인해 주지 못하기 때문에 치명적이었다.

애플의 새 캠퍼스 근처에 사는 은퇴한 엔지니어 할런 크라우더와 오후를 함께 보낸 지 얼마 지나지 않아, 나는 구글 렌즈를 착용하고 팰로앨토 시내를 돌아다녀 보았다. 미래가 내 손에 달린 느낌을 떨치기 어려웠다. 스마트폰 카메라만 사용하면 주변 환경에 대해 정보를 조금씩 모을 수 있다. 극장 밖 간판 정보를 카메라에 학습시키면, 화면 아래쪽에 뜨는 버튼을 눌러 영화 시간표를 찾고 표를 예매하고 영화평을 읽을 수 있다. 스마트폰을 들어 나무 쪽에 갖다 대면 무슨 종인지 알아볼 수 있다.

마치 현실 세계 위에 인터넷을 자연스럽게 겹쳐 놓은 것 같다. 더 정확하게는, 우리에게 친숙한 구글 검색창을 작은 망원경으로 바꾸어 구글 렌즈가 됐다. 구글 렌즈는 현재 지구상에서 가장 발달한 인공지능이 뒷받침하고 있다. 이 인공지능은 단어와 사물을 인식하고 스마트폰의 시선에 잡히는 대상을 바탕으로 우리가 궁금해하는 내용을 알아맞힌다. 인공지능에는 고양이와 개를 구별하고 한국어를 일본어와 구별할 줄 아는 신경망(두뇌 신경을 모방해 알고리즘에 반영한 것)부터 이런 연산이 가능하도록 연산의 성격에 맞게 회로를 맞춤 설계한 서버까지, 수십억 달러어치의 연구 결과가 집약되었다. 하지만 이렇게 대단한 기술이 녹아든 제품은 돋보기를 쓰는 것만큼 사용이 간단하다. 세계에서 가장 발달한 기술이지만 설명서 없이도 사용할 수 있다.

물론, 원자로와 스마트폰은 다르다. 하나는 전문가용이고, 다른 하나는 범용이다. 하지만 요즘은 가장 특화된 전문가용 기기조차 사용하기 쉽게 만들어야 하는 분위기다.[34] 다양한 분야에서 동시에 이런 현상을 엿볼 수 있다. 우리는 세탁기부터 데오도런트까지 모든 것이 '전문가 수준'이길 바란다. 우리가 세탁소나 프로 스포츠팀을 운영하지 않더라도, 우리가 쓰는 제품은 가장 극한의 상황도 견딜 수 있기를 기대한다. 한편 우리 경제는 점차 인력을 언제든 교체할 수 있는 시스템이 되고 있다. 전문 지식이나 숙련도가 아니라 '순발력'으로 평가받는 임시직·계약직 근로자를 선호하는 것이다. 우버Uber 운전기사들은 도시의 지리를 몰라도 괜찮다. 공장 근로자들은 (아직 일자리가 있기나 하다면) 그나마 기계가 아직 수행하지 못하는 작업을 어렵사리 유지할 뿐이다.

그러니 우리는 일상의 모든 면이 스마트폰처럼 쉽게 돌아가기를 기대한다. 변화무쌍한 노동시장 속에서 기술 변화와 속도를 따라잡기 버거워하는 근로자들이 이렇게 기대하는 것은 어쩌면 당연한 일인지도 모른다. 그도 그럴 것이, 스마트폰은 어디에나 있고 우리는 즉각적으로 일 처리가 가능한 만큼 집중력이 많이 필요한 힘든 업무를 이동 중에 스마트폰으로 수행할 때가 많다. 우리는 스마트폰으로 제트기 부대도, 특수한 암 질환도, 걸핏하면 문제가 생기는 풍력 발전용 터빈도 진단하고 점검할 수 있다. 사용자 친화적인 세상이 점차 세분화되고 특수한 분야로 침투해 들어가고 있다. 또 전문성의 성격도 달라지고 있다. 오늘날 우리는 최첨단 기술도 아무 설명 없이 사

사용하기 쉬운 제품은 무엇인가

용할 수 있기를 바란다. 하지만 어떻게? 기계가 인간의 지시 없이도 알아서 해야 할 일이 도대체 무엇인지, 우리는 어떻게 알 수 있을까?

도널드 노먼의 고상한 연구실을 나서며, 나는 그를 향해 한마디 던졌다. "원자로 제어판을 사용하거나 문고리를 잡는 데서 얻은 통찰력으로 아직 생각조차 못 해본 기기를 만들 수 있다니, 어쩐지 마법 같군요." 노먼이 과거를 돌아보며 자신이 보아온 사례를 조금 설명할 수 있도록 말문을 터줄 심산이었다. 일종의 마법 같지 않나? 노먼이 외치다시피 말했다. "전혀 아니에요! 마법이 아니라 과학이죠! 그것이 과학이 하는 일입니다. 어떤 경우에도 딱 맞는 보편적인 법칙을 찾으려 애쓰는 거죠." 노먼은 실수가 발생했다면 그건 결코 사용자 탓이 아니라고 덧붙였다. 그는 과학을 통해 사람들의 생각을 알 수 있다고 굳게 믿었다. 노먼의 발견에 의하면, 인간의 약점은 일이 실패한다는 증거가 아니라 우리 본성의 일부다. 통나무에 도끼를 휘두르든 버튼을 누르든 우리가 기대하는 바를 나타낸다. 우리는 무엇이든 무조건 잘 돌아가야 한다고 생각한다. 디자인은 사용자가 현재 상황을 파악하고 앞으로 무엇을 할지 판단할 수 있게 도와주려는 데서 나왔다. 디자인이 어려우면서도 매력적인 이유는, 디자인할 대상이 새로운 것일 때도 사용자가 당황하지 않도록 친숙하게 만들어야 하기 때문이다.

노먼에게 현재 매일 접하는 사물 중 훌륭한 디자인이라고 생각하는 것이 있는지 물었다. 그는 주위를 둘러보더니, 자기 손목시계에서 눈길을 멈췄다. 검은색 브라운 브랜드 시계였는데, 깔끔한 선과 고급스러운 실용주의 느낌의 숫자판이 1960년대에 디터 람스^{Dieter}

Rams와 디트리히 룹스^{Dietrich Lubs}가 디자인한 유명 모델을 계승한 제품이었다. 단 하나, 숫자판 디자인에 거슬리는 부분이 있었다. 수동 바늘 옆에 붙은 눈부시게 밝은 LCD 화면이었다. 시계는 별다른 이유도 없이 똑같은 시간을 두 가지 방법으로 알려주고 있었다. 노먼은 오랫동안 이 시계를 싫어했다고 말했다. 주문할 때는 숫자판이 두 개인지 몰랐다고 했다. 정말 바보 같은 일이었지만, 독특한 만큼 인상 깊은 시계였다. 보통 숫자판이 두 개 달린 전화기나 계기판이 두 개인 자동차는 없지 않은가. 하지만 볼수록 시계 속에서 두 개의 자아가 싸우는 듯한 모습이 마음에 들었다. 마치 디자이너 둘이 서로 견제하며 만든 것 같았다. 노먼은 이렇게 말했다. "내 손목시계 안에서 기능과 아름다움이 갈등을 일으키는 모습과 그 긴장감이 좋아요. 이렇게 아름답고 우아한 바늘을 이렇게 못생긴 LCD가 망치다니." 어떤 사물이 작동하게 만드는 방법은 여러 가지가 있다. 그중 어느 방법을 택할 것인지는 전혀 다른 문제다. 디자인 안에는 심리도 있지만, 예술과 문화도 녹아 있다. 디자인을 통해 우리는 사물을 더욱 인간적으로 만들 수 있다고 생각하지만, 그러기 위해서는 세상을 보는 관점을 바꿔야 한다. 스리마일섬 사고에서 우리는 기계가 어떻게 작동해야 하는지를 배웠다. 하지만 이것만으로는 사용자 친화적인 세상의 일부만 설명할 수 있다. 우리가 물건을 만들 때 왜, 어떤 동기로 만드는지는 아직 모른다.

사용하기 쉬운 제품은 무엇인가

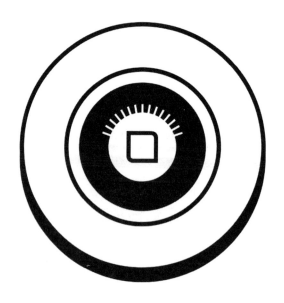

하니웰Honeywell 원형 온도조절기 (1953)

02

산업의 기원을 찾아서

믈라덴 바버리치Mladen Barbaric는 특이한 문제를 수집한다. 주로 박물학자처럼 이런 문제들을 쌓아두며 생각한다. '어쩌면 나중에 고민해 볼 만한 거리가 있을지도 몰라.' 바버리치는 사라예보에서 자랐으며, 1992년 보스니아 내전이 격렬하게 벌어졌을 때 십 대였다. 평생 이웃으로 지낸 이슬람교도와 기독교도들이 갑자기 서로를 죽이는 데 혈안이 된 것이었다. 나이는 어렸지만 자신감 넘치고 진지했던 바버리치는 항상 철저하게 계획을 세우는 아이였다. 바버리치의 어머니는 아들이 몇 시간이고 구석에 앉아 그림에 몰두하거나 조그만 나사를 하나씩 빼며 라디오를 분해하는 모습을 보며 이상하다고 생각했다. 포격이 시작되자 아버지는 아들에게 포탄의 위험성을 침착하게 알려주었다. 수류탄이 터지면 가족이 살던 고층 아파트 벽 한 겹이 허물어질 수 있다. 대전차 로켓이 터지면 벽 두 겹이 무너질 수 있다. 아들에게 겁을 주려는 것이 아니었다. 오히려 아버지는 아들에게 폭발음의 종류와 거리를 판단해 어디로 대피해야 하는지와 같은 현실적인 조언을 해주었다. 그 후 바버리치는 몇 주 동안 뜬눈으로 밤을 보내며 귀에 들리는 폭발음을 일일이 기록한 다음, 자신이 수집한 데이터를 분석했다. 가장 빈번하게 터지는 건 수류탄이고, 대전차 로켓은 그보다 훨씬 드문드문 떨어졌다. 미사일은 한 번에 벽 세 겹을 허물 정도지만, 매우 드물었다. 결론적으로 바버리치는 어디서든 적어도 벽 두 겹에 둘러싸여 지내야겠다고 생각했다. 바버리치는 일 년 동안 골목과 건물 지하를 전전하며 벽 속에 벽이 있는 곳으로 골라 다녔다.

얼마 후 바버리치의 어머니가 사라예보 밖으로 탈출하는 버스 두 대에 본인과 바버리치, 그리고 바버리치의 남동생 자리를 가까스로 구했다. 8개월 뒤 세 식구는 캐나다에 도착해 바버리치의 아버지와 재회했다. 어머니가 운 좋게 카지노에서 블랙잭 딜러가 되었지만, 간신히 생계를 꾸릴 정도였다. 바버리치는 가진 게 없는 이민자라는 불안감에 고등학교와 디자인학교를 서둘러 졸업했다. 디자인학교에서 대형 프로젝트 마감이 다가오면 바버리치는 여덟 시간, 열 시간씩 연속으로 작업한 다음, 한 시간 동안 눈을 붙였다가 다시 일어나 작업하기를 열흘씩 이어가기도 했다.

현재 바버리치는 몬트리올에서 펄Pearl이라는 작지만 성공적인 디자인 회사를 운영한다. 나는 바버리치에게 디자이너로 일하는 데 어린 시절이 조금이라도 도움이 되었다면, 그게 어떤 부분인지 물었다. 바버리치는 전쟁을 겪으며 사람들이 어떻게 변해갔는지 떠올렸다. 한 이웃이 어린아이한테서 딸기 한 묶음을 빼앗기도 했고, 조용한 남자아이가 보스니아 반군에 가담하더니 성질 급한 폭력배로 변하기도 했다. 바버리치는 이렇게 말했다. "나는 사람을 판단할 때 조심스러운 편입니다. 의식적으로 그러는지는 알 수 없지만요. 그냥 겉만 보고는 알 수 없는 뭔가가 더 있을 거라고 생각하죠. 내가 이해하기 힘든 유형이 딱 한 가지 있는데, 매사에 부정적인 사람들이랍니다." 저녁을 다 먹어갈 때쯤, 바버리치는 한창 디자인하고 있던 제품 이야기를 꺼냈다. 버튼 하나로 새로운 유형의 '착한 사마리아인'을 길러낼 수 있다고 믿는 제품으로, 바버리치도 스스로 인정하듯이 도박에 가까운 도전이었다. 이것이 디자이너가 세상을 보는 관점이다. 만약 더 나은 사람이 되는 방법이 아주 쉽다면, 우리는 기꺼이 더 나은 사람이 된다는 생각이다.[1]

바버리치는 때로 혼자만의 대단한 아이디어에 빠져 있는 사람들에게 황당한 의뢰를 받기도 했다. 그중 보 글레스피Bo Gillespie는 자칫 쉽게 무시할 만한 사람이었다. 중급 정도의 대학을 갓 졸업하고, 남부 억양에 다소 구식 매너가 몸에 밴 데다가 이른바 '스타트업 남(실리콘밸리 스타트업 업계의 남성을 비꼬는 명칭-옮긴이)' 특유의 거들먹거리는 자신감도 없었다. 하지만 글레스피는 어머니가 겪었던 문제를 해결하려는 데 순진하리만큼 온 마음을 다해 전념하고 있었다. 그의 어머니는 자녀들이 어느 정도 자란 뒤에 다시 일을 하고 싶어 했다. 어머니에게는 부동산업이 무난할 것 같았다. 당시 살고 있던 플로리다 남부는 부동산 투자가 모든 주민의 비공식적인 취미였다. 그렇다 해도 걱정이 되긴 했다. 어머니 친구들은 낯선 동네를 어슬렁대며 주택 매물 전단을 모아 가는 남자들 이야기를 나누곤 했다. 이들은 먼저 집을 볼 약속을 잡았다. 여성 중개업자라면 전화를 받고 예의 바르게 말하는 이 남성과 일정을 잡은 다음(*신규 고객이다!*), 그날 보여주기로 한 집 열쇠를 모두 모아 약속 장소에 15분 먼저 도착할 것이다. 현관문을 열고 흙 묻은 장화 바람으로 부엌을 지나간 공사 인력들의 흔적을 싹 치운다. 새로운 잠재 고객이 나타나면 안으로 안내한 다음 활짝 웃으며 악수를 청할 것이다. 현관문이 딸깍 닫히고, 이 남자와 단둘이 남게 된다.

글레스피의 어머니가 집을 보여주러 갈 때면, 아들에게 전화를 걸어 목적지를 알려주고 "내가 20분 안에 다시 전화하지 않으면 경찰을 불러야 한다"라고 일러두곤 했다. 글레스피는 고개를 끄덕이며 속으로는 21분 후 경찰에 전화해 어머니가 위험하다고 믿게 하려면 대체 뭐라고 말해야 할지 고민하곤 했다. 그러다가 문득 이런 생각이 떠올랐다. '어머니가 직접 누를 수 있는 버튼이 있다면 어떨까? 버튼을 누르는 순간 경찰에 어머니의 신원과 정확한 위치 정보가 전송된다면?'[2] 글레스피는 바버리치에게 디자인을 의뢰했다. 하지만 바버리치는 망설였다. 설익은 아이디어에 지나치게 흥분하는 발명가라면 수없이 봐왔기 때문이다. 바버리치는 글레스피에게 첫 콘셉트 스케치에 너무 빠져서는 안 된다고 부드럽게 당부했다. 사실, 젊은 남성 한 팀이 신변의 위협을 느끼는 여성의 처지를 이해해 봐야 얼마나 하겠는가.

바버리치는 일을 맡자마자 곧 더스티 존스턴Dusty Johnstone 박사에게 미리 도움을 요청해 두었다. 존스턴은 바버리치 아내의 친구였는데, 성범죄를 오랫동안 연구해 온 전문가였다. 바버리치가 처음 협업을 제안하자, 존스턴은 비상 연락 버튼의 개념부터 완전히 틀렸다고 알려주었다. 그 후 바버리치와 존스턴은 함께 일에 착수했고, 몇 개월 뒤 글레스피에게 프로젝트 결과를 보여주었다. 바버리치의 사무실에서 발표회가 진행되었고, 나는 회의실 뒤쪽에서 참관했다. 바버리치는 발명의 기술적 세부 사항과 제품의 세밀한 감성적 요소를 간단히 설명했다. 그다음으로 존스턴이 좌중을 압도하는 자신감을 풍기며 일어서자, 방 안 전체가 주목했다. 모두 바버리치가 치밀하게 연출한 장면이었다. 글레스피가 예상한 내용으로 도입부를 이끌다가, 새로운 전문가라는 변화구로 논의의 방향을 완전히 바꾼다는 계획이었다. 존스턴의 말에 극적 효과를 높이기 위해서였다.[3] 존스턴은 글레스피가 상상했던 성범죄 상황, 즉 낯선 사람이 숨어 있다가 공격하는 경우는 너무나 드물기 때문에 본질을 흐린다고 반박했다. 성범죄의 80퍼센트는 피해자가 아는 사람이 가해자인 경우였다.

　"보통은 집에서 열리는 파티나 술집에서, 이미 알고 만난 적 있는 사람 주변에서, 이를테면 12년이나 알아온 친구의 침실 같은 곳에서 범죄가 일어납니다." 존스턴이 발표를 이어갔다. 그런 상황에서는 경찰에 신고하는 것 자체가 굉장한 부담이다. 불안하지만 확실하지 않은 상황을 갑자기 명백한 대립 상황으로 확대해야 하기 때문이다. 이것이 정말 당하는 상황인지 확실치 않거나 혹은 사람들 앞에서 바보가 될까 봐 두렵다면, 누구든 경찰에 신고하지 못할 것이다. 신고 방법을 새롭게 디자인하는 것으로는 충분치 않다는 게 존스턴의 핵심 주장이었다. 신고의 대안을 만들어야 했다. 존스턴이 발표를

사용하기 쉬운 제품은 무엇인가

마치자 방 안에 어색한 공기가 감돌았다. "질문 있나요?" 글레스피는 예의 바르게 손을 들어 올렸다. "혹시 이 이상 복잡해질 수도 있을까요?" 모두 웃음을 터뜨렸다.

처음에 존스턴은 바버리치에게 누군가를 위험에서 보호하는 비법은 의외로 간단하다고 말했다. 지나가던 사람이 적당한 때에 "괜찮으세요? 친구라도 불러줄까요?"라고 끼어들거나, 여성이 재치 있게 "아 친구가 메시지를 보냈네. 이만 가야겠다"[4]라고만 하면 위기를 피할 수 있다. *이거면 된다.* 그 말이 바버리치의 귀에 남았다.[5] 이런 조치가 절대로 통하지 않는 경우, 예를 들어 마음먹고 범죄를 저지르는 가장 심한 경우도 있기는 하다. 하지만 다른 수많은 경우에, 여성이 속으로 '아, 지금 누군가가 와서 도와줬으면'이라고 생각할 때마다 그럴싸한 핑계를 댈 방법이 있다면 어떨까? 다른 사람의 개입을 요청할 방법이 있다면 어떨까? 존스턴의 발표가 끝나고 바버리치가 일어나 말을 넘겨받았다. "우리가 어떤 문제를 해결하려는 건지 함께 결정해야 해요. 그러니 나머지 문제도 자세히 뜯어봅시다."

바버리치가 새로운 아이디어를 제안하려고 할 때는 눈썹이 위로 솟아 부드럽고 환한 표정이 된다. 그런데 지금, 이 눈썹이 바빠졌다. 이 기기는 10센트짜리 동전 크기(지름 1.8센티미터로 10원 동전 크기와 같다—옮긴이)로 브래지어 끈이나 열쇠고리 등 어디든 꽂을 수 있는 버튼이다. 버튼을 세 번 누르면 경찰을 부를 수 있다. 하지만 버튼을 딱 한 번 눌렀을 때가 더 인상적이다. 한 번 누르면 신고가 되는 대신 주변 친구나 행인 중 가장 가까이 있는 사람에게 신호가 보내져, 자신에게 다가와 괜찮은지 확인해 달라고 요청할 수 있다. 제품 이름인

'리플Ripple(잔물결-옮긴이)'은 여기에서 착안했다. 버튼 하나로 결정적인 순간에 핑곗거리를 만들고, 그와 동시에 도움의 손길을 확보하는 방법이었다. "이런 심리적 요인을 고려하지 않고는 원하는 효과를 얻을 수 없습니다." 바버리치가 말했다. 까딱 잘못하면 문제만 더 키우는 버튼을 만들 수도 있었다. 곤란한 상황을 매끄럽게 빠져나올 핑계면 되는데 말이다.

언제든 즉석에서 동원할 수 있는 수호천사 네트워크를 만든다는 뛰어난 아이디어는 법적인 장애에 부딪혔고, 제품을 보완해 나가는 2년의 과정을 이겨내지 못했다. 하지만 제품의 핵심은 살아남았다. 2017년에 리플은 홈쇼핑네트워크 채널에서 소개되기도 했는데, 경찰 신고라는 초기 아이디어를 새롭게 구성한 모습이었다. 버튼을 눌러 전문가에게 전화를 요청하는 방식이었다. 신호를 받고 리플 이용자에게 전화를 거는 전문가들은 어떤 도움이 필요한지 효과적으로 알아내는 훈련을 받은 인력이었다.

버튼을 누르면, 알림을 받은 전문요원이 전화를 걸거나 문자 메시지를 보내준다. 이용자들은 다양한 상황에 처해 있다. 술집이 영업을 마치는 복잡한 환경일 수도 있고, 자동차 안에 있거나 다른 위험한 상태일 수도 있다. 전문요원은 전화를 걸어 무슨 일이 있는지 물어보며(이는 당장 상황을 모면할 그럴싸한 핑계가 되어주기도 한다) 이용자를 도울 방법을 찾아낸다. 존스턴이 더 채근한 덕택에 리플은 사용자 친화적인 경찰 신고 방식을 넘어섰다. 리플은 우리가 도움이 필요하다고 느끼지만, 어떤 도움이 필요한지 명확히 모르는 수많은 위기의 순간을 돕는 서비스였다.

사용하기 쉬운 제품은 무엇인가

리플은 눈앞에 있으면서도 발견하지 못하는 문제를 어떻게 해결하는지 보여준다는 점에서 기발했다. 또한 뻔해 보이는 문제도 면밀히 뜯어보면 결코 뻔하지 않다는 사실을 보여주어 유용했다. 글레스피는 어머니의 두려움을 불씨로 문제를 해결하고자 했다. 존스턴 박사는 사회적 맥락에 대한 이해를 도움으로써 그 두려움의 이면을 볼 수 있게 했다. 그리고 사라예보를 탈출한 난민 바버리치는 사회적 자본을 활용해 무언가를 만들 태세를 갖추고 있었다. 어린 시절, 주변에서 이 사회적 자본이 서서히 무너져가는 모습을 직접 목격했기 때문이다. 세 사람은 각자 무언가를 가정하거나 넘겨짚은 채 이 프로젝트에 참여했다.

하지만 세 사람의 가장 큰 공통점은 제품 전반에 대한 믿음과 자신감이었다. 제품을 만들어내는 디자이너들은 제품 디자인이 좋으면 무슨 문제든, 사회 차원의 문제까지도 해결할 수 있다고 믿는다. 리플은 그중에서도 극단적인 자신감으로, 말 그대로 버튼 하나와 피드백으로 적시에 필요한 만큼만 도움을 청해야 하는 난감한 상황을 해결하겠다는 발상이 들어 있다. 물론 말도 안 되게 원대한 목표다. 스타트업 대부분은 실패한다. 위기에 도움을 청하는 방식을 재정의하려는 스타트업이라고 해서 더 나을 것도 없다. 하지만 우리는 더 나은 *물건*을 발명함으로써 더 나은 세상을 열 수 있다고 생각한다. 이런 이상향은 곳곳에 스며 있어 따로 설명할 필요가 없어 보인다. 하지만 늘 이렇지는 않았다. 기원을 추적해 보면 20세기 초엽까지 거슬러 올라가게 된다. 이 시대에 소비를 사회 발전의 동력으로 여기는 강력한 믿음 때문에 새로운 직업이 탄생했다. 바로 산업디자이너다.

✻

　　때는 1925년, 헨리 드레이퍼스Henry Dreyfuss는 늘 입던 갈색 정장을 입고 새로 지은 화려한 RKO 극장 앞에 꼼짝하지 않고 조용히 서 있었다. 드레이퍼스는 멀리 뉴욕에 있는 극장 소유주들을 오랫동안 괴롭혀온 문제를 해결하러 와 있었다. 이들은 이 새로운 명소에 거액을 투자했지만, 건물에는 개미 새끼 한 마리 들어오지 않고 있었다. 극장의 위치는 좋았다. RKO 극장은 아이오와주 수시티 시내의 번화가에 있었는데, 인기 보드빌vaudeville(노래, 춤, 곡예 같은 볼거리로 다양하게 꾸미는 공연-옮긴이) 순회공연도 유치하고 인기 있는 신작 영화도 상영했다. 하지만 아이오와의 단란한 가족들과 농부들은 극장의 화사한 입구와 보행로를 덮은 고급 레드카펫을 총총거리며 지나쳐 길 저쪽의 허름한 다른 극장으로 들어가 버렸다. 왜 그런지 알아보려고 드레이퍼스는 멀거니 서서 사람들을 그냥 관찰하고 있었다.

　　마케팅 컨설턴트나 사업 전략가들이 존재하기 전이었다. 드레이퍼스는 단지 극장 디자인에 대해 뭘 좀 아는 듯해 보였기 때문에 의뢰를 받아 들어온 것이었다. 당시 겨우 스물한 살이었지만, 이미 브로드웨이 공연 디자인의 귀재로 알려져 있었다. 화려한 성공 덕에 드레이퍼스는 자신을 디자이너라기보다 소비자의 수요를 만들어내는 사람으로 홍보할 수 있었다. 드레이퍼스가 처음 극장에 왔을 때는 관람비를 낮췄고, 표 한 장에 영화 세 편을 상영했으며, 음식도 무료로 제공했다. 하지만 어느 것 하나 소용없었다. 사흘 동안 관찰만 한 뒤 드레이퍼스는 극장 로비로 들어가 관람객들이 하는 말을 엿들었다.

073

사용하기 쉬운 제품은 무엇인가

누군가가 이런 고급 카펫을 진흙 묻은 발로 더럽힐까 봐 얼마나 겁나는지 이야기하고 있었다. 극장의 반질반질한 입구에 매끈한 카펫이 목구멍의 혀처럼 늘어져 있는 모양을 돌아보니, 동네 '농사꾼과 일꾼'들이 얼마나 주눅이 들었을지 보였다.[6] 알고 보니 처음 주어진 문제, 즉 관람객을 끌어모으지 못하는 극장 디자인을 개선해 달라는 문제는 결국 본질에서 한참 벗어나 있었다. 극장이 충분히 좋지 않아서가 아니었다. 오히려 뉴욕의 어느 설계판 위에서 나온 디자인 탓에 극장은 현실적이고 소박한 아이오와 사람들이 보기에 지나치게 좋았던 것이다.

다음 날, 드레이퍼스는 사람을 불러 카펫을 뜯어내고 평범한 고무 깔개를 놓았다. 그런 다음 극장으로 돌아가 기다렸다. 처음에 두 명이 오더니, 몇 명이 더 오고, 또 몇 명이 더 오고, 또 몇 명이 더 와 극장이 가득 찼다. 묘안이 효과를 발휘한 것이다. 고작 깔개 하나로 사람들의 마음을 편안하게 해줄 수 있다는 사실이 의아할 수 있다. 하지만 이런 과감한 처방이 가능했던 것은 디자인의 이상향을 보여주는 그의 신념 때문이었다. 그는 다른 누군가의 삶을 창피하고 혼란스러운 면, 호기심과 자존심이 강한 면까지 속속들이 이해하면 그 사람의 삶에 도움을 줄 수 있다고 믿었다. 그 사람의 생각을 이해하면, 뻔한 문제 너머에 그 사람이 조리 있게 설명하지 못한 문제를 발견할 수 있다. 애초에 해결할 거라고 생각조차 못 했을 법한 문제다. 그럼으로써 디자이너의 관심을 *무엇을* 만들까와 *어떻게* 만들까에서 *누구를* 위해 만들까로 돌렸다. 훗날 그는 디자이너를 "선지자는 아니면서 선견지명이 있는 사람"이라고 불렀다.[7] 디자인이라는 행위는 존중의 표시였고, 늘 입는 갈색 정장은 실제로 자신의 직업관을 나타내는 일종의 선언이었다. 그는 오로지 갈색만 걸쳤다. 갈색 잠옷과 갈색 수영복, 그리고 특히 매일 빠짐없이 입는 갈색 정장까지 세심하게 맞춤 제작한 옷만 입었다. 오늘날은 갈색이 재미없어 보이지만, 당시 회색과 검정의 시대에 갈색은 특별한 세련미를 나타내고 품위 있지만, 지나치게 멋 부리지는 않은 색이었다. 예술을 하는 사람보다는 사업을 아는 사람으로 자리매김하기 위한 근무복이었다.

드레이퍼스는 예상 밖의 길을 거쳐 왔다. 할아버지와 아버지가 몇 달 간격으로 세상을 떠나면서 어린 드레이퍼스는 갑자기 일찍 어른이 되었다. 그림 그리는 재능이 남달라 열여섯 살에는 유명한 사립학교에 장학금을 받아 입학했고, 학창 시절을 거치며 마음속에 씨앗을 품게 되었다.[8] 펠릭스 애들러Felix Adler가 1876년에 설립한 뉴욕윤리적문화협회는 매우 진보적이면서 지극히 세속적이기도 한 곳이었다. 칸트의 영향을 받은 애들러는 인간이 도덕성을 타고난다는 믿음을 거부했다. 오히려 도덕성은 인간이 스스로 결정하는 데 있다고 주장했다. 어린 드레이퍼스는 이런 사상에 깊은 감명을 받았다. 이웃들이 처음 아버지의 죽음으로 어린 아들이 어머니와 남동생의 생계를 책임지는 상황에 대해 들었을 때, 하느님의 은총을 얼마나 많이 빌어주었던가. 하지만 이곳 학교에서는 하느님의 은총을 기다리지 말라고 가르치고 있었다. 이곳에서 그는 직접 나서서 모든 사람, 자신과 비슷한 처지의 사람을 도와야 한다고 배웠다.

드레이퍼스는 졸업한 지 불과 몇 년 만에 무대디자이너가 되었다. 첫 직업다운 직업은 끈질기게 조른 끝에 쟁취했다. 그 과정이 너무나 소설 같아서 마치 1920년대의 미국 우화를 일부러 되살린 것 같다. 열여덟 살의 드레이퍼스는 브로드웨이의 어느 공연을 보고 무대 디자인이 형편없다고 생각했다. 공연이 끝난 후 성큼성큼 무대 입구로 걸어가 수위에게 감독을 만날 수 있는지 물었다. 수위인 조니는 거절하고 그를 돌려보냈다. 그 후 드레이퍼스는 한 달 동안 매일 그 자리에 나와 조니와 조금씩 친해지고 그의 파이프 담배도 나눠 피우게 되었다. 조니는 결국 감독 조지프 플렁킷Joseph Plunkett과 면담을 잡아주었다. "감독님, 아래층에 실력 있는 젊은 디자이너가 와 있습니다." 플렁킷은 조니에게 이 청년이 재능이 있는지 어떻게 아느냐고 물었다. "직접 그렇게 말하던데요." 조니가 답했다. 드레이퍼스는 들어오자마자 플렁킷에게 무대 디자인이 '썩었다'고 했다. 플렁킷은 충격에 빠졌다. 드레이퍼스는 주급 25달러면 자신이 더 잘할 수 있다고 제안했다. 쇼맨십으로 둘째가라면 서러울 플렁킷은 그 자리에서 금액을 50달러로 올렸다.[9] 몇 년 후 아이오와 수시티에 드레이퍼스를 파견 보낸 사람도 플렁킷이었다.[10]

드레이퍼스는 브로드웨이에서 일을 시작하자마자 호화로운 무대 세트 디자인으로 대성공을 거두었다. 예를 들어 9미터 길이에 6미터 높이의 거대 피아노 모양 틀 안에 피아노 네 대를 나란히 넣은 뒤, 반짝거리는 의상의 배우 넷이 일렬로 연주하는 무대도 있었다. 또한 관람객들이 어떤 요소에 반응하고 끌리는지 알아보기 위해 항상 관람객을 관찰했다. "나중에는 완전히 도가 터서, 어떤 색과 조명, 대사를 조합하면 막이 올랐을 때 박수가 터지는지 수학적으로 정확하게 예측할 정도였죠." 훗날 그가 기자에게 한 말이다.[11] 그의 디자인 접근법을 단적으로 드러내는 한마디였다. 사람들의 욕구에도 일정한 논리가 있다는 믿음을 바탕으로 그는 명성을 쌓아갔다.

일찍 성공했기 때문인지, 드레이퍼스는 자신의 직업을 바라볼 때 자부심과 환멸을 동시에 느꼈다. 환멸을 느끼는 건 말만 번지르르하고 비용은 내지 않는 고객들 탓이었다.[12] 이에 대한 불만을 겉으로 드러낼 무렵, '산업디자인'이라는 새로운 분야에 대해 듣게 되었다. 월터 도윈 티그Walter Dorwin Teague 같은 광고계 사람들이 만들어낸 이름이었다. 자신을 극장 디자이너 조수로 처음 고용해 주었던 노먼 벨 게데스Norman Bel Geddes가 이 새로운 분야에 뛰어들고 있다는 얘기를 들었고, 또 티그가 1926년에 광고 일을 접겠다고 선언한 사실도 알고 있었다.[13] 티그는 일찍이 가정용품 잡지 광고를 디자인하며 명성을 쌓았다. 하지만 비슷한 광고가 점점 흔해질수록, 티그는 제품이 팔리려면 제품 자체가 매력적이어야 한다고 생각했다. 싱크대와 주전자, 다리미와 빨래판과 자물쇠와 현관 잠금장치는 이미 가지고 있는 것보다 더 아름답고 유용해야 했다. 따라서 산업디자인은 문자 그대로 제품을 광고면 위에서 돋보이게 하는 직종으로 시작했지만, 점차 제품의 의미나 목적이 무엇인지, 즉 소비자에게 어떤 이야기를 전달해야 할지를 탐색하기 시작했다.

산업디자인이라면 일상의 사물을 새로 만들 수도 있다는 가능성을 생각하니 드레이퍼스의 지독하게 까다로운 성향은 사명감으로 변했고, 지금보다 나아져야 한다는 이상주의로 발전할 수 있었다. 그의 눈앞에는 끔찍한 쓰레기가 쌓인 거대한 땅이 보였다. 누구도 나서서 사려 깊은 접근으로 품격을 높일 시도조차 안 한 물건들이었다.[14]

사용하기 쉬운 제품은 무엇인가

브로드웨이에 진출할 때 불평불만으로 기회를 잡은 만큼, 드레이퍼스는 이 새로운 직종에도 같은 방법을 시도했다. 현관문 잠금장치를 들여다보고 제조사 이름을 찾아보거나 샤워부스 안 매트를 발로 차올려 상표를 확인한 다음 상호를 찾아보았다. *이 물건이 얼마나 형편없는지 아시죠?* 그는 회사에 이렇게 편지를 보내 새롭게 주목받고 있는 자신의 디자인 접근법을 설명하고, 편지지의 절반만 하게 커다란 서명을 채워 보냈다. *이렇게 하면 귀사의 제품이 훨씬 좋아질 수 있습니다.…* '디자인이야말로 소리 없는 영업사원이다'라는 슬로건도 고안해 냈다.[15] 하지만 의뢰로 이어지지는 못했다. 낙담하고 크게 지친 드레이퍼스는 파리로 가는 표를 구입했고, 어느덧 튀니스에 도착해 그날 밤 룰렛 게임에서 남은 돈을 모두 탕진했다.[16] 잘생긴 데다 잘 차려입은 채 별안간 일자리가 절실히 필요해진 드레이퍼스는 아메리칸 익스프레스 회사의 관광안내원이 되었다. 처음 맡은 자리는 시장 거리였다. 수많은 행상이 깔개나 천, 향신료를 목청껏 팔고, 갈대로 짠 새장에서 새들이 시끄럽게 울어대고, 재로 덮인 숯 위에서 고기가 익으며 지글지글 소리를 내는 곳이었다. 가볍게 방문했던 여행객들은 보통 시장 거리의 미로 같은 모습에 꼼짝없이 물건을 구입하며 헤쳐 나가거나 그대로 갇혀 있을 수밖에 없었다. 드레이퍼스는 소비자를 향한 유혹의 손길 중에서 마음껏 구경할 상인과 빨리 지나쳐야 할 판매대를 잘 알았다.[17] 하지만 이런 미로에서 그는 안내자에 그치지 않고 미로를 만드는 디자이너가 될 기회를 아직 기다리고 있었다.

드레이퍼스는 적절한 때를 맞추는 능력이 탁월했다. 초창기인 미국 디자인 직종에 진출하기 위해 저돌적으로 노력하는 동안에도 미국에서는 제1차 세계대전을 계기로 시작되었던 사회 변화가 더욱 활발하게 일어나고 있었다. 미국은 1917년부터 참전했는데, 바로 두 해 전 샌프란시스코에서 열린 파나마 태평양 국제박람회에서 헨리 포드가 라인 조립 방식을 처음 공개한 뒤였다. 호리호리하고 열정이 넘치며 자아도취에 빠진 편집광인 포드는 시카고의 도축장에서 영감을 얻었다. 소 사체가 천장에 매달려 줄줄이 이동하는 동안 작업자들이 단계별로 해체하는 방식이었다. 헨리 포드는 자동차 생산 공정을 처음에는 서로 겹치지 않고 반복 가능한 84가지 단계로 나눴다.

포드 방식 이전에는 작업자들이 작업 중인 자동차 주위를 돌았고, 자동차는 한 자리에서 점점 형상을 갖춰갔다. 이제는 작업자들이 가만히 서 있고 자동차가 움직여 작업자 앞에 섰다. 그럼으로써 불필요하게 자동차 주위를 빙빙 도는 동작을 모두 없앴고, 자동차 한 대의 조립 시간을 12시간에서 90분으로 줄였다. 획기적인 변화였다. 속도가 너무 빨라서 박람회 관람객들이 자동차를 주문한 뒤 박람회장을 나설 때 찾아갈 수 있을 정도였다. 헨리 포드는 이 새로운 조립 방식을 미국의 전쟁 물자 생산에도 전수했고, 다른 제조업자들이 제조 설비를 포드의 라인 조립 방식으로 바꾸도록 직접 도와 미국이 유례없이 대대적인 규모로 참전하는 과정을 도왔다. 포드의 생산기술을 적용한 결과 기관총 생산은 연간 2만 정에서 22만 5000정으로 늘었다.

사용하기 쉬운 제품은 무엇인가

소총 생산은 연간 50만 정으로 늘었고, 탄환 생산 또한 10억 개까지 늘었다.[18]

그러나 갈수록 가속하는 전쟁에 세계 최대 경제 주체들도 주춤했다. 각국 재무장관은 전쟁이 끝나면 각국의 경제가 일제히 재가동되어, 산업의 우위를 점하기 위해 맹렬히 경쟁할 것이라고 전망했다. 이 경쟁에서 미국은 확실히 유리했다. 전쟁의 흐름을 바꿔 놓은 미국 공장들은 이제 국민에게 번영을 안겨주는 임무를 받았다. 미국 국민은 공장 생산품의 장밋빛 앞날을 자연스레 미화해서 받아들였다. 뉴욕 메트로폴리탄 미술관의 산업미술 부문 큐레이터 리처드 바크 Richard Bach는 당시 동료들에게 한 강연에서 이런 정신을 명쾌하게 요약했다. "만약 모든 제품이 수공품이라면 구입할 수 있는 사람이 거의 없겠죠. 그러므로 우리 사명은 기계들이 제 일을 할 수 있도록 제자리를 찾아주는 것이에요. 만일 좋은 디자인을 보통 사람이 소유할 수 없다면, 그 디자인을 만들어내는 사회 시스템이 비민주적일 뿐 아니라 옳지 않다는 뜻입니다." 바크의 강연은 마치 원시 어류가 처음 육지로 기어 올라오는 순간을 엑스레이로 찍은 모습 같다. 이 엑스레이에 드러난 골격을 보면 앞으로 사용자 친화적인 세상에 등장할 수많은 후손을 몰고 올 동력을 짐작할 수 있다. 강연에서 바크는 대량생산을 민주주의와 동일시한다. 시장 사회라면 좋은 디자인은 정해진 운명이라는 의미다.

기계의 시대가 오자마자 전쟁이 발발했다. 하지만 미국 사회는 오늘날에는 이해하기 어려울 만큼 무언가를 *만드는* 능력에 묘하게 자신감이 없어 보였다. 미국 제조사들이 무엇을 만들지 스스로 결정하지 못하고 유럽에 크게 의존한 탓이었다. 이와는 대조적으로 프랑스인들은 깔끔한 선에 절제된 장식으로 시대에 맞는 새로운 미감을 창조하고 개척한다는 자신감에 차 있었다. 자국의 우월함을 확실히 보여주기 위해 프랑스의 문화 지도자들은 수동-공격적(소극적인 방법으로 공격성을 나타내는 심리 성향-옮긴이) 성향을 발휘해 전쟁으로 10년이나 연기되었던 만국박람회(현대 장식 및 산업미술 국제박람회)를 드디어 1925년에 열기로 결의했다. 이 박람회로 개최국 프랑스는 '산업미술'의 새로운 시대를 이끄는 국가로 자리 잡고, 전 세계 국가들도 한자리에 모여 산업미술 성과를 전시함으로써 상대적으로 초라해진다(이 부분이 수동-공격적인 대목이다)는 계산이었다. 단 한 곳 독일을 제외하고 모든 국가가 초청받았다. 비록 독일의 바우하우스가 산업미술을 주도했지만, 독일은 세계대전 이후 국제사회에서 버림받은 존재였다. 초청받은 국가들은 두 곳, 즉 미국과 내전 위기의 중국을 제외하고 모두 참가했다.[19]

미국의 불참은 윗선에서 내린 결정이었다. 볼이 두둑하고 자신감 넘치며 무한히 현실적인 당시 상무장관 허버트 후버Herbert Hoover가 이 파리행 초청장을 받았다. 참가하려면 당장 준비를 시작해야 했다. 후버는 미국이 독자 전시관을 세워야 할지 고민하며 주변의 의견을 구했다. 답변이 모두 들어온 후 후버는 어깨를 으쓱하더니 고개를 저었다. "우리 기업들의 조언을 구한 결과, 우리 나라가 비록 예술적 가치가 뛰어난 상품을 대량으로 제조하고 있지만, 각 회사가 생각하기에는 그 정도 규모로 참가할 만큼 독특하거나 미국적인 예술성이 돋보이는 디자인을 다양하게 갖추기 어렵다고 합니다."[20] 후버의 공식

사용하기 쉬운 제품은 무엇인가

적인 발표였다는 사실을 생각하면, 숨이 막힐 정도로 큰 방신이었다.

과연 박람회는 건너뛰기에 너무 중요한 행사였다. 이 해에 자칭 르코르뷔지에Le Corbusier라는 무명의 젊은 건축가가 '새로운 정신L'Esprit Nouveau'을 표현하는 프랑스 전시관 디자인으로 국제 무대에 데뷔했다.[21] 르코르뷔지에의 '살기 위한 기계machine to inhabit'는 하얀 콘크리트 벽면으로 둘러싸이고 안은 극도로 절제된 가구로 채운, 장식이 전혀 없는 공간이었다. 르코르뷔지에는 이렇게 설명했다. "장식적 미술은 기계 현상에 대조되는 개념으로, 과거의 수공예가 죽기 전 마지막 경련을 하는 것과 같습니다. 우리 전시관은 공장에서 기계 산업으로 제조된 표준화된 제품과 대량 생산된 물건으로만 채울 것입니다. 진정한 현대의 산물이죠." 이 생각은 바우하우스의 할아버지 격이자 최초의 현대 산업디자이너로 널리 알려진 페터 베렌스Peter Behrens의 주장과 딱 들어맞았다. 설립하고 몇 년 지나지 않아 바우하우스는 한 시대의 디자인 사상을 주도하는 기관으로 성장했으며, 새로운 생산방식을 반영하듯 철저하게 장식이 없는 디자인을 제시하고 베렌스의 표현대로 '사용을 유도하는' 방법을 새로 소개했다. 반면 미국에는 위대한 이론가도 없고, 디자인을 이끄는 원칙도 없었다. 미국을 열렬히 홍보하는 사람들조차 미국 디자인의 독창성을 인정하지는 않았다. 이토록 자신감이 없었던 것은 미국 시장이 항상 '취향'을 수입해 왔다는 인식 때문이었다. 하지만 이 모든 현상은 불과 몇 년 안에 바뀌게 된다. 대량생산되는 제품이 유행을 타는 친숙하고 장식적인 물건이 아닌 새로운 가정용 기계라는 인식이 강해졌다. 미국은 오로지 구세계the Old World(신대륙이 발견되기 전 유럽이 알던 세계로, 유럽·아시아·아프리카를 가리킨다—옮긴이)의 전통을 모방할 줄만 안다는 생각은 시장에 강력한 세력이 새로 등장하면서 뒤집혔다. 바로 여성이다.

제1차 세계대전 후 미국에서는 저소득 이민자 계층이 중산층으로 부상하고 있었다. 더 나은 삶에 대한 기대가 올라가면서, 거기서 배제된 것 같은 깊은 불만족감이 남녀 사이에 다르게 나타났다. 남성은 새로운 일자리와 직종을 찾아 나서는 반면, 여성은 미국이 약속한 두 가지 가치의 대립을 안고 살아야만 했다. 한편으로, 미국 여성은 어느 때보다도 강해졌다. 투표권도 쟁취하고, 가족계획을 통제할 권리인 피임법 사용을 위해 투쟁 중이었다. 하지만 아직도 집안일의 굴레에서는 벗어나지 못하고 있었다. 가전제품이 등장하지 않은 시절에는 모든 것을 집어삼키는 노동이었다. 끝없는 집안일 속에서 어떻게 집 밖의 수많은 기회까지 동시에 쟁취할 것인가?

이런 딜레마를 동력으로, 〈레이디스홈저널Ladies' Home Journal〉 기자이기도 한 크리스틴 프레더릭Christine Frederick 같은 신세대 작가들이 주도하여 가정학이라는 분야가 탄생했다. 메리 패티슨Mary Pattison을 비롯한 프레더릭의 동료들은 가정 관리의 괴로움과 단조로움을 해결하고 더 큰 자유의 가능성을 여는 탁월한 해법을 제시했다. 바로 여성의 여유 시간을 더 확보하는 것이었다. 이런 1세대 페미니스트에게 가정학은 가사노동의 효율성을 높여 여성들이 '개성과 독립성'을 더 적극적으로 추구할 수 있는, 즉 성취감을 느끼고 영향력을 행사할 기회였다. 이 시대에 자타가 공인하는 시간 절약의 대가는 프레더릭 윈즐로 테일러Frederick Winslow Taylor였는데, 그는 '과학적 관리법'이라는 이론을 창시하여 공장에서 작업자의 동작 하나하나를 분석함

사용하기 쉬운 제품은 무엇인가

으로써 초 단위로 시간 손실을 찾아내야 한다고 주장했다. 그의 초기 추종자로 헨리 포드와 크리스틴 프레더릭이 있었다. 프레더릭은 테일러의 사상에서 여성의 노동을 현대 사회의 발전이라는 넓은 시각과 연계할 방안, 그리고 여성의 노동이 사회에서 인정받는 방안을 찾았다. 테일러의 신조를 세 시간짜리 강연으로 처음 접한 뒤, 프레더릭은 사람들에게 '손실 동작을 제거'하고 케이크 반죽 젓기(10분)부터 화장실 청소(20분)까지 각각의 작업 소요 시간을 표준화하라고 권했다.[22] 수십 명의 작가와 칼럼니스트도 나섰다. 메리 패티슨은 한 발 더 나아가 여성이 구매하는 가사 도구의 가치와 제품 구매를 통해 여성이 행사하는 힘을 강조했다. 패티슨은 여성이 가사 도구의 개선을 요구함으로써 사회 구성원 모두의 삶을 향상하는 일을 '도덕적 사명'이라고 불렀다. "미래의 구매 환경을 향상할 수 있기" 때문이었다.[23] 여성은 구매한 물건을 *이용해* 소비자 가운데 지도적인 위치에 섰고, 지갑을 무기로 더욱 사려 깊은 제품을 요구했다.

미국 여성이 공공의 이익을 추구하는 보이지 않는 손으로서 자신들의 구매력에 자신감이 붙어가는 동안, 사업가들은 지금껏 놓쳐온 더 큰 기회를 발견했다. 1929년 미국경영협회의 연례 회의에서, 판매 컨설턴트로 일하는 기조연설자는 다음과 같이 발표했다. "한때 수공품이 가장 좋은 물건이고, 대량생산품이 가장 품질 안 좋은 물건이었던 적이 있었습니다. 기계는 저급 취향에 형편없는 싸구려 물건을 쏟아냈죠. 이제는 그 반대 현상이 시작되는 것 같습니다." 연사는 이어 참석자들이 "대중에게 아름다움을 판매"해야 한다고 촉구했다. 같은 회의에서 타자기 회사 임원도 등장해 1926년에는 모든 제품이 검은색이었다고 말문을 열었다. 하지만 몇 가지 색상을 추가하자 3년이 지난 1929년쯤에는 전체 제품 중 고작 2퍼센트만 검은색이었다. E.B. 프렌치E. B. French는 부엌 용품 회사인 키친에이드KitchenAid에서 새로 디자인한 믹서는 무게를 절반으로 줄이고 가격도 낮췄으며, 외형까지 개선했다고 발표했다. 그 결과로 판매량이 100퍼센트나 늘었다고 했다.[24] 참가자들 사이에서는 물건을 전보다 싸게 만들기만 해서는 부족하다는 공감대가 빠르게 형성되었다. 오히려 물건은 전보다 매력적이기도 해야 했다.

이런 새로운 분위기를 가장 잘 보여주는 사례는 헨리 포드의 근시안으로 회사가 주저앉을 뻔한 교훈일 것이다. 모델 T 자동차는 18년 동안 전혀 변화가 없었다. 헨리 포드가 소비자의 취향이 변하지 않으며, 모델 T를 개선하려면 해마다 효율을 높여 더욱 값싸게 만드는 방법 외에는 없다고 생각했기 때문이다. 자동차를 어느 색으로든 만들 수 있지만 "단, 검정이어야" 한다고 퉁명스럽게 내뱉은 일화는 유명하다. 한동안은 효과가 있었고, 1921년에는 미국 자동차 시장의 3분의 2를 포드가 차지했다. 하지만 1926년이 되자 그 점유율이 반토막 났다. 제너럴모터스가 다양한 색상과 맞춤 기능을 제공하며 급부상했기 때문이다. 1927년경에는 포드의 시장 점유율이 더 이상 두고 볼 수 없을 만큼 급감했다.[25] 회사는 생산 라인을 거의 모두 닫았고, 1800만 달러를 투자해 새로운 자동차 모델 A를 생산하도록 모든 설비를 교체했다. 모델 A는 세단과 컨버터블 중에 선택할 수 있었고, 다양한 색상과 백미러와 난방 등 다양한 부가 기능을 고를 수 있었다. 결과는 대성공이었고, 포드는 모델 T 출시로 궤도에 올랐지만 모

085

델 A 덕분에 살아났다.

하지만 소비를 사회 발전으로 보는 새로운 생각과 미적인 매력이 수요를 견인한다는 새로운 관점이 부상하는 동안, 점점 먹구름이 엄습했다. 제조회사 경영인들이 모여 미적인 요소를 활용해 소비자 수요를 높이는 방안을 논하고 있던 바로 그날, 1929년 10월 29일에 다우존스 산업평균지수가 12퍼센트 급락하여 대공황이 시작되었다.[26] 이제 막 태동한 산업디자인 분야가 통째로 사라질 만한 일이었다. 하지만 실제로는 반대 현상이 나타났다. 위기를 맞은 시장마다 산업디자인이 특효약으로 부상했는데, 거기에는 헨리 드레이퍼스 같은 사람들의 영향이 컸다.

✳

튀니스의 시장 거리에서 한 달을 관광안내원으로 일한 뒤, 제품이 얼마나 형편없는지에 대해 제조회사들을 설득하는 데 실패한 드레이퍼스는 쓰라린 마음을 안은 채 파리로 돌아왔다. 호텔에는 우편물 한 뭉치 와 있었다. 그중 전보 몇 장에 모두 똑같은 내용이 적혀 있었다. "드레이퍼스 씨, 메이시스 백화점에서 일하며 무엇이든 원하는 대로 다시 디자인해 줄 수 있을까요?" 입이 떡 벌어질 만한 기회였다. 그는 무일푼에 파산 상태였고, 편지상으로 허세를 떨었지만 이 일에 맞는 실제 경력은 전무했다. 그가 시도해 온 디자인에 대해 들어보았기 때문에 그를 부른 것 같았다. 당시 그런 일을 하겠다고 나서는 사람이 많지는 않았다. 새로운 유통 번성기의 선두 주자 메이시스가 그

에게 집으로 돌아올 기회를 제시하고 있었다.[27]

마침내 뉴욕에 돌아온 드레이퍼스는 가장 먼저 메이시스로 향해 백여 개의 상점을 모두 둘러보았다. 거대한 건물은 새로운 구매 방식을 상징했으며, 동네 구멍가게의 시대에 성장기를 보낸 소비자들에게는 깜짝 놀랄 만한 새로운 세상이었다. 메이시스도 시어스 카탈로그Sears catalog(우편 주문 사업. 카탈로그에 수록된 방대한 제품 수와 투명한 가격 정책으로 대성공을 거둬 미국의 명물이 되었다–옮긴이)처럼 소비자가 새로 누리게 된 선택의 다양성을 기반으로 성장했고, 각기 다른 회사들이 만들어낸 똑같은 물건들이 줄줄이 늘어선 진열장 위에서 경쟁하고 있었다. 드레이퍼스는 주머니칼부터 전기 오븐까지 수백 가지 상품을 자세히 뜯어보았다. 역시 예상한 대로 모두 형편없이 마음에 들지 않았다.[28]

이런 까칠한 반응은 단순한 불쾌감 표시가 아니었다. 드레이퍼스는 이 중 어느 한 가지라도 고치려면 그 제품이 어떻게 생산되는지 면밀히 알아야 한다는 사실을 깨달았다. 생산의 전 과정을 충분히 자세히 알아야 그 제품이 만들어질 때 실제로 의사 결정을 내릴 수 있었다. 게다가 단순히 싸게 제조하는 것 이상의 안목도 필요했다. 완성된 것이나 다름없는 제품에 아름다운 형상을 더하는 것으로는 부족했다.[29] 그는 브로드웨이 고객들의 미수금으로 파산한 처지인데도 완전히 새로운 전문직으로 진입할 기회를 바로 앞에서 거절했다. 훗날 그는 기자에게 메이시스의 임원이 마치 "마차를 말 앞에 가져다 놓는" 것처럼 본말을 전도했기 때문이라고 설명했다.[30] 제조회사들과 상의하지 않으면, 또한 물건이 만들어지는 방식과 변경 사항에 드

사용하기 쉬운 제품은 무엇인가

는 원가와 포기할 곳과 남길 곳을 이해하지 못하면 아무것도 할 수 없다고 생각했다. 그는 미국 디자이너로는 처음으로, **디자인이 단지 외관을 꾸미는 행위가 아니라 제품의 생산 방식과 기술적 한계를 아는 데서 출발하는 것이라고 명확히 정의하고 행동한 사람**일 것이다.

메이시스 백화점의 디자이너 자리를 거절한 뒤, 드레이퍼스는 뉴욕 5번가에 사무실을 차렸다. 빌린 카드 게임용 탁자와 접이식 의자 두 개, 전화기 한 대, 25센트를 주고 산 필로덴드론 덩굴 화분만 덜렁 놓인 사무실에서 그는 창밖을 내다보며 언젠가 디자인을 바꾸고자 하는 물건을 수채화로 그리는 것 말고는 할 일이 없었다.[31] 그는 영업관리자 공고를 냈다. 여느 날처럼 창가에 서 있는데, 건물 바로 아래 길거리에 검정 리무진이 멈춰 섰다. 우아하게 차려입은 여성이 내리더니 현관으로 들어왔다. 초인종이 울렸고, 몇 분 후 그는 여성을 사무실로 안내했다. 잠시 앉아서 면접을 보고 여성이 돌아간 뒤, 그는 비서에게 말했다. "저 여자와 결혼할 거야." 몇 달 후 드레이퍼스와 이 여성, 도리스 마크스Doris Marks는 전당포에서 반지를 구입해 택시에 뛰어든 다음, 택시 기사가 휘파람으로 부는 '결혼 행진곡'을 들으며 시내로 달려 시청에서 결혼식을 했다.[32]

회사를 함께 설립한 드레이퍼스 부부는 각각 그 시대의 통념에 맞는 역할을 수행했다. 헨리는 천재 디자이너 역할을, 도리스는 냉철한 영업관리자 역할을 했다. 하지만 단호한 성격에 우아한 신진 뉴욕 상류층 여성이었던 도리스는 사업의 큰 그림까지 남편과 함께 그려 나갔다.[33] 그녀는 과시하는 행위를 극도로 싫어했고, 이에 따라 드레이퍼스의 디자인 회사에서는 소박한 장인정신의 업무 문화가 형성되었다. 드레이퍼스는 1930년대에 풍요의 삶을 나타내는 익명의 물건들을 수없이 디자인하며 사업을 일궈 나갔다. 그가 디자인한 제품은 펜, 달걀거품기, 와플 틀, 치과 의자, 고무깔개, 아기 울타리, 학교 책상, 면도기 상자, 화장품 상표, 피아노 등이었다.[34] 1930년대 초반쯤에는 비행기 실내디자인까지 진출했고, 산업디자이너라는 특이한 직업의 대표 인물로도 떠올랐다. "드레이퍼스는 별다른 기계공학 지식도 없이 그저 재료를 다루는 약간의 재능만 가지고 이 분야에서 일한다." 1931년에 산업디자이너를 화려하게 다룬 기사를 처음 시도한 〈뉴요커The New Yorker〉는 이렇게 소개를 시작했다. "하지만 우리 일상 용품이 궁극적으로 어떻게 사용될지 탁월한 감각으로 이해한다. 즉 만년필을 책상 위 장식보다 필기도구로 사용하는 *사람이 무엇을 편안하게 여길지 안다.*" 〈뉴요커〉에 실린 이 내용은 대상이 칫솔이든 스마트폰이든 자율주행차든 변하지 않는, 사용자 친화적인 세계의 뼈대다. 사람들이 생활하는 모습 그대로를 이해하는 것이 얼마나 어려운지에 경의를 표한 글이다.

드레이퍼스는 생활의 사소한 부분을 손쉽게 만드는 기적을 설명할 때면 항상 신이 났다. 이를테면 땅콩버터 병 어깨를 비스듬하게 만들어 숟가락으로 남김없이 긁을 수 있을 때, 면도용 솔 손잡이 비례가 정확해 손에 거품이 묻지 않을 때, 오븐 손잡이를 덮개로 영리하게 가린 덕분에 손을 데지 않을 때 말이다. 이러한 사례가 지금은 평범하게 들릴 수도 있지만, 그 시대에는 신세계였다. 늘 무시당하던 사소한 부분에 누군가가 실제로 시간을 들여 창의력을 발휘했다는 사실이 놀라웠다. 그는 삶이라는 큰 그림이 작은 부분에서 불편을 느

사용하기 쉬운 제품은 무엇인가

끼고 이를 고치는 수없이 많은 과정의 합이라고 보았다. 또 이곳저곳에서 몇 초씩 절약하여 얻는 여가 시간이 사회 발전에 도움이 된다고 주장했다. 그럼으로써 그는 가정학자들의 주장, 즉 **사람들이 구매하는 제품은 개인의 행복 추구와 산업의 꾸준한 성장을 잇는 연결 고리라는 생각**에 깊이 공감했다.

드레이퍼스는 제품 디자인이 곧 사회 발전이라는 생각을 그저 말로만 주장한 것이 아니었다. 미국 기업들에도 왜 제품 디자인이 중요한지 역설하며, 자신이 제시하는 디자인이 판매 성장의 묘약이라고 제시했다. 대공황 기간 몇 년간 계속되는 침체 속에서도 기업들은 줄어드는 수요를 잡기 위해 치열하게 경쟁했고, 소비자의 욕구를 자극할 효과적인 방법을 찾는 데 점차 혈안이 되었다.[35] 크리스틴 프레더릭도 '소비공학'을 열렬히 지지했다. 역사가 제프리 L. 미클Jeffrey L. Meikle이 방대한 저서 《미국의 디자인Design in the USA》에서 주장했듯이, "이 새로운 전문가는 '구매 행태의 변화'를 예측하고, 사람들에게 '저축이 아니라 소비를 해야 발전한다'고 설득함으로써 '인위적인 노후화(사람들이 새것을 사도록 유도하기 위해 구식이 되도록 만드는 행위-옮긴이)'를 조성하곤 했다."[36] 하지만 이미 가지고 있는 물건을 또 구입하려는 사람은 없었다. 기업들은 사람들에게 이번 제품이 더 새롭고 나은 물건이라고 설득해야 했다. 헨리 드레이퍼스가 막 발을 들인 시대의 분위기였다. 구매 욕구를 자극하면 나라를 파산 위기에서 구할 수 있다는 생각, 그리고 사람들에게 구매를 유도하려면 제품을 지금까지 본 어떤 것보다 더 낫게 만들어야 한다는 생각이 가득한 새로운 시대였다.

대공황 시대의 미국에서 산업디자인은 마법의 치료약 같았다. 초기 언론 인터뷰에서 드레이퍼스는 잡지기자에게, 더 나은 파리채를 디자인해 달라고 괴롭혀왔던 남자 이야기를 들려주었다. 처음에는 그 남자를 만나주지 않았지만, 결국에는 사무실에 들여 무료로 파리채를 그려주었다. 그물 부분에 권총 과녁처럼 동심원을 넣어 파리 잡는 일을 놀이로 바꾸는 디자인이었다. 몇 달 후 드레이퍼스는 우편으로 1000달러짜리 수표를 받았다. 감사의 뜻으로 보낸 디자인 사용료였다. 이 디자인 덕분에 파리채 판매 실적이 크게 뛰었기 때문이다.[37] 그 시대에 드레이퍼스의 가장 큰 성공작은 시어스에서 판매한 토퍼레이터Toperator 세탁기였는데, 프리츠 랑Fritz Lang의 영화 〈메트로폴리스Metropolis〉에 등장하는 로봇처럼 생겼다. 이 세탁기를 탄생시킨 여러 가지 아이디어는 오늘날 우리 주변 사물에서도 쉽게 찾아볼 수 있다. 우선 청소하기 어려운 이음새를 모두 제거했는데, 이는 현대 의료 기기 디자인에서 가장 중요한 요소다. 또 오늘날의 앱과 기기 사용자 인터페이스의 바탕을 이루는 소비자 심리를 알아보고, 사용자가 모든 기능을 손쉽게 이해하도록 조작부를 모두 한곳에 모았다. 시어스는 이 세탁기를 6개월 만에 2만 대 판매했다. 다른 디자이너들도 비슷한 성공을 거두었는데, 이런 성공 사례가 많았기 때문에 기업들은 디자이너들이 아무것도 없는 데서도 수요를 창출할 수 있다고 믿게 될 정도였다. 1934년 2월, 대공황의 절정기에 〈포춘Fortune〉은 '새로운 제품 디자인이 쇄도하다'라는 제목으로 드레이퍼스에 관한 기사를 실었다. 본문에서 기자는 드레이퍼스가 디자인한 수표 금액 인쇄기를 본 판매사원은 눈물을 흘렸으며 수리기사는 기절했다

사용하기 쉬운 제품은 무엇인가

고 보도했다.

이처럼 성공의 청사진이 그려지자, 씨실과 날실같이 밀접하게 엮인 두 가지 목표도 생겼다. 첫째, 제품의 외양을 현대화한다. 둘째, 제품이 작동하는 방식을 재발명한다. 미국 밖 유럽에서는 바우하우스가 옛 격언의 내용처럼 형태는 기능을 따른다는 정신을 이끌었다. 하지만 이 디자인 운동에는 한계점이 있었다. 바우하우스의 가장 상징적인 제품은 모두 그 제품의 아름다움을 이해하고 인정하는 소수의 엘리트 소비자를 겨냥했다. 미국에서는 디자인을 보는 시각이 더 현실적이고 시장 지향적이었으며, 조금 더 조악했다. 이 제품이 더 나은지 소비자가 알아보려면 겉모습부터 달라야 했다. 따라서 산업디자인이라는 새로운 영역에 들어선 사람들은 외형에 대단히 치중했다. 그 시대의 디자인을 많이 접했다면 아마도 반짝이는 유광의 비행기나 형태는 그대로이면서 재료만 크롬으로 덮인 라디오를 떠올릴 것이다. 이런 연상 작용은 의도적이었고, 어느 시점에는 종교 교리 같았다. 레이먼드 로위Raymond Loewy나 노먼 벨 게데스처럼 카리스마 넘치고 언변이 뛰어난 디자이너들은 진보와 발전의 생생한 느낌을 디자인에 듬뿍 담고자 했다. 따라서 이들은 빅토리아 시대의 중후하고 역사적인 느낌을 풍기는 과도한 장식을 벗겨내고, 비행기나 기관차, 자동차처럼 그 시대의 진보를 나타내는 상징물의 속도와 효율이 떠오르도록 '유선형'의 금속성 형태를 선택했다. 이런 형태를 너나 할 것 없이 무분별하게 적용해, 냉장고부터 연필깎이까지 모든 제품이 마치 풍동(항공기 모형에 공기의 흐름이 미치는 영향을 시험하는 터널형 장치-옮긴이) 시험을 막 통과한 듯한 형태였다. 새로운 유선형의 미학에 모든 제품은 똑같은 느낌을 풍겼다. 유선형 비행기가 바람의 저항을 최소화한 채 공기 사이로 미끄러져 날아갔다면, 유선형 가정용품은 '판매의 저항'을 제거할 수 있었다.[38]

드레이퍼스는 아내의 영향을 적잖이 받아 더 냉철한 시선을 지녔다. 그의 시선은 훗날 사용자 친화적인 세상이 어떻게 발전해나갈지 예견했다. 매일의 일상을 거의 본능적으로 존중하는 그의 태도는 오늘날 사용자 경험 분야의 접근 방식에서도 여전히 찾아볼 수 있다. 그뿐 아니라 시장의 작용을 굳게 믿는 드레이퍼스의 관점을 보면, **사용자를 이해하는 능력에 따라 기업의 운명이 달라진다**고 믿는 요즘의 분위기를 예견할 수 있다. 그에게는 외형을 꾸미는 일은 상대적으로 덜 중요하고, 오히려 사용자가 늘 참고 견디던 문제에 더 나은 대안을 찾는 일, 그리고 제품을 만드는 기업이 끊임없이 느끼는 중압감이 더 중요했다.

역사학자 러셀 플린첨Russell Flinchum은 헨리 드레이퍼스에 대한 영향력 있는 저서에서 다음과 같이 밝혔다. "드레이퍼스는 대기업 친화적이면서도 현재 상황을 비판할 수 있는 접근 방식, 그리고 소비자를 보호하지만 함부로 가르치려 들지 않는 고유의 접근 방식을 서서히 정의해 나갔다." 드레이퍼스는 **디자인이 물건을 만드는 기업과 물건을 사용하는 소비자 사이의 통역 역할을 한다**고 설명했다.[39] 드레이퍼스는 다음과 같이 썼다. "디자이너가 이 역할을 얼마나 잘 수행하느냐에 따라 산업과 대중에 얼마나 큰 영향력을 행사할지가 결정된다. 디자이너는 달걀거품기나 전기냉장고 하나로 제조자와 소비자를 둘다 만족시키는 행복한 위치에 있다."[40] 디자이너는 소비자 디자인을

사용하기 쉬운 제품은 무엇인가

기업의 이익과 일치시킴으로써, 더 나은 물건이 곧 더 나은 삶이라는 믿음의 제사장이 되었다. 이와 같은 믿음은 오늘날의 신제품 개발 과정에도 녹아 있는 암묵적 가치다. 이 장의 도입부에 소개한 플라덴 바버리치와 보 글레스피의 이야기, 수년간 시험하고 수정하며 경찰 신고의 대안을 만들기 위해 노력한 이야기를 생각해 보자. 두 사람은 단지 문제 해결에만 관심이 있었던 것도 아니고, 사업 기회를 잡으려고만 했던 것도 아니다. 두 사람은 사업과 제품 디자인과 사회 발전이 너무나 밀접하게 얽혀 있어 서로 분리할 수 없다고 믿었기에 그렇게 끈질기게 노력한 것이다.

바버리치가 디자인하는 과정은 냉철하면서도 전문적이고 합리적이며 질서가 있었다. 하지만 90년 전, 산업디자인이라는 새로운 유행에 사람들이 모두 열광할 때는 모든 것이 달랐다. 드레이퍼스도 사용자를 연구하는 접근 방식을 매우 현란하고 과장되게 보여주었다. 존 디어John Deere를 위해 트랙터를 디자인할 때는 콤바인(곡식을 베고 탈곡하는 기능이 결합된 농기구-옮긴이) 운전을 배우고, 재봉틀을 디자인할 때는 여성들 틈에서 재봉 교실을 수강했다. 이 방식은 현대 디자인 연구의 전신이었다. 디자인 연구는 급격히 성장하는 분야로서 오늘날에는 인류학자와 심리학자, 사회학자의 전문 지식을 도입해 열매를 맺었다. 하지만 드레이퍼스의 의욕적인 접근에는 한계도 있었다. 그는 자신의 의도처럼 인간 중심으로 접근하면서도 명확하게 정의된 정식 디자인 프로세스를 수립하지는 못했다. 수십 년 후 그의 정신은 '인간 중심 디자인'으로 알려졌다. 하지만 인간을 중심에 놓는 일은 짐작하는 것만큼 쉽지 않았다. 전제 조건으로 기계가 우리 일상에 어떻게 어울릴지에 대한 새로운 사회정신이 필요했고, 그 기폭제는 제2차 세계대전이었다.

사용하기 쉬운 제품은 무엇인가

B-17 플라잉 포트리스 전투기 제어판 (1936)

03

누가 만든 오류인가

제2차 세계대전이 한창이지만, 남태평양 바다에 뜬 채로 규칙적인 일상을 반복하는 이 배에는 마치 다른 세계 같은 평온함마저 감돈다. 사방 480킬로미터 거리까지 미국제 강철 덩어리들이 이 배를 둘러싸고 있다. 수평선 위로는 소나기구름이 빠르게 지나간다. 그러나 아직 태양이 빛나고 있다. 열대의 공기는 습기로 묵직하다.

하지만 단 한 곳, 비행을 내보낸 전투기들의 현황을 감시하는 이곳 관제실에는 균열이 일고 있다. 전투기 한 대가 행방불명된 것이다. 어딘가 가까이 있는 건 분명하지만, 연료는 부족하고 귀함 시간도 이미 지난 상태이다.

14시 10분, 조종사가 함대로 복귀하는 경로를 요청하는 무전을 보낸다. 관제사들은 요청을 듣고 움직이지만, 조종사는 회신을 받지 못한다. 조종사는 장치들을 한 번 더 점검하고, 연료를 확인하며 대기한다. 드디어 수신기가 지지직거리며 살아나지만, 무슨 소리인지 전혀 알아들을 수 없다. "잡음이 심하다." 조종사가 말한다. 순간 흐릿한 잡음이 조금 걷히더니 조금만 더 대기하라는 명령이 들린다. 조종사는 대기한다. 연료 게이지가 미세하게 살짝 떨어진다.

배의 레이더로 문제의 전투기를 찾아 나선 관제사들은 직관으로 판단한다. 레이더 화면 위 지글거리는 녹색 선 중에 간혹 높이 치솟는 '핍pip'을 잡아내는 것이 임무다. 하지만 지글거리는 녹색 선은 전파간섭과 구름이나 새 같은 다른 수많은 요소로 어지럽다. 이처럼 들쭉날쭉한 모양을 이들은 '잔디'라고 부르는데, 레이더 화면은 이런 잔디 모양으로 가득하다. 이들이 찾아야 하는 핍 모양은 조금 더 길게 선 칼날 같은 모양이다. 실력 있는 레이더 담당이라면 미세한 깜빡임의 차이만 보고도 아군기와 적기를 알아볼 수 있어야 한다. 하지만 오늘은 레이더 담당자가 아무것도 알아보지 못해 쩔쩔매고, 조종사는 무전 내용을 알아듣지 못하고 있다. 그 결과로, 서로를 향해 내보내는 메시지가 빠르게 스쳐 지나갈 뿐이다.

"기체가 레이더에 잡히지 않는다. 주변의 뇌우 주의." 레이더 담당이 말한다. "북쪽에 뇌우가 보인다." 조종사가 말한다. "잡음이 다시 악화되고 있다."

이제는 30분이 더 지났고, 조종사는 아마도 거의 빈 연료 게이지를 정신없이 흘깃흘깃 보고 있을 것이다. 배 위에서는 레이더 조종장치 주변에 사람들이 모여들고, 누군가가 화면 위 흐릿한 소나기구름 조각 사이에 약간 길게 올라온 핍 표시를 겨우 발견한다. 천만다행이다. 조종사는 항공모함 바로 뒤쪽에 가까이 있다. 당직 관제사가 달려들어 마이크를 와락 움켜잡는다. "지금 배에서 30마일(48킬로미터-옮긴이) 거리에 있다." 관제사가 고함친다. "진로를 357로." 드디어, 조종사가 여태 기다렸던 귀함 경로다. 30마일 남았으니 마지막 몇 마일을 활공하면 복귀할 수 있다. "잘 안 들린다." 조종사가 답한다. "기체는 모함 남쪽에 있다." 관제사가 목청껏 외친다. 목소리가 필사적으로 변하기 시작했다. "진로를 357로. 반복한다. 진로를 357로." 다시 조종사가 답한다. "연료 부족. 더 이상 들리지 않는다. 내 말이 들리나?"

관제사는 할 수 있는 모든 음역을 전부 동원해 계속 고함친다. 모든 음절을 똑똑히 발음하며 크게, 다시 작게. 마치 잘 열리지 않는 열쇠 구멍 안에서 열쇠를 이리저리 움직이며 운 좋게 한 번 걸려 문이 열리기를 비는 심정이다. 30분 후, 관제사는 완전히 지쳐 마침내 그만둔다. 모두들 무슨 일이 일어났는지 뻔히 안다. 강철과 알루미늄 한 줄기가 대양의 울퉁불퉁한 표면을 강타하고, 하얗게 물줄기가 솟아오르면서 철썩거리는 파도가 모든 것을 흔적도 없이 삼켜버린 것이다. 원래 항공모함이란 곳에서는 군인들이 죽기 마련이다. 하지만 이 관제사가 훗날 증언하듯이, 지금처럼 의미 없는 죽음 뒤에는 어둠 속에서도 속삭임이 들리고 누워서도 환영이 떠오른다. 그날 밤늦게, 사관실에서는 아픔을 담은 함장의 거친 목소리가 새어 나온다. "빌어먹을, 인간이 볼 수도 없는 레이더와 들리지도 않는 무전에 목숨을 맡겨야 하다니." 빌어먹을, 기계가 사람을 보좌할 거라고 믿어야만 하다니!

제2차 세계대전이 끝나면서 이 함장의 절규는 미국의 무기 산업

사용하기 쉬운 제품은 무엇인가

전체에 울려 퍼졌다. 제1차 세계대전으로 대량생산이 그전에는 상상도 못 했던 규모로 성장했다면, 제2차 세계대전 당시에는 그마저도 예스럽게 느껴질 정도로 생산량이 늘어난 데다 기술혁신까지 엄청난 속도로 일어났다. 이를테면, 전쟁 초기에는 복엽기가 전쟁터를 윙윙거리며 날아다녔는데 전쟁이 끝날 무렵에는 세계 최초의 스텔스기가 하얗게 비행운만 남기며 잠행했다. 기술 발전 속도를 가장 극명하게 보여주는 사례는 레이더다. 레이더의 탐지 범위는 6년간 거의 월 단위로 증가해, 폭격기와 탱크와 포탄과 군함의 성능을 계속 높여갔다. 하지만 그중 엔지니어들이 약속한 성능을 실제로 비슷하게라도 발휘하는 기계는 별로 없었다. 왜냐하면 조작하는 사람들이 이해할 만한 기계를 만드는 정리된 지식체계가 없었기 때문이다. 예를 들어, 말소리를 인간의 귀에 들리지 않는 주파수로 내보내는 무전기나 잡음 가운데 신호를 구별해 내지 못하는 레이더에서 이런 엇박자가 나타난다(착륙 지점에서 고작 몇 분 거리의 전투기를 공중에서 놓친 사건도 이 때문이다). 인간이 기계를 어떻게 이해하는지에 대해 축적된 지식이 터무니없이 적었다. 어느 공군 심리학자가 말했다. "이론상으로는 폭탄을 빗물받이 통에도 맞춰 떨어뜨릴 수가 있어요. 하지만 실제 상황에서는 도시 단위에도 적중시킬 수 없죠."[2] 지식 부족의 대가는 전사자 수였다. 기계가 갑자기 이상해지면 무슨 일인지 영문도 모른 채 전투 중에도, 심지어 전투와 무관한 곳에서도 병사들이 죽어 나갔다.

사람들은 두 진영으로 나뉘어 서로 비난하며 고함을 쳤다. 한쪽에서는 군인들이 '팔이 세 개에 칠흑 같은 어둠 속에서도 모퉁이 너머까지 볼 수 있는 인간만 조작 가능한 것을 경이로운 기계랍시고 설계한 사람들'을 공격했다.[3] 다른 쪽에서는 그런 경이로운 기계를 설계한 사람들이 입에 거품을 물고 흥분하며, 자신의 발명품이 실패한 건 훈련이 잘못되었거나 고의로 잘못 조작한 탓이라고 응수했다. 이들은 군인들이 씩씩거리며 버튼을 마구 내려치거나 레버를 홱 잡아채는 장면을 상상했다. 전쟁 중 한동안 이 논쟁은 마치 보여주기식의 과장된 연극 무대같이 전개되었다. 엔지니어들은 장교들에게 최신 장비를 홍보할 때 시연자로 내부 과학자와 엔지니어만을 앞세웠다. 모든 기능을 실제 설계대로 사용할 수 있다고 증명하기 위해서였다.[4] 문제는 현실에서 결코 시연대로 될 수 없다는 것이었다. 30년 후 스리마일섬에서 다시 드러났듯이, 극심한 스트레스 상황을 겪는 인간의 수행 능력은 시연용 모델을 조작하는 사람의 수행 능력과 전혀 달랐기 때문이다.

연구실 실험 성과와 실제 수행 능력의 차이는 헤아릴 수 없이 많은 사상자를 내며 전쟁 내내 전쟁터 위를 맴돌았다. 이 전쟁이 불과 10년 전에 비해 더더욱 세밀한 '감각의 차이'에 의존했기 때문에 피해는 더욱 막심했다. 하버드대학교의 심리학자 S.S. 스티븐스S. S. Stevens는 앞부분의 실종 공군 이야기를 발표한 사람이다. 스티븐스는 이 사례를 접하고 경악했다. 스티븐스는 영향력이 큰 논문 〈기계는 홀로 싸울 수 없다〉에서 다음과 같이 서술했다.

전투의 결과는 눈과 귀가 인간 능력의 한계까지 동원해야 하는 미세한 차이를 식별하고, 거리를 가늠하고, 신호를 듣는 데 좌우된다. 누군가가 세밀한 감각을 동원하지 않는 한 레이더는

사용하기 쉬운 제품은 무엇인가

스스로 볼 수 없고, 무전은 스스로 들을 수 없으며, 음파탐지기는 스스로 탐지하지 않고, 총 또한 스스로 겨냥하지 않는다. 그런데 모순은 엔지니어와 발명가가 인간 변수를 없애려고 더 빠른 '자동' 기기를 더 신속히 제공할수록 조작하기는 더 어려워졌다는 데 있다. 의도대로라면 성능 차이만큼 더 잘 보고, 듣고, 판단하고, 실행함으로써 자기 진영이 적군보다 유리해졌어야 했다.[5]

또 스티븐스는 인간이 이 불완전한 장비를 한계까지 몰고 갔다고 썼다. 엔지니어들이 새로운 레이더를 선보이며 맑은 날 기준으로 80킬로미터 떨어진 적함을 포착할 수 있다고 자랑하면, 꼭 머지 않아 잠수함 지휘관이 나타나 흐릿한 녹색 화면을 통해 폭풍우 속 160킬로미터 거리에 떠 있는 소형 보트를 찾아내려고 기를 썼다. 소형 보트는 원래 그런 곳에 있기 때문이다.

기계는 호모사피엔스가 조작할 수 있게 만들어야 했다. 그 기계를 사용함으로써 상황이 유리해지자, 인간은 자신의 전투기와 미사일과 전자기 빔을 성능의 한계까지 몰아붙였고, 그 결과로 또다시 자기 오감이 감지하는 능력의 한계에 와 있었다. 거기서 인간을 돕는 데 아무 관심 없는 손잡이와 다이얼과 기어와 코일의 멍청함에 새로이 짜증을 낼 수밖에 없었다.

오늘날과 대조해 보자. 우리는 탭 한 번으로 차량을 불러 우리

앞에 올 때까지 실시간으로 확인한다. 그리고 또 한 번의 탭으로 다른 사람과 나눈 대화를 첫 마디부터 전부 꺼낼 수 있다. 우리는 다른 누군가가 디자인한 모래 상자 안에 살며, 스마트폰과 컴퓨터와 자동차 속 정보에 힘입어 더 단순화된 세계에서 살아가기 때문에 오히려 더 똑똑해졌다.

이런 세상이 오기까지 150년 동안 우리는 끊임없이 이상향을 바꿔왔다. 이 여정은 미술의 입체파나 물리의 불확정성 원리, 20세기의 다른 어떤 패러다임만큼이나 중대한 관점의 변화를 나타낸다. 어쩌면 입체파나 불확정성의 원리보다 더 중요한지도 모른다. 이 분야의 원리 원칙이 너무나 명백해져 마치 늘 존재해 왔던 것처럼 느껴지기 때문이다. 제2차 세계대전에서 부상한 가장 중대한 개념은 **사람이 목적을 달성할 수 있으려면 기계를 사람에게 맞춰 만들어야 한다**는 생각이다. 즉 사람의 지각과 인지의 한계에 따라 기계를 만들어 최악의 상황에서도 한눈에 알아보고 사용할 수 있어야 하며, 전쟁이라는 호된 시련을 겪는 동안 무엇이든 깊이 생각하지 않고도 이해할 수 있어야 한다는 생각 말이다. 어린아이도 사용할 수 있는 휴대용 슈퍼컴퓨터든, 문제 해결이 쉬운 원자로든, 경찰 신고를 완전히 바꾼 버튼이든, 모두 우리를 엔지니어의 의도대로 항상 정확히 시행하는 이상적인 시연자라고 생각한 결과가 아니다. 이는 우리의 한계를 시작점으로 생각하고 거기서부터 차근차근 만든 결과물이다.

사용하기 쉬운 제품은 무엇인가

폴 피츠Paul Fitts는 잘생긴 얼굴에 부드럽고 느릿느릿한 테네시 말투를 쓰는 사람이었다. 분석적 사고를 지녔지만 엘비스처럼 포마드를 발라 반질반질하게 가꾼 웨이브 머리 때문에 마치 세련된 반항아처럼 보였다. 수십 년 후 피츠는 UFO를 발견하는 원리 등 미국 공군에서 가장 어려운 문제를 맡는 위대한 인물로 알려진다. 하지만 당시에는 명성을 쌓아가는 중이었다. 피츠는 남부의 조그만 마을에서 자랐지만 학업 성적이 뛰어나 점차 북쪽으로 진출했고, 브라운대학교와 로체스터대학교대학원에서 시작해 결국 오하이오주 라이트패터슨 공군기지의 항공의학연구실에 자리를 잡았다. 종전 직후, 피츠의 지휘관은 그를 파견하여 전투기 사고로 그토록 많은 병사가 전사한 원인을 면밀히 조사하게 했다. 왜 하필 피츠에게 조사를 맡겼는지는 명확하지 않다. 아마도 당시 실험심리학이라는 최신 분야의 박사학위는 신선했고, 그 때문에 더욱 권위 있게 여겨졌던 것 같다. 사람들이 어떻게 생각하는지 훤히 아는 박사가 아닌가. 하지만 피츠가 학자로서 뛰어났던 것은 자신이 전혀 모른다고 생각했기 때문이다.

책상에 전투기 추락 사고 보고서가 수천 부 올라왔을 때, 그 보고서들을 읽고 전부 조종사 잘못이라고, 처음부터 이 머저리들은 조종석에 앉히질 말았어야 한다고 쉽게 결론 내릴 수도 있었다. 시대에 부합하는 결론이기도 했다. 사건의 최초 보고서에도 보통 '조종사 과실'이라고 적혔고, 수십 년 동안 그 이상의 설명이 필요 없었다. 무지했기 때문만은 아니었다. 조종사 과실이라는 개념부터가 전보다는 발전했다는 증거였다.

제1차 세계대전 즈음 후고 뮌스터베르크Hugo Münsterberg나 월터 딜 스콧Walter Dill Scott, 로버트 여키스Robert Yerkes 같은 심리학자들은 인간도 실험용 쥐처럼 적절한 보상과 벌을 주면 무엇이든 훈련시킬 수 있다는 존 왓슨John Watson의 철저한 행동주의를 뒤엎는 중이었다. 역사학자 도나 해러웨이Donna Haraway가 평가했듯이, "로버트 여키스와 진보주의자 동료들은 몸과 마음과 영혼과 성격의 특성을 연구해 산업 내에 '한 개인'의 자리를 찾아주려 했다. … *이 새로운 학문의 주요 관심사는 개인 간의 차이였다.* 이런 방법으로 인적 자원 연구가 이뤄진다면 채용 담당자도 신뢰할 만한 정보를 얻고 '개인'도 적합한 직업 상담을 받을 수 있다." 뮌스터베르크와 동료들은 그것을 인간공학human engineering이라고 불렀다.6

뮌스터베르크가 인간의 고유한 능력의 이해를 다룬 이론을 발표하고 몇 년 뒤, 영국 기업가들은 공장에서 사고가 끊이지 않아 무척 당황하고 있었다. 뮌스터베르크의 이론에 영향을 받은 몇몇 심리학자들은 이를 해결하기 위해 수많은 공장 근로자를 다시 훈련시키는 대신 사고를 겪은 사람들을 괴롭히는 요소가 무엇이었는지 조사에 나섰다. 결국 심리학자들은 특별히 '사고에 취약한' 사람이 따로 있다고 결론 내렸다. 보통 어설프면서 지나치게 자신만만하거나 고집스럽도록 부주의한 사람들이었다. 하지만 사고에 취약한 개인이라는 개념을 만들어냄으로써 심리학자들은 단순히 문제를 되풀이해 말했을 뿐이었다. 더는 덮어놓고 인간 탓만 하지는 않았다. 그 대신 특별한 계층을 콕 짚어 비난하기 시작했다.

사용하기 쉬운 제품은 무엇인가

개인마다 잘하는 일이 다르나는 생각부터가 발전이기는 했다. 하지만 기계를 제대로 조작하려면 *딱 맞는 사람을 찾아야* 한다고 믿는 한계도 있었다. 폴 피츠는 이 흐름과는 다른 새로운 패러다임에 서서히 도달하고 있었다.[7] 피츠가 공군의 사고 기록을 자세히 조사할수록, 만약 사고에 취약한 조종사가 문제였다면 조종석 고장 양상부터 무작위로 나타났어야 한다는 생각이 들었다. 이런 사람들은 무엇을 조작하든 어려움을 겪을 테니까. 이들은 위험을 무릅쓰는 본성을 지닌 사람들로서, 톱니바퀴가 손을 갈아버리려는 순간에조차 딴생각을 할 수 있는 자들이었다. 하지만 산더미처럼 쌓인 보고서를 아무리 살펴보아도 무작위성은 확인할 수 없었다. 그 대신 일정한 경향이 드러났다. 그리고 실제로 무슨 일이 벌어졌는지 알아보기 위해 사람들을 직접 만나자, 그들의 극심한 공포가 느껴졌다.

피츠가 발견한 사례는 모두 비극과 희비극의 연결선상에 있었다. 다이얼을 잘못 읽어 기체를 땅에 처박은 조종사, 어느 방향이 위인지 몰라 공중에서 추락한 조종사, 순조롭게 착륙을 시작했지만 무슨 이유에선지 바퀴를 내리지 않은 조종사도 있었다. 그리고 터무니없는 상황을 당한 또 다른 조종사들도 있었다.

어느 날 오전 11시경에 경보가 울렸습니다. 레이더 화면에 일본군 전투기 35대가 잡힌 거죠. 전투기에 올라타려고 우왕좌왕하는 혼란 중에, 하필 내가 올라탄 건 이틀 전 도착한 신형 전투기였어요. 올라탔더니, 조종석 전체 배열이 바뀐 것 같았어요. … 그 계기판을 한 번 보고 주변 게이지를 보니 이마에서 진땀

이 뚝뚝 떨어졌죠. 바로 그때, 일본군이 첫 폭탄을 떨어뜨렸어요. 그 자리에서 나는 이 전투기를 공중에 띄우지 못할 것이고, 그 대신 지상에서는 움직일 수 있겠다는 판단이 섰습니다. 그래서 정확히 그렇게 했죠. 공습 내내 전투기를 지상에서 온 비행장 구석구석, 활주로 여기저기로 이동시켰어요.[8]

불운한 조종사는 고장 난 비디오게임처럼 말을 더듬거렸다.

피츠의 연구는 항공의학연구소 동료이자 예일대학교에서 새로 온 앨폰스 샤페이니스Alphonse Chapanis 박사의 연구 결과를 보완하는 것이었다. 샤페이니스는 처음에 기체 자체를 조사하기 위해 사람들도 만나고 조종석에도 앉아 보았다. 그가 보기에는 훈련이 잘못되었다는 증거는 없었다. 오히려 이런 전투기를 조종하는 일이 불가능해 보였다. '조종사 과실'이 아니라 **처음으로 '설계자 과실'을 발견한 것이다.** 현재 우리에게 친숙한 **사용자 친화적인 세계의 시초**였다. 스리마일섬 사례에서 보았듯이, 이런 합리성의 씨앗이 산업 속에 완전히 녹아들기까지는 40년이 더 걸렸다. 하지만 샤페이니스의 조사 결과를 자세히 보면 산업에 녹아든 과정을 어렴풋이 예측할 수 있다.

조사를 시작하자마자 샤페이니스가 알아낸 것은 미군의 주력 폭격기로 활약한 네 발 엔진의 B-17 플라잉 포트리스 기종에서 착륙장치를 내리는 조작부가 날개 플랩을 작동하는 조작부와 똑같이 생겼다는 사실이었다. 이 두 장치는 서로 바로 옆에 붙어 있는 데다 형태도 똑같아, 조종사가 착륙을 시도할 때 날개 플랩을 들어 올리려다가 의도치 않게 착륙 장치를 집어넣는 일이 비일비재했다. 그 결과

사용하기 쉬운 제품은 무엇인가

공군의 사고 기록에는 22개월이라는 전쟁 기간 중 플랩과 착륙 장치 조작을 혼동해 추락한 경우가 457건이나 된다.[9] 샤페이니스는 기발한 해결안을 내놓았다. 전투기 조종석 조작부를 '형태별로 구별'하여, 조종사가 순전히 손의 감각만으로 어떤 동작을 행하는지 알 수 있게 하는 방법이었다. 현재는 모든 비행기에 착륙 장치와 날개 플랩을 이렇게 설계하도록 법률로 정해져 있다. 게다가 우리 주변의 모든 버튼, 즉 키보드, 리모컨, 자동차, 스마트폰 속 디지털 버튼까지, 샤페이니스의 해결안대로 모두 다른 모양으로 만들어져 손의 감각이나 눈길 한 번으로 구별할 수 있다. 우리 주위를 둘러보면 여전히 샤페이니스가 도출한 두 가지 해결안을 기초로 설계되어 있다. 첫째, 비행장 활주로 위에서 전투기를 주행할 수밖에 없었던 불쌍한 조종사 사건이 없도록 전투기의 모든 조작부 위치를 표준화했다. 둘째, 조작부의 모든 장치는 '자연스러운' 방향으로 움직이도록 정했다. 왼쪽으로 움직이고자 하면 조작부 또한 왼쪽으로 움직여져야 한다. 샤페이니스는 훗날 조작부는 움직일 때 "심리적으로 자연스러운 방향"을 따라 움직여야 한다고 썼다. 어떤 기계를 켜려고 하면 스위치를 '위'로 올려야 (적어도 미국인에게는) 자연스러웠다.[10] 물론, '위쪽은 켠다는 뜻'이나 '왼쪽으로 돌리면 왼쪽으로 이동한다는 뜻'이라는 은유 metaphor를 태어날 때부터 알고 있는 것은 아니다. 하지만 **이런 상징은 마치 모국어처럼 모르는 사이에 우리 경험 속에 배어 있다.**

인간공학 분야는 인간의 감각 또한 연구하게 된다. 스티븐스가 창시한 '정신물리학'의 성과는 잡음이 심한 통신에서 말소리를 정확히 전달하기 위해 자음 발음을 강조하고 모음 발음을 억제하는 해결안이었다. 이 한 가지로 미군의 무전 거리가 두 배 증가해 전쟁 말미에는 결정적인 전력의 우위를 확보할 수 있었다.[11] 심지어 미국 공군의 휘장까지 교체되었다. 일본의 영식 함상 전투기의 원 모양 휘장을 미국 P-47 전투기의 파란 원에 하얀 별 휘장과 혼동하기 쉽다는 사실을 발견했기 때문이다. 조종사들이 어떤 표시를 식별할 수 있는지 시험을 거친 후 미국 전투기를 장식하는 원과 별에 기둥 휘장이 탄생했다.[12] (교통신호의 익숙한 도안 역시 비슷한 시험을 거쳐 고안되었다.)[13] 스티븐스는 이렇게 썼다. "우리는 전쟁 끝 무렵에 신형 이어폰과 마이크, 헬멧, 증폭기, 산소마스크로 싸웠다. 모두 지극히 중요한 인간공학의 관점으로 설계된 장비였다."[14] 무전을 듣지 못해 태평양에서 추락한 이름 모를 조종사의 죽음이 결국 아주 헛되지는 않았나 보다.

이 모든 혁신은 기계가 성능이 좋아지고 정교해지고 흔해지면서 새로이 대두한 문제에 대처하기 위해 나왔다. 전쟁에서 전투의 속도는 점점 빨라졌다. 목표물을 보고 발포할 때까지 18초가 걸리는데, 그동안 목표물은 이미 8킬로미터를 이동했을 수도 있다.[15] 생각할 시간이 주어지지 않은 채 상황을 이해해야 하는 경우가 늘었다. 전쟁만의 문제는 아니었다. 당시 자동차도 이름표조차 없이 모든 버튼과 다이얼이 똑같이 생긴 경우가 대부분이었다.[16] 더욱이 샤페이니스가 조작 장치를 '심리적으로 자연스러운'이라고 설명한 데서 시사했듯이, **새로운 기술의 등장으로 '인간에게 기계를 맞추는' 문제가 물리적인 차원뿐 아니라 정신적인 차원으로 변했다.** 공장을 지을 때 모든 다이얼에 근로자의 손이 닿도록 설계하는 것도 중요했다. 하지만 **기계가 점점 자동화될수록, 근로자들이 기계의 목적과 작동 원리를 이해하는 일이 더**

욱 중요해졌다.

또 모든 사람에게 딱 맞는 임무를 찾는 것도 우스꽝스러운 일이 되었다. 한쪽에서는 각양각색의 능력과 기술과 경험을 지닌 병사가 군대로 쏟아져 들어오고, 다른 한쪽에서는 갈수록 특화된 최신 기계들이 공장에서 전쟁터로 쏟아져 나왔다. 그렇다고 갈수록 특화된 임무에 군인을 더욱 세분해 투입할 수는 없었다. 아무리 군 규모가 커지고 있어도 그 체계를 유지할 수는 없었다. 미군이 조금이라도 발전하려면 기계를 더 적은 사람이 아니라 더 많은 사람이 쉽게 사용할 수 있어야 했다. 기계의 조작 방식은 몇 가지 원칙을 정해, 이를 바탕으로 일반화되어야 했다. 이것은 기계는 사용하기 쉬워야 하며, 너무 쉬워서 누구나 사용할 정도여야 한다고 말하는 인간공학ergonomics(학문 분야로서 ergonomics, human factors, human engineering은 시대와 지역에 따라 조금씩 다르게 쓰이나 본서에서는 모두 인간공학으로 통일하여 표기했다-옮긴이) 학문의 시초이다.

폴 피츠나 앨폰스 샤페이니스 같은 사람들이 인간은 무조건 훈련으로 향상될 수 있다는 당시의 지배적인 믿음을 뒤집기는 쉽지 않았을 것이다. 따라서 당시의 특수한 상황 탓에 새로운 관점을 고안할 수밖에 없었다. 디자인의 이야기는 두 번의 세계대전과 경제 대공황에 집중되어 있다. 시대마다 이해관계가 첨예한 문제가 새로 발생했고(어떻게 해야 사람들이 더 구매할까? 어떻게 해야 조종사가 혼란 중에서도 제정신을 유지할까?), 새로운 문제는 새로운 사고방식으로 해결할 수밖에 없었기 때문이다. 겨우 훈련 몇 번에 인간의 본성이 변하리라고 믿고 미국의 운명을 걸 수는 없었다. 그러기에는 너무 많은 목숨이 위험했다.

　'사용자 친화성'이라는 개념에서 '사용자'를 제대로 찾는 데 거의 한 세기만큼의 진보와 발전이 필요했고, 그마저도 전쟁 덕분에 촉진되었다. 그 정도로 중대한 이해관계가 걸려야 근본적으로 다른 패러다임(인간에게 기계를 맞춘다는)이 이 정도로 빨리 뿌리 내리기 때문이다. 피츠와 샤페이니스는 사용자 친화적인 세계로 향하는 구불구불한 길에 가장 중요한 초석을 깔았다. 이를 바탕으로 도널드 노먼이 평생 업적을 쌓았고, 다음 세대 디자이너들이 우리가 만드는 사물과 사람의 관계에 대해 생각하게 되었다. 두 사람은 인간이 학습을 많이 한다고 해도 항상 실수에 취약하다는 사실을 발견했다. 하지만 실수가 일어나는 원인을 이해한다면, 디자인을 통해 그 원인을 제거할 수 있었다. 그렇다 해도 헨리 드레이퍼스가 재등장하지 않았다면, 피츠와 샤페이니스의 깨달음도 다른 모든 기밀과 함께 군부의 비밀 금고에 묻혀버렸을 것이다. 드레이퍼스야말로 피츠와 샤페이니스 같은 사람들의 업적(기계를 인간에 맞춘다는 생각)과 인간의 욕구에 대한 존중이 매우 비슷하다고 보고, 당시 급성장하던 디자인 산업에 동력을 공급한 공로자였다.

❊

　미국 정부가 아니었다면 미국의 제1세대 산업디자이너들은 전쟁 중에 업을 이어가지 못했을 것이다. 레이먼드 로위는 육군용 위장복과 신호체계를 만들었다. 월터 도윈 티그는 해군용 로켓탄 발사기를 디자인했다.[17] 헨리 드레이퍼스는 군대 협력 업체로서 스티븐스의 도움을 받아 샤페이니스와 피츠가 창시한 '인간공학human factors' 분야에 들어섰다. 드레이퍼스의 디자인 회사는 토퍼레이터 세탁기의 조작부를 상식에 맞게 디자인한 경험을 살려 전투기와 항공모함의 레이더 조작부를 제조 편의성이 아닌 조작의 중요도에 따라 묶었다. 첨단 기술을 인간적인 방향으로 조율해 가는 첫 단추였고, 이는 사용자 친화적 디자인 정신의 기초가 되었다.[18] 하지만 드레이퍼스가 전쟁 중 디자인한 제품 중에서 가장 영향력이 컸던 것은 전차 조종석이었다.

드레이퍼스는 늘 하던 대로 기이할 만큼 대상의 이해에 몰입했다. 언제나처럼 멋지게 차려입고 나타난 그는 전차에 몸을 구겨 넣고 운전법을 배웠다. 운전을 배우며 그가 알아차린 사실은 다음과 같다. 전차 조종수는 두 가지 자세를 받쳐주는 좌석이 필요했다. 한 가지는 평상시 운전 상황에서 밖을 내다보기 위해 몸을 앞으로 기울인 자세, 다른 한 가지는 전투 중 잠망경으로 밖을 보기 위해 뒤로 기댄 자세였다. 이런 동적 좌석을 디자인하려니 두 자세를 모두 지지하는 좌석의 모습과 인간이 기대앉은 모습을 나타낼 간략한 도안이 필요했다. 제2차 세계대전 후 드레이퍼스가 가장 몰두한 주제가 여기서 싹텄다.[19] 그는 얼마 후 이렇게 적었다. "인간과 관련이 깊은 제품일수록 좋은 디자인이 필요하다. 그러니 **모든 디자인의 시작점에 인간을 놓으면 어떨까?** 설계도에 사람 모양을 그려 넣을 정도로."[20]

드레이퍼스는 품위 있는 겉모습 안에 부글부글 들끓는 경쟁심과 고요한 분노를 숨기고 다녔다. (회사 임원이 언젠가 드레이퍼스에게 고객

앞에서 보이는 확고한 자신감이 어디서 오는지 물었다. 그런 자신감이 있기에 그는 어느 회의실에 들어서든 자신의 제안이 채택될 것이라고 굳게 믿었다. 그는 평소답지 않게 솔직한 태도로 답했다. "저는 그냥 들어가면서 속으로, '이 개자식들아, 이 개자식들아, 이 개자식들아'라고 중얼거려요.")21 드레이퍼스는 이른바 4대 디자인 회사에서 가장 젊은 창립자였고(다른 세 사람은 레이먼드 로위, 노먼 벨 게데스, 월터 도윈 티그다), 선두는 아니었다. 선두 자리는 나이가 그보다 열 살 넘게 많았던 로위 또는 티그가 차지했을 것이다. 전쟁이 끝나자 드레이퍼스는 디자인 분야를 완전히 재정의하고, 경쟁자들이 따라오지 않고는 못 배길 새로운 접근 방식을 고안하기로 다짐했다. 그는 디자인의 크기를 가늠하기 위해 설계도에 그려 넣는 인간 형상에 착안하기도 했다. 이 인간들은 누구인가? 그 도안에 정말 잘 맞는가? 공중을 나는 자동차 프로젝트에서 영감을 얻은 드레이퍼스 부부는 처음에는 평균적인 인간 신체를 정의하려 했다. 두 사람은 주로 군대 기록을 뒤지고 신발 가게, 백화점, 의류 회사여러 곳에도 연락해 구할 수 있는 정보는 전부 수집했다. 이 모든 정보를 쓸모 있는 형태로 바꾸기 위해 두 사람은 제2차 세계대전에서 설계기사로 복무한 앨빈 틸리Alvin Tilley를 고용했다.

틸리는 그 후 수십 년 동안 평균적인 남성과 여성 '조'와 '조지핀', 그리고 둘의 일가친척을 완벽하게 다듬어갔다. 키 작은 사람과 큰 사람, 살찐 사람과 마른 사람, 신체장애가 있는 사람, 아이들, 그리고 생각할 수 있는 인간형은 전부 더했다. 모든 인간의 치수와 움직임을 목록으로 만들고, 의자 높이부터 찬장 깊이까지 인간의 몸에 맞출 만한 모든 대상의 비례를 상세히 제시했다. 조와 조지핀은 세상을 보는 새로운 관점, 레오나르도 다빈치의 비트루비우스 인간의 디자인뷰를 나타냈다. 다빈치와의 유사성은 우연이 아니었다.

드레이퍼스는 레오나르도 다빈치를 무척 존경했고, 세계에서 가장 훌륭한 산업디자이너라고 불렀다.[22] 또 비트루비우스 인간에 심취했고, 이를 있는 그대로 받아들였다. 다빈치는 인체를 천상과 같은 정밀한 존재로 그림으로써 인간을 세계의 중심에 놓았다. 조와 조지핀도 마찬가지였다. 가장 대표적인 이미지에서 조와 조지핀은 옆모습으로 의자에 똑바로 앉아 있다. 팔다리의 길이와 움직임 범위는 눈금으로 측정되어 있고, 관절마다 원호로 움직임의 범위를 정확하게 나타냈다. 그림 속 개별 정보만큼이나 중요한 것은 이런 정보를 그림으로 나타냈다는 사실이다. 조와 조지핀이 디자인 세상의 중심에 있는데, 그 세상의 중심에 없는 것이 무엇이겠는가? 디자인의 대상뿐이었다. 이 그림은 인간이 우선이고 주변 사물들은 인간을 중심으로 흐르는 추상적인 세계를 나타냈다.[23] 조와 조지핀은 드레이퍼스 디자인 회사의 마스코트가 되어 사무실 벽을 온통 장식했다. 또, 단순한 장식을 넘어 조와 조지핀은 드레이퍼스의 디자인 전체에서 형태와 비례의 기준이 되었다. 조와 조지핀은 디자인 분야가 전쟁 후 엄청난 호황을 누릴 시기에 때맞춰 등장했다. 1940년대와 50년대에 미국 가정은 새로운 물건을 구매할 돈이 있었고, 미국 기업은 한 번도 본 적 없는 물건을 만들어낼 기술이 있었다. 이 두 가지 조합 때문에 산업디자인 분야는 유례없이 큰 책임을 안게 되었다.

디자인 역사학자들은 대부분 산업디자인의 원류를 헨리 드레이퍼스가 아닌, 찰스 다윈의 할아버지 조사이어 웨지우드Josiah Wedgwood 같은 인물로 본다. 웨지우드는 1760년대에 도자기 제조 공정을 단순화하는 방법을 고안했다. 그리하여 숙련된 노동자들은 고급 찻잔을 하루에 몇 개가 아닌 수천 개씩 제조했고 나아가 찻잔의 가격은 충분히 낮아져 새로운 계층의 소비자들이 부유층의 취향을 흉내 낼 수 있는 시대가 열렸다. 그러나 웨지우드는 이미 존재하던 제품을 조금씩 개선하는 디자이너였다. 드레이퍼스와 동시대 동료들은 제2차 세계대전 이후 전혀 다른 기회를 만났다. 누구도 필요하다고 생각하지 못했고 사용해 본 적도 없는 완전히 새로운 종류의 물건을 창조할 기회였다.

디자이너는 소비자의 요구와 기술적 성능이라는 상충하는 세력 사이에서 중재자로 부상했다. 헨리 드레이퍼스가 글로 썼듯이, "산업 디자인은 미국 가정에 뒷문으로(중의적 표현이다. 우선 몰래 슬그머니 등장한 모양새를 의미하고, 또한 미국 주택의 뒷문이 뒷마당에서 부엌 공간으로 이어진다는 것을 의미한다-옮긴이) 들어왔다. … 온 집 안을 합친 것보다 부엌과 세탁실에 대량생산 제품이 더 많이 들어 있었다."[24] 대량생산으로 새로운 물건을 만들 수 있어서가 아니었다. 이 새로운 물건에서 미래의 삶이 어떨지, 새로운 가능성과 전망을 엿볼 수 있기 때문이었다. 대량생산 외에 이 '뒷문'으로 들어온 것이 또 있었다. 소비가 사회 발전의 동력이라는 믿음, 그리고 디자인에 부과된 큰 부담과 책임이다. 이 두 가지는 레이 임스Ray Eames와 찰스 임스Charles Eames, 디터 람스, 또 오늘날 활동하는 디자이너들이 계속해서 발전시켰다. 디자이너들은 경우에 따라 이미 존재하는 물건을 더 낫게 만들어달라는 의뢰를 받기도 하지만, 작업 시간 대부분은 여태껏 존재하지 않았던 물

115

사용하기 쉬운 제품은 무엇인가

건을 창조하는 데 사용한다. 전에 존재한 적 없었던 물건을 무슨 수로 사용하기 쉽게 만들까? 그리고 이 새 물건이 우여곡절 끝에 세상 빛을 본 다음에는 어떻게 개선해야 일상에서 존재를 자연스럽게 잊어버릴 만큼 편리해질까?

지금은 드레이퍼스가 디자인한 결과물이 많이 남아 있지는 않지만, 손만 뻗으면 닿는 거리에 드레이퍼스의 한 부분이 살아 있다. 바로 스마트폰의 통화 아이콘이다. 아이콘을 자세히 들여다보라. 통화 아이콘에는 손잡이의 측면마다 드레이퍼스의 디자이너들이 꼼꼼하게 명시한 특징이 그대로 살아 있으며 1953년 출시된 벨 모델 500 전화기의 대범한 인체공학적 디자인을 계승하고 있다. 한쪽에는 송화 부분, 반대쪽에는 수화 부분을 한 몸체에 넣은 수화기 디자인 덕택에 한 손으로 전화기를 사용할 수 있고, 넓적한 등 부분을 머리와 어깨 사이에 끼우면 양손 모두 자유로워진다. 두 가지 디자인 요소 덕택에 다른 일을 병행하면서도 통화를 할 수 있게 되었다. 결국 전화기와 통화가 일상의 좀 더 자연스러운 부분으로 자리 잡았다. 어쩌면 드레이퍼스의 수화기 디자인이 최후의 통화 아이콘이 될지도 모른다. 대체할 수 있는 디자인이 나오기나 하겠는가? 만약 통화 전용 기기가 영영 없어진다면 우리는 어떤 아이콘을 사용하게 될까? 이제는 아이콘을 탄생시킨 실제 사물보다 아이콘이 더 친숙하다. 그 제품이 너무나 사용하기 쉬워 우리가 당연하게 받아들였기 때문이다.

＊

소설가 호르헤 루이스 보르헤스가 쓴 단편 중 가장 짧은 〈과학의 정밀성에 대하여On Exactitude in Science〉는 정확히 145단어 길이다. 하지만 여기에는 한 세계, 아니 정확히는 두 개의 세계가 담겨 있다. 소설 속 제국에서 지도 제작자들은 지도를 만드는 데 너무 집착한 나머지 현존 최고의 지도를 만들기로 결의한다. "실제 제국과 똑같은 크기의 모든 지점이 완벽하게 들어맞는 지도"였다. 결국 그 지도는 잊혀서 썩어가지만, "동물과 거지들이 살고 있는 서쪽 사막에는 오늘날에도 아직 넝마 같은 지도 파편들이 돌아다닌다".[25]

소설에는 의미 있는 교훈이 담겨 있다. 이름도 없는 그 제국의 지도 제작자들이 지도에 집착하게 되었듯, 현실의 디자이너들도 세상에 기여하는 유용한 물건을 만들려다가 엉뚱하게도 자신만의 이상 세계에 갇히는 경우가 끊임없이 발생한다. 헨리 드레이퍼스도 그랬다.

소와 조지핀은 과연 1940년대부터 드레이퍼스가 꿈꾸던 대로 회사를 선두 자리에 올려놓았다. 당시에는 인체공학적 정보를 담은 유일한 개요서였다. 드레이퍼스와 틸리가 1967년에 마침내 발표한 《인간의 측정The Measure of Man》은 오늘날에도 사용된다(최근 개정판에서는 제목을 《남성과 여성의 측정The Measure of Man and Woman》으로 바꿨다). 하지만 드레이퍼스는 인간의 차이를 그린 지도에 눈이 멀어 자신의 최고 강점을 잃어버렸다. 드레이퍼스가 수시티에서 극장 관람객들이 고급 레드카펫이 무서워 들어오지 못한 이야기를 했을 때, 그가 의미했던 것은 물리적인 특성이 아닌 심리적인 특성이었다. 벨 모델 500 전화

117

사용하기 쉬운 제품은 무엇인가

기를 제외하면 드레이퍼스의 가장 유명한 디자인인, 1953년에 출시된 하니웰의 원형 온도조절기도 마찬가지다. 그 시대의 온도조절기는 보통 긴 직사각형 숫자판에 작고 복잡하게 생긴 조작부가 달려 있었다. 반면 하니웰 라운드 모델은 온도가 방사형으로 표시되어 가운데에 다이얼이 있었다. 온도를 조절하려면 바깥쪽 원을 돌려 숫자판에 정확히 맞추면 되었다.[26] 이렇게 제품의 전체 형태가 정보와 행위를 하나로 조화시켰다. 이 디자인은 인체공학만이 아니라 인지적 명료성을 추구한 데서 나왔고, 실제로 사용할 때도 통하는 쉬운 사용법을 직관적으로 찾은 결과다. 디자인의 기발함과 독창성은 문제를 재정의하고 문제를 둘러싼 인간의 삶을 명확히 이해한 데서 나왔다. 인체공학은 제품 디자인이 폭넓게 추구하는 여러 요소 중 하나였을 뿐이다. 그 디자인이 역사상 가장 많이 생산된 제품에 오른 데에는 이유가 있다(완벽한 디자인 덕택에 거의 60년이 지나 네스트Nest라는 스타트업이 센서와 AI로 채운 최첨단 온도조절기의 디자인으로 활용할 정도였다). 한편 이런 독창성이 어디서 왔는지에 대해 드레이퍼스의 디자인 회사는 별다른 설명을 해주지 못했다. 소속 디자이너들의 신비한 능력과 회사가 디자인의 기준으로 삼는 인체 치수가 전부였다. 이 회사는 인체 치수에 매여 디자인 과정을 표준화된 프로세스로 만드는 바람에 소속 디자이너 전체가 문제를 깊이 이해하고 그 문제를 안고 살아가는 실제 인간에게 공감하는 기틀을 다질 기회를 놓쳤다. 드레이퍼스는 전부 직관으로 해냈다. 하지만 헨리 드레이퍼스는 한 명뿐이었다.

그렇다 해도 드레이퍼스는 무시할 수 없는 성과를 이루었다. 산업디자인이라는 분야는 대공황 동안 소비자의 욕구에 새로 불을 지필 묘안으로 주목받으며 당당히 등장한 다음, 제2차 세계대전 이후 호황을 맞은 미국 경제에서 가정에 첨단 기술이 숨 가쁜 속도로 들어서는 시기에도 핵심 역할을 했다. 그 후 지금까지 디자인은 두 가지 문제를 붙잡고 씨름해 왔다. 한쪽으로는 욕구를 부추기는 일, 다른 쪽으로는 새로운 기술을 교육하는 책임이다. 이런 디자인의 재탄생 덕택에, 고급 취향은 언제까지나 유럽에서 들여올 수밖에 없다고 믿었던 미국은 1930년대의 위축되었던 모습을 극복할 수 있었다. 드레이퍼스가 훗날 글로 썼듯이, "적합한 기능을 선택하고, 유지·보수의 편의성을 넣고, 최적의 형태와 선과 색을 선택함으로써 디자이너는 미국 제품을 차별화했고, 그 정신은 오늘날에도 전 세계의 미국 제품에 자랑스럽게 배어 있다."[27] 불과 몇십 년 전만 해도 미국산 디자인에 자신감이 없었던 상황을 생각하면, 드레이퍼스가 이런 말을 한 것부터가 놀랍다.

1960년대에 접어들며 드레이퍼스는 하니웰 원형 온도조절기나 벨 모델 500 전화기 같은 대표작들로 천문학적인 성공을 거두었다. 동시대 디자이너들은 그를 미국 산업디자인의 '양심'이라고 불렀다. 하지만 60년대 말 무렵에는 이런 명성도 휘청거리게 되었다. 세상이 변해 있었다. 가정마다 쏟아져 들어오던 새로운 발명과 혁신의 속도가 떨어졌다. 종전 후 호황 시대도 끝나면서 기업들도 생소한 제품을 사람들의 생활에 맞춰 만들 필요가 없어졌다. 헨리 드레이퍼스 같은 사람이나, 이들의 디자인에 담긴 정신을 찾는 고객도 줄어갔다. 게다가 산업디자인 분야도 성장하면서 점점 새로운 외형을 만들고 소비자의 취향 변화에 맞추는 일이 중요해졌다. 그 결과로 1930년대에

사용하기 쉬운 제품은 무엇인가

활약하던 4대 디자인 회사의 명성도 시들해졌다. 1970년대에 집어들자 미국에서만 수백 개의 디자인 회사가 경쟁했고, 과잉 공급된 산업 디자이너들은 앞다투어 고객이 원하는 대로 예쁘게 꾸미는 작업만 하는 쉬운 길을 택했다. 이런 경쟁이 격화되자, 헨리와 도리스의 완고하고 진지한 방식과 회사 전체의 절제하고 드러내지 않는 업무 철학이 새로운 시대에는 약점이 되었고, 나아가 변화의 물결에 둔감하다는 증거가 되었다. 회사에 가득하던 생기는 흩어지고 있었다. 드레이퍼스가 회사 후계자로 정성 들여 양성한 닐스 디프리언트Niels Diffrient가 언젠가 언급했듯이, "디자인은 지나치게 보수적이었고, 생기를 불어넣을 기회나 여지를 충분히 살리지 못했습니다. 아마도 그게 내 마음속 불만이었던 것 같아요. 우리가 그저 문제를 해결할 뿐 그 이상은 애쓰지 않는다는 것, 예상되는 안 이상의 특별한 생명력이나 탁월함을 살리지 않는다는 것이 불만이었죠."28

1972년, 여전히 언론의 관심에 목마르고 여전히 세상에 좋은 디자인이 부족해서 불만인 드레이퍼스에게, 새롭게 인기몰이 중인 잡지 〈뉴욕New York〉의 공동 창립자인 밀턴 글레이저Milton Glaser가 도시 간판 디자인을 의뢰했다. 드레이퍼스는 디자인 결과를 출판할 때 친구이자 잡지 〈산업디자인Industrial Design〉의 편집장인 랠프 캐플런Ralph Caplan과 함께 글을 써 같이 싣기를 바랐다. 드레이퍼스는 도리스와 하와이로 휴가를 떠난 뒤 캐플런에게 계속 엽서를 보내 글이 완성되었는지 물었다. 그때까지 캐플런은 꾸물거리며 글을 완성하지 못하고 있었다. 캐플런은 내게 이렇게 말했다. "왜 그렇게 서두르는지 모르겠더군요. 헨리는 엽서마다 '빨리 끝내야 해, 시간이 없어'라고 재촉했습니다. 나는 그랬죠. '무슨 소리야, 시간은 충분해!'"[29] 캐플런은 도리스가 간암에 걸린 걸 알고 있었지만, 드레이퍼스는 도리스의 병에 대해 별로 말이 없었다. 물론 자신과 도리스 사이의 합의에 대해서도 아무에게도 이야기하지 않았다. 1972년 어느 날 저녁, 도리스는 가장 좋은 이브닝드레스를 차려입었고 헨리도 갈색 맞춤 턱시도를 입었다. 두 사람은 샴페인 한 병과 잔 두 개를 들고 마치 파티에 초대받아 가듯 차고에 주차되어 있던 갈색 메르세데스 자동차에 올라탔다. 둘은 차에 시동을 걸었다. 그리고 샴페인 병을 따서 건배를 하고 마신 뒤 잠이 들어 다시 일어나지 않았다. 드레이퍼스는 자신의 도움이 점점 필요 없는 듯한 세상을 마주하자, 그 세상을 떠났다.

S.S. 스티븐스가 처음 정신물리학 분야를 설명하고 앨폰스 샤페이니스가 인간공학 분야를 창시한 뒤 이어진 70년 동안, 두 분야는 변형과 진화와 분화를 거쳐 이름과 활용 범위도 다양해졌다. 이른바 '인간공학'과 '인간과 기계의 상호 작용human-machine interaction', 도널드 노먼이 1970년대 말 스리마일섬 사고 조사를 의뢰받은 후 주도하게 된 '인지심리학'이 되었다. 또 그 바탕을 이루는 생각들이 오늘날 사용자 경험 디자인으로 알려진 분야를 이루었다. 디자인의 대상이 아닌 주변을 중심으로 사고의 전환을 나타내기 위해 도널드 노먼이 이름을 지은 것이다. 드레이퍼스는 이 새로운 패러다임의 뿌리를 직관으로 알아챘다. 우리의 한계와 약점과 실수 그대로 우리를 인정하고 돕도록 디자인하지 않는 한, 우리는 주변 사물 디자인에 만족할 수 없다는 사실 말이다.

인간을 이상에 맞추려 하지 않고 현실 그대로 받아들이는 관점은

121

20세기의 가장 위대하지만 제대로 인정받지 못한 지적 전환이다. 이런 관점은 계몽주의 사상 이후 널리 퍼져 있던, 인류의 이성이 완벽해질 수 있다는 주장과 인간의 정신 작용을 시계 톱니바퀴에 빗대는 시각을 정면으로 비난했다. 그 대신 정신 작용을 보는 관점이 바뀌어, 작동 원리를 우리가 완전히 이해하지 못할 뿐 아니라 그나마도 종종 오해하기도 하는 기묘한 기계장치라고 생각하는 문화가 자리 잡았다.

사용자 친화성이 처음 대두된 시대에 행동경제학 역시 처음 등장한 현상은 결코 우연이 아니다. 1970년대 무렵에는 행동경제학 분야에서 몇 가지 충격적인 연구 결과를 발표하여 우리의 사고가 얼마나 근시안적일 수 있는지, 또 우리가 세상을 이해할 때 인지적 지름길이라는 단순화 과정을 어떻게 활용하는지 드러내기 시작했다. 사용자 친화성과 행동경제학은 둘 다 우리의 정신이 결코 완벽할 수 없다는 점에 동의했다. 또한 우리의 결점이 현재의 우리 모습을 이루는 중요한 특징이라고 강하게 믿었다. 기계를 인간에 맞춰야 한다는 시각은 인간의 한계를 그대로 받아들이는 이런 태도를 자양분으로 발달했다. 도널드 노먼의 초기 논문에도 행동경제학의 기초를 제시한 아모스 트버스키Amos Tversky와 대니얼 카너먼Daniel Kahneman의 선구적인 연구를 참고 문헌으로 많이 실었다. 한편, 현대 신경과학 역시 우리 뇌가 시계태엽처럼 기능별로 깔끔하게 정리되어 있지 않다는 연구 결과를 내놓기 시작했다. 오히려 우리 뇌는 각각 따로 진화하고 적응한 부분들이 얼기설기 뒤얽혀 있는 모습이었다. 1980년대 무렵에는 인간을 결점의 총합으로 보는 시각이 사회적으로 꽤 익숙해졌다.

사용자 친화성은 그저 더도 아니고 덜도 아닌 주변 사물과 우리 행

동 양식 사이의 조화다. 따라서 사용자 친화적인 세상을 사용자 친화적인 물건을 만드는 세상이라고 생각할 수도 있겠지만, 실제로는 디자인에서 꼭 물건이 중요하지는 않다. 이 책을 함께 쓴 로버트 패브리칸트가 즐겨 말하듯이, 디자인에서는 우리 행동 양식이 중요하다. 새로운 제품을 디자인하는 모든 세심한 감성은 두 가지 기본 전략 중 하나로 압축될 수 있다. 첫째, 우리를 괴롭히는 요소를 찾아 없애려 노력하는 방향, 그리고 둘째, 기존의 행동을 훨씬 쉽게 만들어 그 행동이 몸에 배게 돕는 방향이다. 새로운 물건을 창조하는 최고의 재료는 알루미늄이나 탄소 섬유가 아니다. 바로 행동 양식이다.[30]

사용하기 쉬운 제품은 무엇인가

테슬라 모델 S 운전대 (2012)

신뢰받는 제품이란

2016년은 자율주행차를 다루는 언론 보도에서 중요한 변화를 125 맞이한 때였다. 1월, 우리는 아우디 A7 자동차를 타고 차량 사이를 조심스럽게 지나며 산마테오 다리를 건너 동쪽으로 향하고 있었다. 이 차의 개발자 한 사람이 운전대를 잡았고, 나는 조수석에 앉았다. 뒷좌석에는 엔지니어 한 사람이 더 앉아 노트북으로 차량 상황을 계속 확인하고 있었다. 이 지역의 모든 IT 기업에서 사람들이 퇴근하면서 슬슬 정체가 시작되고 있었다. 샌프란시스코 반도 중부의 전형적인 맑은 날씨라 드라이브하기에 좋은 날이었다. 조수석 차창 밖으로 샌프란시스코만의 새파란 하늘 아래 희부연 녹색으로 빛나는 잔잔한 바닷물이 보였다. 그때 뒷좌석에 앉아 있던 엔지니어가 갑자기 날카로운 목소리로 나를 불렀다. 자동차의 중앙 콘솔 부분이 번쩍 켜지며 타이머가 초읽기에 들어갔다. "5분 후 시험 운행 작동 가능." 나는 이제부터 벌어질 일을 아우디 외부인으로서는 처음으로 체험할 예정이었기에, 바른 자세로 타이머를 응시한 채 미래가 열리기를 기다렸다.

아우디 A7은 표시 가격이 6만 8000달러부터인 고급 자동차이지만, 스톡옵션으로 포장된 실리콘밸리의 고속도로에서 시선을 끌정도는 아니었다. 나는 주변 운전자들을 둘러보았다. '이들은 지금옆 차선에서 무슨 일이 벌어지고 있는지 전혀 모르겠지.' 예고한 대로 5분이 지나고, 운전대 중앙부의 버튼 두 개가 준비를 마쳤다는 표시로 깜빡였다. 버튼 두 개를 누르는 동작은 실수 방지를 위해 열쇠두 개를 동시에 돌려야 하는 미국의 핵미사일 발사 시스템에서 착안했다. 운전 중인 엔지니어가 버튼을 눌렀고, 전면 유리 아래쪽에 일렬로 붙은 LED 등이 주황색에서 청록색으로 바뀌었다.

이제는 자동차가 스스로 운전하고 있었다.

운전석 엔지니어는 운전대에서 두 손을 들어 올려 무릎에 얹었고, 마치 '지금 환호하지 않고는 못 배기겠지'라는 듯 기분 좋게 미소지었다. 고백하자면, 바로 그 순간 정말 환호가 터져 나왔다. 운전대가 자동으로 쑥 들어간 뒤 좌우로 움직이며, 기묘할 정도로 정밀하게도로를 따라 차를 주행했다. 이 순간은 처음에 어마어마하게 멋있었는데 바로 곧, 당연하게 느껴졌다. 조금 전 인간에서 기계로 운전이넘어가는 순간에 의미 있는 일이 일어났다는 더없이 강한 신호였다.

대화를 나누며 앉아 있는데, 앞차가 급브레이크를 밟으며 후미등이 번쩍였다. 본능적으로 앞쪽에 주의가 쏠렸다. 우리 차가 차선변경을 결정하고 여유 있게 옆으로 이동하는 것이 느껴졌다. 하지만 그 순간 내 시야 구석에 흐릿한 게 보였다. 왼쪽 운전자가 사각지대로 재수 없게 끼어들며 우리 차를 막았다. 그 순간 나는 욕설이 치밀어 올랐지만, A7은 전혀 동요하지 않고 우리 차선 중앙으로 천천히 되돌아와 앞차와 충돌하지 않도록 가볍게 브레이크를 밟았을 뿐이다. 운전석 엔지니어는 가면을 쓴 양 여전히 미소를 지으며 양손을 무릎 위에 두고 있었다.

이런 상황 전체가 원래 기이하고 오싹하기까지 했어야 한다. 자동차가 스스로 판단하고 있고, 우리가 하나하나 인식하기도 전에 상황이 빠르게 지나갔다. 그 과정이 너무 매끄러워서 우리는 자동차의 판단을 신뢰한 것이다. 해맑게 미소만 짓고 있던 운전석 엔지니어에게 조금 전 상황에서 운전자의 역할은 정확히 무엇이었는지 물어보았다. 엔지니어는 대답하기 곤란하다는 듯 다시 웃음을 지어 보였다. 치아를 약간 드러내니 조금 더 살아 있는 사람 같았다. 법적으로 시험 운행 운전자는 상시 주의를 놓지 않고 언제든(비록 자동차가 제대로 주행하고 있어도) 운전대를 다시 잡을 태세를 취해야 한다. 그래서 엔지니어는 로봇처럼 꼼짝하지 않고 정면을 응시하고 있었다. 자동차의 성능에 법이 아직 따라오지 못하고 있다. 2019년 유럽의 아우디 A8 자동차는 선택 사양으로 '트래픽 잼 파일럿Traffic Jam Pilot(교통체증 조종. 저속으로 주행할 때의 자율주행 기능-옮긴이)' 기능이 포함되어 제한적으로 손을 떼고 운전이 가능했지만, 미국에서는 중앙정부와 주정부의 법이 일치하지 않아 이 기능을 포함할 수 없었다.[1] 뒷좌석에서 감독 중이던 엔지니어가 낭랑한 목소리로 끼어든다. "첫 3분 동안은 '이거 죽이는데, 이게 바로 미래의 모습이잖아!'라고 생각하다가 그

사용하기 쉬운 제품은 무엇인가

다음에는 바로 따분해지죠." 모두 웃음을 터뜨렸다. 하지만 운전자가 느끼는 따분함이야말로 크나큰 성과다. 따분하다는 건 두렵지 않고 편안하다는 뜻이며, 완전히 새로운 경험인데도 안심이 된다는 단서였다.

자율주행차에 대한 언론의 뜨거운 관심을 보고 있자면 이 기술이 짧은 기간 동안 얼마나 많이 발전했는지 놓치기 십상이다. 시중에서는 벌써 스스로 주차하거나 충돌을 피하기 위해 방향을 틀거나 돌발 장애물 앞에서 자동으로 멈추는 자동차를 구매할 수 있다. 하지만 조금 더 자세히 보면 그동안 이런 변화가 얼마나 자연스럽지 못했는지 알 수 있다. 2015년에 유튜브에서 조회 수가 700만 회를 넘어선 유머 영상이 있다. 영상에서는 도미니카공화국의 한 자동차 대리점 앞에 사람들이 모여 있다. 모두 볼보Volvo가 2011년부터 광고해 온 보행자 충돌 방지 기능을 시험하는 줄 알고 있다. 과연 마법 같은 기능이다. 단, 차에 그 기능이 실제로 있기만 하다면. 영상에서는 운전대 뒤에 자리 잡고 있는 불운한 운전자가 잘 보이지는 않는다. 일단 눈을 크게 뜨고 흥분에 들떠 액셀을 내리 밟을 태세를 한 모습을 상상하자. 화면 앞쪽에는 핑크색 셔츠를 입은 남성이 서 있다. 이 남성은 긴장한 듯 몸을 앞으로 기울이며, 흥분과 불안이 뒤섞여 안절부절못하는 모습이다. 운전자는 액셀을 힘차게 밟는다. 그 순간 차는 핑크 셔츠 남성과 그대로 충돌했고, 핑크 셔츠 남성은 마치 헝겊 인형처럼 자동차 후드에 납작 붙었다. 촬영하던 카메라는 버려져 정신없이 빙글빙글 돈다. 알고 보니 이 남성은 *그 기능이 포함되지 않은 차*를 샀고, 그 결과 무식하게 용감했던 자기 친구를 치고 만 것이었다.[2]

2015년에 테슬라가 '오토파일럿Autopilot(원래 항공기나 선박의 자동 조종장치를 의미한다-옮긴이)' 기능이 포함되었다는 2500달러짜리 소프트웨어 업데이트를 내보내자 자율주행차는 또 한 번 크게 화제가 되었다. 화제가 된 온라인 영상들은 대단히 흥미로웠는데, 영상 속에서 일어나지 않은 일, 즉 오토파일럿이 해주지 않은 일 때문이었다. '테슬라 오토파일럿이 날 죽이려 했어요!'라는 제목의 영상에서는 운전자가 바짝 긴장한 채 운전대에서 천천히 손을 들어 올린다. 공포는 현실로 드러났다. 자동차는 차선 경계를 감지하지 못하고 방향을 틀어 중앙선 너머 다가오는 차들을 향해 돌진한다. 다행히 운전자가 운전대를 홱 낚아챈다.3

자율주행차가 어느 날 순식간에 등장하지는 않을 것이다. 오히려 아무도 모르게 은근슬쩍 다가올 것이고, 그럴수록 어느 신기술 못지않은 큰 성과가 될 것이다. 앞서간 모든 디자인이 성공했다는 생생한 증거가 되기 때문이다. 자율주행차의 성공은 기술 개발에만 좌우되지는 않는다. 우리 같은 일반인이 차 안의 새로운 버튼을 한 번도 써보지 않고도 무슨 기능인지 알아맞힐 수 있을 때 성공할 수 있다. 이 차를 신뢰할 수 있는가? 기술은 이미 있지만, **완전한 신뢰를 얻는 것은 기술을 완벽히 구현하는 것과는 전혀 다른 문제다.** 아우디가 자율주행차를 출시하기 전 수년간 미국의 도로 곳곳에서 자율주행 승용차와 트럭을 수십 대씩 굴리고 또 굴렸던 것도 그래서다.4 이런 기술을 우리가 신뢰할 만한 형태로 만들어내야 가장 큰 산을 넘을 수 있다. 수많은 테슬라 영상 안에서 운전자들은 차의 능력이 어디까지인지, 한계는 어디부터인지를 전혀 모른다. 기술광이나 테슬라 지지자

사용하기 쉬운 제품은 무엇인가

들은 비난을 퍼붓기 바빴다. 이 멍청이들은 이런 기능이 어떻게 작동하는지도 모르나? 미국 공군이 전투기 사고를 조종사 탓이 아니라고 결론 내린 지 60년 후, 우리는 디자인이 잘못된 기계의 죗값을 운전자에게 묻고 있다. 하지만 그 많은 테슬라 영상 속 인물들의 공포에 질린 표정은 그 사람들 탓이 아니라 디자인 문제다. 잘 디자인된 발명품은 신기하게도 손 한 번 대기 전부터 어떻게 작동되는지 짐작할수 있다. 좋은 디자인을 위해서는 익히 아는 원칙들, 제2차 세계대전과 스리마일섬 사고 등에서 전해 내려온 원칙을 효과적으로 엮어야하지만, 다른 묘약도 필요하다. 우리가 타인을 믿게 되는 과정을 기계도 그대로 흉내 내야 우리는 그 기계를 신뢰하게 된다.

*

브라이언 래스롭Brian Lathrop은 내가 탑승해 보았던 A7 자동차를 어떻게 하면 운전자들이 신뢰할 수 있을지에 대한 연구를 총괄했다. 래스롭은 폭스바겐에서 잘 알려지지 않은 전자연구소에서 사용자 경험팀을 이끌고 있다. 특별할 것 없어 보이는 직무와 달리 그는 대부분의 시간을 미래 세계에서 보낸다.[5] 캘리포니아에서 나고 자라 심리학을 전공한 그는 육군 병장처럼 건장하고 머리는 짧게 잘랐다. 이야기할 때는 과학자 특유의 또렷하고 정확한 발음으로 말한다. 발명가이기도 하며, 자율주행차에 중요할 수도 있는 공동 특허를 여러 건보유하고 있다.

래스롭은 지금의 일자리를 15년 전 구인구직 기업 몬스터닷컴에서 찾았는데, 폭스바겐에서 그를 채용한 사람조차 그가 무슨 일을 하게 될지 명확하게 이해하지는 못할 정도였다. 폭스바겐에 오니 팀에는 이미 엔지니어가 15명 있었고, 그가 오자 모두들 16번째 엔지니어가 왔다고 생각했다. 출근 첫 주에 동료들은 그에게 회로 기판을 몇 장 건네고 납땜을 부탁했다. 그는 앨폰스 샤페이니스와 도널드 노먼 같은 부류의 인지과학자였기에, 말없이 미소를 지은 다음 회로 기판을 집어 들었다. 그의 말을 빌리면, 미국 개척 시대의 황량한 서부로 들어서는 순간이었다. 그는 이렇게 말했다. "좋은 면과 나쁜 면이 있어요. 나쁜 면은 아무도 무얼 할지 알려주지 않는다는 것이고, 좋은 면 역시 아무도 무얼 할지 알려주지 않는다는 것이죠."

결국 래스롭은 콘셉트카 몇 대의 실내디자인을 담당하게 되었다. 콘셉트카는 폭스바겐 기업이 모터쇼에서 선보일 미래 자동차상이었다. 실내디자인을 하던 그의 눈에는 오늘날 자동차 속의 수많은 기능이 점점 늘어나 우스꽝스러운 지경으로까지 변해가는 경향이 보였다. 폭스바겐의 최고급 세단 페이튼Phaeton 안에 처음 앉았을 때, 그가 조작부 개수를 세어보니 무려 70개였다. 그는 고민하기 시작했다. '이것들을 대체 어떻게 묶고 없애지?' 자세히 보니 그중 상당수가 자잘한 주행 보조 기능 버튼이었다. 그래서 그는 속으로 '이걸 전부 터치스크린 하나로 묶으면 어떨까?' 하고 생각했다.

2010년 즈음은 자율주행차 개념이 막 현실화되기 시작하는 시기였다. 스탠퍼드대학교의 한 연구팀이 아우디 한 대를 개조하여 자율주행으로 전설의 파이크스 피크 경주Pikes Peak, PPIHC(로키산맥에 속하는 파이크스 피크 정상까지 오르는 자동차 산악 도로 경주-옮긴이)를 완주

사용하기 쉬운 제품은 무엇인가

했다. 누가 봐도 자율주행차는 연구실에만 오래 머물러 있기에는 가능성이 너무 큰 분야였다. 우연이지만 래스롭은 이 문제에 특히 적임자였다. 미국 항공우주국NASA에서 조종사 헬멧용 화면을 연구하며 첫 경력을 쌓았기 때문이다. 현대사회의 근본적인 문제를 고민해야 하는 자리였다. '항공기를 인간과 기계가 번갈아 가며 조화롭게 조종하려면 어떻게 해야 하는가?'

래스롭은 항공기 사고의 90퍼센트가 기체가 고장 났을 때가 아니라 조종사가 항공기의 작동을 이해하지 못했을 때 발생한다는 것을 이미 알고 있었다. 그는 앞으로 자율주행차에 어떤 일이 발생할지에 생각이 미치자 속으로 외쳤다. *세상에 맙소사.* "그때 이런 생각이 들었어요. 항공기에서와 똑같은 문제가 지금보다 1만 배 더 많이 발생할 거야."[6] 보통 항공기에서는 16시간 비행 중 위기 비슷한 상황을 한 번쯤 겪게 된다. 하지만 자동차에서는 매초가 충돌의 위기일 수 있다. 더욱이 주변 운전자들은 항공기 조종사들과 달리 평생 안전 운전을 훈련해 온 사람들도 아니다. 타인의 안전을 보장하는 대가로 돈을 버는 사람들도 아니고, 출퇴근 시간에 화장을 하지 않거나 이메일을 읽지 않는 대가로 돈을 버는 사람들도 아니다. 그는 속으로 생각했다. '항공 경력자 중 2010년에 자율주행차 쪽으로 이직하는 사람이 몇이나 될까?' 그가 아는 한 자신이 유일했다.

우리가 처음 만난 2016년에 래스롭은 전 세계에서 몇 명을 제외하고는 누구보다도 자율주행차 분야에 오래 종사한 사람이었다. 그가 이 길에 들어선 계기는 인간공학자 아사프 데가니Asaf Degani가 지은 의미심장한 제목의 책《HAL 길들이기Taming HAL》의 영향이었다. 책 제목은 스탠리 큐브릭 감독의 〈2001 스페이스 오디세이〉에서 살인을 저지르는 컴퓨터 이름에서 유래했고, 표지에는 컴퓨터 HAL9000의 빛나는 빨간 눈이 인쇄되어 있었다. 이 책에서 데가니는 자동화의 역사와 그 과정 중 발생한 대형 사고들을 소개하며 자명종시계부터 전자레인지와 비행기까지 다양한 사례를 다루었다. 언뜻 자명종이 지각을 갖춘 인공지능과 동떨어져 보이지만, 데가니는 HAL9000이라는 상징을 들어 더 보편적인 이야기를 하고 있었다. 영화 장면 중 HAL의 조언에 의혹을 느낀 우주선 대원들이 방음장치가 된 방에 숨어 HAL의 전원을 뽑을지 상의하는 부분이 있다. HAL은 깜빡임조차 없는 빨간 눈으로 방 안을 들여다보며 대원들의 입 모양을 보고 계획을 알아낸다. 그리고 딴마음을 먹는다. 데가니는 이 책에서 비행기 조종석과 제어판 설계가 실패하는 원인을 상세히 분석함으로써, 우리가 스스로 판단할 줄 아는 기계를 만드는 데 늘 실패하는 이유를 서술했다.[7] 래스롭은 이 책을 읽고 자율주행차 개발에서 '3 플러스 1'이라는 디자인 철학을 수립해 업무의 기준으로 삼았다.

우리는 이미 스리마일섬의 대재앙이 제어판 때문에 발생한 과정을 살펴보았다. 제어판 속 수많은 버튼이 제각기 의미는 다르고 중요한 정보를 나타내지 못해, 사용자가 거기에 파묻혔기 때문에 사고가 발생했다. 이 사고에서 우리는 기계가 어떻게 작동하는지 사용자에게 확실한 멘탈모델을 심어주려면 내부 작동 방식을 쉽고 일관되며 피드백이 있는 사용자 인터페이스 속에 심어야 한다는 교훈을 얻었다. 즉 필요한 정보를 찾기 쉽고, 각 동작과 동작의 의미는 일관된 규칙으로 연결되며, 제대로 놀아가는지 피드백을 주는 인터페이스 말이다. 또 이 원리가 가장 단순한 사용자 인터페이스인 버튼에 적용된 경우도 살펴보았다. 버튼은 의도대로 눌렀다는 사실, 의도한 동작이 실제로 수행되었다는 사실을 클릭이나 빨간 불빛 등으로 사용자에게 확실하게 표시해야 했다. 핵심은 사용자가 무엇을 할지 스스로 파악하도록 돕고 지금 벌어지는 일을 사용자에게 알려주는 것이다. 이는 원자로든 스마트폰 애플리케이션이든 토스터 버튼이든 예외 없이 똑같다. 래스롭의 3 플러스 1 원칙도 마찬가지였다.

자율주행차에서 제대로 해내야 하는 일이 세 가지 있고, 거기에 하나가 더 추가된다. 첫째, 무엇보다 우리는 자동차가 현재 어떤 상태인지, 즉 자율주행 상태인지 아닌지를 알아야 한다. 사용자 인터페이스 디자인의 가장 오랜 이치를 떠올리자면, 대부분의 항공기 사고는 조종사가 현재 상태를 제대로 모를 때 발생한다. 이 사실은 앨폰스 샤페이니스와 폴 피츠가 제2차 세계대전에서 착륙 장치 대신 날개 플랩을 작동한 조종사들을 조사했을 때 최초로 발견됐다. 둘째는 래스롭이 커피 쏟기라고 부르는 원칙이다. 우리가 자율주행차 때문에 놀라 공포에 질리지 않으려면 차가 무슨 동작을 할지 미리 알아야 한다. 셋째는 신뢰를 쌓는 데 가장 결정적인 역할을 하는데, 자동차가 무엇을 보고 있는지 우리도 알아야 한다는 원칙이다. 마지막으로 '플러스 1'의 원칙은 사용자뿐 아니라 사용자와 기계 사이의 상호 작용과 관련 있기 때문에 따로 분리했다. 자동차가 운전을 시작할 때와 사람이 운전을 시작할 때 전환 과정이 명명백백해야 한다는 것이다.

내가 동승했던 A7 자동차의 경우, 시험 운행 운전자가 자동차를 몰아 고속도로로 진입한 다음 컴퓨터에 운전대를 넘겨준 짧은 몇 분 동안 이 3 플러스 1 원칙이 모두 압축적으로 드러났다. 치밀하게 잘 짜인 안무였다. 자동차가 운전을 시작했을 때는 전면 유리를 둘러싼 표시등이 빛나면서 색이 변해 주도권의 전환을 알려주었다. 운전자가 누구인지 명확할 뿐 아니라 인간과 자동차 사이의 전환 과정 역시 명확했다. 그 후 자동차가 차선을 변경할 때는 화면 속 타이머가 초읽기에 들어가며 무슨 동작을 할지 예고했다. 게다가 이 모든 과정 동안 콘솔에 달린 화면이 우리 주변 차량을 전체적으로 비추었기 때문에, 자동차의 시선이 우리와 똑같이 주변을 자세히 살피고 있는지 확인할 수 있었다.

앞으로도 인간과 기계 사이의 협력이 깊어지면서 기계와의 관계도 진화할 수밖에 없다. **앞으로는 기계가 우리에게 맞추기만 해서는 충분하지 않고, 우리의 신뢰를 얻어야 할 것이다.** 이 신뢰는 영리하고 교묘하게 쌓아가야 할 것이다.

디자인 회사 퓨즈프로젝트fuseproject의 디자이너들이 고령자의 근력을 강화하는 특수복을 만들 때 깨달은 내용이 있다. 이 특수복은 엔터프라이즈호(영화 스타트랙에 등장하는 유명한 우주선-옮긴이) 대원이 입을 법한 내복처럼 생겼다. 몸에 딱 붙는 레오타드인데, 등과 허벅지 주위에 육각형 모양의 작은 판이 모여 있다. 이 작은 판은 이 옷을 착용한 사람이 도움을 필요로 할 때, 예를 들어 의자에서 일어날 때 추가 근육처럼 작동한다.[8]

이 특수복 프로젝트는 보편적이면서도 중대한 문제, 즉 선진국 전반에서 고령 인구가 증가하고 향후 수십 년 동안 점점 더 많은 고령자들이 독립적으로 생활하게 될 가능성을 대비하기 위해 시작되었다. 하지만 투자자들이 참여한 결정적인 이유는 프로젝트에 적용된 탁월한 기술 때문이었다. 작은 판 속에는 근육의 전기신호를 감지하는 센서가 있어, 착용자가 어떤 동작을 하려 할 때 작은 판이 즉시 예측할 수 있었다. 하지만 디자이너들이 시제품을 직접 착용해 보자 문제가 나타났다. 퓨즈프로젝트의 창업자이자 수석 디자이너인 이브 베하Yves Béhar는 이렇게 말했다. "누군가가 움직이고 있을 때 옷이 스스로 조종을 해버린다면, 노화 과정과 똑같은 일이 벌어질 뿐입니다. 사람에게서 움직임에 대한 주도권을 점점 빼앗을 뿐이죠." 어떤 옷이 내 동작을 조종한다면 흡사 줄에 매달린 꼭두각시가 된 기분일 것이다. 더 심하게는 옷이 실수로 우리의 의도를 잘못 파악하고 작동함으로써 모든 것을 망칠 수도 있다. "어떤 이유에서든 내가 원하지 않는 동작을 옷이 해버린다면, 신뢰를 잃어버리게 될 겁니다." 베하가 덧붙였다. 옷 때문에 착용자들이 삶에 대한 주도권을 잃어간다는 상실감이 오히려 강해질 수도 있다는 우려도 있지만, 그 때문만은 아니었다. 상실감 때문에 착용자가 한 번이라도 제품을 사용해 보는 데 필요한 최소한의 신뢰마저 무너지고, 그 결과로 제품의 생명이 완전히 끝장날 수도 있었다.

디자인의 핵심 문제는 어떻게 하면 도와줄 화면 하나 없이 착용자가 자기 의지대로 움직인다고 느끼게 해주느냐는 것이었다. 해결하는 데는 새로운 사용자 인터페이스가 필요했다. 옷이 움직임을 감지하면, 관련 부위의 모터가 미세하게 진동한다. 그 시점에 사용자는 모터에 손을 올려놓을 수 있다. 예를 들어 옷을 착용한 사람이 앉아 있다가 몸을 앞으로 기울이면, 허벅지에 붙은 모터가 진동한다. 이때 허벅지에 손을 얹으면 모터가 다시 두 번 울려 예고를 준 다음 작동한다. 아우디 A7 차량처럼 이 옷도 동작하기 전에 미리 알려주고, 우리가 동작을 승인하도록 기다리고, 다시 우리 의도가 제대로 입력되었다고 알려주었다. 단, 이미 존재하는 동작, 이를테면 우리가 일어서기 전 손으로 허벅지를 살짝 짚는 자연스러운 동작에 피드백이 줄줄이 자연스럽게 녹아들도록 디자인했다. 순수하게 우리 행동을 디자인 재료로 활용하는 사례였다. 그와 동시에 우리 행동 양식을 바꿔주기만 해서는 충분하지 않다는 사례이기도 했다. 근력을 높여주는 옷이든 인공지능 비서든, 우리가 기존에 스스로 해야만 했던 행위를 넘겨받으려는 기술은 우리 관습을 이해해야 할 것이다. 그런 디자인들은 어떤 행위가 적절한지, 재치 있는지, 친절한지 이해해야 한다. 이런 행위를 바탕으로 인간이 신뢰를 쌓기 때문이다. 정중함이나 예의 같은 요소는 사소해 보이지만, 디자인할 때 필요한 플라스틱의 녹는점이나 강철의 내열성만큼이나 실질적인 디자인 제한 조건이다.

137

＊

1990년대 중반에 사회학자 클리퍼드 나스Clifford Nass는 인간과 컴퓨터의 상호 작용Human-Computer Interaction, HCI 분야의 역사상 가장 특이한 발견을 했다. 그때까지 나스는 우리가 컴퓨터를 어떻게 인식하는지 20년 가까이 연구해 왔다. 그는 우리가 컴퓨터를 사용하는 방식뿐 아니라 우리가 컴퓨터를 어떻게 *느끼는지*도 조사했다. 이를 위해 그는 새로운 실험을 기획하는 과정까지 고안해 냈다. 나스와 동료 학자들은 함께 사회학과 심리학 학회지 연보를 샅샅이 뒤져 인간이 서로를 어떻게 대하는지를 다룬 논문을 찾아냈다. 거기서 다른 학자들이 인간 대 인간의 상호 작용을 따로 측정하기 위해 실험을 어떻게 설계했는지 면밀히 살폈다. 그런 다음 그는 실험에서 인간 중 하나를 컴퓨터로 치환했을 때 결과를 어떻게 관찰할지 생각해 냈다.[9]

나스는 특히 정중함과 예의 바름에 관심이 많았다. 감상적인 주제 같지만, 정중함도 측정할 수 있다. 여러분이 다른 사람에게 운전을 가르친다고 생각해 보자. 그리고 제자에게 여러분이 강사로서 어땠는지 물었다고 생각해 보자. 예의를 차리는지 측정하려면 여러분이 직접 받은 응답을 *제삼자가* 같은 내용을 물었을 때의 응답과 비교해 보면 된다. 두 응답 간의 차이를 분석하면 우리가 면전에서 직접 말해야 할 때 상대에 대한 비판 내용을 얼마나 순화하는지 대강 가늠할 수 있다. 나스는 이 반응이 컴퓨터에게도 같을지, 똑같이 본능적으로 예의를 차릴지 궁금해했다.

알고 보니 인간은 정말로 '아는' 컴퓨터에게 더 잘해주는 경향이 있었다. 처음에 나스는 실험 참가자들에게 간단한 컴퓨터 작업을 시켰다. 그다음으로 참가자들에게 소프트웨어 디자인을 평가해 달라고 요청했다. 한 집단은 방금 사용한 컴퓨터에 대해, 다른 집단은 다른 컴퓨터에 대해 점수를 매겼다. 실험 결과 다른 컴퓨터를 사용한 참가자들이 소프트웨어를 훨씬 심하게 비판했다. 자신이 사용했던 컴퓨터가 아닐 때 비판의 강도가 더 높았다. 참가자들은 잠시나마 자기 것이었던 컴퓨터를 더 정중하게 대했다. 누구도 의식적으로 한 행동은 아니었다. 오히려 참가자들은 기계에 예의를 차린다는 발상 자체를 완강히 부인했다. *하지만 실제로는 모두 예의를 차렸다.*[10]

실험을 수십 회 거듭하는 동안 나스는 별난 사례들을 목격했다. 어떤 사례에서는 참가자들이 자신에게 칭찬을 아끼지 않는 컴퓨터를 긍정적으로 평가하기도 했다. 참가자들에게 그 칭찬이 의미가 없다고 알려준 다음에도 이런 행태는 왠지 모르게 유지되었다.

다른 사례에서는 나스가 참가자를 두 집단으로 나눠 각각 파란 팔찌와 초록 팔찌를 나눠 주었다. 초록 페인트로 화면 테두리를 칠한 컴퓨터를 사용하자, 초록 팔찌를 착용한 참가자들이 사용 경험을 더 긍정적으로 평가했다. 나스와 자주 공동 연구를 하던 바이런 리브스 Byron Reeves는 〈뉴욕타임스The New York Times〉와의 인터뷰에서 이렇게 털어놓았다. "모두들 컴퓨터가 도구라고 생각했어요. 망치나 드라이버 등 무생물처럼 대해야 하는 사물이라고 생각했죠. 하지만 클리프(클리퍼드 나스)는 이렇게 말했죠. '아니야, 이들도 말도 하고, 우리와 관계도 맺고, 우리 기분을 좋게도 나쁘게도 할 수 있어.'"[11]

나스는 우리 뇌가 경험을 두 가지 유형으로 처리하도록 진화했다고 주장하곤 했다. 바로 물리적인 세계의 경험과 사회적인 세계의 경험이다. 컴퓨터는 어느 쪽도 아닌 두 세계의 새로운 혼합물이었다. 초기부터 우리는 컴퓨터가 물리적인 세계에 속한다고 생각했다. 하지만 컴퓨터가 우리에게 반응하고, 주의를 끌고, 성질을 건드리고, 만족시켰기 때문에 우리는 어느새 컴퓨터를 사회적인 존재로 취급하게 되었다. 사회적인 존재이니 당연히 교양인의 규범을 지킬 거라고 자연스레 믿게 되었다.[12]

사용하기 쉬운 제품은 무엇인가

래스롭과 대화하며 사율주행차 곳곳에 수년간의 연구와 노력이 쌓인 이야기를 듣자, 우리 인간이 컴퓨터와 관계 맺는 방식이 터무니없이 복잡해 보였다. 하지만 알고 보니 우리가 기계에 기대하는 행동과 반응을 더 본질적으로 규정할 방법이 있었다. 더 친숙하고 쉽게 이해할 만한 방법이다. 기계에게 우리가 기대하는 행동은 실제 사람에게 기대하는 행동과 깜짝 놀랄 만큼 항상 일치한다.

자동차를 운전할 때의 상황을 생각해 보자. 운전하다가 신호에 멈추고, 휴대전화를 꺼내 메시지를 확인한다. 잘못된 행동인 줄 누구나 알지만, 그래도 우리 대부분은 한 번쯤 해보았다. 혼자 있을 때라면 고민조차 안 할 것이다. 하지만 친구가 동행한다면, 친구는 현명하게 한마디 할 것이다. "운전에 집중해야지!" 여러분은 주의하고 있다고 반발할 수도 있고, *다 보고 있다*고 말할 수도 있다. 하지만 친구는 그 말이 사실인지 알 길이 없다. 친구는 여러분의 바로 다음 동작을 예측할 수 없기 때문에 위험에 처했다고 느낄 것이다. 또 자신이 인지한 모든 정보, 즉 길 건너는 보행자, 신호가 바뀐 뒤의 경과 시간, 바로 옆에 정차한 자동차를 여러분도 똑같이 인지했는지 어떤지 알 수 없기 때문에 불안할 것이다. 사람들이 서로 아무리 잘 아는 사이라도, 같은 위험 상황에 처했을 때는 수시로 누가 무엇을 파악했는지, 다음에는 무엇을 해야 하는지 확인한다.

기계와도 마찬가지다. 자동차 역시 현재 인지하는 상황을 운전자와 동승자 모두에게 알려주어야 한다. 이 문제를 해결하기 위해 아우디 A7은 주위 환경을 자동차가 보는 그대로 지도로 보여준다. 단순화한 화면에 도로 위 다른 차량의 윤곽을 보여준다. 얼핏 보기에는 별로 새로운 정보 같지 않다. 결국 창밖만 내다보면 보이는 광경을 더 어설프게 재현했을 뿐 아닌가. 하지만 실제로 화면은 *운전자 본인이 보는 장면을 자동차도 본다고* 확인시켜 주는 역할을 한다. 그다음에는 자동차가 무슨 동작을 하려는지 알려준다. 별도의 화면에서는 다음 동작을 예고하고(예를 들어 '좌회전'), 남은 시간 역시 타이머로 끝까지 알려준다. 간단하게 들리지만, 이 약간의 정보로 자동차에 탑승한 느낌인지 납치된 느낌인지 차이가 난다. 이 정보가 주는 안정감은 우리가 실제로 차에 탔을 때 시선만 돌려 운전자가 두 손을 모두 운전대에 올려놓고 정면을 응시하는 상태를 확인할 때와 비슷하다. 운전자는 방향지시등도 제때 켜고, 사각지대도 제대로 확인하고 있다. 우리는 수시로 주위 사람들을 확인하며 우리 행동을 보고 있는지 보거나 우리가 아는 사실을 똑같이 알고 있는지 가늠한다. 상대가 자율주행 중인 자동차이거나 우리를 돕겠다고 나서는 기계여도 우리 기대치는 똑같다. 우리가 이들과 나누는 대화는 우리가 신뢰하는 사람과 나누는 대화를 그대로 닮았다.

20세기에 언어철학 분야의 토대를 쌓은 위대한 학자 폴 그라이스Paul Grice는 대화를 암묵적인 협력의 법칙을 따르는 행위라고 규정했다. 내용이 진실해야 하고, 전체 맥락과 관련성이 있어야 하고, 필요한 만큼만 말해야 하며, 명료하게 말해야 한다는 것이다.[13] 여기서 정중함에 대해서도 알 수 있다. 정중하게 대하려면 대화 내용을 놓치지 않고 따라가며, 자기 마음대로 주도하거나 다른 방향으로 억지로 끌고 가지 않아야 한다. 대화 상대가 누구인지 알고, 상대가 알고 있는 내용을 나도 알아야 한다. 상대방이 말하는데 끼어들거나 상대를

사용하기 쉬운 제품은 무엇인가

제대로 이해하지 못한다면 결례다. 그라이스의 법칙은 도널드 노먼이 제시한 디자인 원칙, 그리고 브라이언 래스롭이 아우디 A7 자율주행차를 만들 때 따른 원칙과 정확히 맞아떨어진다.

　　같은 논리로 역사상 최악의 소프트웨어를 추억해 보자. 마이크로소프트 워드로 무엇을 하든 불쑥불쑥 튀어나오던 비서 클리피Clip-py(클립 모양 캐릭터. 대중문화에서 자주 풍자와 패러디 소재로 등장하며, 〈타임〉에서 최악의 발명품 50선에 선정했다−옮긴이)다. 클리피는 자기 자리가 어딘지, 역할이 무엇인지, 우리가 무엇을 하려는지 전혀 감이 없었다. 'ㅇㅇ에게'라는 단어를 칠 때마다 클리피가 불쑥 튀어나와 '편지를 쓰나 보네요. 도움을 드릴까요?'라고 묻곤 했다. '아니오'라고 여태까지 몇 번을 답했든 상관없었다. 클리피는 다시 참견하고야 말았다. 클리피에게 질문을 하면, 전혀 상관없는 답이 돌아왔다. 말을 바꿔 질문해도 아까와 똑같은 말을 반복했다. 클리피는 끝까지 우리 이름이나 작업 방식이나 선호를 익히지 못했다. 무엇보다 짜증나는 것은 그렇게 쓸모없는 주제에 항상 우쭐한 자세로 미소를 지으며 나타나 우리를 조롱하는 모습이었다. 클리피는 터무니없이 무례했는데, 이렇게 무례한 기계보다는 차라리 고장 난 기계가 낫다는 생각이 들 정도였다. 컴퓨터와 대화를 나눌 때 신뢰할 만한 기계로 느끼게 하려면 기계를 인간에게 맞추는 데 그치지 않고 우리 사회구조에 기계를 유기적으로 끼워 넣어야 한다. 사물이 어떻게 행동해야 되는지도 문화를 따른다. 클리퍼드 나스가 줄곧 주장했듯이, "인간은 컴퓨터가 마치 사람인 양 행동하기를 바라고, 만약 기술이 사회적으로 적절하게 반응하지 못하면 화를 낸다."[14]

대화의 법칙이든 사용자 인터페이스 디자인의 법칙이든, 이해하기 쉬운 방식으로 소통해야 한다. 모든 상호 작용은 피드백을 중심으로 이루어진다. 피드백이 있어야 상대방이 서로 동일하게 이해했는지 확인할 수 있다. 원자로 제어판에서 이 피드백은 표시등 형태로 나타나, 우리가 방금 실행한 동작이 우리가 정말로 의도한 동작인지 확인해 준다. 사회생활에서는 대화 상대방의 무의식적인 동작을 피드백 삼아 대화가 잘 진행되고 있는지 확인할 수 있다. 우리가 소통하는 대상이 인간이든 기계든, 상대와 이 세계에 대한 이해를 공유한다는 목적은 같다. 정중한 대화의 원리든 사용자 친화적인 기계의 작동 원리든 마찬가지다.

✽

아우디 자율주행차를 타고 시험 운행을 한 지 한참 후, 폭스바겐의 사용자 경험 연구원들은 보행자들이 자율주행차를 어떻게 대할지 알아내기 위해 빈 주차장에 모였다. 일단은 겁을 먹을 것 같았다. "사람들이 차와 함께 길 위에 서 보지 않는 한, 실제로 어떻게 느낄지 가늠하기는 어렵습니다." 젊은 프로젝트 책임자 에릭 글레이저Erik Glaser가 짚어 주었다. 연구팀이 실험을 위해 간밤에 주차장에 매우 간단하게 꾸민 교차로 위로 거대한 천막을 덮어 불빛을 통제했다. 교차로에는 신호등과 횡단보도와 차선이 있었고, 바로 건너편에 아우디 A7 자동차가 시동을 켠 채 서 있었다. 운전자가 없는 모습이 보이지 않도록 창은 새까맣게 필름을 덮었다. 실험 참가자들에게는 안전하다고 느끼는 순간에 언제든지 길을 건너라고 안내했다.

당시에는 자율주행차를 연구하는 개발자 무리 중 이 문제를 깊이 고민해 본 사람이 거의 없었다. 한쪽 극단에서는 완연한 공포를 느낄 것이라고 예상하기도 했다. 예를 들어, 자동차가 너무 예측하기 힘들게 굴어 보행자들이 숨도 못 쉬고 교차로를 질주할 수도 있다. 하지만 예상보다 더 이상한 일이 일어났다. 글레이저는 이렇게 말했다. "나는 사람들이 보수적일 거라고 예상했습니다. 하지만 사람들은 정말 겁이 없었어요." 실험 참가자들은 차를 보고도 태평하게 그 앞에 발을 디뎠다. 이 사람들이 왜 이렇게 조심성이 없는지는 수수께끼였지만, 자동차 밖에 붙은 여러 개의 화면 때문인 것 같았다. 보행자들에게 자동차가 무엇을 하는 중인지 알려주기 위해 붙인 화면이었다. 그중 LED 신호 하나는 길을 건너도 되는지 아이콘으로 알렸다. 또 LED 화소만으로 보행자가 지나가는 모습을 나타나기도 했다. 자동차가 그 사람을 보고 있는지 알려주는 장치였는데, 보행자가 길을 건널 때 운전자가 자기를 제대로 보았는지 확인하기 위해 운전자와 눈을 맞추는 과정과 똑같았다. 결론적으로 글레이저가 수백 시간 공들여 이 모든 요소를 세밀하게 디자인했는데도, 참가자 중 누구도 이 요소를 알아차리지 못했다. 그 대신 사람들은 자동차가 정중하고 사회적으로 용인되는 방식으로 행동했다고 여기고 철석같이 믿었다. 아주 짧은 순간이었지만, 참가자들은 자동차가 인간 운전자처럼 서서히 침착하게 멈춰 서는 모습을 볼 수 있었다. 정차하는 과정의 느린 속도는 적잖이 의미 있는 장치였다. 자동차가 당신을 보았고 엔진을 갑자기 급히 돌리지는 않을 거라는 뜻이었고, 안에 있는 사람이 누구든지 해를 끼치려고 작정한 미치광이가 아니라는 뜻이었다. 글레이저는 이렇게 설명했다. "자동차가 겉으로 보여주는 운전 행태는 그 자체로 인간과 기계의 상호 작용입니다. 연구해 보니 자동차의 성격조차 일일이 프로그래밍해야 하네요."[15]

　　우리 주변의 모든 사물은 문화의 틀 안에서 행동하고, 자동차는 이런 보편적 원리를 보여주는 사례일 뿐이다. 이런 사실을 발견한 뒤 우리는 두 가지 선택의 기로에 서게 된다. 하나는 이 발견을 무시하고 테슬라처럼 반복적으로 위험에 빠지는 길이다. 하지만 위험을 무릅쓰고 '일단 만들고 보는move fast and break things(실행을 강조하는 과학과 공학 분야의 관용구이며, 페이스북의 초기 사훈으로도 널리 알려졌다-옮긴이)' 정신으로는 기술 발전을 쉽게 이룰지 몰라도, 이렇게 이룬 발전은 환상에 불과할 수 있다. 인간의 본성은 첫 시도에 제대로 작동하지 않은 것을 피하는 경향이 있기 때문이다. 다른 하나는 우리가 미래를 편안하게 맞이하기 위해 현재 무의식적으로 받아들이는 모든 문화적 요소를 일일이 명시하는 길이다. 예를 들어, 자동차가 서서히 멈춰 서는 방식이 그 자체로 별개의 사용자 인터페이스라고 인지해야 한다. 사물을 더 인간적으로 만들기 위해 실제 인간을 관찰할 수도 있다. 자동차 계기판을 알아보기 쉽게 만드는 것으로는 충분하지 않다. 계기판이 완전한 인격체일 필요는 없지만, 어느 정도의 성격 특성은 지녀야 한다. 상황에 따라 우리와 허심탄회하게 소통하거나, 우리를 차분하게 달래주거나, 기꺼이 도와야 한다. 글레이저는 이렇게 설명했다. "우리는 이제 막 이 기술을 어렵사리 구현하는 중입니다. 부족한 곳들은 곧 채워질 거예요. 하지만 그때까지는 보조 수단의 도

사용하기 쉬운 제품은 무엇인가

움이 좀 필요하겠죠." 그러더니 글레이지는 예시를 하나 보여주었다.

다시, 연구소에서는 엔지니어와 프로젝트 관리자 한 무리가 새로운 콘셉트 개발품을 선보이기 위해 모였다. 글레이저가 나섰다. "자, 이제 특별한 걸 보여드리려고 합니다!" 깜짝 놀랄 만큼 어려 보이는 글레이저는 무표정한 다른 독일인들 틈에서 꼭 인턴 사원 같았다. 진지한 표정과 청바지 차림에 흐느적거리는 호리호리한 몸매가 그랬다. 그리고 듬성듬성 올라온 턱수염은 불과 몇 년 전 학부 3학년쯤에나 나기 시작했을 법해 보였다. 상사 브라이언 래스롭처럼 글레이저도 오래전부터 이 일을 위해 준비된 사람 같았다. 카네기멜런대학교 재학 시절, 글레이저는 다른 속셈을 품을 수 있는 로봇 설계에 참여했다. 사용자에게 간식을 권하면서 사용자가 무엇을 선택하는지 파악한 후, 더 건강한 간식을 고르도록 구슬리는 로봇이었다. '아, 또 쿠키를 먹겠다고요?' 로봇에는 아주 미세하게 실망하는 표정을 나타낼 수 있는 LED가 장착되었다. 글레이저는 그 시절과 똑같은 숙제를 이곳에서도 안고 있었다. '똑똑하면서도 겁주지는 않는 로봇을 어떻게 만들지?'

창고 한편에는 소파 정도 크기의 육중한 물체가 검은 천에 덮여 있었다. 사원 한 명이 천을 조심스럽게 말아 넘겼다. *짜잔*. 눈앞에는 시험용 모의 계기판과 운전대가 있었다. 피로로 눈이 충혈된 글레이저가 이를 소개했다. "어젯밤에야 처음 가동된 시제품입니다." 개발한 지 1년 반 된 운전대는 불과 몇 시간 전에야 모의 장치에 설치됐다. 새로운 디자인의 시연만은 아니었다. 우리가 앞으로 자동차와 어떻게 관계를 맺을지에 대한 새로운 은유를 시연하는 자리였다. 이 은유가 이 자리에 오기까지는 수십 년의 여정이 있었다.

　미국 항공우주국 연구자들은 스스로 조종할 줄 아는 기계와 직접 조종할 수도 있는 인간 사이의 상호 작용이 승마할 때 고삐를 잡는 상황과 비슷하지 않겠냐는 생각을 20년이 넘는 시간 동안 이리저리 시험해 왔다.[16] 우리가 말고삐를 가까이 끌어당기면, 말을 직접 몰겠다는 뜻이다. 하지만 고삐를 살짝 놓으면 말은 알아서 갈 것이다. 말의 귀 모양과 자세, 움직이는 모양새를 보고 우리는 말이 알아서 가는지 알 수 있다. 내가 직접 몰든 안 몰든 말의 자기 보호 본능이 있으니 어느 정도 범위 내에서는 안전할 거라고, 예를 들어 절벽으로 떨어지지는 않을 거라고 안심할 수 있다. 그렇다면 문제는 인간과 비행기가 이처럼 서로 우아하고 매끄럽게 주도권을 주고받을 수 있는가였다. 래스롭은 궁금해졌다. 만약 절대로 위험에 빠지지는 않을 기계가 있다면 어떨까? 다시 말해, 달리는 말의 비유에서처럼 행동하는 기계 말이다. 말에 올라탄 뒤 설령 고삐를 완전히 놓는다 해도, 말은 우리가 무엇을 했는지 파악하고는 자신의 눈과 본능에 의지해 가던 길을 갈 것이다. 그는 이 은유가 그저 적절한 정도가 아니라 발명의 방향을 이끌어 줄 지도라고 생각했다. 말은 눈과 귀와 촉각이 있다. 자동차도 마찬가지여야 한다. 우리가 제대로 주목하고 있는지 우리 눈을 감시하는 센서, 운전대를 제대로 잡고 있는지 또는 페달에 발을 대고 있는지 감시하는 센서도 필요했다.[17]

　방금 엔지니어들이 공개한 운전대는 수년 동안 연구한 결과였다. 나는 간이 운전석에 앉아 시험 운전을 시작했다. 처음 출발할 때는 여느 운전대와 다를 바 없었다. 하지만 내가 손을 떼자 운전대는

사용하기 쉬운 제품은 무엇인가

18~20센티미터 뒤로 물러났다. 내 팔 끝을 살짝 벗어난 깊이로, 운전
대가 더 이상 내 차지가 아니라는 신호였다. 하지만 딱 하나는 제자
리에 머물렀다. 운전대의 중앙 기둥인데, 모든 엔터테인먼트 조작 장
치가 모여 있을 법한 자리였다. 운전대는 영리하고 섬세한 방법으로
조작부는 내 것이고, 운전은 이제 기계 몫이라고 신호를 보내고 있었
다. 물론 말의 고삐를 헐렁하게 놓았을 때처럼, 다시 운전하고 싶으
면 운전대를 다시 잡을 수 있었다. 하지만 운전대가 물러난 18~20센
티미터는 미세하게 다듬은 간격으로, 자동차가 운전 중이라고 확실
히 인지하기에 딱 적당한 거리였다.

✳

    브라이언 래스롭이 폭스바겐에서 처음 근무를 시작했을 때, 일
반적으로 사람들은 차에게 자율주행을 처음 지시하려면 버튼을 눌
러야 한다고 생각했다. 래스롭이 말했다. "바로 그런 생각이 틀렸다
는 것이 내 주장이었습니다."[18] 물론 버튼만 누르면 되는 단순함부터
가 우리 문화에 녹아 있는 하나의 은유다. 헨리 드레이퍼스나 윌리
엄 도윈 티그 같은 디자이너들이 전기세탁기와 부엌 용품 디자인으
로 버튼의 이상향에 처음 불을 지폈다. 티그는 에드윈 랜드Edwin Land
에게 의뢰를 받아 최초의 폴라로이드 카메라를 디자인했고, 이 카메
라는 기발한 생각으로 사진 인화의 고된 과정을 누구든 당장 해낼 수
있는 과정으로 압축했다. 버튼 하나만 누르면 끝이었다. 이 전통은
오늘날 아마존의 원 클릭 주문 과정과 네스프레소 커피 기계, 믈라덴

PART 1

바버리치의 리플 버튼으로 이어진다. 우리는 이런 상호 작용을 최대한 단순하게 버튼 모양으로 만들고자 노력한다. 하지만 이런 지배적인 믿음도 서서히 새로운 흐름에 길을 내어주고 있다.

우리가 버튼을 누르는 순간, 기계가 우리를 대신할 수 있다고 명시적으로 허락을 내린다. 하지만 기계 입장에서 보면, 우리가 무엇을 원하는지 알려주는 장치라고는 오직 그 버튼 하나뿐이지 않은가? 만약 기계도 달리는 말처럼 *감각만*으로 우리 행동을 파악하고 우리가 아직 운전하고 있는지 판단할 수 있다면 어떨까? 만약 자동차도 우리가 앞으로 기대는 동작이나 부주의한 모습을 알아서 감지하고, 운전의 주도권을 가져가야 할 때를 안다면 어떨까?

래스롭은 명시적인 명령 없이도 기계가 주도권을 가져갈 수 있는 세상을 디자인하고 싶어 했다. 물론 HAL9000 같은 치명적인 로봇들이 마음대로 설치는 세상을 의미하지는 않았다. 오히려 우리 머릿속에 생각을 정리하기도 전에 컴퓨터가 우리가 원하는 바를 감지할 수 있는 세상을 꿈꿨다는 설명이 맞겠다. 버튼을 누르는 행위조차 노동처럼 느껴질 세상에 대한 꿈이었다. 결국 버튼이란 사람과 사람의 관계와 사람이 자연 세계와 맺은 유기적인 관계를 단지 어림잡아 근사치로 표현한 것일 뿐이지 않은가. 마치 수천 년 동안 인간이 소통해 온 방식처럼, 미래에는 인간과 기계 사이에 주도권을 주고받는 방식이 우리의 비언어적 소통에 자연스럽게 내포될 것이다. 래스롭은 버튼을 누르는 세계의 종말이 멀지 않았다고 믿었다. 마치 페이스북이 우리가 무엇을 읽으려 할지 예상하거나 아마존이 우리가 무엇을 구매할지 예측하는 것처럼, 우리가 늘 기꺼이 조종해 왔던 기계들

이 앞으로는 우리가 원하는 바를 그냥 알아차릴 것이라고 믿었다.[19]

아우디의 운전대와 말의 은유는 우리가 이미 사용할 줄 아는 물건의 형태를 빌려 미래의 진화 방향을 하나 제시했을 뿐이다. 이 은유가 통하는 것이 이상하다고 생각할지도 모른다. 결국 서구인 중 자동차를 타본 사람에 비해 말을 타본 사람이 훨씬 적지 않은가. 하지만 꼭 직접 경험해 본 적이 있어야 은유가 위력을 발휘하는 것은 아니다. 오히려 오랜 기간 접한 셀 수 없이 많은 영화와 TV 장면 덕택에 고삐로 말을 조종하는 모습을 상상하기 쉽다는 데 은유의 위력이 있다. 말을 타보지 않고도 고삐가 무엇인지, 어떻게 동작하는지 알 수 있다는 사실, 그 사실이야말로 이 은유의 효력을 증명한다.

래스롭이 마주한 다음 숙제는 우리가 말을 탈 때 말에게 단서를 주듯이, 우리가 무엇을 하고 있는지 기계가 제대로 감지할 수 있도록 신호를 주는 방법이었다. 우리가 운전할 만큼 제대로 주의를 집중했는지 알기 위해 자동차는 운전자의 시선이 앞을 향하고 있고, 자세는 바른지 보고, 손과 발은 운전대와 페달 위에 제대로 올려놓았는지 감지해야 했다. 이 모든 사항을 확인한 다음에야 자동차는 우리가 운전을 하게 놓아두었다. 우리가 손을 떼거나 다리를 쭉 뻗거나 딴생각하는 모습을 들킨다면, 자동차가 알아서 주도권을 가져갈 것이었다.[20] 우리의 자동차들은 이미 이렇게 주도권을 자연스럽게 가져가는 방향으로 조용히 진화하고 있다. 오늘날 대부분의 어댑티브 크루즈컨트롤adaptive cruise-control 주행 보조 시스템은 우리가 깜빡 잠이 들면 바로 정차할 것이다. 이제는 자동차들이 우리를 지켜보고 있다.

우리가 기계를 신뢰하려면, 우리가 원하는 바를 기계가 알아차릴 수 있다고 굳게 믿어야 한다. 하지만 마찬가지로 우리도 기계가 정확히 무엇을, 얼마나, 어디까지 할 수 있는지 확실하게 알아야 한다. 올바른 멘탈모델을 형성해야 한다. 우리의 멘탈모델이 실제와 일치하지 않는다면, 우리가 예상한 그대로 실행되지 않거나 우리가 이해할 수 없는 피드백이 돌아온다면, 끔찍한 일이 일어날 수 있다. 자기 차의 자율주행 기능이 어디까지 가능한지 의심스러워하는 테슬라 운전자들이 '테슬라 오토파일럿이 날 죽이려 했어요!' 같은 영상까지 만들었던 것을 기억할 것이다. 테슬라 입장에서는 이 새로운 기능을 오토파일럿이라 부른다는 사실이 가장 굴욕적일지도 모른다. 이렇게 이름을 지음으로써 테슬라는 사용자들 머릿속에 자율주행차란 이래야 한다는 인상을 심었다. 테슬라는 운전자들에게 '오토파일럿'이 무엇인지 알아서 상상하게 한 다음 각자 제 갈 길로 보냈다. 그러다가 오토파일럿 기능의 실제 성능과 사람들이 상상한 성능에 간극이 발생하자, 비극이 닥쳤다.

5월 7일, 조슈아 브라운Joshua Brown은 애장하는 차 테슬라 모델 S가 알아서 운전하는 동안 운전석에 앉아 있었다. 브라운은 퇴역 해군으로, 특수전 부대 6팀SEAL Team 6(가장 까다롭고 위험한 비밀 임무를 맡는 팀으로 알려져 있다-옮긴이)에서 사제폭발물을 제거하는 임무를 수행했다. 저돌적인 성격에 기술광인 브라운은 테슬라의 가장 이상적인 고객이었다. 브라운이 모델 S를 구입한 것은 테슬라야말로 우리 인식의 최전선에서 혁신으로 새로운 도전을 한다고 생각했기 때문이다. 브라운은 반대편 차선에서 오던 트럭이 그의 앞에서 좌회전하는 모습을 알아채지 못한 것 같았다. 모델 S 자동차도 마찬가지였다. 하

사용하기 쉬운 제품은 무엇인가

늘은 맑고 날은 밝은 플로리다의 낮이었고, 자동차는 트럭의 히안색을 햇빛이 밝게 비치는 맑고 하얀 하늘과 구별하지 못했다. 브라운도 마찬가지였다. 브라운이 탄 모델S는 브레이크 한 번 밟지 않은 채 트럭과 충돌해 아래로 지나갔고, 자동차 지붕이 벗겨지며 브라운은 사망했다.[21]

사고가 일어나고 몇 주 후, 나는 아우디의 언론용 시승차인 SUV 차량을 한 대 빌렸다. 아우디의 최신 주행 보조 기술이 탑재된 차량이었다. 내가 동승해 본 A7 시제품처럼 운전자가 손을 떼도 되는 모델을 본격 출시하기 전 가장 마지막 세대쯤 되는 모델일 것이다. 이 SUV 차량과 조슈아 브라운이 운전했던 테슬라 모델 S 차량의 차이는 놀라울 정도였다. 기본 기술은 똑같았다. 레이더와 카메라로 차선과 주변 차량을 감지하기 때문에, 크루즈컨트롤을 작동하면 차가 차선을 벗어나지 않으면서 적절히 브레이크를 밟아 차간 안전거리를 유지하고 고속도로의 교통 흐름에 맞춘다. 브라운의 테슬라 자동차와 달리 아우디 SUV는 운전자가 운전대에서 손을 2초만 떼어도 경고를 계속 보내다가, 갈수록 정신없이 몰아치며 독촉한다. 게다가 자동차가 스스로 운전하고 있을 때에도 처음부터 끝까지 알아서 하지는 않았다. 운전자인 내가 대강 차선의 중간쯤을 달리고 있을 때는 차가 아무 일도 안 했다. 내가 차선 경계선에 가까이 다가갈 때만 운전대가 스스로 움직이며 부드럽게 차를 중앙으로 돌려놓았다. 엄청나게 많은 정보를 처리하는데도 불구하고 정말 완벽한 상호 작용이었다. 이 정도 기계에게 차선을 유지하며 운전하는 일쯤은 어렵지 않았지만, 차는 나서지 않고 내가 운전에 계속 참여하도록 유도했다.

따라서 내 멘탈모델은 조슈아 브라운이 테슬라 모델 S를 운전할 때와 전혀 달랐다. 이 SUV는 내게 *당신은 아직 운전 중이니 집중하시오*라고 말하고 있었다. 하지만 바로 그때, 이 차가 주위의 모든 일을 얼마나 잘 감시하고 있는지 넌지시 깨닫게 되는 사건이 일어났다. 고속도로를 달리던 중, 대형 트레일러 하나가 방향을 틀어 내 사각지대로 들어오기 시작했다. 내 차는 즉시 옆으로 살짝 비켜 들이받힐 위기를 아슬아슬하게 피한 다음, 브레이크를 세게 밟아 트럭을 보냈다. 다양한 상황에 대응하며 스스로 운전할 수 있다는 증거였다. 그만큼 도로도 볼 수 있고, 주변 차량도 충분히 볼 수 있는 차였다. 위기에 대처할 능력도 있었다. 하지만 이 모든 능력을 온전히 가동하지는 않았고, 내가 운전대에서 손을 떼지 못하게 했다. 아직은 모든 경우를 다 대비하지는 못하기 때문이었다. 충분히 대비하지 못하는 건 우리도 마찬가지였다.

　미국 연방교통안전위원회는 조슈아 브라운 사망 사고가 일어난 지 1년도 더 지나 사고 조사 보고서를 발표했다. 핵심은 테슬라가 오토파일럿 기능을 설계할 때 사용자 재량을 너무 크게 허용했지만, 브라운도 주행 내내 주의를 집중했어야 한다는 내용이었다.[22] 다시 말해, *운전자 과실*이다. 제2차 세계대전 동안 폴 피츠가 조사했던 수많은 '조종사 과실' 사고와 조종사를 비난했던 수많은 엔지니어의 실상을 그대로 재현했다. 결국 사용자를 비난할 방법을 찾았으니, 늘 하던 대로 태연한 척 혼란만 피하면 되는 모습이었다. 아무것도 바꾸지 않아도 되니 가장 위안이 되는 결론이다. 최근 일어난 두 사례를 보자. 승차 공유 업체 우버Uber의 자율주행차가 애리조나주에서 야간 운행 중 보행자를 치어 죽인 사고와 하와이에서 정규 훈련을 하던 중 불쌍한 직원 한 명이 수만 명에게 핵미사일 경고를 보낸 사건이다.

우버는 몇 년간 자율주행차를 일반 도로에서 시험해 왔고, 그 중 한 대가 2018년 3월 18일 밤 애리조나주 템페에서 시속 60킬로미터 속도로 달리다가 길을 건너던 보행자 일레인 허츠버그를 들이받아 숨지게 했다.[23] 사고 일주일 뒤, 템페 경찰서장은 우버의 과실이 아니라는 예비조사 결과를 발표했다.[24] 발표 다음 날, 내 휴대전화에 뜬 기사에는 "자율주행차 피해 여성 노숙자일 수도"라는 제목이 달려 있었다. 노골적인 추측이었다. 노숙자라면 그 여자 잘못이 *맞나 보네*. 만일 뒤이어 사고 현장 영상이 공개되지 않았다면 이 줄거리가 그대로 각인되었을 것이다. 영상에서는 허츠버그가 길을 건너는 모습이 사고 차량의 전조등 불빛에 선명하게 보였고, 차량이 속도를 줄이지 않고 그대로 가다가 사고를 낸 모습이 담겼다. 우버는 자율주행 프로그램을 중단했다가 조용히 재개했다.

하와이 사고의 경우, 현장에서 유출된 스크린샷 한 장으로 디자인 업계가 들썩였다. 화면상으로 직원이 정신없이 복잡한 드롭다운 메뉴 위 수많은 항목 중 한 가지를 선택하기만 하면 하와이주 전체에 핵미사일 공격 경보가 나가게 되어 있었다. 도널드 노먼이 트위터에서 밝혔듯이, 이 사용자 인터페이스에는 중대한 기능이 하나 실종되어 있었다. 바로 사용자의 의도를 확인하는 기능이었다.[25] 확인 메시지는 충격적일 정도로 무미건조하게 '정말 이 알림을 보내시겠습니까?'라고 되어 있었다. 직원은 '예'를 클릭했다. (만약 팝업창이 실행하려는 실제 동작을 그대로 알려주었다면 어땠을까? '정말로 수천 명의 시민에게 가족들이 몇 분 이내에 증발해 버릴 거라고 알리겠습니까?' 같은 메시지를 띄웠다면?) 그러다가 사고가 발생한 이유는 문제의 직원이 훈련이 시작되었을 때 가상 상황인지 몰랐기 때문이라는 기사가 나왔다.[26] 사고 후 이틀가량은 정부가 형편없는 시스템을 전면 재개발해야 한다는 분위기였다. 하지만 희생양이 생기자, 그런 논의는 쏙 들어가 버렸다.

우리는 보통 일이 잘못되었을 때 쉽게 인간을 비난한다. 조슈아 브라운의 죽음을 조사할 때 미국 연방교통안전위원회가 이런 관점을 택했다. 브라운이 모델 S를 구매했을 때 설명서가 있었는데도 이를 무시하고 자기 마음대로 행동했다는 시각이었다. 자동차의 성능을 지나치게 신뢰하고 한계에는 무지했다는 주장이었다. 하지만 그 주장대로라면 테슬라는 왜 애초부터 운전자 한 명이라도 기계를 실제 능력보다 더 신뢰하게 놔둔 것인가? 새로운 기술이 출현하면, 우리는 새로운 기술이 약속하는 수준을 넘어 우리가 상상하는 수준을 달성하기를 요구한다. 한 번도 써보지 않고도, 이 기술이 우리 추측대로 작동하기를 요구한다. 하지만 정말 이렇게 되려면 기계를 설계할 때부터 우리 상상력이 기계의 성능을 너무 앞질러 가지 않도록 디자인해야 한다. 상상력이 앞질러 가는 순간, 혼란이 퍼진다.

이 문제는 디지털 비서라는 형태를 띠고 실시간으로 우리 앞에 드러나고 있다. 예컨대 아마존의 알렉사와 애플의 시리, 구글 비서가 있다. 이런 장치들은 모두 사람의 자연어를 이해하고 거기에 반응하도록 학습시키기 때문에, 사용자들은 이 비서에게 상식적인 일은 전부 시킬 수 있다고 믿어버린다. 하지만 까딱 잘못하면 이 비서에게 능력 밖의 일을 시키기 십상이다. 만약 친구들에게 "내일 6시에 늘 보

사용하기 쉬운 제품은 무엇인가

던 데서 저녁 먹자"라고 하면 친구들은 정확하게 이해할 것이다. 디지털 비서에게 똑같은 내용을 지시하면, 일정표에 시간을 잡을 때부터 헤맨다. 이 비서들이 흉내 내는 상호 작용 수단에 비해 실제 능력은 한참 뒤떨어진다. 이런 기기들이 언어는 흉내 낼 수 있을지 몰라도, 우리가 언어로 이루어내는 일들을 똑같이 해내려면 한참 멀었다. 우리의 음성 언어는 가장 유연성이 높은 상호 작용 수단으로서, 우리가 상상할 수 있는 것이라면 무엇이든 전달할 수 있다. 기계는 인간과 달리 아무리 언어 이해력이 높아 보여도 결국 기능 목록이 뒷받침해 주어야 작동한다. 그런 까닭에 디지털 비서가 실제로 무엇을 할 수 있는지 없는지는 애매한 영역으로 남아 있다. 이런 비서와 이야기하는 과정은 마치 요상한 통역 과정 같아서, 한마디 뱉기도 전에 속으로 '자, 이게 할 수 있는 게 뭐였더라? 그리고 그걸 어떻게 말해야 정확히 알아듣지?' 하고 고민하는 과정 때문에 더욱 번거롭다. 기계에게 맞추려고 우리 언어를 뜯어 고치고 있는 꼴이다.

아직은 이런 기계가 한계에 부딪혔을 때, 사전에 입력해 놓은 농담에 의지해 위기를 모면하려 한다. 영리하게 피해 다니지만, 결국 이런 뜻이다. "죄송합니다. 방금 그 말을 이해하지 못했고, 고백하자면 당신이 생각할 만한 말은 대부분 이해하지 못해요." 하지만 이런 디지털 비서들이 내세우는 기능은 이미 매우 많다. 예를 들어 아마존의 알렉사는 5만 가지가 훌쩍 넘는 '스킬(아마존에서 알렉사의 기능을 부르는 명칭)'을 자랑하는데, 사용자가 좋아하는 노래를 재생하는 것부터 장보는 것까지 다양하다. 하지만 알렉사가 어디까지 할 수 있는지 우리가 알아내고 기억하는 방법은 여전히 뚜렷한 디자인 문제로 남아 있다. 현재까지는 매주 보내주는 이메일을 확인하는 방법밖에 없다. 그러니 인공지능 스피커 비서를 구입하는 사람 중 2주 후에도 정기적으로 사용하는 사람은 겨우 3퍼센트에 불과하다는 연구 결과에 고개가 끄덕여진다.[27] 이런 인공지능 스피커가 집에 있다면, 지금껏 구입한 가장 비싼 요리 타이머로 전락했을 것이다. 그 외에 무엇을 할 수 있든 알아내기도 어려울뿐더러 기억하기란 거의 불가능하기 때문에 그 한 가지 용도로만 쓸 수밖에 없다. 이런 어려움을 해결하는 데 보통 두 가지 방법이 있다. 첫째는 기술 개발 중심의 주먹구구식 접근법이다. 기능의 가짓수가 점점 늘어날수록, 언젠가는 무엇이든 해낼 수 있다. 하지만 '좋아질 때까지 기다리는' 방법을 전략이라고 하긴 어렵다. 디지털 비서는 이런 도구가 생활에 어떻게 녹아들고 무엇을 해줄 수 있는지, 사용자가 이해할 수 있는 좋은 멘탈모델 없이는 결코 원대한 약속을 이루지 못할 것이다.

도널드 노먼은 *행동 유도성*affordance이라는 개념을 대중화한 사람으로 디자이너들 사이에서 유명하다. **행동 유도성은 제품의 물리적 디자인 요소를 통해 직관적으로 사용법을 전달하는 성질이다.** 예를 들어 문손잡이의 미세한 곡선으로 잡아당기는 방향을 나타내고, 버튼의 움푹 들어간 부분으로 누르는 지점을 나타내는 식이다. 앨폰스 샤페이니스가 전투기 조종석의 조작부를 형태별로 구별함으로써 이 개념의 특징을 예고했다. 오늘날 스마트폰과 컴퓨터에서는 버튼을 화면 위 화소로 표현하고, 아이콘과 입체 효과, 알림, 메뉴로 행동 유도성을 만들어낸다.[28] 기계가 우리가 원하는 바를 알아서 감지하고, 익숙한 은유가 지배하는 미래 세상에서는 이 행동 유도성이 심리적

사용하기 쉬운 제품은 무엇인가

성격을 띠게 될 수밖에 없다. 버튼이 모두 공기 중으로 사라져버리면 기계가 무엇을 할 수 있는지는 우리의 멘탈모델에 비춰 알 수 있게 된다. 이미 우리는 '오토파일럿'이 장착된 차량이 기존에 알고 있던 항공기 자동조종장치처럼 작동한다고 믿어버리지 않는가. 이미 우리는 디지털 비서가 예전에 상상해 왔던 '인공지능'의 능력을 그대로 갖췄다고 믿어버리지 않는가. 하지만 이 기기들은 흔히 기대에 못 미친다. 왜냐하면 한때는 행동 유도성을 우리가 직접 보고 만질 수 있는 버튼과 아이콘으로 조성했지만, 이제는 기계가 이렇게 작동할 거라는 우리의 기대치와 믿음으로 결정짓기 때문이다. 향후 수십 년간 디자인 분야의 가장 큰 숙제는 이런 행동 유도성의 전체 규칙을 수립해 나가는 일이라고 할 수 있다.

　기계가 우리에게 점점 더 많은 일을 해주는 미래에는 어떤 모순이 일어날까? 우리가 운전하기 귀찮을 때 운전해 주고, 정신이 없을 때 자녀들에게 이야기를 들려주고, 소파에서 넷플릭스 영화를 마저 보고 싶을 때 장을 봐주며, 우리를 대신해 많은 일을 처리함으로써 우리가 매일 하는 일상의 흔적을 차츰 흐릿하게 지우기도 한다. 기계들은 우리의 집안일을 대신 해준다. 하지만 한때 우리 일상을 가득 채우던 자잘한 일을 기계가 해주는 순간이 쌓여 시간이 흐를수록 우리 능력이 약해지지 않을까? 우리의 인간성도 약화될까? 이는 충분히 두려워할 만한 일이다(이 내용은 9장에서 다룰 것이다). 하지만 충분히 낙관할 만한 이유도 있다.

　브라이언 래스롭과 에릭 글레이저가 보행자 앞에서 자율주행차가 어떻게 처신해야 할지 연구할 때, 누가 봐도 정중함이 느껴지게 브레이크를 밟는 일이 그 어떤 사용자 인터페이스보다도 중요하다는 사실을 발견했다. 이런 생각을 하며 나는 머리에 가상현실 헤드셋을 뒤집어쓰고 컬럼비아대학교의 어느 연구실 책상 앞에 앉아 있었다. 안내자는 박사 후 과정 연구원 사미어 사프루Sameer Saproo였다. 사프루는 인도 출신 이민자로 학부에서는 컴퓨터 프로그래머였고, 뇌를 연구하기 위해 미국으로 왔다. 사프루는 처음으로 집을 떠나 뭄바이에서 학부를 다니기 시작했을 때부터 지금 앉아 있는 곳까지 어디에서 어떻게 영향을 받았는지 쭉 연결할 수 있다고 말했다. 첫 영감의 원천은 영화 〈매트릭스The Matrix〉였다. "팔에 소름이 쫙 돋았어요." 사프루가 그 순간을 회상하며, 어찌 보면 지금 세상이 무서운 종말론 같은 모양새는 덜하지만 영화에서 예측한 대로 돌아가고 있다는 설명을 덧붙였다. 내가 착용해 본 헤드셋 같은 새로운 기기를 접하니, 새로운 세상에 우리가 쑥 들어왔다는 생각이 이미 현실이 된 것 같다고 했다. "뒤통수에 꽂는 플러그만 없을 뿐 〈매트릭스〉에 가깝죠." 사프루가 빙그레 웃으며 말했다.[29]

이 실험은 두 가지를 목적으로 진행했다. 첫째, 인공지능 알고리즘에 운전을 학습시킨다. 둘째, 이 단계를 마친 다음에는 우리 의도대로 운전하는 법을 학습시킨다. 사프루는 현재 실리콘밸리에서 시험 운행 중인 수많은 자율주행차가 운전을 배울 수 있을지는 몰라도, 그렇게 익힌 운전 방식에 우리 사용자가 만족하기는 어렵다고 지적했다. 항상 효율만을 추구하는 데다 차가 브레이크를 너무 급히 밟거나 차선을 급작스레 바꿀 수도 있고, 우리보다 순발력과 인식 능력, 데이터까지 월등하다 보니 탑승자인 우리는 좌석에서 요동치고 차

159

사용하기 쉬운 제품은 무엇인가

멀미에 고생하면서 불안에 떨게 된다는 설명이있다.

물론 사프루는 문제를 지나치게 과장했을 것이다. 내가 아우디 A7 자율주행차를 타고 샌프란시스코만에 어른거리는 오후 햇살을 받으며 달릴 때, 이미 자동차가 얼마나 차분하고 정중한지에 감탄했다. 무모하고 저돌적인 차가 아니었다. 이미 자율주행차 엔지니어들이 최대한 안정감을 주는 운전 방식으로 조율해 놓았다. 하지만 자동차를 정중하고 예의 바르게 만드는 일은 사프루의 목표 중 첫 단계에 불과했다. 사프루는 운전자의 감정에 자동차가 반응하도록 만들고 싶어 했다. 경쟁심이 발동하거나 시간이 급할 때는 빨리 운전하도록, 반면 편안하게 쉬고 싶을 때는 경치가 좋은 길을 택하도록. 래스롭의 말 타기 은유보다 한술 더 뜬 목표였다. 같은 자동차라도 래스롭은 우리가 운전에 주의하고 있는지 감지하고 그러지 않을 때 운전의 주도권을 가져가는 데 집중했다면, 사프루는 자동차가 손가락 하나 까딱하지 않아도 우리 기분까지 예측하도록 월급을 많이 받는 예의 바른 집사처럼 행동하기를 바랐다. 사프루가 물었다. "만약 우리보다 능력이 더 뛰어나지만 전혀 우리처럼 행동하지 않는 기계가 있다면 어떨까요? 새로운 차원의 존재가 탄생하는 거죠. 그렇다면 이 존재와의 관계는 어떻게 되어야 할까요?"

나는 사프루에게 되물었다. "그렇지만 어떤 면에서는 계속 주변 환경을 이리저리 건드릴 때 생기는 스트레스와 능력, 둘 다 인간의 본질일 수도 있잖아요? 우리가 진정으로 아무 장애물이 없는 세상, 우리가 불쾌감을 느끼기도 전에 방 온도가 조율되는 세상에 살고 싶을까요? 그렇게 되면 점점 통 속에 갇혀 둥둥 떠다니며 무엇이 진짜

인지도 모르는, 〈매트릭스〉의 두뇌들처럼 되어가지 않을까요? 그때는 기계가 우리 욕구를 그저 예측한다기보다 지배한다고 봐야 하지 않을까요?"

사프루는 동의하지 않았다. "10만 년 전에는 우리가 느끼는 스트레스란 나뭇가지가 부스럭대는 소리였어요." 부스럭거리는 소리는 호랑이 밥이 되거나 이웃 부족의 세력 과시용 제물이 될지도 모른다는 뜻이며, 언제 닥칠지 모르는 죽음과 칼부림의 전조였다. 지금은 이런 본능적인 공포를 느끼는 순간이 우리가 책상 앞에 앉아 채팅방에서 곧 닥칠 정리 해고에 대해 동료들과 수다를 떠는 순간으로 바뀌었을 것이다. "우리 삶이 더 안락해지면, 우리는 다른 곳에서 또 독립성을 발휘할 거예요."

사프루가 제시하는 증거는 아이폰과 터치 화면이 세상을 바꾼 일이었다. 아이폰이 출현하기 30여 년 전에 제록스 파크 연구원들은 이미 키보드 없이 탭만으로 원하는 동작을 수행할 수 있는 기기를 제시했다. 우리가 손을 좀 더 자연스럽게 쓸 수 있다면 별다른 장애물 없이 의도대로 할 수 있다는 주장이었다. 컴퓨터를 어떻게 사용하는지 공부할 필요도 없이 보자마자 바로 사용할 것이고, 컴퓨터는 우리 의도를 바로 알 수 있을 것이었다.

사프루의 주장에 따르면, 아이폰을 손에 쥐고 나니 "우리는 원래 하고 싶었던 대로 할 수 있게 되었고, 더욱 인간답게 행동할 수 있게 되었다."

161

사용하기 쉬운 제품은 무엇인가

애플 아이팟 (2001)

05

은유의 사다리가 필요한 이유

적어도 현명한 사람이라면, 혼자만 사용할 새로운 말을 지어내
지 않는다.

- 조지프 스토리Joseph Story 재판관, 현대 미국 특허법을 출범시킨

대법원 판결문 중

3만 명이 거주하는 인도 델리의 가장 오래된 빈민가인 피탐푸라
의 GP 블록에는 쓰레기 더미에서 주워 모은 벽돌로 흙바닥 위에 지
은 간이 가옥이 다닥다닥 붙어 있다. 주민들은 대부분 인도의 시골에
서 이주해 온 이들이다. 이를테면 소년 한 명이 이모나 고모, 사촌, 어
린 시절 친구에게 전화를 돌리다가, 근처의 매우 작은 구역 안에 빈
방이 있다고 전해 듣는 식이다. 보통 스무 가구 남짓한 규모로, 같은
마을 출신의 먼 친척이나 지인들이 가득하다. 이들은 지역 방언과 관

습을 공유하며, 근처의 검게 그을린 고층 아파트의 일자리를 서로 소개해 주곤 한다. 그곳에 사는 학력 높고 자신감 넘치는 인도 중산층의 시중을 드는 일자리로, 주로 인력거 운전사나 일용직 노동자, 사무 보조, 가사도우미, 요리사, 피부미용사 등이다.

레누카는 열네 살에 조혼하여 신랑과 함께 처음 이 빈민가에 왔다. 서둘러 치러진 혼사였다. 그녀의 언니가 사랑의 도주 후 결혼하자 당황한 부모는 재빨리 레누카의 짝을 찾아버렸다. 레누카는 검은 눈동자에 체구가 작고 자녀는 넷이다. 사람들은 종종 레누카를 맏이인 열여섯 살 딸의 언니로 오인하곤 한다. 레누카에게 인생에서 가장 좋은 시절은 오래전 어린 시절 운 좋게 정부에서 운영하는 기숙학교 프로그램에서 읽기를 배운 때였다. "그때 아주 조금 받은 교육으로 아직도 연명한답니다."[1] 레누카가 통역을 거쳐 말했다. 그 교육이라도 받은 덕택에 위태롭지만 약간의 독립을 누릴 수 있었는데, 휴대전화가 그 대표적인 증거다. 레누카는 글을 읽을 줄 알았기 때문에 힌두어로 문자 메시지를 보낼 수 있었다. 그뿐 아니라 노래를 듣고, 연락처를 관리하고, 가정 요리사로서 업무 일정을 조율할 수 있었다. 대부분의 여성이 휴대전화 충전조차 할 줄 몰라 남편에게 부탁하는 이 동네에서는 흔치 않은 능력이었다. 그래도 레누카는 여전히 여성에게 주어지는 보잘것없는 역할에, 또 자신은 꿈꿀 수 없는 다른 삶에 대해 분통을 터뜨렸다. 그녀는 가끔 남편에게 맞서기도 했다, 남편은 인력거를 몰아 하루에 200루피 정도를 벌어왔는데, 레누카에 비해 턱없이 적은 수입이었다.

레누카와 이야기를 나눈 건 이 책의 공저자 로버트 패브리칸트가 2014년 설립한 컨설팅 회사 달버그 디자인Dalberg Design의 디자인 연구원이 통역을 해준 덕분이었다. 이 연구는 달버그 디자인이 통신사 연합체의 의뢰를 받아 진행하는 프로젝트였는데, 고객사들은 개발도상국에 인터넷을 보급한다는 목적을 가지고 있었다. 고객사들은 해당 지역의 빈곤층이 인터넷 보급으로 이득을 가장 많이 누릴 계층인데도 왜 인터넷을 거의 사용하지 않는지 궁금해했다. 인터넷 보급의 기술적 난관이 어떻게 되는지 구구절절 듣고, 하나씩 해결해 가면 된다고 예상했다. 하지만 금세 예상과 다른 내용을 발견했다. 레누카, 그리고 비슷한 처지의 여성들, 또 케냐와 인도네시아의 다른 여성들은 더 심각한 어려움을 겪고 있었다. 인터넷의 정체가 무엇인지 누구도 이해하지 못하고 있는 것이었다.

서구 사회에는 그들의 삶을 완전히 바꿔놓은 신기술을 다른 문화권에 그대로 주입하면 그곳의 삶에도 똑같은 혜택을 줄 수 있다고 믿는 경향이 있다. 페이스북 최고경영자 마크 저커버그는 대단한 낙관론을 드러내며 2013년 8월, 개인 재산 수십억 달러 중 일부를 털어 '인터넷닷오그Internet.org' 사업을 추진해 전 세계에 무료로 인터넷을 보급하겠다고 발표했다.[2] 2017년쯤 이 조직의 웹사이트에 들어가면 눈 덮인 스텝 지대에서 사람들이 미소 짓고 있는 모습과 아프리카인들이 기쁨에 찬 표정으로 스마트폰을 들고 있는 모습을 볼 수 있었다. 부메랑 모양의 자율주행 드론이 지상의 수많은 사람들에게 인터넷 연결 신호를 쏘아주기 위해 반짝이는 도시 풍경 위를 높이 날아다니는 사진도 있었다. 결국 1년 뒤에는 이 조직의 활동이 점점 잦아들었다. 각 지역 통신사업자들이 반발했고, 페이스북의 의도에 회의론 또한 거세게 소용돌이쳤다.[3] 그러나 인터넷닷오그의 더 근본적인 실패는 단지 선만 깔면 된다고 본 시각에 있었다. 선만 깔면 수도나 전기처럼 사람들이 사용하지 않겠는가. 하지만 레누카의 생각은 전혀 달랐다.

레누카는 휴대전화 속 인터넷이 어디에 있는지 대충은 알았다. 아마도 인터넷으로 일거리도 찾고 공문서를 발급받는 등 공공서비스를 제공받을 수도 있을 것 같았다. 하지만 그녀는 인터넷을 자기 같은 사람들이 아닌 좀 더 고학력인 사람들이나 사용할 수 있다고 생각했다. 인터넷이 어떻게 작동하는지 이해하지 못한 탓도 있었다. 그녀에게는 인터넷에 무엇이 들었는지에 대한 멘탈모델이 전혀 없었다. 휴대전화 화면 위 지구 아이콘을 알아보긴 했지만 무슨 의미인지는 전혀 몰랐다. 그저 '바깥세상으로' 이어지겠거니 하고 추측했다. 연구원들이 만난 여성 수십 명이 이와 비슷한 대답을 했다. 그중 레누카처럼 요리사로 일하는 한 여성은 휴대전화로 인터넷 항목에서 필요한 정보를 찾을 수 있었지만, 이것이 바로 *인터넷*이라는 걸 전혀 알아차리지 못했다. 다른 여성은 'www'는 알아봤지만, 웹페이지 주소 URL가 무엇이며 어떤 원리로 작동하는지에 대해 전혀 감이 없었다.[4]

서구 사회에서는 인터넷을 어떻게 사용하게 되었는지에 대해 이제 별로 신경 쓰지 않는다. 인터넷에 관련된 모든 은유 역시 대수롭지 않게 여긴다. 하지만 각각의 은유를 의식해서 살펴보면, 이 은유들이 도시에 처음 들어서는 초고층 빌딩들처럼 뚜렷이 보인다. '월드와이드웹'이 등장했을 때, 사람들은 말 그대로 지구 전체를 가로지르는 거미줄의 이미지를 떠올렸다. 그렇다면 웹을 연결해 주는 것은? 하이퍼링크다. 마치 우리가 가고 싶은 곳을 모두 이어주는 사슬 속 연결 고리 같다. 정확한 연결 고리, 즉 링크를 찾지 못해도 우리에게는 *검색* 엔진이 있다. 웹을 *기어* 다니며 정보를 끌어모으는 기계다. 이런 은유가 사용설명서만큼 자세하지는 않아도, 은유만으로 인터넷의 원리를 감각적으로 알 수 있다. *브라우저*browser(browse는 물건이나 책을 대강 훑어보는 행위를 뜻한다-옮긴이)를 활용해 *항로를 찾는*(필요한 정보를 찾는) 법을 예로 들자면, 여기에서는 도서관과 항해에서 빌려 온 은유가 자료 분류 체계와 좌표 개념을 심어준다. 이런 은유를 통해 우리는 인터넷이 무엇인지뿐만 아니라 앞으로 어떤 모습으로 발전할지도 이해할 수 있다. 월드와이드웹은 점차 진화해 그 안에 기업과 가정이 있고, 우리의 디지털 자아가 거주하는 '디지털 세상'이 되었다. 이런 핵심 개념 없이는 지금의 페이스북도 없었을 것이다. 1990년대 초반, 서구 사회에서는 뉴스마다 '초고속정보통신망'을 설명하는 사람들이 넘쳐났다. 지금 우리는 이런 설명의 내용이나 설명에 들어 있던 은유를 별로 기억하지 못한다. 이 모든 설명 과정이 그저 오랜 기간 매우 천천히 진행되었기 때문이다. 우리는 웹이 무엇인지 직접 사용해 보며 익혔다. 그리고 결국에는 은유도 전혀 필요 없어졌다. (디자인 이론가 클라우스 크리펜도프Klaus Krippendorff가 책에 썼듯이, "은유는 사용을 반복할수록 점차 사라지지만, 처음 은유를 낳은 실물은 남는다.")[5]

하지만 델리의 빈민가 여인들 입장에서는 인터넷이 아무런 설명도 없이 그저 어느 날 갑자기 뚝 떨어진 셈이었다. 좋게 표현해 봐야 당황스러운 일이었고, 심지어는 두렵기까지 할 만했다. 연구원이 레누카에게 인터넷에서 할 줄 아는 일을 무엇이든 보여 달라고 요청하

사용하기 쉬운 제품은 무엇인가

자, 그녀는 스마트폰 화면의 아이콘을 누르다가 금방 당황해서 기기를 옆으로 밀어냈다. 방금 전 지나간 화면을 다른 사람들이 어떻게 볼지 신경 쓰인다고 했다. 다른 여성에게는 인터넷을 본 적이 있는지 묻자 옆 마을 교사들이 한 번 보여준 일이 있다고 떠올렸다. "선생님들이 인터넷을 커더니 나이니탈(인도 우타르프라데시주에 있는 피서지-옮긴이) 사진을 보여주었어요. 산도 있어 아름다웠죠. 여기 있는 산과는 달리 큰 산이었어요." 이 여성은 연구원들에게 설명했다. "선생님들은 내가 찍은 사진도 온라인에 올리면 전 세계 누구든 볼 수 있다고 말해줬어요." 하지만 그런 일을 도대체 왜 하려고 하는지, 대체 왜 본인 외에 디지털 분신이 또 필요한지에 대해서는 전혀 모르겠다고 했다.[6]

168

＊

1979년 언어학자 조지 레이코프George Lakoff는 철학자 마크 존슨 Mark Johnson과 공동으로 은유가 작용하는 원리를 연구하기 시작했다. 공저 《삶으로서의 은유Metaphors we live by》에서 두 사람은 **은유에 기대지 않고는 사고할 수 없다**는 급진적인 생각을 내놓았다. '이 문장을 절대로 생각하지 마시오'라는 지시 사항을 결코 이행할 수 없는 상황과 비슷하다. 더욱이 그 은유는 우리가 지닌 가장 기본적인 멘탈모델, 즉 실제 세계에 대한 물리적 감각을 기초로 형성될 수밖에 없다. 따라서 우리는 가장 기저에 '위쪽'이 '의식이 있는'을 의미한다는 은유를 지녔을 수도 있다. 이 개념에서 수없이 많은 언어 표현이 파생

되어 '나 벌써 일어났다(up 사용-옮긴이)' 또는 '그 여자는 늘 일찍 일어난다(rise 사용-옮긴이)', 혹은 반대로 '그 남자는 의식불명에 빠졌다(sink 사용-옮긴이)'가 생겼다. 이 은유는 모두 '의식'이라는 개념과 잘 때는 누워 있고 깨어 있을 때는 서 있는다는, 오래전부터 지녀온 물리적 감각이 결합되어 발생했다.[7]

레이코프와 존슨이 제시한 생각 중 레누카의 눈을 통해 확인한 것이 있다. **은유를 통해 그물망처럼 수많은 추론이 가능하며, 그 추론을 활용해 특정 사물의 작동 원리를 설명하게 된다**는 생각이다.[8] 예를 들어, '시간은 돈이다'라는 은유를 사용할 때 우리는 그저 시간과 돈을 일대일로 비교하는 것이 아니다. 우리는 시간의 작동 원리를 머릿속에 그리게 된다. 시간이 돈과 같다면, 돈처럼 저축하고 현명하게 투자할 수 있으며, 낭비하고 도둑맞고 빌릴 수도 있다.[9] 적절한 은유는 사용설명서와 비슷하지만 그보다 한 수 위다. 별도의 학습 없이 특정 사물이 어떻게 작동해야 하는지 곧장 알려주기 때문이다.

예를 들어, 이메일 우편함과 뉴스피드 은유를 비교해 보자. 이메일 우편함은 물리적인 우편함의 작동 원리를 따르며, 우리는 우편함에 든 모든 우편물을 적어도 한 번은 흘끗 본다. 모두 *우리*에게 왔기 때문이다. 이메일 우편함의 원리도 똑같다. 반면 인스타그램 '피드feed'와 트위터 '스트림stream'의 은유는 전혀 다른 의미를 띤다.[10] 스트림(사전적 의미는 시내 또는 액체나 기체의 줄기다-옮긴이)은 우리가 볼 수 없을 때도 휙휙 지나가고 우리가 잘 때도 콸콸 흐른다. 정보를 스트림이라고 규정한다면, 우리가 마시고자 한다면 무료로 이용할 수 있다는 뜻이지 전부 다 삼켜야 한다는 뜻은 아니다. 스트림이나 뉴스

피드는 설령 우리의 취향과 기분에 맞춰 제공된다 해도 주의를 집중할 필요는 없다. 나눠 쓰는 공공재이기 때문이다.

만약 페이스북을 확인하는 행위는 여가에 가까운 반면 이메일을 확인하는 행위는 업무처럼 느껴진다면 둘을 나타내는 은유가 다르기 때문일 수 있다. 왜 우리는 페이스북 친구들과는 편하게 쪽지를 주고받으면서 똑같은 내용을 이메일로 보내는 건 무례한 일이라고 여길까? 서로 다른 두 은유는 각각에 적합한 예절을 포함하기 때문이다. 이메일 우편함은 개인적이다. 반면 스트림은 아니다. 이런 규칙들을 일일이 나열한다면 얼마나 걸릴지 상상해 보자. 다행히 은유가 있기 때문에 따로 나열할 필요가 없다.

이런 힘이 있기에 은유를 통해 한 가지 특수한 분야에서 통하는 개념, 예를 들어 네트워크로 연결된 컴퓨터들의 작동 원리처럼 내부 엔지니어 사이에서만 통용되던 개념을 완전히 새로운 분야에 적용할 수 있다. 은유 덕택에 전문적이고 복잡한 부분을 제거하고 우리가 무언가를 이해하는 데 필요한 핵심 개념만 집중해서 공유할 수 있다. 인터넷이 링크로 연결된 정보의 복잡한 망과 같다는 말로 우리는 지식의 영역을 서로 연결한다는 웹의 용도를 알 수 있다. 또 은유는 우리가 웹에서 무엇을 하고, 심지어 무엇을 창조할 수 있는지도 암시한다. 은유는 우리 경험에 너무 자연스럽게 스며 있어 습관에 가깝게 느껴진다. 예를 들어 시간은 돈이라는 말, 인생은 여행길이라는 말, 우리 몸이 기계와 같다는 개념 말이다. 하지만 우리가 매일 접하는 은유는 누군가가 치밀하게 디자인한 것일 때도 있다.

2000년에 도요타 자동차는 세계 최초의 양산형 하이브리드 모델로 보통 차량보다 연비가 세 배나 좋은 프리우스를 공개했다. 프리우스의 혁신으로 자동차 업계는 완전히 뒤집혔다. 도요타는 프리우스를 지구의 미래에 꼭 필요한 차로 홍보했으며, 마침 주변 상황이 유리하게 돌아갔다. 휘발유 가격이 수십 년 만에 오르기 시작했던 것이다. 프리우스를 구입하기 위해 1년씩 대기 줄이 생기자, 제조사인 도요타마저 놀라움을 감추지 못했다.[11] SUV 차량 덕택에 1990년대를 무사히 버틴 미국 디트로이트 자동차 업계는 충격에 빠졌다. 포드는 2004년에 급히 하이브리드 SUV 차량을 출시했다. 그 뒤를 이어 하이브리드 세단 차량인 퓨전을 출시했다. 실적은 둘 다 좋지 않았다. 운전자 대부분이 하이브리드가 무엇인지 아직 잘 몰랐기 때문이다. 새로운 차들은 상대적으로 가속력이 떨어졌고 내부에는 처음 보는 장치가 잔뜩 장착되어 있어 운전자들은 무척 당황스러웠다. 광고를 본 운전자들은 *연비가 훨씬 좋은 신차종* 정도의 멘탈모델을 가지고 있었기 때문이다. 이런 자동차를 운전하는 느낌이 실제로 다르다는 사실을 아직 모르는 상태였고, 차 안의 새로운 장치들도 도움이 되지 않았다. 그중 특히 잘못 만들어져서 오해도 많이 사는 게이지가 눈에 띄었는데, 차량의 배터리 충전 정도를 나타내는 아날로그 계기였다. 사실 이 게이지는 굉장히 합리적인 의도로 만들어졌다. 하이브리드 차량에서는 운전자가 브레이크를 밟으면 바퀴의 속도만 느려지는 것이 아니라, 이때 기어가 회전하는 차축의 운동에너지를 변환해 차량의 배터리를 충전한다. 그리고 운전자가 액셀을 다시 밟으면, 배터리가 다시 모터에 에너지를 공급한다.[12]

배터리가 이토록 중요하기 때문에 포드의 엔지니어들은 운전자에게 하이브리드 차량 배터리가 얼마나 잘 충전되는지 알려주어야 한다고 생각했다. 따라서 운전자가 브레이크를 밟을 때마다 배터리 게이지의 바늘이 오른쪽 녹색 영역으로 움직이며 배터리가 충전되는 상황을 보여주었다. 알고 보니 이 피드백이 정말 심각한 문제였다. 배터리가 충전되는 걸 보려는 의욕에 넘치는 운전자들이 바늘이 녹색 쪽으로 급격히 튀는 모습을 확인하고자 브레이크를 콱 밟아댔기 때문이다. 하지만 하이브리드 차는 브레이크를 천천히 밟을 때 충전이 잘된다. 차축 회전 에너지가 이때 가장 효율적으로 변환되기 때문이다. 포드는 연료를 얼마나 아끼는지 보여주는 화면을 만들려다가 오히려 운전자들이 더 심하게 연료를 낭비하도록 독려했던 셈이다.

가속과 감속 방법에 따라 차의 반응이 미세하게 달라지고, 이에 따라 연료를 절약하는 정도도 영향을 받는데, 포드의 개발자들은 운전자에게 이 사실을 어떻게 알려주어야 할지 난감해했다. 조사 결과, 당시 하이브리드 차량 구매자는 보통 두 가지 유형으로 나뉘었다. 한 유형은 하이브리드 차량을 구매한 뒤 더는 신경 쓰지 않는 사람들이었고, 다른 유형은 연료비를 마지막 한 푼까지 추적 관리하고 고속도로에서 액셀 밟는 간격을 조절해 최대한 가속 없이 달리는 비법을 주고받는 사람들, 이른바 '하이퍼마일러Hyper-miler'였다. 그렇다면 합리성을 따져서 브레이크를 세게 밟지 *말고* 에어컨도 켜지 *말라*고 알려주는 차량 계기판을 만들자고? 다른 사람들은 회의적인 반응을 보였다. 운전자가 주도권을 잡는 느낌이 중요하다고 여기는 문화 때문이었다. 계속 잔소리를 해대는 자동차라면 아무도 구매하지 않을 것이었다. 그러나 당시에 이 프로젝트는 포드 내부에서 그리 이목을 끌고 있지 않았다. 그래서 상대적으로 여유 있는 위치에서 새롭고 이상하기까지 한 시도도 할 수 있었다. 포드 팀은 디자인 회사 IDEO에 의뢰했고, IDEO는 하이퍼마일러들을 불러 모아 그들의 사고방식 중 어떤 것들을 계기판 위에서 흉내 내야 할지 조사하기 시작했다.

하이퍼마일러가 아닌 사람에게 차뿐 아니라 운전 방식만 바꿔도 연료를 절약할 수 있다는 사실을 어떻게 알려줄 수 있을까? 디자인팀은 하이퍼마일러이면서 초장거리를 달리는 울트라 마라톤 선수 한 사람을 만나면서 돌파구를 얻었다. 이 여성은 좋은 운동 코치의 역할을 설명했다. 좋은 코치는 꾸짖지 않는다. 역량을 키우는 일은 결국 선수의 몫이기 때문이다. 좋은 코치는 선수가 어떻게 해야 하는지 항상 알고 있으며, 그걸 해내기 위해 더도 덜도 말고 딱 필요한 만큼만 정보를 제공한다. 이렇게 운동 코치의 은유에 착안해 새로운 디자인 원칙이 도출되었고, 결국 이 기준으로 수많은 디자인이 만들어졌다. 예컨대 도와주되 소리 지르지 않고, 행동을 취할 최소한의 정보만 준다는 원칙이다.

여러 제안 중 한 가지가 살아남았다. 운전자가 순조롭게 운전하고 있을 때는 게이지 전체가 녹색으로 은은하게 빛나게 만들자는 것이었다. 강철이 찻주전자에 쓰이고 플라스틱이 아이 장난감이 되듯이 녹색이라는 색상은 이 디자인의 재료 격이었다. 이 색은 은유를 하나 더 제공했다. 녹색은 계속 가도 좋다는, 지금처럼 계속 잘하라는 의미였다. 또 환경의식과 싱그러움이라는 의미도 있었다. 하지만 계기판을 만드는 단계가 되자, 수많은 시제품을 개발하는 임무를 맡은 컴퓨터공학자 데이브 왓슨Dave Watson은 뭔가 허전한 기분이 들었다.[13]

사용하기 쉬운 제품은 무엇인가

물론 녹색은 기존의 여러 가지 의미를 끌어올 수 있으니 가장 확실한 선택이었지만, 사람들의 관심을 유도할 만큼 강력하지는 않았다. 왓슨은 사용자 인터뷰를 여러 번 확인하고 서서히 깨달음을 얻기 시작했다. 현실 속 사용자들은 문제의 해결책을 찾았다고 생각하는 포드 개발자들과 많이 달랐다. 왓슨은 운전자들이 자동차를 이해하도록 돕고 싶었지만, 자동차를 이해하는 것은 내부 작동 원리를 이해하는 것과는 다른 문제였다. 이해하려면 애초에 충분히 관심을 가져야 했다. 그래서 왓슨은 결론을 내렸다. '그래, 답은 나무야.' 운전을 더 신중하게 함으로써 나무가 자라게 도와주는 원리였다. 하지만 나무는 시간이 갈수록 자라고, 잎도 피고, 다시 져야 한다는 한계가 있다.

최종 결과물은 녹색 넝쿨에서 잎이 자라나는 모양이었다. 수없이 많이 잎사귀가 계기판 유리 위로 자랐다. 거칠게 운전하면 잎이 한두 장 떨어지고, 차분하게 운전하면 새로 몇 장이 자라났다. 코치에서 시작해 녹색 불빛, 그리고 또 잎사귀까지, 한 가지 은유에서 다른 은유로 넘어가는 과정이었다. 해결안이 탁월했던 이유는 간단한 이미지 하나에 엄청난 정보가 함축되어 있기 때문이었다. 사람들이 더 나은 행태를 보일 수 있도록 독려하는 피드백 작용이었다. 운전 방식을 개선함으로써 운전자는 무언가를 키울 수 있었다. 누군들 식물을 죽이고 싶겠는가.

이 디자인의 첫 시험 운전자가 자기 딸과 운전한 이야기를 들려주었다. 운전자가 가속페달을 세게 밟자 딸은 아빠 어깨너머로 잎사귀 몇 개가 사라지는 모습을 목격했다. "아빠, 아빠가 잎사귀를 죽이고 있어." 이 은유 덕택에 사용자들은 가짜 넝쿨을 '키우는' 데 관심을 기울이게 되었다. 이 계기판 디자인 개선 작업에 참여한 스마트 디자인Smart Design의 댄 포모사Dan Formosa 역시 신형 퓨전이 출시되자마자 차를 구매했던 사촌을 통해 이 효과를 알고 있었다. 사촌이 혹시 이 잎사귀 기능을 껐을지도 모른다고 생각한 포모사는 아직 잎사귀를 켜놓고 있는지 물었다. 잎사귀를 끄는 선택권을 주는 것은 디자이너들이 양보한 결과였다. 혈기왕성한 미국 남성들이 앙증맞은 넝쿨에게 감시받는 느낌을 싫어할 수도 있었기 때문이다. 사촌은 걸걸한 뉴저지 말투로 우렁차게 답했다. "당연하지, 이젠 엉덩이에서도 잎사귀가 나올 정도라고! 예전 차를 굴릴 때는 맥도날드 드라이브 스루로 갔는데, 이 차로는 똑같이 가면 잎사귀가 없어지더라. 그래서 이제는 주차하고 걸어가." 다른 포드 개발자는 운전자들이 계기판 이미지를 온라인에 올리기 시작한 걸 보고 넝쿨 잎사귀 은유가 통한다는 확신이 들었다고 말했다.

이 계기판을 개발할 때 여러 차원의 은유가 동시에 작용했다. 운전자에게는 이런 차를 원래 어떻게 운전해야 하는지, 운전 행태를 어떻게 개선해야 하는지 알려주었다. 운전자들은 자칫 직관과 반대로 보일 수 있는 하이브리드 자동차의 작동 원리를 잎사귀 은유 덕분에 올바로 받아들일 수 있었다. 잎사귀 은유는 다른 포드 모델에도 많이 적용되었고, 디자인에도 점차 함축성이 강해져 결국은 최초 디자인과는 상당히 멀어졌다. 하지만 이 은유가 점차 사라지는 현상 자체가 성공의 증거다. 오늘날에는 효율적으로 운전할 때 계기판이 녹색으로 빛나는 하이브리드 자동차를 수십 대씩 볼 수 있다. 그 결과 초기 포드 하이브리드 모델에서 운전자들이 최대한 급격히 배터리를 충전하기 위해 보이던 문제의 운전 행태는 결국 사라졌다. 자동차가 운전 코치 역할을 수행하는 멘탈모델도 아직 있지만, 조금 더 은근하고 교묘하게 작동하며 '녹색' 운전 습관을 칭찬해 준다. 그 결과 수백만 리터의 휘발유를 절감할 수 있었다.

은유는 언제나 사용자 친화성의 세계에 들어서는 가장 효과적인 입구로 남을 것이다. 낯선 대상도 친숙해 보이게 이끄는 능력이 뛰어난 데다, 대상이 어떻게 작동하는지 짐작하는 멘탈모델을 우리에게 제시하기 때문이다. 마지막으로 살펴볼 탁월한 사례는 IDEO가 1990년대에 디자인한 심장충격기다. 조사 결과, 당시 30만 건이나 되었던 미국 내 심장마비 사망 사고 가운데 3분의 1은 몇 분 이내에 심장 충격 조치를 취했다면 사망을 예방할 수 있었다. 누가 생각해도 확실한 해결 방법은 행인들이 즉시 활용할 수 있도록 심장충격기를 공항이나 사무실의 구급함 바로 옆에 두는 것이었다. 하지만 이런 상식적인 접근은 늘 발생하는 디자인 문제로 이어졌다. 전문가용 기기를 초보자도 사용할 정도로 쉽게 만드는 문제였다. 사용법을 사전에 교육받지 못한 행인들도 이 기기를 한 번에 사용할 수 있어야 했다. 그래서 IDEO 디자이너들은 한 가지 은유를 생각해 냈다. 이들은 새로운 기기를 책 모양으로 만들고, 책등에 해당하는 부분을 바깥쪽으로 돌출되게 하여 사용자들이 어디를 잡고 시작할지 본능적으로 알 수 있도록 했다. 그리고 책의 앞표지처럼 생긴 부분에는 1부터 3까지 번호를 매긴 사용 절차를 넣고, 각 항목 옆에는 버튼을 한 개씩 배치했다.[14] 우리가 일상에서 만나는 다른 은유처럼, 이 책이라는 은유 역시 사용자들이 고민할 필요 없이 차근차근 따라갈 수 있도록 길을 안내했다.

책상 위를 뜻하는 데스크톱의 은유는 20세기에 가장 보편적이면서도 가장 큰 영향력을 끼친 개념이라고 할 수 있다. 이 개념이 있었기에 중형 컴퓨터가 개인용 컴퓨터로 탈바꿈했고, 새까만 화면 위에서 차갑게 깜빡이는 명령줄이 전 세계 모든 책상 위에 떠 있는 운영체제로 바뀌었다. 운영체제는 현대 지식경제에서 컴퓨터가 아교 역할을 수행할 수 있게 한 결정적인 요인이었다. 데스크톱의 유래에 대해서는 스티브 잡스가 제록스 파크 연구소에 시연을 보러 갔고, 거기서 미래의 단서를 발견한 다음 그대로 훔치다시피 했다는 이야기가 알려져 있다. 하지만 이 이야기에는 구멍이 숭숭 뚫려 있다. 가장 허술한 부분부터 보자면, 스티브 잡스는 애초에 훔칠 거리가 있는지 어떻게 알게 되었을까?

✳

빌 앳킨슨Bill Atkinson은 1978넌, 애플에 합류했다. 캘리포니아주립대학교 샌디에이고 캠퍼스에서 신경과학 박사과정을 밟다가 잡스의 설득으로 중도에 그만두었다. 박사과정 중 앳킨슨은 생쥐 두뇌의 입체 지도를 만들어내는 컴퓨터 프로그램을 만들어 이름을 알렸다. 최첨단 연구였지만 잡스는 콧방귀만 뀌었다. "빌이 지금 하는 연구는 언제나 2년쯤 뒤처져 있을 거예요. 파도 앞쪽에서 서핑하는 게 얼마나 재미있을지, 똑같은 파도의 뒤쪽 꼬리에서 개헤엄이나 치는 게 얼마나 재미없을지 생각해 봐요." 그 말을 들은 앳킨슨은 파도 앞쪽에서 서핑하고 싶어졌다. 2주 후 그는 애플에 들어갔고, 곧 잡스와 늘

사용하기 쉬운 제품은 무엇인가

저녁을 먹는 짝꿍이자 상남사, 그리고 애플II 컴퓨터의 후속 모델인 리사Lisa의 스타 개발자가 되었다.[15]

잡스는 사람들을 독려할 때 겁만 준 것은 아니었다. 오히려 변덕을 활용했기 때문에 더 무섭고 흡인력 있었다. 브루스 혼Bruce Horn은 이렇게 말했다. "스티브는 당신 정말 훌륭하다고 칭찬하다가, 다음 날은 바보 천치라고 욕하기도 했습니다." 그는 후에 파일을 옮기는 수단으로서 드래그 앤드 드롭을 개발한 팀의 일원이 되었다.[16] 하지만 앳킨슨만은 잡스의 노여움이 닿지 못하는 위쪽에 둥둥 떠 있거나, 일에 파묻혀 아래쪽에 박혀 있는 것 같았다. 동료들은 앳킨슨의 뛰어난 능력과 체력을 알아본 잡스가 등골을 빼먹는 거라고 경고했다. 하지만 앳킨슨은 거의 알아채지 못했다. 알아채기에는 너무 일에만 몰두하고 있었기 때문이다. "좋은 치약은 끝까지 남김없이 짜줘야 하거든요." 앳킨슨이 어깨를 으쓱하며 내게 말했다.

리사를 개발하는 동안 앳킨슨은 스몰톡Smalltalk이라는 운영체제 시제품에 대해 제록스 파크 연구소에서 발표하는 일련의 학술논문을 유심히 보았다. 논문에 없는 내용에 대한 소문도 들었던 애플의 다른 직원 제프 래스킨Jeff Raskin도 마찬가지였다. 시기 또한 운명적으로 맞아 들어갔다. 1980년 겨울에 잡스는 애플을 기업공개 목전까지 이끌었고, 투자업계의 기대를 한 몸에 받고 있었다. 실리콘밸리의 모든 투자자들은 혹시라도 소외될세라 잡스를 따라다니며 귀찮게 할 정도였다. 잡스는 이들 모두를 갖고 놀며 애태웠다. 그중에는 애플의 주식 겨우 0.1퍼센트에 100만 달러를 제시한 제록스Xerox도 있었다. 이 신생 기업의 가치를 이미 10억 달러로 본다는 뜻이었다. 제록스의 스몰톡을 꼭 들여다봐야 한다고 설득한 사람은 래스킨이었다. 남을 자유자재로 조종하는 비즈니스의 제왕 잡스는 이 말을 듣고 속으로 '제록스한테 스몰톡을 보여주지 않으면 투자 계약은 없다고 해야겠군'이라고 마음먹었다.[17]

앳킨슨은 일에 정신없이 빠져 알아차리지 못했지만, 잡스와 무척 가까웠기 때문에 부드러운 영향력을 행사하고 있었다. 한번은 함께 저녁을 먹으며 앳킨슨이 모든 애플 컴퓨터에 포함될 마우스를 설계하는 팀에서 반대를 일삼는 동료에 대해 투덜댔다. "다음날 가보니, 그 사람 책상이 비어 있었어요." 대체 인력을 뽑기 위해 면접을 보는 날, 후보자는 자리에 앉자마자 불쑥 내뱉었다. "저는 마우스를 만들겠습니다." 곧 앳킨슨은 원하던 바를 이루었다. 그때부터 새로 출시되는 애플의 모든 컴퓨터에는 마우스가 포함되었고, 그 덕택에 최초로 컴퓨터를 단순히 가리키고 클릭하는 방법으로 조작할 수 있었다. 다음은 가리키고 클릭하는 대상인 소프트웨어를 만들 차례였다.

나는 집까지 직접 찾아가 앳킨슨을 만났다. 그의 집은 실리콘밸리의 아름다운 야생 숲 지대에 아주 좁은 길을 따라 서 있었는데, 비슷하게 삼나무 널빤지 지붕을 얹고 테슬라 전기차가 주차된 저택들 틈에 있다. 그의 집은 널찍하지만 소박해 보였다. 큰 거실은 그가 가상현실 장비를 시험하는 곳이었다. 바닥 전체를 덮는 커다란 파란 카펫 한가운데에는 값싼 바퀴형 사무용 의자만 한 대 있어, 그는 이 의자에 벨트를 매고 앉아 방해 없이 가상현실을 탐험해 볼 수 있었다. 우리는 아래층 사진 스튜디오에 앉아 이야기를 나눴고, 곧 애플의 또다른 창립 구성원인 앤디 허츠펠드Andy Hertzfeld도 합류했다. 앳킨슨

사용하기 쉬운 제품은 무엇인가

은 허츠펠드가 함께 실시간으로 사실 확인을 해주기를 바랐다. 그 사이에 허츠펠드는 두 사람의 그때 그 시절에 대한 이야기꾼이 되어 있었기 때문이다. 앳킨슨은 애플의 가장 초창기 시절 리사 모델을 개발할 때 하루 종일 동료들과 이런저런 세부 요소에 대해 옥신각신하다가, 자신이 생각하는 정답을 밤새 프로그래밍해 오곤 했다. "대체 잠은 언제 잤는지 모르겠어요." 허츠펠드가 중얼거렸다.[18]

오늘날, 스몰톡을 조금이라도 아는 사람은 스몰톡 연구팀이 모두 상아탑 속 헛똑똑이여서 대단한 발명을 눈앞에 두고도 큰 그림을 보지 못해 실패했다고 생각할 것이다. 하지만 연구팀은 이 성과가 무엇을 의미하는지, 왜 지켜내야 하는지 알고 있었다. 스몰톡의 핵심 개발자 중 아델 골드버그Adele Goldberg는 잡스가 연구소에 들어와 연구 내용에 대해 설명을 듣는 중이라는 이야기를 듣고 분노로 얼굴이 새빨개져 눈물까지 맺혔다고 한다.[19] 골드버그는 강제로 지시하지 않는 한 절대로 스몰톡 프로젝트를 소개하지 않겠다고 상사들에게 말했다. 하지만 그들은 지시를 내렸다. 골드버그는 작은 노란색 디스크를 들고, 얼굴은 여전히 새빨갛게 상기된 채 운명의 회의실에 나타났다. 연구원들은 컴퓨터에 디스크를 실행시켰고, 시연이 시작되었다. 앳킨슨은 제록스 개발자들이 결과물을 서둘러 후다닥 보여주는 모습을 보고 이들이 정말 이 시연을 하고 싶어 하지 않는다는 걸 알 수 있었다. 그러거나 말거나 앳킨슨은 아랑곳 않고 앞쪽까지 비집고 나아갔다. 너무 가까이 다가간 나머지 그가 화면 위의 작은 것 하나까지 자세히 질문을 쏟아붓는 동안 스몰톡 프로젝트 책임자 중 한 명인 래리 테슬러Larry Tesler는 그의 입김을 느낄 수 있을 정도였다.

PART 1

스몰톡은 우스울 정도로 원대한 꿈을 이루기 위해 시작한 프로젝트였다. 이 프로젝트는 전설의 발명가 더글러스 엥겔바트Douglas Engelbart의 LSD(환각제-옮긴이) 체험과 북부 캘리포니아를 채우던 유토피아적 꿈에서 비롯되었다. 앨런 케이Alan Kay는 아동심리학 분야의 새로운 발견을 접한 후, 아이들이 자랐을 때 다양한 세상의 문제를 해결할 수 있도록 완전히 다른 형태의 교육과정을 만들고자 했다. 이때 컴퓨터가 아이들에게 "안전한 비밀 기지 같은 환경으로서, 아이가 사회적으로나 물리적으로나 상처 없이 어느 역할이든 수행해 볼 수 있는 세상"이 된다. 컴퓨터는 아이들이 마음껏 놀 수 있는 디지털 모래 놀이터로서, 아이들이 세상의 어떤 정보든 건드려 보고, 모래성을 쌓듯이 쉽게 프로그램을 만들 수 있는 곳이었다.[20]

스몰톡 프로젝트 시연은 고작 한 시간 동안 이어졌다. 앳킨슨에게는 꿈처럼 짧은 시간이었다. 실제로 앳킨슨이 그날 본 것 중 가장 놀라운 광경은 데스크톱 혹은 책상 위를 가리키는 은유가 아니었다. 이 개념은 이미 제록스 파크의 초기 논문에 소개되어 있었다. 오히려 인상적이었던 것은 앳킨슨이 봤다고 *생각한* 광경이었다. 스몰톡 개발자들이 여러 개의 창에서 이리저리 클릭하는 방법을 시연할 때, 그는 이미 창들을 종이 여러 장처럼 서로 겹쳐 보이도록 구현해 낸 줄 알았다. 사실 그렇게 구현한 건 아니었다. 하지만 이 생각을 계기로 앳킨슨은 허츠펠드의 표현처럼 맥Mac의 영혼을 만드는 첫발을 디딘다. 돌아가는 차 안에서 앳킨슨은 잡스에게 그날 본 것들을 전부 따라잡아 리사에 넣는 데 6개월이면 된다고 이야기했다. 하지만 결국은 꼬박 3년이 걸렸다.

사용하기 쉬운 제품은 무엇인가

전부 창 때문이었다. 스몰톡에서는 칭을 하나 선택해 앞쪽으로 가져올 때마다 창 전체를 새로 그려야 했고, 그 때문에 아주 조금이지만 속임수 같은 느낌이 들었다. 앳킨슨의 가장 큰 업적은 바로 너무 흥분한 나머지 여기에 깜빡 속았다는 것이었다. 따라서 앳킨슨은 돌아오자마자 자기가 본 광경을 어떻게 만들어냈는지 역설계하기 시작했고, 마침내 컴퓨터가 눈에 안 보이게 '숨은' 구역을 파악해 그 부분을 즉시 되살리는 방법을 발명했다. 당시 원시적인 그래픽 사용자 인터페이스에는 이미 데스크톱의 은유가 조각조각 담겨 있었지만, 앳킨슨이 개발한 효과 덕택에 실제 책상 위처럼 느껴졌다. 이리저리 옮길 수 있는 파일과 폴더가 있고, 사용하기도 만족스러운 책상 말이다. 물리적인 세상의 작동 원리를 충실하게 흉내 내면 디지털 세상을 이해하기 쉬워지고, 정말 섬세하게 구현하면 마법 같기까지 하다는 사실을 애플에서 개발자들이 처음으로 알아차린 순간이었을 것이다.

앳킨슨이 리사에 넣기 위해 개발하던 기능은 점차 더 낮은 사양의 자매 모델인 매킨토시의 기능과 슬그머니 섞이기 시작했다. 데스크톱 은유의 논리가 틀을 갖추자 애플의 개발자들은 흩어져 있던 것들을 종합하고, 새로운 의미를 찾아내고, 디지털 세계가 물리적 세계의 직관성을 따를 방법들을 끊임없이 쏟아냈다. 은유의 망이 점점 풍성해지기 시작했다. 브루스 혼은 십 대 시절 제록스 파크 연구소에서 스몰톡 개발에 참여했고 후에 애플의 매킨토시 개발팀에 왔다. 브루스 혼의 제록스 파크 시절 상사 래리 테슬러(앳킨슨에게 스몰톡을 시연해 준 그 사람)는 '모드 혼란'에 집착에 가깝게 신경을 썼다. 모드 혼란은 인간과 기계 사이 상호 작용의 가장 오랜 문제이자 항공기 조종사들의 가장 큰 골칫거리였다.[21] 모드라는 개념을 컴퓨터 사용자 인터페이스에서 적용했더니 끔찍하게 혼란스러워진 것이다. 예를 들어, 좀 전에 클릭했던 모드가 텍스트 편집 모드인지 텍스트 삭제 모드인지 사용자가 기억하겠는가? 그래서 테슬러는 사용자들이 현실 세계와 똑같이 대상을 화면 위에서 바로 조작할 수 있어야 한다고 주장했다. 어떤 글이든 중간을 클릭해서 글자를 그냥 입력할 수 있어야 했다. 이 생각을 더 발전시키고 좀 더 직관적으로 만들기 위해 브루스 혼은 파일을 직접 끌고 가서 놓을 수 있는 드래그 앤드 드롭 기능을 발명했다. 한편 수전 케어Susan Kare는 맥에 들어갈 아이콘을 디자인했고 휴지통, 파일 폴더, 손 모양처럼 컴퓨터 바깥의 세상에서 영감을 얻은 요소를 몇 안 되는 화소 수로 기막히게 그려냈다.

매킨토시 운영체제가 유기적으로 확장된 과정을 보면, 은유로 개념을 설명할 뿐 아니라 생성할 수도 있다는 사실이 드러난다.[22] 데스크톱의 은유는 조금씩 해보는 정도로 시작했지만, 개발자들은 직접 조작이나 각각의 창이 줄어들고 늘어나는 물리적 원리 등을 고안하며 서서히 의미를 확장해 갔다. 그리고 마침내 데스크톱 은유는 독자적인 세계를 꽃피웠다. 은유는 대상이 어떻게 작동해야 하는지 알려주는 데 그치지 않고 우리가 새로 만들고자 하는 미지의 대상에 길잡이 역할도 해준다. 아우디 자율주행차 개발자 브라이언 래스롭 역시 승마의 은유를 길잡이 삼아 새로운 운전 방식을 만들기 위해 탐색했던 것이다. 포드의 하이브리드 자동차 계기판도 마찬가지였다. 장거리 육상을 하던 사용자가 언급한 좋은 운동 코치가 격려는 하되 잔

소리하지는 않는 것처럼, 적절한 순간에 적절한 정보만을 주는 화면으로서 가상의 잎사귀가 넝쿨처럼 이어져 은은하게 빛나는 계기판이 되었다. 은유로 우리는 인류의 발전에 꼭 필요한 것을 이룰 수 있다. 새로운 물건을 만드는 원동력이 될 뿐 아니라, 그 새로운 물건이 우리 손에 들어왔을 때 어떻게 작동할지도 제시할 수 있기 때문이다.

✻

2018년 8월 2일, 애플은 상장 기업 중 세계 최초로 기업 가치 1조 달러를 넘어섰다. 하지만 이 추상적인 수치 때문에 오히려 이 회사의 영향력이 축소되어 보인다. 애플은 전 세계 수억 명이 아침에 눈뜨자마자 보는 물건을 만든다. 이 회사의 공급망으로 미량의 희귀 광물을 콩고민주공화국의 광산에서 추출해 오고, 지구상의 최첨단 컴퓨터에 심은 다음, 몽골의 스텝 지대로 배송한다. 하지만 애플의 엄청난 성공 역사는 딱 세 가지 사용자 인터페이스 이야기로 압축된다. 바로 매킨토시 운영체제와 아이팟 클릭휠, 아이폰 터치스크린이다. 나머지는 모두 이를 모방한 경쟁 기업들과 파이를 나누는 싸움에 대한 이야기다.

사용자 친화적인 세상에서는 사용자 인터페이스 하나로 제국이 하나씩 세워진다. IBM은 펀치카드 방식의 메인프레임 컴퓨터로 1970년대까지 세계를 호령했다. 그다음에 그래픽 사용자 인터페이스가 등장해 애플과 마이크로소프트를 틈새 기업에서 거대 골리앗 기업으로 바꿔놓았다(2019년 4월에는 마이크로소프트도 아마존에 이어 세계 세 번째로 시가총액 1조 달러를 달성했다). 잘 알다시피 애플은 1990년 대 말에 거의 사라질 뻔했으나, 스티브 잡스가 복귀한 후 애플의 회생을 이끈 일등공신은 아이팟의 클릭휠이었다. 끝없이 긴 목록을 훑어보는 고질적인 문제를 해결해 즐거운 행위로 만든 덕이었다(이 끝없이 긴 목록 또한 앳킨슨이 리사 시절 발명한 드롭다운 메뉴 형식이다). 키보드가 붙은 휴대전화기 블랙베리 역시 아이폰이 지배하기 전까지 큰 제국을 이루었다. 심지어 아마존의 급성장도 사용자 인터페이스에서 비롯되었다. 바로 원 클릭 구매 기능이다. 이 기능에 대한 특허권 가치만 해도 충격적이다. 애플이 아이튠스 스토어에 원 클릭을 적용하기 위해 아마존에 지급한 특허 사용료만 해도 수십억 달러였다. 하지만 이 기능의 가치는 그보다 훨씬 컸다. 원 클릭 기능으로 온라인 구매의 마지막 결제 단계를 없애 버림으로써 아마존은 장바구니 단계에서의 이탈을 막는 데 결정적인 우위를 확보할 수 있었다. 장바구니 이탈율은 연구에 따르면 평균 70퍼센트 정도이고, 지금도 온라인 유통업체의 가장 큰 고민거리다. 원 클릭의 출현으로 온라인 충동구매를 좀 더 충동적으로 할 수 있었다. 원 클릭 구매 덕택에 아마존의 총판매 실적이 자그마치 5퍼센트가량 급증한 것으로 추정된다. 아마존의 운영 수익이 2퍼센트에 못 미치는 것을 생각하면 충격적인 수치다. 더욱이 원 클릭 기능은 고객들이 아마존에 상시 로그인 상태로 있도록 독려하는 효과가 있었다. 그 덕택에 아마존은 조용히 데이터베이스에 사용자 프로필을 차곡차곡 쌓아갈 수 있었고, 나아가 책뿐 아니라 무엇이든 추천하고 판매할 수 있는 플랫폼으로 자리 잡을 수 있었다.[23] 아마존의 원 클릭은 페이스북의 '좋아요' 버튼을 제외하면

사용하기 쉬운 제품은 무엇인가

역사상 가장 강력한 버튼일 것이다.

애플이 낳은 두 가지 혁신인 그래픽 사용자 인터페이스와 터치 스크린 인터페이스는 더 근본적인 은유 하나로 묶인 사촌과 같다. 매 킨토시 운영체제가 사용자 친화적이었던 것은 직관적으로 이해할 수 있는 물리적 특성들 덕택이었으며, 이 물리적 특성은 실제 세계에 대한 감각을 그대로 옮겨 더 자연스러운 상호 작용을 만들려다가 개 발되었던 것이다. 거기에 데스크톱의 은유가 연결 다리 역할을 했다. 터치스크린은 새로운 개념의 은유라기보다는 더 나은 입력장치였다. 처음에 화면의 세계에서는 마우스가 손 역할을 했다. 그다음에는 화 면 자체가 사람의 손을 인식하게 되면서 마우스 커서가 사라졌다. 따 라서 아이폰은 맥을 벗어났다기보다 맥의 이상을 실현했다고 보아 야 한다. 래리 테슬러가 제록스 파크에서 애플로 옮긴 뒤 줄곧 주장 해 왔듯이 디지털 공간에서 대상을 직접 조작하는 방식을 마침내 완 전히 구현한 것이다.

아이폰이 데스크톱 컴퓨터의 체계를 이어받았다고 하면, 특히 어린 시절에 마우스를 사용하지 않은 사람은 이를 이상하게 느낄 수 있다. 하지만 데스크톱의 흔적은 분명히 남아 있다. 앱을 열기 위해 탭하는 방식과 홈 화면에서 앱을 이리저리 끌어놓는 방식, 이메일과 일정과 뉴스를 가져다주는 앱이라는 개념까지, 그리고 뒤로 가기 버 튼과 닫기 버튼에도 있다. 하지만 여기서 데스크톱의 원리는 드러나 지 않고 조용히 작용한다. 우리가 데스크톱의 은유를 이제 인식하지 못하는 이유는 현대적인 컴퓨터의 사용법을 익히는 데 더는 은유의 도움을 받을 필요가 없기 때문이다.

이처럼 은유의 본질은 누구에게나 당연해지는 순간 은유 자체를 잊어버리게 된다는 것이다. 비록 기억하는 사람은 없지만, 초기 자동차에서는 지금의 운전대 자리에 배의 키 손잡이가 있었다. 자동차를 운전해 본 사람이 없고 배를 몰아본 사람이 훨씬 많았던 시절에는 키 손잡이가 가장 자연스러운 비교 대상이었다.[24] 자동차가 보급되고 운전이 보편화되면서 이 은유는 사라졌다. 새로운 기술을 이해하고 소화할 때 우리는 은유의 사다리를 여러 단계 차곡차곡 밟고 올라가며, 각 단계는 다음 단계로 올라가는 디딤대 역할을 한다. 기존에 지닌 사고 체계를 기반으로 새로운 기술도 명확히 이해할 수 있다. 시간이 흐를수록, 은유의 사다리에서 처음 밟았던 단계와 점점 멀어지다가 결국 잊는다. 키 손잡이 모양 운전대나, 월드와이드웹 사용법을 알려준 다양한 은유나 마찬가지다.[25]

기술 발전의 역사는 은유가 점점 확장되다가 한계점에 다다르고 깨지는 과정의 반복이다. 이런 현상은 지금 우리 주변 곳곳에서 일어나고 있다. 인도의 레누카 같은 여성의 인터넷 인식을 연구한 시기에, 달버그의 디자이너들은 케냐로도 날아갔다. 케냐의 상황은 전혀 딴판이었다. 인터넷이 뭔지 전혀 감이 없던 인도 여성들과 달리, 연구팀이 만나본 케냐 여성들은 페이스북의 열렬한 사용자였다. 한 가지 유력한 이유는 페이스북이 이미 존재하던 은유에 매우 잘 맞았다는 것이었다. 페이스북은 사람들이 휴대전화에서 쓰는 주소록과 똑같았다. 또한 이곳 여성들이 이미 오랫동안 사용해 온 휴대전화 문자 메시지처럼 메시지를 기반으로 만들어졌다. 이 은유에는 한계도 드러났다. 케냐 여성들은 우리가 하는 식의 '웹 서핑'을 하지 않았다. 브라우저를 열어 뉴스를 읽고 은행 업무를 보지 않았다. 이들은 '인터넷을 검색하고자' 할 때 구글에 접속하지 않았다. 페이스북 피드에 질문을 올렸을 뿐이다.[26] 이들에게 인터넷은 곧 페이스북이 전부였다. 따라서 페이스북이 지식과 사회에 대한 케냐 여성들의 생각을 대변하는 은유로는 효과가 있었지만, 이 은유로는 인터넷의 수많은 가능성과 작동 원리를 설명해 주지 못했다.

은유가 한계까지 확장되다가 깨진 사례는 한 가지 더 있는데, 애플이 만들어낸 것으로 우리 휴대전화에서도 볼 수 있다. 2000년대 중반 내내 애플은 디자인 업계에서 스큐어모프skeuomorph로 신랄하게 비난받았다. 옥스퍼드 영어사전의 정의에 따르면 스큐어모프는 '물리적인 대상을 모방하는 그래픽 사용자 인터페이스 요소'다. 초기에는 무척 유용했지만, 수십 년이 지나면서 의미 없는 세부 묘사만 늘어나는 지경이었다. 물론 한때는 사용자들이 알아볼 수 있도록 파일 '폴더'를 실제 폴더처럼 똑같이 만드는 일이 중요했다. 하지만 2000년대 중반쯤에는 이 세부 요소는 지나치게 복잡하고 장식적인 모습이 되었다. 일정이 어떻게 작동하는지 이해하는 데 모든 맥 화면의 달력이 가죽을 꿰맨 것처럼 보일 필요는 없었다. 아이북스iBooks 앱으로 책을 구매할 수 있다고 이해하는 데 디지털로 묘사한 목재로 된 디지털 책장까지는 필요 없었다.

디자인 업계 종사자들이 스큐어모피즘을 좋지 않게 보는 편향은 바우하우스에서 시작되었다. 바우하우스는 전통과의 결별을 선언하며, 과거의 세계와 새로운 세계를 연결하려고 고안된 각종 장식적 문양을 모두 매도했다. 그중에는 구리를 가공해 화려한 넝쿨처럼 만든 아르누보 양식의 파리 지하철 입구 장식도 있었다. 바우하우스 디자인은 재료마다 꼭 맞는 쓰임새가 따로 있다는 생각에서 출발했다. 오늘날 쉽게 볼 수 있는, 마르셀 브로이어Marcel Breuer가 디자인한 유명한 금속 프레임 의자는 강철 재질의 새로운 외팔보(한쪽 끝만 고정하고 다른 끝은 자유로운 구조물로, 보기에는 경쾌하지만 변형이 쉬워 강도 설계가 어렵다–옮긴이) 틀을 지지 구조로 도입했다. 강철에는 크롬 광택을 내어 금속만이 이런 기능을 할 수 있다는 사실을 강조했다. 컴퓨터라는 맥락에서 이를 해석하면, 한때 제품을 사용자 친화적으로 만들 때 꼭 필요했던 특징, 즉 실제 세계를 충실하게 재현하는 특징이 점차 일종의 속임수로 전락했다. 목재와 금속이 아닌 화소들이 꼭 목재와 금속처럼 보여야 할까?

조니 아이브는 산업디자인을 공부하고 일찍이 재료에 대한 믿음을 바탕으로 색색 사탕 같은 총천연색 아이맥과 아이폰을 디자인한 주인공이다. 이런 아이브가 재료의 정직성을 신봉한 것은 어쩌면 당연한 일이다. 2013년 아이브가 애플의 소프트웨어 디자인을 총괄하게 되자, 아이폰의 운영체제에 깔끔한 디자인 언어를 선보였다. 당시 이 변화는 조니 아이브의 우월한 취향이 2년 전 사망한 스티브 잡스의 개인 취향을 아직도 비굴할 정도로 맹종하는 애플 ios 운영체제의 수장 스콧 포스톨Scott Forstall 같은 독선가들을 누르고 마침내 승리했다는 식으로 떠들썩하게 회자되었다. 하지만 실제로는 애플의 기반을 이루던 은유들이 우리가 긴장한 채 디지털 세계로 이동할 때 길잡이 역할을 했다가, 이제는 효력을 잃었을 뿐이었다. 이미 아이폰 때문에 책상 달력을 없앴는데 굳이 아이폰 달력이 책상 달력과 똑같을 필요가 있을까? 디자인의 세계에서 은유의 법칙은 *통할 때까지 통한 척하라*이다. 애플은 오랜 통한 척 끝에 드디어 통했던 것이었다.

이런 은유를 창조하는 기업도 위험부담이 있지만, 그 은유를 안고 살아가는 사용자들에게도 위험부담이 따른다. 애플의 시각적 은유가 서서히 노쇠하고 지리멸렬해지자, 이를 지지하던 개념적 은유 역시 무너지기 시작하며 우리의 디지털 일상도 더욱 혼란스러워졌다. 2008년에 애플이 앱스토어를 공개했을 때, 그 규모가 얼마나 커질 수 있을지 누구도 확실히 예측하기 어려웠다. 처음에는 앱이 500개 정도 올라와 있었고, 그나마도 오늘날 기준으로는 예스러웠다. '크래시 밴디쿳Crash Bandicoot'이나 '롤랜도Rolando' 같은 게임이 잔뜩 있고, 이베이나 〈뉴욕타임스〉 앱 정도가 몇 개 더 있었다.[27] 몇 년 뒤에는 이른바 앱 경제와 모바일 컴퓨팅이 폭발적으로 성장했다. 하지만 사용자들이 앱스토어를 *왜* 그렇게 쉽게 받아들였는지, 또 이런 초기의 수용도가 이후에 어떤 영향을 끼쳤는지는 아무도 궁금해하지 않는다. 모든 것의 밑바탕에는 한 가지 은유가 있었다.

19세기 후반까지 쭉 거슬러 올라가면, 상점은 지금과 매우 다른 모습이었다. 상품은 모두 판매대 뒤쪽 선반이나 유리 진열장 안에 놓여 있었다. 파리나 런던 시내 중심가의 쇼핑객들은 대부분 상류층이었고, 고객들이 상품을 보려면 상점 직원에게 가져다달라고 부탁해야 했다. 제품 소개는 상점 직원에게 달려 있었다. 이런 구매 행태는 세기가 바뀌면서 달라졌다. 해리 고든 셀프리지Harry Gordon Selfridge 같은 선구자들이 앞장선 덕분이었다. 셀프리지는 시카고의 마셜 필즈Marshall Field's 백화점을 필두로 세계가 한 번도 본 적 없는 유통 개념을 적용했는데, 상품이 더 이상 판매대 뒤에 놓이지 않는 형태였다. 상품은 앞쪽 진열장으로 나왔고, 쇼핑객은 상점 직원의 도움 없이 내키는 대로 상품을 만지고 볼 수 있었다. 진열장에 홀로 놓인 상품은 설명 없이 팔릴 정도로 매력 있어야 했다.[28]

그로부터 100년 후, 아직도 이 형태가 전 세계 상점의 표준이다. 2001년 애플스토어를 열었을 때도 소프트웨어를 상자에 담아 진열장에 나란히 놓고 판매했다. 앱스토어를 출시할 무렵에도 이처럼 열린 진열장을 놓는 방식이 적합해 보였다. 하지만 이런 방식으로 판매하니, 아무리 최첨단 스마트폰 속이라 해도 앱은 상점에서 구매하는 소프트웨어 상자와 똑같다는 개념을 심어주었다. 즉 각각의 앱은 모두 독립적인 상품으로서 마이크로소프트 워드 프로그램처럼 특정한 목적을 달성할 때 사용한다는 개념이었다.

앱 경제가 성장하면서 이런 개념의 허점이 드러나기 시작했다. 우리가 친구들과 저녁 약속을 잡으려고 한다면 우선 문자 메시지를 보내고, 식당을 찾은 뒤, 문사 메시지를 한 번 더 보내고, 일정을 맞추고, 예약이 가능한지 확인하고, 예약에 동의를 얻은 뒤 일정표에 표시해야 한다. 약속 시간이 다가오면, 휴대전화를 다시 들어 택시 서비스를 불러야 한다. 이 과정 중 중요한 세부 정보를 기억하는 일은 *우리* 몫이다. 어느 때 어느 앱이 필요한지 고르는 일도 *우리* 몫이다. 이 모든 세부 정보가 점점 쌓여가고, 예약 사항이 계속 바뀌거나 참가자끼리 식당을 정하지 못하면 탭과 문자 입력의 피로도 쌓여 휴대전화를 던져버리고 싶을 지경이 된다. 만약 저녁 약속을 잡는 데 필요한 모든 일이 버튼 하나로 끝난다면 얼마나 좋을까?

사용하기 쉬운 제품은 무엇인가

이렇게 짜증스러운 이유는 딱 하나, 앱 경제가 생성될 때 적용된 은유가 부적절하기 때문이다. 우리가 사용하는 모든 앱의 구조를 뒷받침하는 건 그물망처럼 무한한 인터넷의 연결 고리다. 하지만 우리는 앱을 정보의 망이라는 맥락으로 소비하지 않고, 상점이라는 은유를 통해 한 번에 하나씩 사용하는 독립된 상품처럼 소비한다. 두 패러다임은 서로 대립할 수밖에 없다. 또한 휴대전화가 탄생한 본래의 목적, 바로 우리에게 소중한 것과 소중한 사람을 가까이 두는 일과 멀어진다. 그 결과 스마트폰은 분절된 조각들을 연결하는 짐을 우리에게 지워버린다. 이 짐을 덜기 위해서는 스마트폰 작동 방식을 대변할 새로운 은유가 필요하다. 누구든 이 은유를 발견한다면, 우리의 디지털 일상도 진화할 것이다. 만약 스마트폰 작동 방식이 바뀌어, 앱이 아니라 우리가 소중히 여기는 관계를 중심으로 작동한다면 어떨지 상상해 보자. 사랑하는 이와 소통하기 위해 앱을 여는 대신, 소중한 이들과 항상 연결되어 있다면 어떨지, 또 더 가까이 소통하기 위한 도구들이 각각의 관계가 흘러가는 모습에 따라 필요할 때만 나타난다면 어떨지 상상해 보자. 스마트폰 전체를 안내하는 은유가 프로그램 중심이 아닌 인간관계 중심이라면, 우리의 디지털 일상이 얼마나 더 수월하고 만족스럽겠는가.

하지만 일단은 상황이 나아질 때까지 기다리기로 하자. 2018년에는 애플에서 음성인식 비서 시리가 앱 속의 작업을 직접 수행해 줄 수 있는 단축어Shortcuts라는 기능을 발표함으로써 각 작업에 필요한 탭과 스와이프 단계를 모두 없앴다.[29] 마치 일회용 반창고 같은 임시 조치였지만, 발전의 조짐이 보였다. 그때쯤 구글이 퓨시아Fuchsia라는

192

별칭의 매우 실험적인 성격을 띤 운영체제 초기 시제품을 조금씩 공개하기 시작했다. 퓨시아는 앱이 가득한 화면이 아니라 '스토리' 피드를 기반으로 개발되었다. 스토리는 새로운 은유로, '니콜과 약속 잡기' 같은 일련의 작업을 알고리즘으로 엮어 하나의 동작으로 만든 형태다.[30] 이 시제품이 어떻게 발전할지는 단언하기 어렵다. 하지만 이 시제품은 앞으로 모바일 일상의 방향성을 새 휴대전화나 앱이 이끌지는 않겠다는 증거였다. 다른 새로운 은유가 결정지을 것이기 때문이다.

✻

조지 레이코프와 마크 존슨이 은유에 대한 이론을 발표하기 시작했을 때, 그 이론에는 재기가 넘쳤고 빈틈이 없어 반박하기 어려울 정도였다. 두 사람이 제시하는 수많은 사례는 마치 우리 언어의 모든 면에 스며 있는 것 같았다. 그 후 10년 동안 두 사람은 계속 기존의 틀에 도전했다. 이를테면 다음과 같은 질문을 던졌다. 만약 은유가 우리 몸이 세상과 상호 작용하는 방식에서 비롯되었다면, 그리고 우리 몸은 뇌의 각 영역이 조율하고 나타낸다면, 은유 역시 우리 뇌 구조대로 나타나지 않을까? 이런 연결 통로는 어떻게 형성되었을까? 이를 우리가 사건과 감각을 간단히 연관 짓는 방식 때문이라고 볼 수도 있다. 예를 들어 누군가는 어릴 때 사랑을 엄마의 품과 연결 지어 받아들였을 테고, 아마 이때의 따뜻함과 상냥함을 통해 사랑을 익혔을 것이다. 따라서 '따스한 사람'이라는 언어 표현은 우리가 처음 물리적으로 따뜻하다고 느낀 대상과 연결되어 있을 것이다.

위와 같이 '신체 감각에 근거한'이나 '체화된'은 표면상 매우 간단한 개념이다. 하지만 이 이론의 지지자들이 주장하듯이, 두 개념은 철학자 르네 데카르트로부터 400년 동안 이어져 내려온 서구 사상에 정면으로 위배되는 발상을 담았다. 데카르트는《방법서설Discours de la Méthode》에서 육체와 정신을 분리하고, 둘의 간극을 좁힐 수 없다고 주장한다. 이 책 4부의 유명한 선언문 *cogito ergo sum*(나는 생각한다. 고로 존재한다)을 두고 생각할 수 있으면 존재하는 것이 틀림없다는 격언으로 흔히 알고 있다. 하지만 그 논리대로라면 몬티 파이선 Monty Python(비틀즈에 비견되는 영국의 영향력 있는 코미디팀-옮긴이)의 풍자인 '나는 음주한다. 고로 존재한다.' 역시 심오한 진리라고 해야 한다. 데카르트는 더 원대한 이야기를 하고 있었다. 우리 뇌가 육체에서 분리되어 영양 성분이 든 용액 속에 떠 있다고 치자. 실제 감각 대신 뇌에 꽂힌 전극을 통해 '실제 세계'에 대해 가짜 정보만 공급받는다면, 속임수를 당하는지 알아차릴 수 있을까?[31] 데카르트는 우리가 속임수를 알아차릴 수 없겠지만, 설령 주변 세계가 환상에 불과하더라도 우리는 논리적인 사고를 할 수 있다고 주장했다. 그러고는 주변 세계가 환영에 불과해도 이성적 사고를 할 수 있으니, 우리의 정신은 주위의 세계와는 분리된 차원에 따로 존재한다고 결론 내렸다. 하지만 레이코프와 존슨은 생각이 순수하게 이성의 능력에서만 오는 것이 아니라고 주장했다. 오히려 신체적 감각이 뒷받침해 주지 않으면 생각도 존재할 수 없다고 했다. 이들의 주장대로 우리가 은유의 도움없이 생각을 전개하기 어렵게 느껴지는 이유는 뇌에서 생각이 발생할 때, 몸의 감각을 느끼는 것과 똑같은 신경 경로를 따르기 때문이기도 하다. 이처럼 은유는 우리 사고의 구조에 대해 통합적인 시각을 보여준다.

체화된 인지 개념을 처음 제안한 이후 지금까지, 실험심리학자들은 레이코프와 존슨의 주장이 맞을 수 있다는 증거를 조바심 날 만큼 조금씩 내놓았다.[32] 한 실험에서는 따뜻한 커피 잔을 든 사람이 차가운 커피 잔을 든 사람보다 더 쉽게 타인을 신뢰할 만하다고 평가하는 경향이 드러났다. 이를 보니 누군가에게 '마음을 열게 되는warming up'이라는 표현이 추상적인 은유에만 그치지는 않는 듯했다. 이 은유가 우리 뇌 어디인가에 머물렀기 때문에 교묘히 조종할 수도 있었고, 물리적으로 따뜻해지니 감성적 판단 또한 영향을 받았던 것이다. 다른 연구 결과에서도 전혀 다른 은유에서 비슷한 증거가 나왔다. 한 실험에서는 참가자들에게 미래를 생각하라고 하자 몸이 살짝 앞으로 기울었다. 과거를 생각하라고 하자 참가자들의 몸이 뒤로 기울었다. 이런 행동에서는 미래가 앞에 있다는 은유가 바탕을 이루고 있었다. 또 다른 사례에서는 설문지에 답을 작성하는 참가자 중 무거운 서류판을 사용한 사람이 더 진지하게 응답했다. 중요한 내용은 무게와 관련이 있었다.[33]

비록 위 결과의 과학성과 실험 방법에 대한 논란이 뜨겁지만, 디자이너들은 직업이 탄생한 이래 체화된 은유의 개념을 줄곧 적용해왔다. 헨리 드레이퍼스의 디자인 가운데 첫 베스트셀러는 1931년 특허를 받은 빅벤 알람시계인데, 시계 밑동을 더 무겁게 해 품질을 높이고 신뢰감 있게 만들었다. 이렇게 무게를 품질과 연결 짓는 생각은 우리 생활 곳곳에 스며 있다. 친숙한 사례로 자동차 문의 소리와 여닫는 느낌이 있다. 고급 승용차의 대명사인 벤틀리의 차문을 닫을 때는 지하 금고를 굳게 닫는 듯한 무게를 느끼고 소리를 들을 수 있다. 일반적인 중형 자동차를 똑같이 사용하면 차문이 얼마나 가볍게 느껴지는지, 소리가 얼마나 값싸게 *들리는지* 알아차릴 것이다. 비록 벤틀리가 더 고급 재료로 만들어져 실제로 더 무겁기는 하지만, 차문이 꼭 더 묵직하게 느껴질 필요는 없다. 결국 문의 경첩이 차문을 지탱하기 때문이다. 차문의 무게가 느껴지지 않도록 조정할 수도 있었다. 하지만 디자이너들은 무게를 조정하지 않았다. 벤틀리를 사기 위한 은행잔고의 무게만큼이나 차체도 묵직한 은유를 풍기도록 세심하게 공들인 것이다. 디자이너들은 지금도 우리가 제품을 이해하는 방식뿐 아니라 사용할 때의 느낌과 관계 있는 은유를 찾아 세상을 샅샅이 뒤진다. 이런 은유를 활용하는 방식을 보면 사용자 친화성의 다른 면이 드러나며, 아름다움을 다양하게 활용하는 방식들을 알 수 있다.

2010년 즈음, 필리파 머더실Philippa Mothersill은 질레트의 제품 디자이너였으며, 여성을 위한 일회용 면도기를 담당했다. 머더실은 가장 먼저 우리가 일상 도구들을 손으로 잡는 갖가지 방법을 조사했다. 손의 자세에 따라 면도에 대한 느낌도 달라진다는 가설이었다. 박사과정을 밟고 있는 MIT 미디어랩에서 작업대 앞에 앉아 대화를 나누던 중 머더실이 말했다. "나는 인체공학적 관점으로 물건 사용 경험을 바꿀 수 있다고 굳게 믿었습니다. 만약 내가 면도기 손잡이를 페인트 붓처럼 디자인하면, 사용자는 얼굴에 칠을 하는 거예요. 하지만 화장 솜으로 눈 화장을 지우는 중이라면, 굉장히 섬세하게 잡겠죠."[34]

머더실이 소속된 팀은 결국 손잡이 없는 여성용 면도기 비너스 스냅을 만들었다. 긴 손잡이 대신 50센트 동전 크기(지름 3센티미터 정도-옮긴이)의 짧은 손잡이에 앞뒤로 고무를 달아 잡기 좋게 했다. 사용할 때는 엄지와 검지로 꼬집듯이 잡는데 마치 화장 솜을 잡는 모양 같다. 면도기 디자인은 또 하나의 은유다. 이 면도기를 팔다리 위에서 움직일 때는 마치 조심스럽게 한 꺼풀을 벗겨내고 그 아래 더 나은 모습을 드러내는 것 같다.

질레트에서 일할 때 머더실은 또 언어에 형태를 부여하는 데에 따라 디자인 프로세스의 성패가 얼마나 크게 좌우되는지에 매료되었다. 예를 들어, '다육성처럼 즙이 많은 듯' 보이는 사물을 디자인하라는 업무를 받을 때면 머더실은 알로에 잎이나 메이플시럽이 수확용 꼭지에서 흘러나오는 모습 등 해당 단어를 떠올리게 할 만한 이미지를 수십 개씩 수집했다. 그다음에 이런 모양이 떠오르도록 디자인을 만들었다. 디자인 분야에서 매우 보편적인 과정인데, 대상이 어떻게 보이고 느껴질지 끌어낼 수 있노록 무드보드를 만들고, 무드보드의 분위기에서 다시 형태를 연상하는 은유와 단어를 도출한다. 머더실은 이렇게 설명했다. "디자이너의 머릿속에는 신뢰나 호기심 같은 추상적인 개념으로 감성을 자극하는 암묵지가 있습니다. 디자이너들은 어떻게든 이런 암묵지를 사물의 반지름 숫자처럼 컴퓨터 설계 프로그램이 요구하는 정량적인 요소로 전환하죠."

머더실은 MIT 연구 과제에서 내내 이 문제를 품고 다니며, 만화영화 제작자들이 어떤 대상이든 불과 선 몇 개로 인간적인 성격 특성을 부여하는 능력을 고민의 시작점으로 삼았다. 예를 들어, 디즈니

애니메이션 〈미녀와 야수-Beauty and the Beast〉에는 둥실둥실한 엄마 같은 찻주전자와 가슴을 잔뜩 부풀린 거만한 벽난로 선반 시계가 나온다. 머더실은 이런 효과를 자동화할 수 있는 프로그램을 만들고자 했다. 처음에는 병 디자인을 수십 개씩 만들었다. 몇 개는 위쪽이 묵직하고 둥글게, 다른 몇 개는 뾰족하고 가늘게 말이다. 그다음에는 온라인 자원자들에게 디자인을 볼 때 분노나 기쁨, 혐오, 두려움 등 떠오르는 감정이 있으면 설명해 달라고 부탁했다. 그다음으로 응답자의 감정을 물리적 성질의 연속체에 전부 대입해 3D 디자인 프로그램에서 조정할 수 있게 만들었다. 대상이 얼마나 매끈한지 혹은 각이 졌는지, 위쪽이 묵직한지 아래쪽이 묵직한지 같은 성질이었다. 마지막에는 새로운 3D 디자인 프로그램을 만들었는데, 컴퓨터가 감정의 통역사 역할을 했다. 만약 프로그램에서 슬라이더 하나를 한쪽으로 끌어 디자인이 조금 더 슬픈 느낌이라고 명시하면, 실제로 디자인 아래쪽이 더 불룩해지며 늘어지는 모양으로 변했다. 디자인에 좀 더 의외성이나 기쁨이 있어야 한다고 컴퓨터에 입력하면, 프로그램이 디자인에 반영했다. 우리 앞의 벽에는 아주 작은 선반 위에 머더실의 프로그램이 만들어낸 다양한 병이 각각 3D 프린터로 인쇄되어 늘어서 있었다. 각각의 병은 장난감 찻주전자 크기로, 위쪽에 마개가 달려 있었다. 어떤 병은 불룩하고 수수했다. 다른 병들은 모나고 험악하게 생겼다. 병의 느낌은 두 개의 축을 바탕으로 분포되어 있었다. 가로축은 프로그램에 입력된 감정을 긍정과 부정으로 나눴다. 세로축은 그 감정의 흥분 정도, 즉 얼마나 흥분했는지 또는 차분한지를 나타냈다. 사분면의 오른쪽 윗면에는 '놀람'이라는 이름표가 있었

198

다. 그 바로 옆에 있는 병은 몸통을 뒤로 빼면서 머리, 즉 마개는 무언가를 궁금해하는 듯 앞으로 기울이며 마치 이렇게 말하는 것 같았다. "개가 뭘 했다고?!"

머더실의 연구는 아름다움과 심미성의 모호한 논리를 21세기를 규정짓는 은유인 알고리즘으로 체계화할 수도 있다는 꿈을 나타냈다. (역사학자 유발 하라리의 글에서도 찾아볼 수 있다. "호모 사피엔스를 비롯한 모든 동물은 수백만 년 동안의 자연선택이 만든 유기 알고리즘의 집합체이며 … 유기 알고리즘이 하는 일 중 무기 알고리즘이 되풀이하거나 넘어서지 못할 만한 건 없다.")[35] 물론 머더실 연구의 꿈은 굉장히 야심 찬, 어쩌면 허황된 생각이었다. 실력 있는 디자이너들이 아름다움을 창조할 때 떠올리는 단서는 그 사람 특유의 취향과 경험에 깊이 의존하고, 이런 개인적 특성은 사분면에 그리 쉽게 대응될 수 없다. 그렇다 해도 우리 일상 속 디자인에서 우리가 이해하는 코드는 있다. 머더실이 고안한 병들의 이면에는 (슬프고 축 처졌든, 험악하고 끝이 날카롭든) 역사상 가장 오래된 은유가 있었다. 이는 의인화하는 은유인데, 의인화는 대상에 인간의 자세와 인간의 선입관을 부여함으로써 이 특성들이 대상의 원래 의미를 알려주게 된다. 의인화의 흔적은 우리 주변에서 매일 볼 수 있는데, 어느 때는 은근하고, 또 어느 때는 노골적이다. 스티브 잡스는 첫 매킨토시 컴퓨터의 화면과 외장 케이스를 마치 반갑게 맞아주는 얼굴처럼 아주 살짝 위쪽으로 기울이라고 주문했다. 또한 자동차 디자인의 감성 요소는 '페시아fascia'가 좌우하는데, 페시아는 전면부 그릴과 헤드라이트를 가리키는 전문용어로 '얼굴'이라는 뜻이다. 2019년형 페라리 GTC4 루쏘는 전조등이 눈을 가늘게 치켜뜬

199

암살자 같고, 그릴 역시 양 낱을 추켜올려 으르렁댄다. 2008년형 폭스바겐 비틀은 전조등이 강아지처럼 눈을 휘둥그레 뜨고 후드의 윤곽이 활짝 웃는 모습 같다.[36]

하지만 의인화는 디자이너들이 아름다움을 창조하기 위해 은유를 활용하는 방법 중 하나일 뿐이다. 머더실의 면도기 디자인 작업에서 볼 수 있듯이 디자이너는 전혀 다른 곳에서 영향을 받아 이를 소화하며, 그 결과 알로에 잎이 면도기 손잡이 곡선이 되기도 하고 런던에 붙은 펑크 록 포스터의 글씨가 컴퓨터 서체로 변할 수도 있다. 이 단서들은 베끼고, 재조합하고, 혼합한 결과라 눈에 띄지 않을 때가 많다. 하지만 이 단서들이 서로 딱 알맞게 붙으면 그 제품의 역사뿐 아니라 다른 제품도 대표할 수 있는 상징적인 제품이 탄생한다. 다이슨의 진공청소기를 살펴보면 우선 내부 모터와 조립된 부품 단위들의 윤곽선이 도드라져 보인다. 한편 이른바 '포스트모던' 디자인 철학도 보이는데, 이는 1980년대 제임스 다이슨James Dyson이 처음 성공 가도를 달리던 시절 건축 분야를 휘저었던 디자인 사조였다. 모더니즘의 전성기 때 사물의 내부 작동 방식을 매끈한 표면 뒤에 숨겼던 것과 달리, 사물의 내부 작동 방식을 일부러 드러내려 한다. 포스트모더니즘 철학은 리처드 로저스Richard Rogers와 렌조 피아노Renzo Piano가 파리에 지은 퐁피두센터에서 전성기를 보였는데, 건물 전면부에 환기 파이프와 에스컬레이터가 교차하는 모습이었다. 건물의 디자인은 건물이 어떻게 돌아가는지를 이야기해 주는 것 같다. 이와 비슷하게 다이슨 진공청소기는 노출된 관, 윤곽을 섬세하게 처리한 모터 케이싱으로 공학에 대한 이 회사의 열정을 온몸으로 이야기했다. 진공청소기 역사상 최초인 투명한 먼지통 역시 이 탁월한 기계가 해낸 일을 보여주려는 의도였다. 방금 빨아들인 먼지를 눈으로 직접 확인하는 일은 전에 없던 피드백의 순환 고리를 만들어냈다. 다이슨 청소기를 가지고 있는 사람이라면 방금 빨아들인 먼지의 양을 보고 깜짝 놀라며 느끼는 만족감과 먼지를 보니 청소를 더 하고 싶어지는 욕구를 잘 알 것이다. 첨단 기술을 의식적으로 드러내는 디자인의 정밀함이 아니었다면 느낄 수 없었을 것이다.

이 장에서는 은유가 다양한 방법으로 작용하며 말없이 사물의 작동 방식을 설명해 주는 사례를 추적해 보았다. 새로운 것을 발명하려 할 때 은유와 은유적 사고가 얼마나 중요한지도 살펴보았다. 디자인의 아름다움만큼이나 디자인의 은유도 중요하다. 사용자 친화적인 세상에서 아름다움은 사용하기 쉬운 대상을 사용하고 싶은 대상으로 탈바꿈해 주는 도구다. 아름다움은 우리를 끌어들여 대상을 만지고 소유하고 사용하고 싶게 만든다. 하지만 아름다움은 홀로 작용하지 않으며, 반드시 다른 곳에서 아름답다고 느낀 무언가를 연상시킨다. 그러한 의미에서 디자인은 일종의 차익 거래다. 한곳에서 아름다움을 발견해 다른 곳으로, 다른 사람에게로 배달하는 것이다. 우리가 보는 모든 제품의 바탕에는 디자이너가 있고, 실력이 있는 디자이너는 우리가 전에 보았던 것이나 우리가 매료될 만한 것을 직관적으로 안다. 디자이너의 이상이 우리 자신의 이상과 겹칠 때 우리는 '아름다움'이라는 말을 쓴다.

사용하기 쉬운 제품은 무엇인가

사람들이
바라는 것은 무엇인가

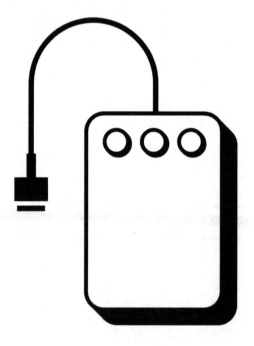

컴퓨터 마우스 (1968)

06

공감의 도구화

애니메이션 시리즈 〈심슨 가족The Simpsons〉의 유명한 에피소드
'오 형제여 어디 있는가'에는 주인공 호머 심슨과 놀랍도록 꼭 닮은
허브 파월이 나온다. 허브는 고아원에서 자랐지만, 어려운 성장 배경
에 단련되어 훗날 파월 모터스 자동차 회사를 설립하고 일인자로 성
장한다.[1] 하지만 성공을 해도 마음은 허전하다. "내겐 뿌리가 없어요.
그저 외로운 놈일 뿐." 허브는 침울하게 회사 최고경영진에 털어놓
는다. 그러던 중 호머에게서 전화가 온다. 호머는 두 사람이 배다른
형제이며, 허브가 아버지 에이브와 카니발에서 일하는 매춘부 사이
에 몰래 낳은 아이인 걸 알게 되었다고 한다. 장면이 전환되어 호머
가 가족과 차를 타고 허브를 처음 만나러 가다가, 대저택 앞에서 끽
하고 날카로운 소리를 내며 급정거한다. "맙소사, 이 자식 부자잖아!"
호머가 외친다.

사람들이 바라는 것은 무엇인가

나중에 함께 공장을 견학하다가 허브는 호머에게 차를 한 대 고르라고 한다. 호머는 망설임 없이 가장 큰 차를 달라고 하지만, 지나치게 나긋나긋한 임원 한 명이 나서더니 미국 사람들이 큰 차를 좋아하지 않기 때문에 큰 차는 없다고 답한다. 그러자 화가 머리끝까지 치민 허브가 소리친다. "이러니까 우리가 시장에서 늘 망하잖아요! 사람들이 뭘 원하는지 들어보지도 않고 강요부터 하지 않습니까!" 허브는 그 자리에서 다음 파월 자동차의 디자인은 회사의 아이비리그 출신 헛똑똑이들이 아닌 호머에게 맡기겠다고 결정한다. 호머는 금세 제품 부서의 난폭한 독재자가 되어 기능을 수십 개씩 요구해 자기 생활의 모든 불편 사항을 낱낱이 해결하려 한다.

자동차가 완성되자, 허브는 기자회견을 열어 '보통 사람'을 위한 차를 공개한다. 일부러 사전에 보지도 않고는 대중에게 공개할 때 함께 깜짝 놀라고 싶다고도 했다. 덮개가 벗겨지고, 사람들은 눈앞에 나타난 거대한 흉물에 놀라 숨도 제대로 못 쉰다. 새 자동차에는 꼬리지느러미가 달려 있고, 거대한 컵홀더는 편의점에서 파는 가장 큰 탄산음료 컵이 들어가는 크기다. 뒷좌석 대신 아이들을 가둘 수 있는 커다란 유리공에 '기본 사양으로 안전벨트, 선택 사양으로 입마개'가 있다. 경적은 세 개가 있는데 '열 받을 때는 제대로 찾을 수 없기 때문'이었다. 후드에는 볼링하는 사람을 장식했다. 가격은 8만 2000달러. "내가 무슨 짓을 한 거지?" 허브는 무릎을 꿇고 털썩 주저앉아 통곡한다. "난 망했어!" 운전석에 앉은 호머는 억지 미소를 지으며 경적을 울리고, 멕시코 민요 '라쿠카라차'가 흘러나온다.

수많은 〈심슨 가족〉 이야기처럼 이 에피소드도 실제 사건을 재현했다. 이는 포드가 발표했다가 무참히 실패한 에드셀Edsel 브랜드를 빗댄 이야기다. 헨리 포드가 물러나고 뒤를 이었던 세련된 경영진은 세계에서 가장 앞서가는 소비자 조사를 마쳤다고 내세우며, 누구든 '미래의 자동차'에 바랄 만한 기능을 모두 갖췄다고 발표했다. 자동차 딜러들에게는 'E-day(개시일을 뜻하는 D-Day를 자동차 이름에 맞춰 변형했다-옮긴이)'인 1957년 9월 4일 전에 덮개를 미리 열어놓으면 벌금을 매기겠다고 위협했다.[2] 하지만 출시일이 되자, 사람들은 자동차를 한 번 보고는 하품만 했다. 운전대 중앙의 기어를 바꾸는 버튼이나, 속도가 바뀔 때 색이 변하는 속도계 같은 혁신에는 아무도 관심을 보이지 않았다. 에드셀의 대실패는 자동차 업계의 허점을 보여주는 사건이었다. 설문 조사 결과 젊고 전도유망한 미국 남성들은 자기 세대에 맞는 스포티한 세단을 원했다. 하지만 설문 조사를 한다고 사람들이 진짜 원하는 것이 무엇인지 알아낼 수 있는 건 아니었다. 그래서 에드셀의 디자이너들은 이미 알던 상식에 상상력을 동원하여 실제로 구현 가능한 구체적인 기능으로 둔갑시켰다.

이럴 때 1950년대에 아직 성공 가도를 오르고 있던 헨리 드레이퍼스 같은 디자이너들이 뛰어들어 기업과 사용자 사이의 접점을 알아냈어야 한다. 하지만 당시는 이런 디자이너들조차 개인의 직관 말고는 이를 알아낼 만한 구체적인 업무 프로세스가 없었다. 그래서 풀리지 않는 의문은 계속 이어졌다. 무엇을, 누구를 위해, 왜 발명해야 하는지 혜안과 천재성이 없이도 알 방법이 없을까? '공감'은 디자인 과정의 심장 역할이면서도 늘 모호하고 독특한 존재로서, 아직은 산업에 맞게 정리되기 전이었다. 누구나 이해하고 모방하고 적용할 프로세스가 없었다.

디자인 싱킹과 사용자 중심 디자인, 사용자 경험은 모두 산업화된 공감 능력의 다양한 얼굴이다. 이런 디자인 프로세스가 있기에 미래의 혁신 주체들이 다른 사람의 삶을 깊이 이해할 수 있었고, 우리 주변의 수많은 제품이 탄생했다. 일례로 지난 10년간 구글이 소개한 지메일의 수많은 기능 조합이나 TV 보던 사람들이 '방금 뭐라고 했지?'라고 묻는 행동을 보고 티보TiVo의 디자인 연구원들이 개발했다는 DVR(디지털영상저장장치-옮긴이)의 2초 되감기 버튼이 있다. 우리가 일상 속에서 흔히 접하는 똘똘한 물건들도 이런 프로세스에 힘입어 탄생했다. 예를 들어 아이들이 사용하는 통통하고 말랑말랑한 손잡이 달린 칫솔은 어린이가 부모와 달리 칫솔을 손가락으로 잡지 않는다는 디자이너의 관찰에서 나왔다.

산업화된 공감 능력은 혁신 지망생들이 각자의 주관에 갇혀 있기 때문에 거기서 빠져나와야 한다는 생각에서 싹텄다. 뜻은 가상하지만 판단이 틀렸던 에드셀 개발자들이나 모든 사람이 자기와 똑같다고 철석같이 믿는 호머처럼 될 수 있기 때문이다. 이런 패러다임 변화가 처음부터 한 번에 완성되지는 않았다. 이 변화는 1950년대 적색공포Red Scare(대대적인 반공 운동-옮긴이)와 1960년대 대항문화의 산물이자, 우리의 가장 큰 적은 바로 우리 자신이라는 두려움에서 나왔다. IDEO와 경쟁사 프로그 디자인, 스마트 디자인처럼 사용자를 이해하는 방법을 새롭게 정의한 디자인 회사들이 이러한 영향을 받아 설립되었다. 이 시대는 공학과 디자인의 역사에 다른 시대 못지않게 큰 영향을 끼쳤다. 이 시대가 주목을 받지 못했던 것은 기술적 혁신의 시대가 아니었기 때문이다. 오히려 감성적인 혁신의 시대였다.

*

한국전쟁이 한창인 1952년에 밥 매킴Bob McKim은 스탠퍼드대학교에서 기계공학 학위를 받고 졸업했다. 평생 반전주의자였던 그는 다행히 로렌스 리버모어 국립연구소에서 일하게 되어 전쟁터를 피할 수 있었다.[3] 처음에 원자폭탄을 보호하는 보관함 디자인 임무를 맡았는데, 그는 이 임무가 역겨웠다. 그래서 양심적 병역 거부자로 등록한 다음, 수소융합 최고 보안 단계의 실험 장비를 디자인하는 임무로 전환했다. 복무 기간이 겨우 끝나자 매킴은 뉴욕의 미술전문대학인 프랫 인스티튜트에서 산업디자인을 공부한 다음 미국에서 가장 이름난 산업디자인 회사 한 곳에 취업했다.[4] "로위는 터무니없을 정도로 외형 장식에 치중했습니다. 그저 겉모습만 중요시했죠. 나는 티그를 무척 좋아했어요. 하지만 가장 세련되고 지적인 디자이너는 단연 드레이퍼스였죠." 이제는 아흔 살이 된 매킴이 은퇴 후 줄곧 청동 누드 조각 작업을 해온 캘리포니아 산타크루즈의 뒷마당 작업실에서 차를 마시며 이야기해 주었다. 매킴은 은퇴 후 튜바도 시작했다. "튜바를 연주하려면 폐활량을 계속 높게 유지해야 해요." 매킴이 설명했다.

드레이퍼스는 그때쯤 디자이너로서 정점에 있었다. 뉴욕의 파리극장 바로 위에 자리 잡은 호화로운 사무실은 드레이퍼스의 플라자 호텔 아파트와 대각선으로 마주보면서 로마 신화 속 풍요의 여신 포

사람들이 바라는 것은 무엇인가

모나의 청동 조각으로 유명한 퓰리처 분수를 내려다보고 있었다. 매킴은 드레이퍼스가 메이시스 백화점에서 가정용품의 겉모습만 예쁘게 꾸미는 일자리를 거절한 뒤 줄곧 주장해 왔던 이상에 매료되었다. 드레이퍼스는 디자이너가 실제로 가치 있는 대상을 만들어내려면 그 사물의 제조 방식에 통달해야 한다고 설파했었다. 매킴은 기기의 외형에서 이미 내부의 작동 방식이 드러나고, 그 결과 사람들이 디자인만 봐도 제품의 이야기를 이해할 수 있기를 늘 바랐다.

하지만 드레이퍼스와 일하고 얼마 지나지 않아 매킴은 자기 상사의 디자인 철학이 겉치장처럼 보였다. 비록 동시대 디자이너들과는 다르게 이야기했지만, 일하는 방식은 비슷했다. 디자이너들은 제조 과정과 전혀 가깝지 않았다. 심지어 시간당 임금이 너무 높았기 때문에 시제품도 스스로 만들 수 없었고, 설계도를 모형 제작자에게 보내야 했다. 그의 눈에는 드레이퍼스도 남과 다를 바 없이 다른 누군가가 발명한 물건에 아름다운 껍질을 씌워주는 역할로 강등된 것 같았다.[5] 그래서 그는 1년 후 일을 그만두고 아내와 함께 서부로 이사해 잡다한 일을 전전하며 생계를 이어가는 한편, 스탠퍼드대학교에서 강의를 더 들을지 생각해 보고 있었다. 캠퍼스를 둘러본 그는 창의력을 일깨우는 주제의 강의 전단지를 발견했다. 몇 달 전 스탠퍼드대학교에 막 부임한 존 아널드John Arnold의 강의였다. 매킴은 강의에 대해 더 알아보고자 아널드를 찾아갔다. 아널드는 오히려 매킴도 함께 학생들을 가르칠 수 있을지 물었다.

두 사람은 서로 적기에 만났다. 매킴이 드레이퍼스의 디자인 회사에서 환상이 깨져갈 때 아널드는 학생들이 명석한 데서 그치지 않고 독창성을 기르도록 가르칠 방안을 찾고 있었다. 이 탐색은 1951년 봄, 아널드가 MIT의 공학 전공 학생들 앞에 서서 다른 행성에 있는 외계 인종의 삶을 상상하라는 과제를 주면서 시작되었다. "지금은 2951년 이다. 우주 교통이 발달해 있고 우리 은하계 내에서는 무역이 활발하게 이루어지고 있다." 아널드가 학생들에게 설명했다. 테란 무역회사는 은하계에서 교역국을 찾아다니다가 33광년 떨어진 아르크투루스Ⅳ라는 행성에서 메타니아 종족을 찾았다.[6] 이 메타니아족이 사고 싶을 만한 걸 만드는 것이 과제의 목표였다.

아널드는 학생들이 자신의 일상과 전혀 다른 삶이 어떨지 상상할 수밖에 없도록 메타니아족의 한계점을 정교하게 설정했다. ("오늘날 보통의 테란 기업 디자이너가 과연 인간의 한계에 대해 그 정도로 고민할까?" 아널드가 의문을 던졌다.) 아르크투루스Ⅳ 행성은 소비자 욕구의 미개척지로서, 새로운 발명을 꽃피울 만한 곳이었다. 주민들은 친근하고 순수했지만, 이곳의 기술은 19세기 지구 수준이었다. 그 행성은 우리 같은 핵무기 시대에 가장 귀중한 자원인 우라늄과 플래티넘의 보고였다. 하지만 주민들에게 필요한 것은 우리와 매우 달랐다. 메타니아족은 인간과 비슷했지만 달걀형 몸매에 키는 크고 말라 흐느적거렸다. 이들은 몸이 연약하고 유난히 느릿느릿 움직였다.[7]

학기가 지나갈수록 학생들 사이에서는 알에서 태어나는 메타니아족이 알 모양 자동차를 저속하다고 여길지, 반사 신경이 둔한 메타니아족이 신기술의 발전 속도에 적응해야 하는 방향이 정말 옳은지 토론이 활발해졌다.[8] 학생들은 독창적인 것들을 발명했다. 이를테면 동작이 느린 메타니아족이 다치지 않도록 두 손으로 조작해야

사람들이 바라는 것은 무엇인가

켜지는 드릴, 자동차로 모퉁이를 돌 때 운전자들이 엉성한 팔다리로 힘을 주어 몸을 지지하지 않아도 되도록 흡착하는 자동차 의자였다.9 그럼에도 격식을 중시하는 뻣뻣한 동료 교수들은 아널드의 수업을 MIT 학위 취득에 필요한 진정한 공부에서 벗어난 오락거리 정도로 생각했다.10 물론 아널드는 생각이 달랐다. 큰 키에 평범한 얼굴과 벗겨지기 시작한 머리로 전혀 인상에 남지 않는 외모의 아널드는 급진적인 감수성을 지녔다. 매킴은 그 시절 아널드가 성큼성큼 걸을 때면, 심지어 러키 스트라이크를 물고 줄담배를 피워댈 때조차 아널드의 걸음을 따라잡기 위해 뛰다시피 했다고 회상했다. 아널드의 세미나 수업 학생들은 회의 책상에 모두 둘러앉아 있을 때에도 왠지 책상이 아널드 쪽으로 기우는 것처럼 보여 학생들이 모두 올려다보아야 했다고 말하곤 했다. 아널드는 독특한 강의로 다음 세대가 집단 사고에 순응하지 않도록 예방주사를 놓고자 했다.

지나친 순응의 위험성은 윌리엄 화이트William Whyte가 〈포춘〉에서 연재 기사로 깔끔하게 정리했다. 그는 연재물에서 '집단 사고'와 '조직 순응자(먼지 한 톨 없는 회색 정장을 입고 매일 아침 큰 회색 기업으로 향하며, 다른 회색 정장들 사이에서 튀지 않으려는 것 외에 특별히 가치관도 없는 사람)' 때문에 미국의 개인주의가 서서히 위협받고 있다고 주장했다.11 미국과 러시아가 핵전쟁에 빠질 수 있다는 공포가 점점 커지는 가운데, 그는 공산주의 체제에 대한 깊은 두려움을 이야기하고 있었다. 위험이 해외보다 오히려 국내에 도사리고 있다는 인식이었다.

아널드도 화이트의 주장에 매료된 수많은 지식인 중 하나였다. '창의적인 제품 디자인'이라는 선언문에서 밝혔듯이, "용기 있는 사람은 옳다고 믿는 일을 위해 두려움 없이 싸우려 하며, 위험 가운데에도 머리를 내밀어 모험에 도전하고, 변화를 일으킬 수 있는 일에는 변화를 주려 한다. 이런 사람의 가장 큰 특징은 예측력이다."[12] 하지만 이 세상에 앞으로 필요할 것들을 예측할 수 있도록 가르치려면, 학생들의 선입관을 완전히 깨뜨릴 수밖에 없었다. 존 아널드의 책 《창의적 공학Creative Engineering》 최신판에 윌리엄 클랜시William Clancey가 새로 쓴 서문에서는 아널드의 주장을 이렇게 요약했다. "우리가 앞을 보지 못하고 새로운 생각을 하지 못하는 이유는 첫째, 우리의 문화적 환경, 둘째, 우리의 동료들, 셋째, 우리의 행동과 관점·말투·주변을 대하는 태도에 스민 규범 때문이다."[13] 아널드는 우리의 사고를 자유롭게 할 도구를 새로 찾고 있었다. 그의 생각은 즉시 주목을 끌었다. 아르크투루스IV 강의 덕분에 그는 잡지 〈라이프Life〉의 표지 모델이 되었는데, 표지 사진에서도 강의 자료로 사용하던 메타니아족의 세 손가락 달린 손을 옆에 놓고 섰다. 하지만 순응에 대해 걱정한 최악의 상황은 결국 현실이 되었다. MIT의 고위 교수진은 언론의 관심이 학교의 격에 맞지 않는다고 투덜댔다.

이런 수군거림에 신물이 난 아널드는 1957년에 스탠퍼드대학교 공학부로 떠났다. 이곳은 학생을 키우고자 하는 목표가 달랐다. 아직 실리콘밸리는 존재하지 않았지만, 공과대학 학장은 졸업생들이 이제 막 떠오르는 반도체 산업 내에서 자기 사업을 시작하도록 독려함으로써 실리콘밸리의 씨앗을 심고 있었다. 창업가 정신은 결국 급성장하던 대항문화의 영향을 받았고, 이 두 세력은 아널드의 급진주의에도 자양분이 되었다. 하지만 스탠퍼드에서 '디자인 철학'과 '질문하는

사람들이 바라는 것은 무엇인가

방법'과 같은 제품 디자인에 관련된 교과목을 처음으로 만들자마자, 존 아널드는 이탈리아에서 휴가를 보내다가 심장마비로 숨졌다.

이제 매킴은 아널드가 채용한 첫 교수 중 하나로서 막 성장하기 시작한 제품 디자인 과정을 이끄는 역할을 맡게 되었다. 매킴은 창의력을 일깨우는 방법들을 찾아 나섰다. 더글러스 엥겔바트 등 현대 컴퓨터공학의 개척자들도 뛰어들었던 실험에 참여해 메스칼린mesca-line(환각 작용이 있는 약물-옮긴이)도 투여해 보았다. 대안 교육기관인 에솔렌 인스티튜트에도 들렀는데, 이곳은 오늘날에는 드라마 〈매드 맨Mad Men〉에서 도널드 드레이퍼가 마지막 깨달음을 얻는 장면의 배경으로 가장 잘 알려져 있다. 에솔렌 인스티튜트는 당시 설립된 지 얼마 안 된 곳이었는데, 설립자인 스탠퍼드 졸업생 두 사람 중 하나가 상속받은 캘리포니아 빅서 지역의 경치가 수려한 해안가 부지에 있었다. (두 졸업생이 자리 잡기 전에 이곳 온천은 주말마다 동성애자들이 파티를 여는 장소로 유명했다. 작가이자 언론인인 헌터 S. 톰프슨이 총을 들고 야간 경비를 서기도 했다.) 에솔렌 인스티튜트의 설립 목적은 존 아널드가 그토록 집착했던 혁신의 정신과 통했다. 매킴은 이렇게 이야기했다. "우리는 그 시절, 순응을 없애면 어떻게 되는지 찾고 있었습니다. 보통은 두려움 때문에 순응하게 되거든요. 순응을 없애면 인간의 잠재력이 어떤 모습을 띠게 될까? 두려움을 없앤다면 창의력이 꽃필까?"[14]

매킴은 어쩌면 낮이면 피켓을 들고 시위에 참여하고 밤이면 공학과 건물에 잠입해 베트남 전쟁을 방조한다고 생각하는 물건들을 깨부수는 학생들이 측은했는지도 모른다. 하지만 그도 아널드처럼 진정한 적은 외부가 아니라 내부에 있다고 믿었다. 에솔렌 인스티튜트에 다녀온 직후, 그는 동료들에게 같은 일도 새로운 방식으로 해보라고 설득하고, 열두서너 명 정도가 둘러앉은 뒤 중앙에 한 명을 앉히고 다른 사람들이 가운데 사람에 대한 느낌을 표현하는 집단 상담을 열기도 했다. 새로운 시도는 무시무시할 때도 있었고, 상담 중에 한 학생이 여자친구를 바닥에 쓰러뜨리고 질질 끌고 간 적도 있었다. 이럴 때면 사람들의 본성이 무엇인지 생각하게 되기도 했다. 1960년대 내내 그는 가장 뛰어난 학생들은 과연 무엇이 다른지 곱씹어 보기 시작했다. 왜 어떤 과제는 빛나는 반면 다른 과제는 표류할까? 강단에 선 10년을 찬찬히 돌아보니, 가장 뛰어난 학생들은 문제 해결이 아니라 문제 발견에 창의력을 발휘하고 있었다.

매킴이 가르친 '필요 발견하기' 과목에서 가장 탁월한 학생은 데이비드 켈리David Kelley였다. 그는 집에서 혼자 끝낼 수 있는 성병 진단 아이디어(수치심도 없애고 건강도 챙기는)를 낸 뒤 직접 병원에 찾아가 의사와 간호사들에게 의견을 물어본 경험을 발표했다. 병원 의료진은 그저 비웃으며, 진단 오류가 발생하면 문제가 얼마나 많아질지 지적했다. 아하! 하나 배웠다. 해결안을 생각할 때는 문제의 규모에 맞아야 한다. 그래도 의사 한 명은 켈리를 데리고 지하실을 안내해 주며 바닥에서 천장까지, 벽 한쪽 끝에서 반대쪽 끝까지 환자 기록 파일이 가득 쌓인 모습을 보여주었다. "실제로 심각한 문제를 해결하고 싶다면 이리로 오게. 우리가 환자 기록 하나라도 잘못 분류한다면, 아마 다시는 못 찾을 걸세." 의사가 말해주었다. "그때 깨달았어요. 사람들과 대화 나누는 것도 창의적인 행위라고. 나는 사람들의 필요 사항을 실제로 느껴봐야 했어요."[15] 켈리가 설명했다. 켈리에게 성공의 핵심이 무엇이었냐고 물으면 매킴 덕분이라고 답히며, 늘 흥미로운 해결안을 찾기보다 흥미로운 문제를 찾으려 애써야 한다고 강조하던 그의 가르침 덕분이라고 꼽는다.

켈리는 독창적인 환자 기록 정리 시스템을 제안한 뒤 점차 20세기의 가장 영향력 있는 디자이너로 성장한다. 애플의 첫 마우스 디자인에 핵심 역할을 하기도 했지만, 그의 영향력은 디자인한 물건들 때문만이 아니었다. 그보다는 1978년 졸업 직후 설립한 디자인 회사 때문이었다. 이 회사는 점차 진화해 1991년에는 현재 IDEO의 모습을 갖췄다. IDEO야말로 어느 기업보다도 적극적으로 공감 능력을 산업화해 전 세계 중역 회의실마다 널리 퍼뜨린 주인공이다. IDEO의 노력과 헌신은 실제로 효과를 발휘하고 있다. 2018년 컨설팅 기업 맥킨지앤드컴퍼니는 공개 기업 300군데에서 경영진의 의사 결정을 10만 건 넘게 분석했다. 그 결과를 보면, 디자인 싱킹 업무 프로세스를 활성화한 기업은 5년 동안 수익이 다른 기업들보다 32퍼센트 높았고, 주주 수익 역시 56퍼센트 높았다.[16] 버지니아주립대학교 교수 진 리드카Jeanne Liedtka는 별도로 7년 동안 50개의 프로젝트를 상세히 연구해 오다가 2018년에 맥킨지와 비슷한 발견을 했다. 하지만 리드카는 그 원인을 좀 더 상세히 분석할 수 있었다. 리드카가 내린 결론은 존 아널드가 추구하던 방향과 맥이 같다. "지금쯤은 대부분의 최고경영진이 디자인 싱킹 업무 방식을 시도해 보았거나 적어도 들어는 보았을 겁니다. 예를 들어 에스노그래피ethnographic research(직접 활동에 참여하면서 사람들의 행동을 관찰하는 조사 방법으로, 인류학의 민족지학적 조사에서 유래해 디자인, 상품기획 등 다양한 분야에서 활용된다-옮긴이), 문제

재정의와 실험의 중요성, 팀 구성원의 다양성 확보 등이죠. 하지만 사람들이 아직 모르는 측면이 있습니다. 우리 상상력이 힘을 발휘하지 못하도록 계속 방해하는 장애물, 즉 인간으로서의 편향(예를 들어 현상 유지 본능)이나 특정한 행동 규범에 대한 집착('이게 우리가 늘 하는 방식이야')이 있는데, 디자인 싱킹이 이런 장애를 극복하도록 정교하고 섬세한 방식으로 돕는다는 사실이에요."[17] 오늘날 우리는 IBM부터 핀란드 정부까지 다양한 조직에서 디자인 싱킹과 산업화된 공감 능력을 활용하는 모습을 볼 수 있다. IBM은 세계에서 디자이너를 가장 많이 보유한 기업이 되겠다고 선언했고, 핀란드 정부는 보육부터 복지까지 모든 정책 프로그램을 처음부터 다시 만드는 데 디자인 방법론을 적용했다.

존 아널드가 아르크투루스IV 행성에 대한 강의에서 명확히 설명했듯이, 개인의 경험이 오히려 시야를 가릴 수 있다. 그래서 아널드는 우리 정신이 한계를 뛰어넘어 각자의 편견을 깨고 자유로울 수 있는 여러 방법을 찾아 나섰다. 밥 매킴은 정신이 자유로워지려면 세상을 있는 그대로 보고 다른 사람에게 무엇이 필요한지 직접 느껴야 한다고 믿게 되었다. 이런 생각은 아널드와 매킴의 뉴에이지(현대 서구적 가치의 대안으로 개인주의와 영성을 강조한 문화 또는 시대정신-옮긴이)식 이상향을 산업의 리듬에 맞춰 재구성하고, 경쟁자에게 혁신에서 밀릴까 늘 두려워하는 현대 기업들의 불안한 마음에 맞게 조율할 수 있는 새로운 프로세스를 정립하고 나서야 널리 퍼졌다. 이런 프로세스 정립은 전적으로 IDEO의 성과이며, 데이비드 켈리는 가장 열정적인 판매원 같았다. 하지만 IDEO가 지향하는 방향에 생명을 불어넣은 인물은 제인 풀턴 수리Jane Fulton Suri였다. 풀턴 수리의 핵심 역할은 디자인 종사자들도 간과해 왔다. 개별 디자인이 아니라 디자인을 이끄는 정신을 수립했기 때문이다.

✻

풀턴 수리는 대학을 졸업하자마자 영국의 공안성office of public safety, OPS에 취업해, 첫 업무로 여왕님의 수많은 백성이 잔디깎이에 손과 팔을 다치는 원인을 조사했다. 당시 영국 정부는 방대한 양의 사고 기록을 보관하고 있었지만, 그가 상자처럼 생긴 소형 컴퓨터 앞에 앉아 깜빡이는 초록 글씨를 자세히 읽어봐도 가치 있는 정보는 없었다. "잔디깎이에 발을 베이다." 이것만 보고서는 실제로 무슨 일이 일어났는지 알 수 없었다.[18]

당시에 기계의 사용성 연구는 만에 하나 실제로 수행하더라도, 주로 연구실에서 사용자들에게 잔디깎이를 켜고 밀어보라고 요청하는 식이었다. 하지만 풀턴 수리는 실제로 무슨 일이 일어났는지 알아보려면 일단 이 모든 사람들과 이야기를 나눠야 한다는 것을 깨달았고, 사람들에게 다가갔다. 그녀가 설명했다. "물론 연구실 밖이라고 해서 진짜 정글은 아니었죠. 하지만 충격적이긴 했어요." 어떤 면에서 그녀는 이 일을 평생 준비해 오기도 했다. 그녀는 어린 시절 호랑이 가면을 가지고 있었는데, 종종 가면이 밖에서 보이는 모습과 안쪽에서의 느낌이 어떻게 다른지 골똘히 고민했다고 회상했다. 나중에 디자인 연구자가 될 성격이 이런 식으로 형성된 것이다. 한번은 형제

자매들과 콘월 지방의 멋들어진 황갈색 해변을 찾아가 캠핑을 하려고 동네 농부들을 설득하기도 했다. 평소에 수줍음이 많은 아이였지만, 그날은 먼저 나서서 농부들이 관심 있는 주제에 대해 묻고 이야기(예를 들어 대회에서 상을 받은 소나 골칫덩이 트랙터에 대해)를 들어주었다. 그러자 아이들이 물어보기도 전에 농부들이 먼저 나서서 캠핑 자리를 제공해 주었고, 이 일이 그녀의 마음에 남았다. 그녀는 이때 사람들은 몰랐던 사실을 기꺼이 드러내 보인다는 것을 깨달았다. 일단 물어보면 되었다. 하지만 나서서 묻는 일은 말처럼 쉽지 않았고, 범상치 않은 특별한 용기가 필요했다. 이제는 자그마한 체구에 예의 바르고 여전히 수줍음 많은 성인이 된 그녀는 다시 사람들의 현관 앞에 찾아가 정부의 안전 기관에서 왔다고 설명하고, 부드러운 말투로 상대방의 인생에서 가장 끔찍했던 순간을 꺼내 들려달라고 요청하게 되었다.

인터뷰한 사람들이 들려준 이야기는 대충 이랬다. 잔디깎이에 끼어버린 칼날을 빼려고 손을 뻗으면서 반대 손을 잔디깎이에 기대 균형을 잡으려다가, 실수로 칼날을 작동시키는 레버를 꽉 움켜잡아 버렸다. 잔디깎이를 직접 보여주기도 했는데, 어떤 것은 손잡이에 기둥이 붙어 있어 마치 진공청소기 같았다. 진공청소기처럼 생겼으니 사람들은 자연스레 진공청소기처럼 사용했다. 따라서 마당을 직선으로 걸어 다니는 대신 기계를 진공청소기처럼 잔디 위에서 앞으로, 뒤로, 또 앞으로, 뒤로 밀며 사용했다. 기계를 밀었다 당겼다 하다가 사고로 발톱을 쓸고 지나가 버리기도 했다. 이런 경험담을 듣고 풀턴수리는 사물을 디자인하는 방식만 가지고도 잘못된 정보를 끝도 없

사람들이 바라는 것은 무엇인가

이 전달할 수 있음을 깨달았다. 이 세품들은 모두 어떤 언어로 말하고 있었지만, 어느 누구도 알아들을 수 없는 언어였다. 어떤 남성은 체인톱을 사용하던 중 손잡이라고 생각한 곳을 움켜잡았다가 손이 잘릴 뻔하고 나서야, 손잡이라고 생각한 곳이 사실은 절대로 잡아서는 안 되는 부분이란 사실을 알게 되었다. 이 부분은 *칼날막*이었다.

물론 풀턴 수리가 특별히 디자인에 대해 새로운 생각이나 사상을 도출하고 있었던 것은 아니다. 헨리 드레이퍼스와 윌리엄 도윈 티그는 디자이너로 일한 기간 내내 제품 형상에 따른 기호학을 고객들에게 설파했다. 외관에 드러나는 은근하고 교묘한 문화적 암시나 정교한 형상, 무늬가 있기에 부엌 용품이 부엌용처럼 보이고 새로운 진공청소기가 경쟁 제품에 비해 조금 더 사용하기 쉬워지는 원리였다. 폴 피츠 역시 조종사가 절대로 이해할 수 없는 조작 장치 때문에 발생한 항공기 사고가 '사용자 과실'이라는 성명 발표 하나로 끝나는 현상을 수없이 포착했다. 하지만 풀턴 수리는 관점이 조금 달랐고, 컴퓨터가 우리 일상으로 조금씩 침투하는 시대에 어떤 일이 일어날지 불길한 예감이 들었다. 처음에는 잔디깎이, 나중에는 컴퓨터처럼 한때 전문가층만 사용하던 특화된 제품이 일반 소비자 시장에 도착했을 때의 광경이 어떨지 뻔히 보였다. 보통 전문가들은 기술도 잘 알고, 교육도 많이 받고, 해당 도구가 무엇이며 어떻게 작동하는지 지식도 충분했다. 하지만 풀턴 수리가 보기에 보통 사람들은 자기 집이라는 편안하고 자신 있는 영역에 있을 때, 전문가와는 딴판이었다. 이들은 설명서대로 따르지 않았다. 눈앞의 작업을 하면서도 딴생각을 했다. 이 도구들이 어떻게 작동할지 멋대로 선입관을 형성했다.

문득 깨달음이 온 건 정부 지침으로 잔디깎이 외에도 체인톱과 재단기 조사 결과를 만들고 있을 때였다. 이 지침 중 하나라도 실제로 현실 세계에 반영되려면 오랜 세월이 걸릴 테고, 그동안에도 수많은 시민이 햇볕에 그을린 손을 잘릴 터였다. 이런 제품을 처음 디자인할 때 그 자리에 있어야겠다는 생각이 들었다. 그러면 엔지니어들에게 체인톱 색을 어린이 장난감처럼 알록달록하게 칠하지 말라고, 그래야 어린이들이 잘못 집어 들지 않는다고 알려줄 수 있었다. 하지만 아무리 그 대열에 합류하고 싶어도, 풀턴 수리가 연락한 디자인 회사 중에 관심을 보이는 회사는 한 곳도 없었다. 그녀는 이렇게 설명했다. "당시에는 디자인팀에 나 같은 사람은 없었거든요. 그리고 아마 내가 별로 매력적이지 않았을 거예요. 당시 디자이너들이 끙끙대는 고민거리가 무엇이었든지 내가 그 자리에서 묘안이나 해답을 주진 못했거든요."

물론 기회가 없지는 않았다. 드레이퍼스도 사용자들을 이해하려고 얼마나 노력하는지 의기양양하게 말하며, 아이오와 수시티에 있던 RKO 극장에서 사람을 관찰한 후 농부들이 화려한 레드카펫을 더럽힐까 봐 들어오지 않는다는 직관을 발휘한 사례를 자랑하곤 했다. 티그 역시 이에 뒤질세라, 언젠가 트럭 운전석 디자인을 제대로 이해하기 위해 디자이너들이 직접 운송 트럭에 타고 국토를 횡단했다고 자랑했다. 하지만 양쪽 모두 자신의 직업의식을 체계적인 프로세스로 구성하지 못했다. 두 사람 모두 디자인을 개인 통찰력의 산물이라고 여겼기 때문이다. 비록 드레이퍼스가 인간의 치수를 조와 조지핀이라는 그림으로 명시했지만, 그도 티그도 자신의 독창적인 디자

사람들이 바라는 것은 무엇인가

인이 나오기까지 사고가 어떻게 전개되었는지 체계화할 생각까지는 하지 못했다. 이들은 타인의 문제에 몰입하는 행위를 공감이 아닌 독창성이라고 생각했다. 아널드가 디자인 교육에서 새로운 시도를 해보기 전 수십 년 동안은 독창성을 가르친다는 개념이 매우 생소했다.

1970년대에는 이미 디자인 회사 수십 군데가 우후죽순처럼 생겼고, 이들은 티그와 드레이퍼스가 누린 성공의 몇 분의 일만 이룰 수 있다면 높은 이상쯤은 기꺼이 통째로 내다버릴 태세였다. 따라서 그 후 20년 동안 업계가 성장해갈수록 마치 최소공약수처럼 가장 낮은 수준이 업계를 지배했다. 1980년대에는 디자이너가 수천 명 더 늘어나 점점 더 적은 임금을 받고 일했고, '디자인'을 제대로 정의하는 일에 대한 투자는 점점 줄었다. 잘 알려진 스마트 디자인을 훗날 공동 설립한 댄 포모사는 다음과 같이 회상했다. "내가 대학을 졸업했을 때는 디자인을 아침에 시작해서 저녁 전에 끝내는 회사도 있었습니다. 그저 들랑날랑하며 겉을 그럴싸하게 꾸며주는 꼴이었지요."[19] 흔히, 정상급 디자이너들도 이미 완성된 제품에 예쁜 겉껍질을 씌워달라는 의뢰를 받기도 했는데, 밥 매킴이 드레이퍼스의 회사에서 잠시 근무할 때도 이런 일을 경험했다. 따라서 디자인 업계가 독창성을 내세워 처음 궤도에 올랐다면, 업계를 계속 굴러가게 하는 역할은 스타일링이었다.

하지만 포모사를 비롯한 디자이너들은 새로운 기회가 열리는 조짐도 느꼈다. 1920년대 디자인 분야의 태동기부터 항상 두 가지 생각의 흐름이 대립해 왔다. 한쪽에는 사람들이 직면한 문제를 해결해주어 이들의 삶을 개선한다는 이상이 있었다. 다른 한쪽에는 소비자의 욕망을 부추겨 자본주의를 살찌우려는 동력이 있었다. 한쪽은 상업 활동이 곧 사회 발전이라는 믿음이었고, 다른 한쪽은 소비자의 환심만 사면 소비 욕구를 부추길 수 있다는 희망이었다. 1980년대에는 저울이 뒤쪽으로 기울어 있었다. 하지만 새로운 세대와 새로운 기회 덕분에 다시 저울이 앞쪽으로 돌아오려는 순간이 왔다. 반도체 산업의 폭발적 성장 때문에 새로운 기기의 물결이 1950년대 이후 최대 규모로 전개되었다. IDEO와 스마트, 프로그처럼 세계에서 가장 영향력 있는 디자인 회사들 대부분이 실리콘밸리 프로젝트로 명성을 쌓은 것도 그 때문이다. 실리콘밸리야말로 자아의 발견을 주장하는 뉴에이지의 이상을 최신식 인간 중심 디자인 프로세스와 결합한 곳이었다. 새로운 프로세스와 결과물은 나란히 반도체의 물결을 타고 전 세계로 퍼졌고, 사물의 외형보다 경험이 중요하다는 새로운 디자인 감수성을 열었다.

＊

영국에서 일자리를 구할 때 냉랭한 무관심만 돌아오자, 실망한 풀턴 수리는 남자친구가 박사과정을 밟고 있던 버클리대학교로 떠났다. 그곳에서 아는 친구의 소개로 당시 자그마한 디자인 회사를 운영하던 빌 모그리지Bill Moggridge를 만났다. 모그리지도 영국에서 이주한 사람으로 키 크고 도회적인 모습이었고, 다방면에 박식해 처음에는 의료 장비 디자인으로 디자인계에 입문했지만 타이포그래피도 평생 공부해 조예가 깊었다. 이미 역사에 남을 일을 하고 있다고 주장해도 될 정도였는데, 세계 최초의 노트북이자 이후 거의 20년 동안 미국 우주왕복선의 표준 장비가 된 그리드 컴퍼스GRiD Compass를 디자인했다. 그런데도 모그리지는 그리드 컴퍼스가 얼마나 실망스러웠는지 조용한 목소리로 이야기하곤 했다.

처음 일에 착수할 때, 모그리지는 그런 제품이 가능하기나 할지, 컴퓨터가 정말 갖고 싶을 정도로 휴대성을 갖출 수 있을지 궁금해했다. 가능성을 타진해 보기 위해 모그리지는 컴퓨터의 필수 부품인 하드디스크 드라이브와 플로피디스크 드라이브, 프로세서, 화면을 모두 끌어모아 서류가방에 넣은 다음 하루 종일 들고 돌아다녀 보았다. 무겁긴 했지만 가능해 보였다. 관건은 단순히 가볍게만 만드는 것이 아니라, 화면이 자리를 많이 차지하는 것을 극복하고 제품을 작게 만드는 일이었다. 어쩌면 서류가방에서 영감을 얻었는지, 모그리지는 지금은 누구에게나 친숙한, 조개껍질처럼 뚜껑을 여닫는 형태를 생각해 냈다. 이 디자인이 탁월한 이유는 사용자가 보는 각도를 조절할 수 있으면서도 화면을 보호할 수 있는 구조 때문이었다. 하지만 세부 디자인을 다듬기 시작한 단계에서 실제로 작동하는 시제품 뚜껑을 처음 열어본 순간, 모그리지는 충격에 휩싸였다. 자신이 지금껏 해온 작업이 얼마나 의미 없었는지 훤히 보였기 때문이다.[20] 제품 속 소프트웨어가 엉망이었다. 이해하기 어렵고, 도저히 사용할 수 없고, 설명할 수도 없었다. 이때 모그리지는 소프트웨어를 노트북 제품과 따로 떼서 생각할 수 없다고 느꼈다. 전부 하나로 통합된 경험이자, 상호작용으로 얽힌 거대한 그물망이었다.[21]

모그리지와 만난 풀턴 수리는 그동안 해온 일을 슬라이드로 보여주었다. 사람들이 각자 당한 사고를 재연하는 사진, 그리고 오토바이 전조등과 전동 공구, 기차역 1인 회전문 개선안 등이었다. 모그리지는 자기 차례가 되자 디자인에 사용하는 도표들을 보여주었다. 드레이퍼스가 만든 조와 조지핀 그림이었다. 밝고 널찍한 IDEO 샌프란시스코 사무실에서 나와 담소를 나누던 풀턴 수리는 이렇게 이야기를 이어갔다. "모그리지는 그때 컴퓨터 디자인에 드레이퍼스 그림을 다양하게 활용하고 있었습니다. 하지만 내가 보기에는 이 그림들이 전부 실패였어요. 왜냐하면 사람들의 자세와 사용 모습을 그릴 때 사람들의 행태를 일정하게 규정해 버렸거든요. 나는 이 세상이 실제로 어떻게 돌아가는지에 관심이 갔어요. 실제로는 저렇게 앉지 않고 다리를 꼬거나 발을 위로 올리잖아요. 사람들이 물건을 사용했어야 하는 방식과 실제로 사용하는 방식이 다르다는 것을 내 눈으로 직접 봤으니까요." 이야기를 마치자 모그리지가 물었다. "그래서 이제 어떻게 하면 좋을까요?" 깜짝 놀란 풀턴 수리는 자기도 모르게 불쑥 내뱉었다. "여기서 일하게 해주시면 좋겠어요!" 그래서 모그리지는 일자리를 제안했다. 나중에는 종종 함께 일하던 엔지니어 데이비드 켈리와 또 다른 디자이너 마이크 너틀Mike Nuttall과도 연합했다. 1991년에는 이 세 사람이 각자 꾸리던 작은 회사를 합쳤고, 새 회사 이름을 IDEO라고 정했다.

이때쯤에는 실리콘밸리에 개인용 컴퓨터가 등장해 메인프레임 컴퓨터를 몰아내고 새로운 기회를 열었다. 디자인 회사들에는 애플이 가장 크고 중요한 고객이었고, 애플의 디자인을 맡은 회사들은 그후 디자이너라는 직업을 완전히 새롭게 재정의하게 된다. 1980년에 데이비드 켈리와 초창기 IDEO 동료들은 애플의 첫 마우스를 만들었다. 얼마 후 북부 캘리포니아에 사무실을 연 프로그 디자인은 1980년대 애플 컴퓨터의 외장 디자인을 이끌며 10년간 애플 제품을 대표할 '스노화이트' 디자인 언어를 개발했다(뉴욕의 스마트 디자인 역시 한몫을 했다). 하지만 전통적인 산업디자인 의뢰 말고도 새로운 고객에 맞는 골치 아픈 문제가 새로 부상했다. "지금 무엇을 만들지 상상하는 데 그치지 않고, 어떤 모습이 미래에 가장 적합할지 상상하는 것이 무엇보다 큰 어려움이었죠." IDEO의 최고경영자이자 모그리지가 가장 먼저 채용한 디자이너 팀 브라운Tim Brown이 설명했다.

수십 년 전, 드레이퍼스와 동시대 디자이너들은 전 세계 가정을 새로운 제품으로 가득 채운 제조의 물결을 타고 부상했다. 이제 IDEO와 신세대 디자인 회사들은 반도체 혁명을 타고 부상했으며, 완전히 새로운 곳에 각종 화면과 기기를 집어넣는 역할을 맡았다. 때로는 우리 가정의 VCR(비디오 녹화기)과 개인용 컴퓨터였지만, 그보다는 보이지 않는 경제 발전의 장, 이를테면 콜센터와 창고와 사무실이 더 많았다. 소프트웨어의 등장으로 단순한 물건이 수시로 변화하는 물건으로 변신하기도 했지만, 새로운 문제도 발생했다. 브라운은 이렇게 말했다. "당시 우리는 복잡한 제품을 사용하기 쉽게 만드는 데 주력했습니다. 그리고 단순한 제품을 만든다면 미래에 사용할 제품이었죠." 이런 제품도 기억장치가 내장되어 있어 이전 상태와 사용자의 행위를 기억했지만, 기억의 범위는 주로 몇 초 정도에 불과했다. "이때 제품의 중심이 물건에서 이야기로 변화했습니다. 이제는 제품이 더 이상 조각 작품이 아니었죠. 그래서 사람들의 실제 삶에 뛰어

들어야 한다고 생각했어요."

하지만 어떻게 뛰어들 수 있을까? 1990년대에 건축을 전공한 후 컴퓨터 프로그래머가 된 앨런 쿠퍼Alan Cooper는 페르소나persona의 개념을 만들어냈다. 페르소나는 인터뷰 결과를 조합한 이상화된 사용자였다. 디자이너들은 실제로 페르소나와 이들이 필요한 사항과 일상생활을 벽에 붙여놓고, 자신이 도와주려는 그 사람 입장이 되어볼 수 있는 도구로 활용했다. 조와 조지핀처럼 사용자 다수를 대표하는 개념과 비슷한 발상이었다.[22] 모그리지가 풀턴 수리를 처음 고용했을 때 제록스의 의뢰로 프로젝트를 진행 중이었는데, 스토리보드를 꾸미고 스텔라라는 페르소나를 만들어놓은 상태였다. 스텔라는 이미 미래의 상상 속 기기를 사용하고 있었다.

"빌은 '이런 작업을 하려는 건가요?' 라고 물었어요." 풀턴 수리가 회상했다. 당시 풀턴 수리는 난색을 표했다. "말씀드렸지만, 나는 사람들이 *이미* 하고 있는 행동을 보는 게 훨씬 낫다고 생각해요." 그녀는 마음속에서 구성한 생각을 벽에 붙여놓은 채 미래를 머릿속으로 찾아서는 안 된다고 생각했다. **지금 주변의 현상과 있는 그대로의 세상 속 빈틈을 봐야 그 속에 미래가 있다고 믿었다.** 그녀는 정부 연구원 시절 집집마다 찾아가 상해를 입었던 사람들을 만났던 일을 기억하고 있었다. 잔디깎이와 체인톱에서 그렇게 끔찍한 사고가 많이 일어난 이유는 기계를 만들던 부서를 디자인 부서와 서로 다르게 취급했기 때문이었다. 결국 다르다는 건 따로 일한다는 뜻이고, 따로 일한다는 건 늘 누가 승자이고 패자인지를 가리는 긴장감이 흐른다는 뜻이었다. 풀턴 수리는 이렇게 말했다. "디자이너가 아니라고 생각하

사람들이 바라는 것은 무엇인가

는 집단을 만들고 싶지 않았습니다. 나는 이렇게 말했죠. '우리가 성공하면 사람을 더 뽑아도 되지만, 그렇더라도 별도의 부서가 되고 싶지는 않아요.'" 그 대신 회사의 *모든 사람*에게 자신의 사고방식을 가르치겠다고 제안했다.

풀턴 수리가 보니 이전 세대의 디자이너들은 밖에 나가는 것을 그다지 좋아하지 않았다. 예술대학도 대부분 창의적이면서 수줍음 많고 작업대에 종일 가만히 앉아 아름다운 사물을 만들어내는 일에 푹 빠지는 유형을 주로 선발함으로써 이런 경향을 강화하기도 했다. 디자이너들에게 사람들을 자연 그대로 관찰하고 일상의 자잘한 일들을 힘겹게 헤치고 나간다는 생각은 딱 질색이었다. 풀턴 수리의 탁월한 재능은 마치 시인처럼 알아차린다는 것이었다. 아무도 신경 쓰지 않는 자잘한 일이 의미를 드러내기도 하고, 어떤 때는 삶 전체가 드러나기도 했다. 훗날 《무심결에 하는 행동?Thoughtless Acts?》이라는 책으로 출판된 프로젝트는 풀턴 수리가 영국 저소득층 주택단지 보일러실 입구에서 남자아이 둘이 문 위로 뛰어 올라 팔다리를 흐느적거리며 늘어뜨리는 모습을 목격하면서 시작되었다. 희미한 불빛만 비치는 컴컴하고 넓은 지하실에서 아이들은 유일하게 움직이는 사물을 그네로 활용해 거대한 콘크리트의 미로 속에서 소리를 내고 있었다. 어쩌면 아이들은 놀이터가 필요했는지도 모르고, 어쩌면 아이들이 성장할수록 이리저리 바꿀 수 있는 새로운 아파트 단지가 필요했는지도 모른다. 충족되지 않은 요구 사항이었지만, 어쨌든 아이들은 해결 방법을 찾았던 것이었다. 그것을 알아차릴 만큼 민감하면 되는 것이었다. 풀턴 수리는 이처럼 사람들이 존재감을 드러내는 행동

228

을 더 수집하기 시작했다.[23] 선인장 화분 줄기를 안내판으로 사용하는 사례, 문이 닫히지 않도록 와인 병 코르크마개를 임시로 괴어 놓는 사례 등이었다. 이렇게 자잘하게 주변 물건을 개조한 일을 들여다보면 우리가 평소에 간과한 문제가 눈에 띄었다. 사람들이 필요한 것과 살아가는 세상, 행동 방식 사이에 불협화음이 있었기 때문이다.

팀 브라운은 이런 가르침이 확 와닿았던 순간을 알려주었다. 부엌용 기기를 만드는 프로젝트를 하던 중 사람들에게 어떤 것이 필요한지 이해하기 위해 풀턴 수리가 팀원들을 데리고 사무실을 나섰다. 팀이 만나본 한 사람은 요리할 때 사용하는 도구를 보여주며 한참 동안 설명을 이어갔다. 하지만 이 여성이 찬장을 열자, 그 안에는 신선 식품이 거의 없었다. 모두 이미 포장되어 데우기만 하면 되는 음식이었다. 이처럼 사람들이 자기 생활을 설명해 주는 내용과 실제로 사는 행태 사이의 기묘한 불일치야말로 감동스러울 만큼 인간적이었다. **사람들의 실제 모습은 사람들이 스스로 되뇌는 이야기와 전혀 달랐다.** 브라운은 다음과 같이 말했다. "거짓말은 아니었습니다. 하지만 자신의 행동에 대한 멘탈모델이 실제와는 전혀 달랐죠. 이것이 사용자 중심 디자인의 묘미예요. 명시된 요구 사항과 숨겨진 요구 사항 사이의 대립이죠. 사람들은 보통 무엇이 필요한지가 아니라 무엇을 원하는지를 이야기하거든요." 디자인 싱킹의 전 과정은 애니메이션 속 호머 심슨의 완벽한 자동차 같은 모습을 피하기 위한 목적으로 만들었다. 마구잡이에 사랑받지도 못하는 이 차는 어쨌든 누군가가 요청한 그대로이지 않은가. 보통 해결책이 필요한 가장 중요한 문제들은 사람들이 표현하지 않은 문제였다. 가장 중요한 의문들은 사람들이 미처

사람들이 바라는 것은 무엇인가

생각해 보지 못했던 의문이었다.

전 직원이 인간의 행동에 관심을 갖는 기업 문화를 만드는 일 말고도 IDEO의 업무 방식에는 핵심 재료가 두 가지 더 있었다. 아무리 초보적인 수준이라도 최대한 빠른 시일 내에 시제품을 만들어 사용자 눈앞에 가져다 놓는 과정과, 디자인 과정이 특정 '디자이너' 하나의 손에 좌우되지 않는다는 시각이었다. 두 가지 철학이 모두 이 신생 기업을 키운 자양분에서 발생했다. 모그리지와 켈리는 실리콘밸리에서 싹튼 자생적인 해커 정신에 영향을 받았고, 회사 문화도 급진적일 만큼 위계질서 없이 평등해야 한다고 믿었다. 풀턴 수리는 이렇게 설명했다. "모그리지는 이미 데이비드 켈리와 그런 방식으로 일하고 있었습니다. 모든 사람이 그저 팀원이었는데, 나는 그게 정말 좋았어요. 회사 문화 속에 이미 경계를 허무는 자질이 들어 있었죠." 켈리가 스탠퍼드에서 밥 매킴의 지도하에 공부하던 1977년 무렵에는 직접 만드는 DIY 기업가 정신이 대세였다. 매킴의 강의실에서 학생 책상은 서로 바짝 붙어 있었고, 학생들끼리 서로 무슨 작업을 하는지 빤히 알 수밖에 없었다. 켈리는 IDEO를 세울 때 이 강의실 디자인을 옮겨와 개방형 사무실 구조를 만들었다. 모두가 다른 사람 모두의 문제를 알았고, 제안 사항도 자유롭게 흘렀다. 모그리지는 모든 사람의 임금을 거의 비슷하게 정해 모든 사람에게 발표했고, 본인도 다른 사람보다 별로 더 받지 않았다.

켈리는 매킴에게 배운 직업정신도 주입했다. 실패는 바람직하다는 믿음이었다. 매킴은 드레이퍼스의 회사에서 근무할 때 시제품을 직접 만들 수 없었다. 스탠퍼드대학교에 가서는 정반대로 가르쳤다.

학생들에게 디자인을 제대로 하려면 우선 만들어보고, 사람들이 사용하다가 실패하는 모습을 관찰하고, 고치고, 다시 실패하는 모습을 관찰해 괜찮은 결과가 나올 때까지 반복하라고 가르쳤다. 매킴의 가르침대로라면 디자인은 종이 위에서 하는 작업이 아니었다. 한편 모그리지도 이미 습관적으로 무언가를 만지작거리고 시제품을 만들어보는 사람이었다. 풀턴 수리도 마찬가지였다. 런던에서 런던시교통공사 일을 할 때 지하철 개찰구 회전문을 실물 크기의 종이로 제작해 사람들이 어떻게 통과하는지 지켜본 적도 있었다. 종이 몇 장부터 최종 단계에 가까운 세련된 디자인 모델까지, 무엇이든 구할 수 있는 재료로 시제품을 만드는 일은 점차 디자인 전 과정에 걸쳐 사용자 피드백을 심어넣는 방안이 되었다.

고객들은 처음에 IDEO가 만든 프로세스에 당혹스러워했다. IDEO의 초창기에는 '그건 됐고 디자인이나 보자'라는 말을 듣기 일쑤였다. 하지만 켈리와 모그리지, 풀턴 수리는 굴하지 않고 새로운 업무 방식을 이어갔다. 그리고 이 방식을 숨기고 자기들이 한 모든 일을 마지막에야 공개해 고객을 깜짝 놀라게 하면서도 은근한 주장을 담았다. '우리가 막연하게 추측한 결과가 아니라, 원래 이렇게 되어야 하는 겁니다.' IDEO가 일하는 방식이 지금은 디자인의 표준이 되었다는 데에서 세상이 얼마나 많이 변했는지 알 수 있다. 혁신의 뿌리를 개인 경험의 미세한 차이에서 찾아야 한다던 풀턴 수리의 주장은 '모두를 위해 디자인하면 누구도 쓸 수 없는 디자인'이라는 격언으로 이제 디자인 분야에 자리 잡았다.

켈리는 더 나아가 스탠퍼드의 디자인 교과과정을 더 확장했고,

231

2004년에는 IDEO의 디자인 빙법을 기초로 스탠퍼드에서 하소 플래트너 디자인 연구소Hasso Plattner Institute of Design, 이른바 디스쿨d.school을 공동 설립했다. 그 후 다른 곳에서도 이 업무 방식을 적용하려 애썼다. 세계의 거의 모든 디지털 디자인 회사와 대형 IT 기업뿐 아니라 더 '혁신적'이고자 노력하는 기업들도 소규모 팀들이 서열 없이 협력하는 방식으로 일하며, 탐색 기간을 할애해 필요한 사항을 발견하려 노력한다. 이 프로세스들은 관찰을 창조와 동일시하는 친숙한 개념(관찰하고 시제품을 만들고 시험하고 반복하는)에 포함된다. 오늘날에는 다양한 곳에서 IDEO의 영향력을 확인할 수 있다. 예를 들어 게이츠 재단Gates Foundation은 개발도상국에서 혁신을 장려하는 활동 중한 줄기를 인간 중심 디자인으로 채웠고, 잘 알려진 대로 메이요 클리닉Mayo Clinic은 오랫동안 한 층 전체를 할애하여 디자이너가 의사와 나란히 근무하며 병원의 일상을 깊이 이해하고 새로운 서비스 방식을 빠르게 시험해 볼 수 있게 했다.[24] 포드는 자율주행차 시대에 경쟁력을 높이기 위해 최고경영자가 나서서 이 거대 조직을 경험이 주도하는 사용자 중심 기업으로 재탄생시킨다는 계획을 발표했다. 핀란드 정부까지도 공공서비스를 혁신하려는 정부 산하의 디자인 연구소를 세우고, 여기서 보편적 기본소득을 제공하는 급진적인 실험을 탄생시켰다.[25] 미래의 거대 기업 창업자에게 희소식을 전하자면, 이제는 디자인 싱킹 방법론을 스탠퍼드뿐 아니라 세계 곳곳의 명망있는 경영대학원에서도 배울 수 있다. 발명의 연금술을 가르쳐주겠다는 스탠퍼드의 약속을 본보기로 삼으려는 모습이다.

정확히 따지자면, 디자인 싱킹의 씨앗은 영국·독일·스칸디나비아 등 여러 곳에서 동시다발적으로 싹텄다. 하지만 IDEO는 시공간의 특별한 혜택을 누렸다. 실리콘밸리에 자리 잡은 덕에 캘리포니아 북부를 혁신의 대명사로 만들어준 첨단 기술의 급성장에 잘 올라탄 것이다. 영향력 있는 프로젝트를 맡았기에 영향력을 널리 퍼뜨릴 수 있었다. 정확한 금액은 모르지만, 이 회사는 데이비드 켈리가 애플의 첫 마우스 디자인에 기여한 이야기를 홍보에 활용해 수백만 달러 이상의 의뢰를 따냈다고 알려져 있다. 하지만 이 영향력이 퍼진 이유는 IDEO가 자기들의 생각을 다른 사람들도 쉽게 전파할 수 있도록 적절한 어휘를 구축했기 때문이다. 사람들은 이 어휘를 활용해 '디자인'이 아름다움만은 아니라고 홍보할 수 있었다. **디자인은 공감 능력을 산업화한 프로세스였다.** 공감 능력을 홍보하고, 설명하고, 공유하고, 반복하고, 마지막에 전파하는 과정이었다.

널리 알려져 있듯이, 스티브 잡스는 소비자들이 무엇을 원하는지 알아내는 것은 소비자가 할 일이 아니라고 말한 바 있다. 출처는 불분명하지만 헨리 포드도 "사람들에게 무엇을 원하는지 물어보았다면, 더 빠른 말을 달라고 했을 것이다"라고 했는데, IDEO가 원하는 바와 필요한 바를 구분하려고 애쓰는 일도 이와 비슷하다. 하지만 잡스는 프로세스를 그다지 믿지 않았다. 그보다는 자신의 직관과 판단력을 믿었다. 그 결과 수많은 창업자가 본인의 본능만이 가장 중요하다는 말에 기뻐하며 잡스의 말에 매달렸다. 그리고 실제로 수많은 사람이 자기 자신의 경험에서 우러나온 내면의 목소리를 충실히 따라간 결과 탁월한 발명을 이루기도 한다.

2013년 리디 타리얄Ridhi Tariyal은 하버드 경영대학원에서 연구원

생활을 시작했는데, 여성들이 가임 능력을 집에서 스스로 확인할 수 있는 방법을 발명해 냈다. 가임 능력을 측정하려면 혈액이 많이 필요했다. 사실 주삿바늘에 의존하지 않고도 피를 빼내는 방법을 연구하는 기업은 많이 있었고, 레이저빔부터 아주 작은 진공 튜브까지 다양한 해법이 있었다. 하지만 여성인 타리얄은 다른 방법을 생각했다. 나중에 〈뉴욕타임스〉 인터뷰에서 그녀는 다음과 같이 이야기했다. "나는 여성과 피에 대해 생각하고 있었습니다. 이 두 단어를 붙여놓으면, 당연하게 떠오르는 생각이 있지요. 바늘 없이 여성의 혈액을 채취할 수 있는 기회는 사실 매달 빠짐없이 생깁니다. … 정보가 아주 풍부하지만, 현재는 모두 쓰레기통으로 들어가고 있지요."[26] 타리얄은 금세 '미래의 생리대'라는 별명이 붙은 아이디어로 특허를 획득했다. 여성의 생리혈을 채취해 암부터 자궁내막증까지 여성의 건강 상태를 추적·관찰하는 아이디어였다.

작가 페이건 케네디Pagan Kennedy가 물었듯이 "수많은 개발자들을 비껴간 이 가능성이 어째서 타리얄에게는 보였을까? 타리얄에게는 성별이라는 부당한 혜택이 있었다고 말할 수도 있다. 타리얄은 여성의 몸으로 살아왔기 때문에, 남성 동료들은 타리얄과 같은 경험을 결코 할 수 없었다. 타리얄은 자기 발명품을 사용하는 모습을 상상할 필요가 없다. 스스로 신제품을 사전에 시험해 볼 수 있었기 때문이다." MIT의 경제학자 에릭 폰 히펠Eric von Hippel은 평생 타리얄 같은 사례를 수집해 왔고, 그 결과 어떤 경험을 실제로 겪어본 사람이 그 경험을 개선할 최적임자라고 결론지었다. 보통 자기 자신을 직접적인 사용자로 보는 사람이 새로운 발명을 하는 경향이 있다. 길거리를 '서

234

평'하기 위한 스케이트보드를 발명한 캘리포니아 사람들부터 고된 수술 중에 환자를 지탱해 주는 인공 심폐 장치를 발명한 외과 의사까지 모두가 이에 해당한다. 이들은 직접 경험을 계기로 발명을 한다.

틀림없이 옳은 주장이다. 하지만 공감 능력은 언어, 그리고 움켜쥘 수 있는 엄지만큼이나 진화 과정이 인간에게 선물한 가장 강력한 도구일 것이다. **공감 능력이 있기에 우리는 직접 경험의 한계를 넘어설 수 있다.** 공감 능력 덕택에 우리는 자신의 개인사에서 오는 제약을 넘어설 수 있다. 우리의 경제 전체도 이러한 공감 능력을 기반으로 세워졌으며, 그 덕택에 조직의 새 구성원도 *기존의* 회사 목표를 향해 한 방향으로 나아갈 수 있다. 따라서 누군가의 개인적인 문제의식으로 시작된 발명이 파격적으로 많다 해도, 대부분의 발명은 최초 발명자가 아닌 다른 사람이 완성하는 경우가 많다. 최초 발명자에게 영감을 얻어 그제야 문제를 완전히 이해한 결과다. 새로운 것을 만들어야 하는 기업들과 무언가가 필요하지만 자신의 시간과 돈을 들여 직접 새로운 것을 만들 방법이 없는 사람 사이에 틈이 발생했고, '디자인 싱킹'과 '인간 중심 디자인'은 이 틈을 메우기 위해 발생했다. 사용자 중심 디자인은 기업들이 발명가의 혜안을 흉내 낼 수 있도록 감지하는 프로세스를 구축했다.

새로운 아이디어를 찾는 체계적인 구조가 없다면, 혁신을 소리 높여 찬양하고 혁신이 없으면 경쟁에 밀려 파멸한다는 위기감을 느껴본들 공허한 울림일 수밖에 없다. 지금까지 컴퓨터 시대의 초창기를 배경으로 설명했던 디자인 프로세스의 진정한 묘미는, 공감할 수만 있으면 우리 모두 혁신을 해낼 수 있다는 자신감이다. 산업화된

사람들이 바라는 것은 무엇인가

공감 능력은 사람들 대부분이 이해하지 못할 뿐 아니라 직접 구매해
본 사람은 거의 없는 새로운 기술의 물결이 도래했을 때 부상했다.
하지만 공감 능력이 반드시 갖춰야 하는 의무가 된 다음에는 다시 의
문이 든다. 누구에게 공감할 것인가? 일반적인 사용자는 조와 조지
핀처럼 정형화된 틀에서 찾을 수 있는가? 아니면 소외된 주변부 사
람들의 삶 속, 남들과 다르기 때문에 남들은 눈치 채기 어려운 것을
찾아내는 사람들의 삶 속에 있는가?

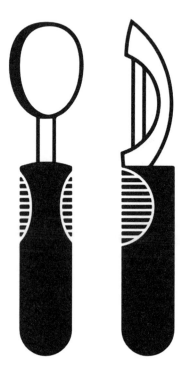

옥소OXO 아이스크림 숟가락과 껍질 벗기기 칼 (1990)

07

인간성을 디자인하다

훗날 '데모의 지존The Mother of All Demos'이라 불리게 되는, 역사상
가장 중대한 기술 시연이 1968년 12월 9일 흐리고 쌀쌀한 아침에 샌
프란시스코에서 열렸다. 더글러스 엥겔바트는 불이 꺼진 브룩스 홀
Brooks Hall 강당 안 커다란 7미터짜리 스크린 앞에 앉아 초조히 강단
에 오르기를 기다리고 있었다. 컴퓨터 분야에서 앞으로 50년 동안 발
생할 중대한 발명을 거의 예측하는 발표를 막 시작하려는 순간이었
다. "평소와 조금 다른 분위기가 너무 낯설지 않았으면 좋겠습니다."
헤드셋 마이크를 착용한 엥겔바트가 말문을 열더니 들릴 듯 말 듯 한
낮은 소리로 중얼거렸다. "그래야 할 텐데."

청중은 대부분 컴퓨터공학 분야를 이끄는 중요 인물들로, 가장
영향력 있는 컴퓨터 분야 연례 모임인 FJCC Fall Joint Computer Conference
학회에 참석해 있었다. 참석자는 모두 천공카드와 인쇄전신기type-

writer terminal(전기 신호를 발생해 메시지를 주고받거나 천공카드를 읽고 쓸 수 있는 타자기-옮긴이) 시대에 자란 이들이었으니, 이 날 발표될 내용을 짐작도 못 했을 터였다. 엥겔바트는 대본도 없이 시연하며 컴퓨터를 활용해 글자를 화면에서 직접 편집하고, 하이퍼텍스트로 한 문서와 다른 문서를 연결하고, 한 문서 안에 글자와 그림과 동영상을 함께 넣을 수 있는 모습을 시연해 보였다. 화면 위 커서에는 '버그bug'라는 이름을 붙였고, 휴대형 픽puck(오늘날의 마우스 같은 입력장치-옮긴이)으로 이를 움직였다. 엥겔바트는 뒤이어 컴퓨터를 사용하여 파일을 공유하고 멀리 떨어진 동료들과 영상전화기로 소통할 수 있는 방법도 발표했다. 90분이나 지나 마침내 발표를 마치자, 청중석이 터질 듯 큰 박수소리가 울려 퍼졌다. 원격회의, 마우스와 이메일, 윈도로 구성된 사용자 인터페이스, 하이퍼링크와 인터넷에 이르기까지, 이 발표에서 엥겔바트가 컴퓨터 분야의 새로운 꿈을 그려 보였기 때문이다. 당시 참석자 한 사람은 엥겔바트가 마치 "두 손으로 번개를 다루는 듯했다"라고 회상했다.[1]

스탠퍼드 연구소 동료 학자들 사이에서 고집쟁이 괴짜로 통했던 엥겔바트는 이 무대에 오르기까지 23년 동안 누가 뭐라고 하든 인내와 뚝심으로 노력해 왔다. 처음 이 길로 들어선 것은 1945년 8월 해군으로 필리핀에 파병되었을 때였다. 엥겔바트는 레이더 기술자로서 녹색 화면 위 높이 치솟는 '핍'을 잡아내는 임무로 복역하기 위해 시험을 치르고 훈련 프로그램에 들어갔다. 엥겔바트가 탄 군함이 샌프란시스코항을 나서고 선원들이 갑판에 서서 사랑하는 이들에게 손을 흔들 때, 갑자기 군중이 함성을 지르기 시작했다.[2] 군함 스피커에서 지지직거리며 공지 사항이 들렸다. 일본이 항복한 것이었다. 대일對日 전승 기념일이었다. 한 달이 지난 뒤 더글러스 엥겔바트는 뒤늦게 전방에 합류해 사마르라는 필리핀 섬에 도착했다. 여기서 느릿느릿 한 해를 보내며 잡무를 보다가 태평양 위에 피어 있는 높은 구름을 바라보며 몇 시간이고 공상을 이어가는 생활을 했다. 나중에는 앞서 죽어간 수많은 젊은이의 망령에 지배당하는 것 같았다. 이 젊은이들이 이루지 못한 꿈을 생각하다가 엥겔바트는 한평생을 바칠 일을 정하게 된다.

어느 날, 적십자가 임시 도서관으로 꾸민 어느 오두막 안에서 엥겔바트는 마침내 평생의 사명을 찾았다. 엥겔바트는 〈라이프〉의 책장을 넘기다가 우연히 버니바 부시Vannevar Bush가 〈애틀랜틱The Atlantic〉에 실은 유명한 논문 〈우리가 생각하는 방식대로As We May Think〉의 요약문을 읽게 되었다. 이 논문에서 부시는 과학 분야 연구자들이 수많은 정보와 데이터에 압도되어 꼼짝하지 못하고 있다고 지적했다. 또 인류가 수천 년을 들여 물리적인 세계를 바꾸는 데 필요한 도구를 개발했으니, 이제는 지식의 도구를 개발할 때라고 주장했다. 부시는 여러 가지 지식 도구를 제안했는데, 그중에는 메멕스memex라는 이름까지 붙인, 인간이 평생 필요로 하는 모든 책이나 대화 내용을 저장한 다음 그 정보를 '엄청나게 빠르고 유연하게' 호출할 수 있는 도구도 있었다. 부시는 이 도구가 "인간의 기억력을 확장할 수 있는 보조 수단이다"라고 주장했다. 의미심장한 문장이었다. 엥겔바트가 주도한 퍼스널 컴퓨터 문화의 역사를 소개한 역저 《겨울잠쥐가 한 말What the Dormouse Said》에서 존 마코프John Markoff는 다음과 같이 설명했다.

사람들이 바라는 것은 무엇인가

"전에는 여러 사람으로 구성된 팀 여럿이 컴퓨터 하나를 보좌했지만, 그때부터는 컴퓨터가 *개인의* 비서가 된다는 이야기였다."[3] 컴퓨터 분야에서 가장 보편화된 은유가 탄생하는 순간이었다.

그 후 20년 동안 엥겔바트는 인류의 발전이 무한하다는 믿음을 간직한 채 개인 비서라는 미래상을 구체화해 나갔다. 엥겔바트는 이런 기기가 개인을 더 똑똑하게 해주는 데서 그친다고 생각하지 않았다. 각 사람이 더 똑똑해진 데다 전 세계 다른 사람들과 연결된다면, 사회도 기하급수적으로 빨리 발전하여 다시 모든 사람이 더 똑똑해진다고 믿었다. 샌프란시스코에서 첫 발표를 성황리에 마친 뒤, 엥겔바트는 길을 나섰다. 시연을 보고 이 사명에 동참하려는 사람이 있다면 채용하기 위해서였다. 우선 MIT에 들러 그곳의 인공지능 연구소를 공동 설립한 마빈 민스키Marvin Minsky를 찾아보았다. 엥겔바트는 컴퓨터가 인간의 사고를 확장해야 한다고 생각했다면, 민스키는 컴퓨터가 곧 인간과 똑같이 *사고*해야 한다고 믿었다. 민스키는 사람을 돕기보다 대체하고 싶어 했다. 엥겔바트가 거대하고 둔한 시제품을 힘들여 설치하고 시연을 시작하는 동안 민스키는 무표정하게 쳐다보았다. 마침내 시연이 모두 끝나자, 민스키는 기를 죽이는 거만한 말투로 물었다. "10년 안에 인간처럼 생각할 줄 아는 기계가 개발될 텐데, 지금 겨우 장보기 목록 만드는 법이나 보여주는 건가요?"[4] 재미있게도 이 대화가 오간 지 50년 후, 아마존이 디지털 비서 알렉사Alexa 광고에서 실제로 장보기 목록을 만드는 능력을 뽐내게 된다.

민스키와 엥겔바트 사이의 불협화음은 제2차 세계대전 이후 시대에 인간공학 분야에서 발생한 불화의 속편쯤 된다. 민스키는 기계가 우리와 다른 존재, 어쩌면 더 나은 존재가 되기를 꿈꿨다. 반면 엥겔바트는 기계가 우리를 보조하는 도구라고 믿었다. 새로운 기술이 등장할 때마다 우리는 이 줄다리기를 끊임없이 반복하는 것 같다. 사용자 편에 설 때에도, 즉 *우리* 편에 설 때조차 이 '우리'가 누구를 뜻하는지 자문하게 된다. 존 아널드와 밥 매킴, 제인 풀턴 수리가 모두 알고 있었듯이, 우리는 각자의 편견에 가려 눈이 멀 수 있다. 자기 자신에 대해 너무 잘 아는 나머지 세상을 제대로 못 볼 수도 있다. 또한 상대의 진짜 고민이 무엇인지 알 만큼 그 사람을 깊이 이해하지 못할 수도 있다. 이를 극복하는 방법, 즉 누구와 공감해야 하는지 알아차리는 방법에는 두 가지 길이 있다. 한 가지는 널리 보편화된 행동에서 기회를 찾아 다른 곳에 적용하는 방법이다. 여기에는 일정한 규칙을 찾으면 더 근본적인 진실을 포착할 거라는 기대가 깔려 있다. 다른 한 가지는 중심이 아닌 주변부에서 이른바 극단적인 사례를 찾는 방법이다. 언젠가 세상에 널리 퍼질 미래가 지금은 희귀한 변종처럼 숨어 지내는 모습을 포착할 수도 있기 때문이다.

243

❋

2010년에 스티브 잡스는 앱스토어 깊숙한 곳에서 시들어가고 있는 괴짜 앱 이야기를 들었다. 앱이 탄생한 스탠퍼드 연구소Stanford Research Institute, SRI의 이름을 본뜬 시리Siri였다. 스탠퍼드 연구소는 더글러스 엥겔바트가 선보인 데모의 지존이 탄생한 곳이기도 했다. 연구소 안에서 조용조용 개발하고 있던 음성 인식과 머신러닝machine

사람들이 바라는 것은 무엇인가

learning 기술이 눈부시게 발전한 덕택에 이 앱에서는 말로 명령을 내리고, 날씨를 물어보고, 할 일을 잊지 않도록 알림을 걸어놓고, 영화 상영 시간을 알아볼 수 있었다. 시리는 단 1년 만에 아이폰 운영체제의 기능 중 하나로 내장되었고, 이렇게 경쟁이 시작되었다.

시리가 처음 출시되었을 때는 날씨 확인이나 약점을 숨기기 위한 농담 외에는 별로 할 줄 아는 게 없었다. 그러나 사용자 인터페이스의 세계에서 새로운 패러다임의 등장은 그리 자주 있는 일이 아니다. 어쩌다가 등장한다면, 대량 절멸 사건이 된다. 단기간에 대량으로 멸종이 일어나면서 생태계가 재정비되며, 정상을 향한 경쟁의 장이 새로 열린다(당시 구글의 최고경영자 에릭 슈미트Eric Schmidt마저도 구글이 시리에 기습을 당했으며, 언젠가 사업 전체가 무너질 수도 있는 위기라고 시인했다).[5] 시리가 등장하자 컴퓨터 비서라는 개념이 비유가 아닌 생생한 현실이 되었다. 개인 비서를 흉내 내던 회색 상자에서, 위협적이지 않고 우리 말소리만 들으면 언제 어디서든 나타나는 목소리로 단계가 훌쩍 뛰었다. 더구나 시리는 새로운 세대들이 컴퓨터를 받아들이는 방식이 급격히 바뀌는 시기에 딱 맞춰 등장했다.

2012년 전후에 마이크로소프트의 검색 부문 부사장이었던 데릭 코널Derrick Connell이 피곤에 젖은 몸을 이끌고 게슴츠레한 눈으로 처음 중국에 내렸을 때, 중국인들이 휴대전화를 희한하게 들고 있는 모습이 먼저 눈에 띄었다. 중국인들은 휴대전화를 유선전화처럼 얼굴 옆쪽으로 드는 대신, 화장용 거울처럼 얼굴 앞쪽으로 높이 들어올렸다. 마치 수도꼭지 모양이나 버스 정거장 풍경처럼 낯선 지역에 갔을 때, 이국적이라고 느끼게 되는 별난 특징 같았다. 코널은 이렇게 말했다. "나는 '그래, 좀 이상하긴 하지만 여기서는 휴대전화를 이렇게들 잡나 보지'라고 생각했어요." 알고 보니 중국인들은 서구인 대부분이 휴대전화를 사용하는 방식과 달리 주로 음성을 활용했고, 문자 메시지를 보낼 때도 화면을 직접 조작하지 않고 음성 인식 기능으로 메시지를 보냈다. 일단 중국의 한자를 스마트폰에서 타자로 칠 때 번거롭기 때문에 음성을 이용하는 편이 더 쉽기도 했다. 하지만 더욱 흥미롭게도, 이들이 다른 인간하고만 대화를 나누고 있는 건 아니었다. 중국인들은 음성 대화를 진입로 삼아 디지털 세계를 이용했으며, 필요한 앱을 찾을 때 화면 위 메뉴를 탭 하는 대신 음성을 활용하고 있었다.[6]

중국에서는 스마트폰이 전혀 다른 의미를 지니며, 전혀 다른 멘탈모델을 기반으로 한다. 앱은 그다지 인기가 없고 앱스토어도 마찬가지다. 중국에서 무슨 운영체제를 쓸지는 무슨 채팅 앱을 쓸지에 비하면 전혀 중요하지 않다. 왜냐하면 모든 일이 채팅 앱에서 일어나기 때문이다. 예를 들어, 우리가 음악공연 표를 구입하려 한다고 하자. 제일 먼저 사용자 수 10억 명 이상인 중국 대표 채팅 앱 위챗WeChat에 들어가 공연 표를 보유한 암표상을 찾고, 그 사람과 대화를 시작한다.[7] 암표상은 판매 중인 표의 종류와 가격을 말풍선 안에 모두 제시한다. 위챗에서 직접 식당도 예약하고, 택시도 부를 수 있다. 앱을 추가로 설치할 필요가 없다. 채팅이라는 사용자 인터페이스 하나만 있으면 스마트폰의 경계선, 즉 여러 앱을 넘나들며 마치 스마트폰의 전속 심부름꾼인 양 이쪽 앱에서 저쪽 앱으로 정보를 조각조각 실어 나르는 짜증스럽고 지루한 과정이 간단히 사라져버린다.

사람들이 바라는 것은 무엇인가

이런 큰 전환이 중국에서 먼저 일어난 이유를 개발자들에게 물으면, 중국인 대부분이 데스크톱 컴퓨터를 쓰며 자라지 않았기 때문이라고 답한다. 앞서 살펴본 인도와 케냐 같은 개발도상국 스마트폰 사용자들처럼, 중국인들도 어린 시절 드롭다운 메뉴에서 기능을 찾거나 웹브라우저를 통해 웹에 진입하는 개념을 배우며 자라지 않았다. 이런 기대감이 전혀 없었을 뿐 아니라 이미 완전히 새로운 개념으로 대체되었다. 중국 경제가 급성장함으로써 현대화가 급속히 진행되었기 때문이다. "미국에서는 사람들이 이미 전화기를 정해진 방식으로 써오는 데 익숙해서 오히려 변화에 방해가 됩니다." 코널이 말했다. 중국에서 위챗은 스마트폰이 미래에 무엇을 할 수 있는지를 배우기에 가장 좋은 곳이 되었다. 많은 사람이 디지털 시민으로서 첫발을 내딛을 때 진입 지점이기도 했기 때문이다. 요즘은 중국 할머니들이 전화기에 대고 텔레비전에 무엇이 나오는지, 날씨가 어떤지 물어보는 장면을 쉽게 접할 수 있다. 하지만 이 할머니들에게 인터넷이 어떻게 작동하는지, 웹브라우저에 주소를 어떻게 입력하는지 물어보면 아마 곤혹스러워하며 고개를 설레설레 저을 것이다. "정말 신기하단 말이죠. 우리가 인간으로서 가장 원시 상태일 때 하던 행동에서 이런 새로운 시대가 열리다니." 생각에 잠긴 코널이 혼잣말처럼 중얼거렸다.[8]

코널 같은 사람이 이런 현상을 흥미롭게 여기는 이유는 그저 중국 사례를 참고해 사용자 친화적인 전화기를 더 잘 만들 수 있기 때문만은 아니었다. 오히려 코널에게는 이 사례가 '차세대 10억'의 열쇠를 제시하는 축소판 같았다. 인도와 아프리카와 그 밖의 다양한 지역의 스마트폰 사용자들이 글을 읽고 쓰지 못하는 경우에도 전화기에 대고 이야기함으로써 필요한 바를 이룰 수 있다는 뜻이기 때문이다. 개발도상국뿐 아니라 서구 사회에서도 지금 십 대들은 데스크톱과 윈도와 하이퍼링크와 웹사이트라는 은유를 이고 지고 살아본 경험이 없다. 중국의 사례를 보면 전 세계의 다른 나라에서도 새로운 세대가 다른 시대 사용자 친화성의 선입견 없이, 이전 세대처럼 여러 겹의 은유를 차곡차곡 타고 올라간 경험 없이, 기술을 어떻게 대하며 성장할지 예측할 단서가 될 것이다.

새로운 컴퓨팅 패러다임이 눈앞에 나타나자 거대 IT 기업들은 수십억 달러씩 되는 자본을 시리와 경쟁하는 데 쏟아붓기 시작했다. 마이크로소프트도 경쟁에 뛰어들며 이른바 오즈의 마법사Wizard of Oz, WoZ식 실험부터 시작했다. 가짜 디지털 비서를 두 가지 방향으로 설정해 제3의 장소에서 문자로 지시를 내리며 인간이 각 비서에게 어떻게 반응하는지 시험해 보았다. 한 가짜 비서는 실험 참가자에게 자기를 훈련시켜 달라고 정중히 부탁했다. 다른 가짜 비서는 참가자에게 필요한 내용을 추측해 정답을 곧바로 뱉어냈다. 참가자들은 첫 비서에게 훨씬 더 관대했고, 다른 비서는 아무리 정확한 제안을 해도 훨씬 더 경계했다. 인간은 훈련할 수 있는 디지털 비서를 어딘지 모르게 더 편하게 신뢰하는 것 같았다. 하지만 왜일까?[9]

디자인 연구원 캣 홈스Kat Holmes는 2013년에 이를 해결하는 임무를 맡은 사람 중 하나였다. 홈스가 소속된 팀은 처음에 인간이 디지털 비서를 어떻게 하면 신뢰할지 알아내기 위해 유명인과 거부들을 수행하는 인간 비서를 따라다니며 이 비서들이 어떻게 점차 신뢰를 얻는지, 제안을 할 때 적절한 순간을 어떻게 고르는지, 조심스럽게 행동할 때를 어떻게 판단하는지 등을 관찰하면 좋겠다고 생각했다.

신기하게도 홈스가 프로젝트에 착수하자 곧 스파이크 존즈Spike Jonze 감독의 영화 〈그녀Her〉의 예고편이 방영되기 시작했다. 영화 배경은 멀지만 어느 정도 친숙한 미래이며, 호아킨 피닉스가 연기하는 시어도어 톰블리라는 주인공은 혼자 있기를 즐기는 다소 우울한 인물로서, 영화 시작 장면에서 디지털 개인 비서를 구입한다. 집에 돌아온 톰블리가 아주 작은 기기를 귀에 꽂아 소프트웨어를 작동시키자, 무미건조한 남성 목소리가 들린다. "시어도어 톰블리 씨, 세계 최초의 인공지능 운영체제 구매에 감사드립니다. 만나게 되어 반갑습니다. 우선 질문을 몇 가지 드리고자 합니다." 톰블리는 성격을 묻는 여러 가지 질문에 답하고, 어머니와의 관계에 대한 질문을 받자 아주 잠시 더듬거린다. 컴퓨터는 딱딱하게 "감사합니다"라고 응답할 뿐이다. 그다음으로 또 다른 목소리가 등장한다. 스칼렛 요한슨의 목소리다. "안녕, 저 여기 있어요." 톰블리가 믿지 못하겠다는 듯 겨우 "안녕"이라고 하자, 다시 명랑하고 쾌활하면서 깜짝 놀랄 만큼 따스한 목소리가 들린다. "안녕! 나는 사만다예요." 사만다는 톰블리에게 너무 로봇처럼 이야기한다고 나무라며, 사람에게 이야기하듯 자연스럽게 말하도록 긴장을 풀어주려 한다. 운영체제인 사만다는 금세 톰블리의 생활 속 빈틈을 모두 메워준다. 회의 시간에 맞춰 깨우기도 하고 이메일도 써준다. 그런 다음 밤늦게까지 이야기를 들어주고 농담을 주고받는다. 톰블리는 사만다가 자신에 대해 궁금해하며 끈질기게 물어보자, 처음에는 재미있어 한다. 그다음에는 이런 관심을 간절히 바라게 되고, 스스로는 자신감이 부족해 차마 생각해 보지 못했던 사실들까지 사만다가 알아내 주는 능력에도 점점 목말라한다.

마이크로소프트의 코타나^{Cortana} 개발팀은 이 영화에 깊은 감명을 받았다. 우리가 더는 앱이나 디지털 일상에서 걸리적거리는 이음매와 씨름하지 않아도 되는 차세대 기술의 미래상을 그렸기 때문이다. 이 이음매는 현재의 앱 생태계 구조 때문에 발생한다. 한정된 우리의 주의력을 서로 차지하기 위해 앱끼리 경쟁하고, 저녁 약속 하나 잡는 데 앱이 여섯 개나 필요하기 때문이다. 톰블리는 이처럼 번거로운 일이 전혀 없었다. 장황하게 설명할 필요가 없는 일들은 사만다가 전부 처리해 주었기 때문이다. 영화 〈그녀〉에서는 음성을 매개로 기술이 우리 삶에 자연스럽게 녹아들어 있는 미래를 엿볼 수 있었다. 홈스는 후에 "이 영화 덕분에 우리 팀은 사람 대 사람의 상호 작용을 토대로 디자인해야 한다는 생각이 더욱 확고해졌다"라고 이야기했다. 컴퓨터가 인간을 어떻게 대해야 하는지 연구할 때, 인간이 다른 인간을 대하는 방식이 가장 훌륭한 길잡이가 되었다.[10]

〈그녀〉에서 영화 속 생활이 얼마나 미래적으로 보이는지, 그에 비해 미래적으로 보이는 사물은 얼마나 적은지에 적잖이 놀라게 된다. 대부분의 공상과학영화에서 기술 때문에 인간이 초인간적인 존재로 바뀌는 장면과 비교하면 이런 시각효과는 오히려 묘한 느낌이 든다.[11] 〈그녀〉의 프로덕션 디자이너 K.K. 배럿^{K. K. Barret}과 만나, 우리 삶 속 기술의 역할을 어떻게 이처럼 인간적인 모습으로, 거대 기업 마이크로소프트에 영향을 줄 만큼 매력적으로 그려냈는지 물었다.[12] 배럿은 스파이크 존즈 감독이 어느 날 찾아와 대본을 하나 내밀었다고 했다. 음성으로 조작하는 초보적인 컴퓨터 프로그램을 처음 본 뒤 5년간 고민하며 작성한 대본이었다. 그러면서 존즈는 온라인 데이팅을 떠올리며, 온라인상의 상대방이 누구인지 확실히 알 길은 없다는 사실에 대해서도 곰곰 생각해 보기 시작했다. 그는 이 두 가지 생각이 머릿속에 굴러다니게 두었고, 그러자 점차 이야기가 떠올랐다. 하지만 그때 마침 애플도 우연히 시리를 공개했다. 애써 만든 대본이 뉴스 기사 제목을 그대로 따온 것처럼 보일 수도 있다는 생각에 그는 짜증이 났고, 어떻게 해야 영화가 IT 기사처럼 보이지 않을지에 골몰했다.

육십 대 중반의 남성인 배럿은 미국 영화계의 실세인 존즈와 전 파트너 소피아 코폴라Sofia Coppola와 협업하고 〈사랑도 통역이 되나요?Lost in Translation〉나 〈존 말코비치 되기Being John Malkovich〉 등의 대표작이 있는 영화 프로덕션 디자이너치고는 나이가 많다고 할 수 있다. 머리끝부터 발끝까지 검정색으로 입고, 넘실거리는 회색 머리 아래로 알이 파란 안경을 낀 모습이다. 디자인 방향에 가장 잘 어울리는 설명은 '반대로 하기'다. 영화 〈괴물들이 사는 나라Where the Wild Things Are〉를 디자인할 때 배럿은 영화 관객들이 햇빛이 아롱거리는 무성한 정글을 기대할 것으로 예측했다. 그래서 그는 길게 이어지는 장면 상당량을 재로 뒤덮인 광활한 들판 풍경으로 설정했다. 그야말로 숲 하나를 통째로 태워버린 풍경이다. 〈그녀〉를 맡자마자 그는 사람들이 기술에 조금이라도 관심을 보인다면 자기 디자인은 실패라는 느낌이 들었다.

배럿은 다음과 같이 말했다. "영화 속에는 전하고 싶은 주제를 흐릴 만한 요소를 넣지 말아야 합니다. 〈그녀〉에서는 기술이 방해꾼이었죠. 이 영화는 사람들이 소통하는 이야기였어요." 이 책 속에서 만나본 수많은 디자이너처럼, 배럿 역시 기술을 접할 때 우리가 무엇을 바라는지 알려면 사람들이 서로에게 무엇을 바라는지 보아야 한다고 생각했다. "가만히 생각해 보면, 우리는 컴퓨터에게 뭘 바랄까요? 결국 친구를 바라는 거예요. 우리가 어떤 고민을 만났을 때 고민의 요소들을 입력하면 컴퓨터는 해결을 도와주는데, 그 모양새가 마치 정신과 의사나 성의껏 들어주는 사람 같아야죠." 하지만 기술이 발달할수록 우리 일상에는 늘 새로운 물건이 생겼다. 기술을 더 주입한다고 해서 근본적으로 다른 세상을 연출할 수는 없었다. 오히려 모조리 빼버려야 했다. "분위기를 바꾸고 싶다면, 불필요한 요소를 모두 없애버려야 해요." 배럿이 말했다. 첨단 기술이 전혀 드러나지 않아 오히려 첨단 기술이 *있기 전*처럼 살 수 있는 미래라니, '사용자 친화'를 꾸려나갈 방향을 알려주는 썩 괜찮은 조언 같았다.

251

  기술을 눈에 보이지 않을 정도로 유용하게 만든다는 이 꿈을 설명하는 과학 기술 전문가들은 흔하다. 하지만 그 꿈을 어떻게 이룰 것인가? 기술이 등장하기 전부터 있었던 사회구조에 새로운 기술을 자연스럽게 짜넣고, 기술을 더욱더 인간화하면 된다. 기술이 꾸준히 발전해 나갈 때에도 항상 우리 모습대로 발전한다는 목적을 분명히 해야 한다. 다시 말해, **기술은 인간성이 증가하는 방향으로 수렴해야 한다.**

＊

어거스트 드 로스 레예즈August de los Reyes는 IT 업계에서 잔뼈가 굵은 디자이너로서, 오랜 세월 성공 가도를 달렸는데도 사치라고는 거의 하지 않았다. 몇 년 전에야 세상에서 가장 안락한 침대를 사는 데 열중했을 정도였고, 이 정도 씀씀이는 10년에 한 번 있을까 말까 했다. 처음에는 구름처럼 푹신한 필로우탑 매트리스부터 골랐다. 그 다음에는 스레드 카운트Thread Count, TC(일정한 면적의 천에 들어간 실 가 닥 수를 가리키는 단위-옮긴이)가 가장 높은 침대 시트를 구입했다. 구 입한 제품이 모두 도착한 다음날 아침, 그는 온몸의 신경 구석구석 까지 깊이 만족하며 새 침대에서 깨어났다. 한두 군데 거슬리는 부분 이 있긴 했다. 매트리스가 너무 푹신해 가장자리가 어디인지 찾을 수 없었고, 고급 시트는 지나치게 매끈했다. 하지만 당시에는 크게 신경 쓰지 않았다. 그러다가 어느 오후에 업무를 빼먹고 여유를 부리던 그 는 멍하니 딴 생각을 하며 침대 가장자리에 앉으려다가 겨우 몇 센티 미터 차이로 미끄러지는 바람에 바닥에 떨어져 심하게 다쳤다. 인생 이 완전히 바뀌는 순간이었다.13

드 로스 레예즈는 날 때부터 척추에 관절염을 앓아 척추 뼈가 골 절에 약했고, 그래서 넘어질 일이 없도록 항상 조심해 왔다. 계단에서 는 항상 난간을 잡고 다녔으며, 샤워할 때는 너무 급히 들어가지 않 도록 신경 썼다. 하지만 침대 모서리는 미처 생각하지 못했다. 그래 도 침대에서 떨어진 직후에 서둘러 응급실로 갔고, 의사들이 다 괜찮 다고 말했기 때문에 안심하고 집으로 돌아갔다. 하지만 그 후에도 며

252

PART 2

칠 동안 이상한 느낌이 가시지 않았다. 등은 이따금씩 묘하게 쓰렸고, 처음에 아릿한 정도였던 통증이 점점 심해졌다. 밤에는 화장실에 가려다가 실패했다. 그는 다시 급히 병원으로 갔고, 엑스레이를 찍으니 의사들이 지난번에 놓쳤던 척추 골절이 나타났다. 며칠 내내 척수가 점점 부어올라 등쪽 부러진 뼈를 누르고 있었던 것이다. CT 촬영이 필요했기 때문에 간호사 한 명의 도움으로 영상의학과로 이동했다. 뒤로 누워 있으니 천장의 회색 타일이 줄줄이 지나갔다. 그러다가 들것으로, 다시 CT 촬영 장치로 살살 옮겨지는 동안 도우미가 실수로 들것 손잡이를 놓쳤고, 그는 검사대 위에 뚝 떨어졌다. 눈앞이 캄캄해지는 날카로운 통증이 온몸에 퍼졌고, 그 순간 앞으로 다시는 걷지 못할 것이라고 직감했다.

병원에 감금된 기간은 몽롱하게 흘러갔고, 하필 시기가 최악이었다. 이제 막 새로운 연인을 만나기 시작했고, 마이크로소프트에서 엑스박스Xbox의 디지털 디자인 팀장이 된 지 겨우 몇 달이 지났을 뿐이었다. 평소에 비디오게임을 영혼 깊이 사랑했고, 놀이는 무조건 도덕적 의무라고 믿었던 드 로즈 레예즈로서는 늘 꿈꾸던 자리였다. 하지만 이제는 그토록 조화롭게 맞춰놓은 삶의 조각들이 모두 소용없었다. 휴대전화도 꺼놓고 이메일도 확인하지 않은 채 몇 달을 보내던 어느 날 누이가 노트북 컴퓨터를 가져다주었다. 일단 이메일을 확인했다. 음성사서함도 확인했다. 사고 전 만나던 남성이 갑작스러운 연인의 증발에 당황해 보낸 메시지가 수십 통 있었다. 예전의 삶의 윤곽이 조금씩 돌아오기 시작했다. 예전의 모습을 되찾으려면 업무에 복귀해야겠다고 다짐했다. 그리고 3개월 만에 실제로 복직했다.

사람들이 바라는 것은 무엇인가

언젠가 드 로즈 레예즈에게 디자이너를 꿈꾸게 된 계기가 무엇이었는지 물었더니, 어릴 때 늦게까지 자지 않고 공포영화를 즐겨 본 기억을 들려주었다. 대부분은 아침이 오기 전에 잊어버렸지만 그중 예언가 노스트라다무스의 난해하고 피로 얼룩진 미래상을 다룬 다큐멘터리만큼은 아침이 와도 떨쳐낼 수가 없었다. 그가 다른 공포영화에서 가장 마음에 들어 한 특징은 보는 사람을 시험하는 구조였다. 이를테면 공포가 너무 심할 때는 한 발 물러난 다음 지어낸 이야기라고 생각하고, 그저 영화일 뿐이라고 되뇌었다. 하지만 처음부터 자기 같은 사람들을 혼이 쏙 빠지도록 무섭게 만드는 HBO 다큐멘터리를 즐겨 보는 어린 드 로즈 레예즈에게 노스트라다무스는 전혀 달랐다. 1555년 노스트라다무스는 히틀러가 "혀 하나로 대단한 군대를 꾀어내"고 "천상의 화살"이 내려와 히로시마와 나가사키를 파괴한다고 내다본 듯했다. 게다가 노스트라다무스는 질서가 무너지고 강물이 붉은색으로 변하는 등 더 심한 사태도 예견했다. 길고 긴 밤이 지나 마침내 아침이 오자 그는 어머니에게 노스트라다무스가 글로 써놓았던 끔찍한 내용은 언제나 일어났다고 이야기했다. 어머니는 깔깔 웃기만 했다! 그러고는 아들에게 물었다. "그래서 우리 아들은 어떻게 할 건데?" 어린 아들의 대답은 당연히 더 나은 세상을 만든다는 것이었다.[14]

지금의 드 로즈 레예즈는 어떤 일이 저절로 서서히 벌어지도록 두고 보기보다는 빨리 일어나도록 개입하는 유형이다. 사무실에 복귀하니 생각보다 더 위안이 되었다. 왜냐하면 일터 전체가 결벽이라고 할 만큼 세심하게 휠체어의 편의에 맞춰 복도도 넓히고 승강기 버

254

튼 높이도 낮춰 디자인되었기 때문이다. 오히려 문제는 나머지 생활이었다. 한 번은 즐겨 찾던 식당에서 친구들을 만나려고 했는데, 막상 도착해 보니 입구에 살짝 구부러진 곳이 있어 안에 들어갈 수 없었다. 또 한 번은 햇살을 받으며 보행로에서 휠체어를 몰고 가고 있는데, 그 앞에 쓰러진 쓰레기통 때문에 경로 전체를 바꿔야 했다. 마치 다른 사람들만 살 수 있는 이상한 그림자 나라에 손님으로 온 것 같았다. 그렇게 느끼기 시작하자, 새로 생긴 장애는 자기 자신의 특성이 아니라 주변 세상이 얼마나 무신경한지를 알려주는 증거 같았다. 달리 보자면 대부분이 장애라고 부르는 문제도 실제로는 디자인 문제였다. 우리는 워싱턴주 레드먼드에 있는 널찍한 마이크로소프트 단지 안에 들어선 디자인 스튜디오의 조용한 구석에 떨어져 있는 사무실에서 이야기를 나누는 중이었다. 드 로즈 레예즈는 눈을 크게 치켜떴다. "그렇게 해서 좀 과격해졌죠." 하지만 무엇에 대해 과격해질 것인가? 노스트라다무스를 잡아먹을 듯이 노려보다가 평생의 사명을 깨달은 디자이너로서, 앞으로 어떻게 해야 할 것인가? 그는 마이크로소프트에서 디지털 비서의 성격적 특성을 정의하는 프로젝트를 진행하고 있던 캣 홈스와 일하다가, 문득 공감에 대한 엉뚱하고 미래적이기까지 한 실험을 떠올렸다.

독자 여러분은 어쩌면 이 책을 읽으면서 휴대전화를 옆에 두고 주의가 흐트러질 때마다 이메일을 확인하고 친구한테 문자 메시지를 보내고 있을지 모른다. 이때 여러분은 기나긴 세월 동안 오로지 장애를 지닌 사람들만을 위해 개발된 발명품들을 누리고 있다. 이를테면 휴대전화 속 키보드와 그 전화를 연결하는 통신선, 그리고 이메

사람들이 바라는 것은 무엇인가

일의 구조가 그렇다. 1808년 펠레그리노 투리Pellegrino Turri는 시각장애인이었던 연인 카롤리나 판토니 다 피비자노Carolina Fantoni da Fivizza-no 백작 부인이 편지를 더 깔끔하게 쓸 수 있게 할 방법을 찾다가 타자기를 발명했다. 1872년, 알렉산더 그레이엄 벨Alexander Graham Bell은 자기가 추진하던 청각장애인 지원 사업에 보탬이 되기 위해 전화기를 발명했다. 그리고 1972년에는 빈트 서프Vint Cerf가 당시 초기 단계에 있던 인터넷에서 이메일 프로토콜을 처음 짰다. 서프는 전자우편의 힘을 열렬히 믿었다. 왜냐하면 청각장애인 아내와 출근 후에도 소통하는 방법으로 이런 전자 통신이 가장 유용했기 때문이다.

✳

어쩌면 언젠가 누군가 인터넷의 역사를 기록할 때, 여러 개로 이어진 튜브series of tubes(미 상원의원이 인터넷의 개념을 이처럼 비유해 논란이 된 후 종종 인터넷에 대한 무지를 비꼴 때 쓰인다-옮긴이)가 단순히 인류 전체를 빠르고 쉽게 연결해 주는 기술 발전의 기적만이 아니라, 기존에 소외된 사람들도 점차 함께 소통하게 도와주는 개별 발명의 연속이라고 설명해 줄지 모른다. 이 새로운 역사관의 핵심은 장애가 혁신의 동력이 된다는 시각이다. 왜냐하면 인간은 아무리 제약이 있어도 필요를 충족하기 위해 늘 기발한 방법을 동원할 것이기 때문이다.

얼핏 필요는 발명의 어머니라는 진부한 문구와 미심쩍을 만큼 비슷해 보일 수 있다. 하지만 좀 더 정확히 해석한다면, 발명가들이 각자 가까운 사람이 겪는 문제를 속속들이 파악함으로써 그 사람에게 공감했기 때문에 오히려 자기 자신을 위해서라면 하지 못했을 일을 해냈다고 보아야 한다. 이들은 공감의 힘 덕택에 구체적인 지식을 뛰어넘는 혜안이 생겼다. 인간 경험의 가장 외곽에 머무는 사람을 위해 문제를 해결해 주려다 보니, 타자기부터 전화기까지 모두에게 유용한 제품을 창조하게 되었다. 이처럼 중심이 아닌 가장자리에서 혁신을 추구하는 원리를 보면 디자인계의 뿌리 깊은 갈등이 부각된다. 바로 평균적인 소비자라는 비현실적인 개념에 집중하는 모습이다. 디자이너들은 이미 1970년대부터 이 선입견에 대항하기 시작했다.

그중 한 명인 퍼트리샤 무어Patricia Moore는 1978년 대학을 졸업하자마자 레이먼드 로위의 디자인 회사에 취직해 뉴욕으로 왔다. 그 시절에도 회사 사무실 풍경은 박물관에 전시된 초기 회사원의 모형을 모아둔 것 같았다. 관리자들은 로위가 외출하면 마티니 세 잔을 곁들인 호화롭고 여유로운 점심시간을 보낸 뒤, 너무 취해 업무 생산성이라곤 사라진 상태로 돌아오곤 했다. 당시 여성이라곤 비서만 가득한 사무실에서 무어는 몇 안 되는 여성 디자이너였다. "디자인 모델을 만드는 수석 기술자가 구두 수선공 같은 앞치마를 두르고 하루 종일 담배를 입에 물고 있던 기억이 나네요. 그 사람은 휴지통에 침을 뱉곤 했어요." 함께 저녁을 먹다가 무어가 말했다. 무어는 최근 몇 년간 피닉스시에 살며 일을 해왔고, 피닉스 시내를 다니는 조용한 전차를 디자인하기도 했다. "그 사람은 내게 늘 '여긴 망할 놈의 여자 같은 건 필요 없어'라고 말했죠."15

사실 여자는 필요했다. 미국은 냉전 중이었고, 국무부는 러시아인들의 민심을 읽을 방법을 새로이 찾고 있었다. 그래서 국무부는 미

사람들이 바라는 것은 무엇인가

국 디자이너들이 러시아 기업 일감을 맡도록 재정석으로 지원해 주기 시작했다. 로위의 디자인 회사만큼 충분히 미국적인 회사도 없었다. 하지만 국무부는 직원 중 여성 비율을 높이라고 요구했다. 로위는 어렵사리 무어를 찾았고, 무어 덕택에 계약을 따냈다. 무어는 가장 먼저 러시아 기업의 의뢰로 가족용 자동차 실내를 디자인하고, 그다음에는 수중익선水中翼船 실내를 디자인했다. 러시아를 방문한 무어는 충격을 받았고, 마음이 무척 아팠다. 버스를 타고 다니며 본 모스크바 거리에서는 보행로에서 노인들이 힘겹게 걷다가 젊은이들이 그 사이를 쌩쌩 지나치자 당황하며 허둥거렸다. 문득 미국에서도 같은 광경을 얼마나 자주 보아왔는지 떠올랐다. 하지만 사회주의의 이상을 추구하면서도 정작 구성원들에게는 무심한 이 낯선 곳에서 이방인이 되어 보니, 사람들이 길을 건너는 모습처럼 평범하고 재미없는 일상까지 새로운 눈으로 볼 수 있었다. 뉴욕으로 돌아온 무어는 회사의 암묵적인 규칙을 모른 채 로위에게 직접 제안서를 보냈고, 디자이너들이 평균적인 사람과 이들의 평균적인 필요와 욕구에만 신경 쓴 나머지 실제 삶을 개선해야 할 의무를 저버리고 있다고 주장했다. 노인은 어떡하고? 아무도 노인에게 관심을 두지 않았다. 하지만 이들에게 관심을 두려면, 실제로 그 입장이 되어 보아야 했다. 로위의 동의를 얻어 무어는 70세가 되어 볼 수 있는 모의 의상을 제작했다. 관절을 꽉 묶어 움직임을 제한하고, 보정속옷으로 허리를 불편하게 만들었다. 무어는 이 의상을 4년에 걸쳐 116개 도시에서 입고 다녔다.[16] 물론 오늘날의 디자이너들이 전부 특수한 옷을 입고 사용자 흉내를 내지는 않는다. 그보다는 무어가 당시 씨름하던 문제, 디자이너가 실제 사람들에게 다가가 이들에게 배우고 이들을 있는 그대로 받아들여야 한다는 생각이 중요하다. 10년 후 IDEO뿐 아니라 당시 무어의 남편이었던 댄 포모사가 창업한 스마트 디자인 역시 이와 같은 통찰을 바탕으로 탄생했다.

이처럼 앨폰스 샤페이니스에서 레이먼드 로위로, 또 퍼트리샤 무어로, 다시 IDEO로 이어지는 긴 영향력의 고리는 마침내 어거스트 드 로즈 레예즈와 마이크로소프트, 그리고 회사 안에 잠든 채 쌓여 있던 아이디어 더미에 도달한다. 이 아이디어 더미는 순전히 우연의 힘으로 이 회사가 디자인에 접근하는 방식을 완전히 바꾸게 된다. 마침 드 로즈 레예즈가 업무에 복귀한 시점은 우연히 마이크로소프트에 결정적인 시기이기도 했다. 사티아 나델라Satya Nadella가 새로운 최고경영자로 막 임명되려 했고, 나델라의 임명을 계기로 도화선에 불이 붙은 듯 온 회사가 술렁였다. 변화의 첫 단추로 윈도 모바일Windows Mobile의 야심만만하고, 평면적이며, 마치 손가락질하는 듯한 반反스큐어모프적(5장의 188쪽 참고) 디자인을 이끌었던 앨버트 슘Albert Shum이 마이크로소프트 디자인 전체를 맡게 되었다. 아마도 슘은 머리를 긁적이며 도대체 '마이크로소프트식 디자인'이 무슨 뜻인지부터 고민했을 것이다. 결국 직원만 13만 명에 제품 개발팀도 셀 수 없이 많고, 오랜 가문 대결로 유명한 햇필드와 매코이 가문Hatfields and McCoys도 울고 갈 정도로 조직 간 다툼도 많은 회사 아닌가. 마이크로소프트는 거대한 규모 때문에 애플이나 구글과는 디자인 접근부터 확실히 달랐다. 하지만 그 거대한 규모 때문에 명확한 구심점을 심으려는 시도가 오히려 말이 안 될 수도 있었다. 슘은 각 조직의 장

259

사람들이 바라는 것은 무엇인가

들에게 마이크로소프트 디자인의 정신이 무엇인지 알아내라고 강하게 주문했다.

드 로즈 레예즈는 어렴풋이나마 기회를 포착했다. 단서는 유니버설 디자인universal design으로, 론 메이스Ron Mace가 주창하고 퍼트리샤 무어가 적극적으로 활용한 개념이었다. **장애를 지닌 사람들을 위해 디자인하고, 이들이 어려움 없이 어디서든 무엇이든 두루 활용할 수 있다면 결과적으로 나머지 모두에게도 더 나은 제품을 만들 수 있다는 생각**이다. 가장 대표적인 사례는 옥소였다. 업계의 전설에 따르면, 옥소의 설립자 샘 파버Sam Farber는 은퇴하자마자 아내 벳시 파버Betsey Farber와 함께 프랑스로 떠나 남부에 집을 빌려 살고 있었다. 어느 햇살 좋은 날, 두 사람은 애플 타르트를 굽기로 했다. 둘은 역할을 나눴고, 벳시가 사과를 깎기 시작했다. 샘은 자기 일을 하느라 잠시 떨어져 있다가 돌아왔더니 벳시가 울고 있었다. 얼마 전부터 벳시는 손에 관절염을 앓기 시작했고, 익숙하게 사용했던 금속 과일 칼도 이제는 손에 쥘 수 없었다. 파버는 결국 스마트 디자인의 댄 포모사에게 연락해 과도 디자인을 의뢰했는데, 관절염을 앓는 사람도 편안하게 사용할 수 있도록 설계하여 결국 누구든 쉽게 사용했으면 좋겠다고 했다. 이런 통찰이 이어져 미국 가정용품에서 누구나 아는 기업이자, 일상에서 소외된 사람들을 위한 제품으로 성공하는 기업이 탄생했다. 이와 비슷한 사례는 실제로 매우 많다. 휠체어에 몸이 묶인 드 로즈 레예즈도 하나 알고 있었다. 커브 컷curb cut이라는, 휠체어도 보행로에 오를 수 있도록 콘크리트로 만든 완만한 경사는 길을 건너는 노인부터 유모차를 미는 부모까지 모두에게 도움이 되었다.

커브 컷은 드 로즈 레예즈가 건네는 은유였다. 커브 컷처럼 디지털 세계에서도 모두의 생활을 쉽게 만들어줄 우아한 장치를 찾으려하고, 남들은 전혀 어려움 없이 돌아다니는 이 세상을 난독증을 겪는 사람부터 청각장애인까지 소외당하는 사람들이 더듬더듬 헤쳐 나가는 방식을 연구하면 모두에게 더 나은 제품을 만들 수 있다는 생각이었다. **더 세심하게 맞춰주는 기계를 만들기 위해서는 사람들을 관찰하는 방법을 뜯어고쳐 사람들이 서로 간에, 그리고 세상에 어떻게 맞춰 가는지 더 면밀히 봐야 한다**고 생각했다. 캣 홈스는 눈먼 사람에게 타자기를 만들어주듯 "문제를 콕 짚어 해결하려는 것이 아니에요. 발상을 바꾸는 것이죠"라고 지적했다. 이들은 보통과 다른 삶을 살 수밖에 없을 때 자연스럽게 생기는 전문성과 독창성을 찾고 있었다.

예를 들어, 운전하는 동안 화면을 보지 못하는 상황에서 더 쉽게 조작할 수 있는 휴대전화를 만든다고 치자. 먼저 휴대전화를 갖고 운전하는 사람들의 모습을 관찰할 수도 있다. 아니면 시각장애인들이 휴대전화를 어떻게 사용하는지 관찰할 수도 있다. 이들은 화면을 보지 못할 때 전화기가 다른 기기와 연결되었는지 알아내기 위해 어떤 차선책을 동원하는가? 앱이 열렸을 때 어떤 청각적 피드백을 제공해야 하는가? 이런 기능을 휴대전화에 넣는다면, 장애가 있는 사람을 도와줌으로써 나머지 모두에게도 도움이 될 수 있다. 이를 홈스는 간결하게 표현했다. "우리는 장애를 오히려 기회로 삼고 있습니다."

이 책에서도 매우 미묘하면서 어려운 문제를 해결하려다가 탄생하게 된 제품을 이미 살펴본 적이 있다. 리플은 경찰 신고를 쉽게 해주려다가 탄생한 제품으로, 버튼 하나로 새로운 형태의 긴급 구조를

261

사람들이 바라는 것은 무엇인가

요청할 수 있게 되었다. 리플은 성폭력 문제에서 시작했고, 발명가들이 그중 구체적인 경우를 골라낸 후 새로운 관점으로 보려 하자 비로소 다양한 상황에 적용할 수 있는 해결안을 도출할 수 있었다. 그 밖에도 우리가 눈앞에 두고도 까맣게 모르는 사례가 일상 속에는 많다. 에런 체어Aaron chair는 끝도 없이 다양하게 조절 가능한 사무실 의자의 대명사이지만, 사무실 일개미들의 앉는 버릇을 조사하다가 탄생한 제품이 아니다. 오히려 노인층이 욕창의 염려 없이 앉아 있을 수 있도록 통기성이 우수한 메시 소재의 좌석 구조를 연구하던 프로젝트에서 나왔다.[17] 리플과 에런 체어 모두 어렵고 특수한 문제를 해결하려다가 우연히 좀 더 보편적인 단서를 발견하고, 결국 더 큰 해결안을 찾게 된 사례였다. 그러니 처음부터 어려운 문제에서 시작하면 어떨까? 새로운 문제에 의미 있는 해결안을 맞춰야 디자인이 발전한다. 세월이 흐를수록 우리의 삶의 질이 나아지면서 문제를 포착하기도 점점 어려워진다. 좋은 디자인으로 세상이 점점 나아지면, 문제도 점점 눈에 띄지 않게 된다. 결국에는 중국에서 디지털 세상이 얼마나 다르게 돌아가는지를 보든, 소외된 사람들이 디지털 세상에서 불편을 얼마나 겪는지 살펴보든, 좀 더 참신한 사례를 참고해야 문제를 발견할 수 있다.

캣 홈스와 마이크로소프트 동료들은 이처럼 다양한 사용자를 아우르는 포괄적 디자인을 수많은 디자인 기회에 적용해 보기 시작했다. 한 프로젝트에서는 난독증이 있는 사람이 글을 쉽게 읽을 수 있도록 서체와 행갈이 체계를 디자인했더니 난독증이 없는 사람도 더 빠른 속도로 읽을 수 있었다. 시각장애인들을 연구했더니 윈도 운영체제의 신규 사용자 등록 과정을 좀 더 매끄럽게 바꿀 수 있었고, 이때 단계마다 안내 문구를 더 간결하고 명확하게 적절한 순간에 띄울 수 있었다. 또 시각장애인 연구와 화면을 읽는 기술을 결합했더니 파워포인트 발표 내용을 실시간으로 통역해 주는 자막 도구를 개발할 수 있었다. 그 프로젝트가 다시 변형과 통합을 거듭하며 결국 스카이프Skype에 들어가 실시간 자막을 제공하는 기능이 되었고, 그다음에는 실시간 통역까지 제공해 서로 상대방의 언어를 몰라도 원격 회의를 할 수 있게 되었다. 각 프로젝트마다, 더 다양한 사람에게 도움이 되도록 만들었더니 처음의 싹보다 훨씬 범위가 큰 혁신이 발생했다. 펠레그리노 투리와 타자기, 알렉산더 그레이엄 벨과 전화기, 빈트 서프와 이메일도 비슷한 사례. 이 발명가들은 모두 처음에 장애가 있는 사람을 생각하며 시작했지만, 결과적으로 우리 모두를 돕게 되었다. 하지만 차이가 있긴 하다. 각 발명가들은 이런 유사성을 우연히 발견한 반면, 마이크로소프트는 의도적으로 이런 유사성에서 출발했다. 마이크로소프트의 디자이너들은 남과 다른 사람들을 일부러 찾아다니며, 이 사람들이 모두에게 필요한 해결책을 이미 도출했을 것이라고 굳게 믿고 있었다.

다시 레드먼드에서는 드 로즈 레예즈와 내가 한쪽은 유리창이고 반대쪽은 거울인 단방향 투과성 거울 뒤에 앉아 포괄적 디자인 프로세스를 또 새로운 프로젝트에 적용하는 현장을 지켜보았다. 바로 옆에 앉으니 휠체어에서 모터가 작게 울리는 소리가 들렸다. 하루 종일 앉아 있는 동안 욕창이 생기지 않도록 휠체어의 조종막대로 끊임없이 자세를 바꿔야 하기 때문이다. 유리창 반대편에는 일부러 부스스해 보이게 가꾼 턱수염에 뉴스보이캡을 쓴 젊은 대학원생이 청각장애인으로서 엑스박스 원Xbox One으로 '데스티니Destiny'를 해보고 싶지만 컴퓨터로 하는 '월드 오브 워크래프트World of Warcraft'에서 벗어날 수 없는 이유를 설명하고 있었다. 컴퓨터에는 키보드가 있어 팀원들과 채팅을 할 수 있었지만 엑스박스에서는 이런 소통이 불가능했다. 엑스박스에서는 빠르게 대화를 나눌 방법이 없기 때문에 게임에서 보조 역할에 그칠 수밖에 없었다. 이쯤에서 해결안이 뻔해 보였을 수도 있다. '엑스박스에 더 나은 키보드를 넣으면 되지.' 하지만 방 안에 있던 연구원은 계속 더 캐물었다. "그러니까 키보드란 레이드raid(여러 명이 모여 난이도가 높은 특수한 목표를 공략하는 행위-옮긴이)할 때 내가 앞장설 수 있다는 의미죠. 조종기란 내가 지시받는 역할만 해야 한다는 의미예요." 대학원생이 문득 화가 부글부글 끓어오르는 표정으로 말했다. 드 로즈 레예즈는 갑자기 더욱 활기를 띠며 레이드가 시작되기 전에 누군가가 사전 모임을 만들 수 있다면, 청각장애인들도 사전에 팀원들과 전략을 짤 수 있을 거라고 이야기했다. 알고 보니 가장 뛰어난 게이머들은 이미 그런 식으로 팀원들과 함께 사전 계획을 세워왔다. 만약 이런 사전 전략 수립 단계를 엑스박스 게임의 흐름 안에 자연스레 녹일 수 있다면, 청각장애인 게이머뿐 아니라 모든 게이머들이 더 쉽게 적을 끝장낼 수 있지 않을까? 새로운 디자인 프로세스가 아니었다면 생각해 내지 못했을 것이다. 드 로즈 레예즈는 더 나은 엑스박스나, 심지어 더 나아진 마이크로소프트의 모습을 꿈꾸는 데서 그치지 않았다. 나중에는 들뜬 표정으로 눈을 크게 뜨고 덧붙였다. "우리가 만약 성공한다면, 업계 전체의 제품 디자인 방식을 완전히 바꿀 수 있어요. 이게 내 꿈이에요." 이 꿈이 아직 실현되지는 않았지만, 이제는 포괄적 디자인이라는 말을 업계에서 자주 들을 수 있다. 장애를 대하는 태도가 바뀌고 있다.

디자인 업계가 변한다 해도, 디자인은 어떤 문제를 해결하게 될 것인가? 오늘날 우리는 스마트폰을 비롯해 자동차나 집 같은 각종 스마트 기기에 파묻혀 지낸다. 게다가 별안간 이 스마트 기기들도 모두 스마트폰과 통신하려 한다. 오늘날 우리가 사는 세계에서는 전환이 수없이 일어난다. 기기 하나로 다 되면 좋으련만, 이런저런 기기들이 끊임없이 무언가를 주고받아야 한다. 이때 기기 사이에서 발생하는 무수한 이음매 부분을 관리하려면 디자인 방식부터 바꿔야 한다. 캣 홈스는 다음과 같이 지적했다. "컴퓨팅의 가장 기본적인 전제는 기기 하나당 시각적 상호 작용도 하나만 대응되어야 한다는 믿음입니다. 디자인이라는 분야가 이 전제를 딛고 서 있죠. 우리가 언제 어디서나 변함없이 동일한 사람이라고 가정하는 거예요."

이런 문제 제기도 헨리 드레이퍼스의 시대에 정착된 사고방식에 비하면 완전히 달라진 시각이다. 드레이퍼스는 사용자를 측정하고 표로 나타낼 수 있으며, 이들이 누구인지는 표준화된 인간 그림으로 고정할 수 있다고 생각했다. 그러나 우리는 그리 손쉽게 스토리보드에 그릴 수 있을 만큼 한 가지 모습만 띠지 않는다. 만약 손목을 접질린 사람이나 장 본 물건을 든 채 휴대전화를 잡으려는 사람이라면, 비록 잠시이지만 평생 한 손만 사용해 왔던 사람과 같은 세계에 머물게 된다. 홈스는 단언했다. "세상에 보통 사람이란 없습니다. 우리 능력은 시시각각 변하거든요." 마이크로소프트가 발견하는 특수한 문

사람들이 바라는 것은 무엇인가

제들은 결국 우리 모두가 현재 모바일 세계에서 겪는 문제였다. 손에는 휴대전화를 쥐고, 종일 끊임없이 이리저리 옮겨 다니며, 뭔가 필요하지만 동시에 다른 일을 해야 하거나 주의가 분산되거나 흐트러져 조작 능력이 뚝 떨어졌을 때는 기기를 다루지 못해 쩔쩔맨다. 이런 우리를 도와야 하는 스마트폰 역시 늘 고정되어 있을 수 없다.

기술이 인간을 더욱 존중하는 방향으로 발전할 거라고 말하기는 쉽다. 하지만 어떤 방법으로 현실화될지 말하기는 어렵다. 우리가 '사용자 친화성' 속 '사용자'를 떠올릴 때 점점 더 다양한 사람을 포함하려면, 성급하게 차이를 평균으로 합쳐버리려는 기존의 디자인 방식을 바꾸고, 맥락과 인간다운 혼란이라는 개념을 끌어들이는 수밖에 없다. 만약 경험의 가장 소외된 부분이나 일상의 세세한 부분에서 보편적인 원리를 찾는다면, 미래가 어디로 향하고 있는지 단서 또한 발견할지도 모른다.

무엇이든 사용하기 쉽게 만드는 일은 중재하는 일과도 같다. 우선 극단의 상황에 처해 남들이 대수롭지 않게 여기는 문제를 늘 해결하며 지내는 사용자를 찾는다. 그다음으로 이 사용자에게 무엇이 필요했는지, 해결안은 무엇이었는지를 일반 사용자에게도 적용해, 누구나 보자마자 사용할 수 있을 만큼 쉬운 제품을 만든다. 결국 성공의 열쇠는 한 사용자 집단과 다른 사용자 집단을 잇는 통로를 찾는 데 달렸다. 물론 한 곳에서 얻은 통찰을 완전히 다른 곳에 옮겨 적용하는 과정은 예측하기도 어렵고 불확실하다. 하지만 그럼에도 이 현상은 인터넷의 발명, 에런 체어 디자인, 심지어 컴퓨터가 주류 시장에 들어선 과정 속에서도 계속 일어났다. 마이크로소프트에서도 같은 일이 일어났으며, 결국은 어떤 소프트웨어 제품보다도 이 회사에 큰 영향력을 끼치게 될지 모른다.

홈스가 참여한 프로젝트, 즉 인간 개인 비서를 따라다니며 비서들이 고객의 신뢰를 얻기까지의 과정을 연구하는 프로젝트에서는 시리와 경쟁할 마이크로소프트의 디지털 비서 코타나의 행동 양식을 제안할 수 있었다. 인간 비서처럼 코타나 개발팀도 투명성을 중요하게 생각했다. 가장 뛰어난 개인 비서들은 고객에 대해 무엇을 아는지, 방금의 행동을 왜 했는지 투명하게 밝히기 때문이다. 어떤 비서는 고객이 언제든 볼 수 있도록 일지를 남기기도 했다. 코타나는 또한 한계를 있는 그대로 인정한다. 뛰어난 개인 비서들도 요청한 일을 수행할 수 없을 때 까불거리며 농담으로 넘기려 하지 않기 때문이다. 이들은 아는 것과 모르는 것을 그대로 인정한다. 이들은 해주지 못하는 일이 있을 때, 해줄 수 있는 대안을 제안함으로써 만회하려 한다.

한참이 지난 후 이런 원칙은 마이크로소프트의 인공지능 디자인의 틀이 되었다. 한 가지 원칙은 '인간이 주인공이다'인데, 인공지능이 인간의 능력보다 앞서가거나 인간의 취향과 선호를 무시하지 않으려 한다. 인간 비서가 고객을 능가하거나 정해진 틀에 억지로 끼워 맞추지 않는 것과 같다. 다른 원칙은 인공지능이 사용자와 상호 작용할 때 사회적 맥락을 존중하는 동시에 '사회의 가치를 지킨다'는 내용으로, 분별 있고 예의 바르게 행동한다는 것이다. 또 다른 원칙은 '갈수록 진화한다'인데, 사람이 선호하는 바 안에서도 기분과 상황, 분위기에 따라 미세하게 맞출 수 있도록 계속해서 학습한다는 원칙이다.[18]

사람들이 바라는 것은 무엇인가

지극히 평범하고 시시해 보일 수 있지만, 반대로 이런 원칙 없이는 불편한 결과가 나타날 수 있다. 마이크로소프트 개발자들은 파워포인트 안에서 발표 자료의 화면 배치를 도와주는 기능을 개발했다. 인공지능 알고리즘이 현재 작업 중인 발표 자료를 읽어 들인 다음, 전에 학습했던 방대한 자료에 기초해 각 장마다 더 나은 화면 배치를 제안해 주었다. 파워포인트에서 디자이너라는 탭을 선택하면, 우리가 마구잡이로 붙여 넣은 그림과 목록 대신 더 나은 서체와 색조에 맞는 그림 테두리 등이 담긴 새로운 안 세 개를 볼 수 있다. 하지만 마이크로소프트가 디자이너 탭을 처음 시험 운영하자, 실제로는 뭐라 설명할 수 없는 기묘한 느낌이 들었다. "처음에 시험해 보았을 때는, 디자이너 탭의 말투나 애니메이션 분위기에서 컴퓨터가 사용자보다 더 잘났다는 태도가 묻어 나왔습니다." 마이크로소프트 오피스 전체의 방향을 이끄는 존 프리드먼Jon Friedman이 설명했다. 갈수록 더욱 기기묘묘한 일이 일어났다. 디자이너 탭의 추천대로 계속 가다 보면, 마지막에는 우리의 흔적이 사라져 더 이상 우리가 만든 자료처럼 느껴지지 않았다. 마치 컴퓨터가 한 단계씩 주도권을 가져가는 것 같았다. 이런 현상이 수백 개의 앱으로 확대된다면, 이 세상이 점점 무서워 보일 수 있겠다.[19]

결과적으로 마이크로소프트는 이 문제를 해결했고, 좀 더 은근하고 중립적인 기능을 공개했다. 디자인을 제안할 때 가장 잘된 발표자료뿐 아니라 *사용자 자신*의 발표 자료 양식을 기준으로 삼았다. 이런 변화 뒤에는 인간을 주인공으로 두고, 맥락을 민감하게 살피는 마이크로소프트의 인공지능 디자인 원칙이 있었다. 이렇게 탄생한 아이디어들이 얼마나 많은 곳에 쓰이고, 얼마나 더 많은 곳에서 쓰임새를 발견할지 가능성은 무궁무진하다.

✽

2018년 5월, 구글은 연례 개발자 행사에서 머신러닝 기반의 비서 서비스 듀플렉스를 공개했다. 전화로 상점 예약을 해주는 기능을 갖춘 듀플렉스를 마주한 사람들은 마치 거울나라(《거울 나라의 앨리스》 속 거울 나라-옮긴이)에 들어선 것 같은 기분을 느꼈다. 듀플렉스가 미용실에 전화를 걸어 마치 실제 사람처럼 이야기하자, 청중들 사이에 유쾌해하는 기색이 퍼져 나갔다. 이 로봇은 상대의 말에 동의할 때는 "아… 네…"라고 하는 등 실제 사람같이 완벽하게 자연스러운 말투로 대화 한 편을 끝까지 이어가더니, 5월 3일 오전 10시로 예약하고 통화를 끝냈다.

하지만 바로 다음 날, 듀플렉스는 역풍을 맞았다. 로봇이 인간 흉내를 내는 행위가 과연 윤리적인지 우려하는 목소리가 나왔던 것이다(IT 전문 매체 〈더 버지The Verge〉는 '구글 인공지능, 전화상으로 인간과 똑같아, 발전인가 걱정인가?'라는 제목으로 기사를 실었다).[20] 구글은 하는 수 없이 자사가 개발한 인공지능은 대화를 시작할 때 로봇임을 밝히도록 만들겠다고 즉시 발표했다.[21] 이런 우려의 목소리도 이해가 가는 한편, 오히려 우리가 미묘하지만 앞으로 지대한 영향을 미칠 만한 중요한 사실을 놓쳤다고 생각한다. 우리가 로봇에게 대꾸하고 대화를 이어가려는 마음이 들려면 로봇이 우리에게 말할 때 인간처럼 행동해

사람들이 바라는 것은 무엇인가

*야 한다*는 엄연한 현실이다. 만약 듀플렉스가 미용실 안내 식원에게 전화를 걸었을 때 여느 자동 녹음 전화처럼 이야기했다면, 안내 직원이 전화를 끊어버렸을 것이다. 지금껏 애플이 인터페이스를 쉽게 만들기 위해 가죽 달력이나 나무 책꽂이 등 실제 세계처럼 보이도록 노력했던 일도 살펴보았다. 오늘날 스큐어모프 현상은 요즘 도구가 이전 세대 도구를 흉내 낼 때뿐 아니라, 기계가 우리 행동을 *어나 아까* 지 똑같이 흉내 내려는 모습에서도 흔히 찾아볼 수 있다. 재치 있게 정확한 순간에 딱 맞는 제안을 한다면, 그 제안은 이전 세대 디자이너들이 목재와 금속을 다루듯 자유자재로 활용할 수 있는 재료가 된다. **이제는 우리의 관습과 행동이 디자인 재료가 되었다.** 다시 듀플렉스 사례를 보자. 대중이 반발한 이유는 이 로봇의 성격 설정이 완전히 잘못되었기 때문이기도 했다. 우리를 대신해 일해주는 전문 직업인이 아닌, 피자를 주문하는 십 대처럼 들렸기 때문이다. 구글 엔지니어들이 비록 듀플렉스를 인간처럼 느껴지도록 기가 막히게 개발했지만, 어떤 성격이 적합할지는 생각해 보지 않은 것 같았다. 한편, 우리의 관습과 성격이 기계로 스며드는 징후가 조금씩 보이기는 한다. 예를 들어 사람들이 아우디 자율주행차에 다가가는지 보는 실험에서, 자동차가 진중한 운전자처럼 속도를 늦추기만 하면 사람들은 아무 걱정 없이 길을 건넜다. 하지만 이는 아직 우리에게 굉장히 생소한 세계이며, 때로는 합리적이지 않은 결정을 해야 할 때도 있다.

2017년, 캐피털원Capital One 은행은 신용카드 대금을 확인하고 사용 기록과 월별 결제 기록을 조회해 줄 수 있는 에노Eno라는 챗봇을 개발 중이라고 밝혔다. 캐피털원도 마이크로소프트의 생각처럼 에노가 로봇이라는 출신 배경을 숨겨서는 안 되지만, 인간다운 성격이 필요하다고 믿었다. 캐피털원의 디자인 부문 부사장인 스테퍼니 헤이Stephanie Hay가 설명했다. "에노는 자기가 인간이 아닌지 잘 알고 있어요. 우리 기업 가치에서는 투명성이 가장 중요합니다. 따라서 에노는 '로봇이라서 자랑스러운' 거예요." 실제로 운영해 보니 이런 설정이 기능상으로도 유리했다. 서비스를 이용하는 사람들은 에노가 인간인 척하는 대신 로봇이라고 솔직히 인정하자, 에노의 실수에도 더 관대해졌다.[22]

　　캐피털원은 에노가 유머 감각을 발휘하고 은행 업무 외의 다른 일에 대해 대화할 수 있다면, 고객들이 더 자주 사용할 거라고 생각했다. 에노가 대화 중에 '운율을 슬쩍 맞추거나' 일부러 어수룩한 말장난을 하면, 고객은 에노가 3월 결제 대금을 순식간에 찾아 보여주는 것만큼 만족했다. 캐피털원에서 인공지능 설계 전체를 이끄는 오드라 코클리스Audra Koklys는 이렇게 말했다. "사무적인 이야기 이상의 대화를 더 이어 나갈 수 있을 때 고객들이 얼마나 기뻐하는지 몰라요. 아마 깜짝 놀라실걸요. 우리 고객들은 에노에게 온갖 내용을 문자로 보내고, 마치 에노가 인간인 양 '부탁해요'와 '고마워요'라는 말을 꼭 붙였어요."[23] 4장에서 함께 본 클리퍼드 나스가 떠오른다. 나스의 실험에서 인간은 무의식중에 컴퓨터를 인간 취급했다. 코클리스는 캐피털원에 오기 전 픽사Pixar 애니메이션 스튜디오에서 영화 〈라따뚜이Ratatouille〉로 경험을 쌓으며 디지털로 창조한 인물을 실제처럼 만드는 방법을 배웠다. 이 능력이 캐피털원에서도 굉장히 유용했다. 마침 에노가 로봇 은행원의 능력만 갖춰서는 사용자들이 관심을 두

사람들이 바라는 것은 무엇인가

지 않는다는 사실이 드러났기 때문이다. 코클리스는 이렇게 말했다. "결국은 관계를 만들고 신뢰를 쌓으려고 하는 거죠. 두 가지 목적 모두 성격이나 특색이 있어야 가능해요."

코클리스와 헤이는 개발 업무 중에 어마어마하게 많은 분량을 에노가 나눌 법한 대화, 그리고 에노가 지닌 능력에 한계가 있는 상황에서 어떻게 답할지 일일이 대응시키는 데 할애한다고 설명했다. 나는 코클리스에게 에노의 성격이 어떤지, 대화 중에 이 성격이 어떻게 드러날지 설명해 달라고 부탁했다. 예를 들어, 에노가 사용자의 말을 이해하지 못했을 때는 절대로 웃기거나 귀엽게 굴지 않았다. 유머는 오로지 다른 사람에게 공감할 때만 활용했다. 코클리스는 다음과 같이 설명했다. "에노는 천성적인 성격 특질과 배경 이야기도 있고, 좋아하거나 싫어하는 것들도 정해져 있습니다. 실제로 성격상의 결함도 디자인했어요. 사람 냄새가 나야 관계를 맺고 싶기 때문이죠." 그것이 무엇을 의미하는지 물었다. 그래서 에노의 성격은 어떻고, 성격상의 결함은 무엇인가?

그때부터 내가 해본 대화 중 가장 이상한 대화가 이어졌다. 헤이와 코클리스는 연신 전화회의 회선에 음소거 버튼을 누르고서 둘이서만 답변을 상의했다. 그러더니 음소거를 풀고 방금 한 말에 표현만 바꿔 다시 답했다. 같은 과정이 15분여 동안 몇 번 되풀이되었다. 대화에 점점 긴장감이 흘렀다. 마침내 헤이가 더는 질문을 받지 않겠다고 하고는, 에노의 성격 특성은 캐피털원의 지식재산이기 때문에 설명할 수 없다고 덧붙였다. 나는 항변했다. '정말로 이 로봇의 행동을 설명하기 어려운가? 그렇다면 나 혼자 묻고 답하다가 내 마음대로 설명하고, 이 설명 그대로 공개해도 괜찮은가? 공식적으로 진실을 이야기해 주는 편이 낫지 않은가?' 상대는 동의하지 않았다. 나는 이어 챗봇의 부상이 일시적인 유행인지 물었고, 헤이는 그렇지 않다고 답했다. "그 반대입니다. 오히려 점점 일반화되고 있죠. 미국 5대 은행에서 전부 투자하고 있어요." 통화는 어색하게 끝났다.

통화가 끝난 뒤, 방금 일어난 일을 곱씹어 보았다. 어떤 대형 은행이 직접 개발한 로봇의 성격 특성을 밝히지 않겠다고 거절했다. 이 성격을 이용해야 사람들이 거래를 더 많이 할 것이라고 생각했기 때문이다. 영화 〈그녀〉의 세계가 실현되려면 아직 멀었다. 하지만 우리는 이미 컴퓨터가 우리 모습을 더욱더 정밀하게 닮아가는 세계를 맞닥뜨리고 있다. 이 컴퓨터는 이제 깔끔하고 질서정연한 버튼이 아니라 우리가 누구인지에 대한 지식을 바탕으로 우리가 어떻게 느끼는지 예측함으로써 우리를 이 세계에 끌어들이고 있다.

사람들이 바라는 것은 무엇인가

디즈니 매직밴드 (2013)

개인을 위한 맞춤형 서비스

영화는 언뜻 보기에 디즈니의 주력 사업 같지만, 실제로는 디즈니의 마케팅 도구다. 이 회사의 엄청난 수익은 대부분 영화 성공작을 프랜차이즈 사업으로 전환하는 데서 발생한다. 가장 먼저 완구와 TV 상영작을 내놓고, 테마파크로 아이들 마음에 새로이 불을 지핀 다음, 속편을 발표하고 완구를 더 파는 구조다. 그중에서도 테마파크는 디즈니의 가장 안정적인 수익원이다. 하지만 2007년 즈음에는 이 꿈과 마법의 나라에도 위기의 징후가 뚜렷해지기 시작했다. 주요 수치가 내려가기 시작했고, 그중에서도 '재방문 의사' 감소가 가장 큰 걱정이었다. 디즈니월드 신규 방문객 중에 재방문 의사를 밝힌 방문객은 절반에 불과했는데, 이유는 긴 줄과 비싼 입장료 때문이었다. 창립자 월트 디즈니Walt Disney가 처음 계획한 방문객 수에 비해 두 배나 수용한 탓에 놀이기구를 탑승할 때는 물론 아이스크림 가게나 화장실, 식당까지 어디에서나 줄을 서야 했다. 세다가 공원 입장권과 수많은 놀이기구 탑승권, 지도, 신용카드와 영수증, 각종 열쇠까지 번거롭게 관리해야 했다. 디즈니 경영진은 서로 숨죽여 수군대며, 한때 분기별 실적에서 가장 든든한 기반이었던 테마파크가 어쩌면 '불타는 플랫폼burning platform(특단의 조치를 취하라는 비상 경보-옮긴이)'일지도 모른다고 했다. 우려에 휩싸인 경영진 중 한 명은 〈패스트컴퍼니Fast Company〉의 기자 오스틴 카Austin Carr에게 이렇게 말했다. "우리가 만약 다음 세대의 고객을 놓친다면, 지금의 불타는 플랫폼은 갑자기 활활 타오를 거예요. 한마디로 공황 상태입니다."[1]

2008년, 당시 디즈니 리조트의 회장이었던 멕 크로프턴Meg Crofton은 최고경영진을 모두 모아 이 사태를 해결하라고 지시했다. 크로프턴은 이렇게 말했다. "불편한 지점들을 찾고자 했습니다. 입장 후 테마파크 경험에 빨리 몰입하는 데 방해가 되는 요소들은 무엇인가?"[2] 이처럼 불편한 지점이라는 개념은 디즈니가 본보기로 삼으려는 디자인 싱킹 과정과 디즈니가 앞으로 취할 방향이 어떨지를 시사하는 말이었다. 이들은 디즈니월드에서 보통의 가족이 어떤 하루를 보내는지를 표로 그려보았다. 이는 인간 중심 디자인에서 여정 지도 그리기journey mapping라고 부르는 과정이다. 그려놓고 보니 지도는 마치 실뜨기 놀이처럼 여러 경로가 복잡하게 얽히고설켜 있었다. 가족들은 먼저 가장 인기 있는 놀이기구 우선 탑승권을 거머쥐기 위해 입구에서 전력질주하며 하루를 시작했다. 나중에는 가족들이 각자가 원했던 걸 모두 해보기 위해 뿔뿔이 흩어지기도 했다. 신데렐라의 성을 하루에 스무 번씩 지나가게 되기도 했다. 사람들이 이곳에서 어떤 일을 겪었는지 여정 지도로 확인해 보니, 마치 오랫동안 아끼던 소파를 길거리에 내놓은 경험 같았다. 인정사정없이 내리쬐는 한낮의 햇빛 아래에서 보니, 오랜 세월 동안 안고 살던 얼룩들이 갑자기 확연히 보이며 어떻게 이 지경이 되도록 내버려 두었을까 하는 생각을 뒤늦게 하게 되는 것이다. 그뿐 아니라 세상이 변하고 있었다. 2008년 당시 앞으로 닥칠 지각변동을 내다보는 안목이 있었다면, 출시된 지 일 년도 안 된 아이폰 때문에 당장이라도 편리함에 대한 세상의 기대치가 완전히 달라질 미래를 예상했을 것이다. 무엇이든 즉시 이루는 세상에서 성장한 아이들이 자기 아이들과 어디로 여행갈지 고민할 때가 오면 어떻게 될 것인가? "겉보기에는 모두 굉장히 만족해 보였지만, 실제로는 공원 안에서 너무 심하게 들볶여서 아마 나중에는 단호하게 '더 이상은 그만!'이라고 외칠 것 같았죠." 전 관리자가 말했다.[3]

존 패짓John Padgett은 캘리포니아 버뱅크에 있는 디즈니 본사와 플로리다 올랜도에 있는 디즈니월드를 수시로 비행기로 오가며 문제를 해결하는 조정팀의 일원이었다. 어느 날 아침 일찍, 여느 때처럼 모두 비행기에 타고 이륙 전 활주로를 천천히 돌고 있었다. 그는 이미 스무 번 이상 지겹도록 넘겨 본 기내 면세품 책자가 아닌 새로 나온 책자를 발견하고는 꺼내 뒤적이기 시작했다. 트리온 Z^Trion-Z라는 고무 손목 밴드에 대한 내용이 눈에 띄었다. 착용하면 고무 밴드 속 자석이 맥박 뛰는 지점 위에 올라오면서 자석의 힘으로 균형 감각과 골프 스윙 실력을 늘릴 수 있다는 수상쩍은 이론이 쓰여 있었다. 비록 사이비 과학이었지만, 조그마한 부속 하나를 우리 몸에 부착함으로써 우리가 더 발전한다는 발상이 굉장히 급진적이기도 했다. 패짓

사람들이 바라는 것은 무엇인가

은 이런 손목 밴드를 중심으로 디스니월드를 완전히 재탄생시키면 어떨지 곰곰 생각해 보았다.[4]

2013년에는 디자인 종사자들 사이에 디즈니가 뭔가 대단한 걸 만들었다는 소문이 돌았다. 테마파크 내 모든 상거래를 감쪽같이 숨긴 데다 개발비만 무려 10억 달러를 들인 손목 밴드 이야기였다. 나도 디즈니의 언론 담당자들과 2년 동안 씨름한 끝에 마침내 2015년에 이 사실을 직접 확인하러 가게 되었다. 디즈니월드를 걸어 다니는데, 소문 속 디즈니 매직밴드가 이미 커다란 레모네이드 얼음 컵이나 햇볕에 타는 경험만큼이나 흔해서 깜짝 놀랐다. 어디에나 있어서 오히려 완벽하게 숨어버렸다고 하는 편이 더 맞겠다.

미녀와 야수를 주제로 꾸민 '비 아워 게스트Be Our Guest'라는 식당은 너무나 정교하게 꾸민 환상의 세계여서 마치 2차원도 3차원도 아닌 2.5차원 팝업북처럼 느껴진다. 방문객은 곧 허물어질 것 같은 고딕 양식 대문(사실은 에어브러시로 칠한 유리섬유)을 지나 입장한 다음, 괴물 석상들로 둘러싸인 아주 작은 도개교를 건넌다. 고개를 들면 가짜 화강암으로 된 가짜 산등성이 너머로 고전적인 연보라색 작은 궁전이 빼꼼히 보인다. 성은 축척을 기묘하게 흐트러뜨린 모습이다. 대문은 어림잡아 보통 출입문 크기에다, 도개교는 아주 약간 찌그러든 정도이며, 성은 마치 굉장히 멀리 있는 듯이 매우 작게 축소했다. 이렇게 공간을 압축하는 연출법은 방문객이 일상에서보다 커진 듯한 기분이 들도록 월트 디즈니 자신이 고안한 심리적 기법이었다. 효과는 확실하다. 여기서 몇 걸음만 걸어도 1킬로미터는 족히 걸은 것 같고, 갑자기 다른 곳으로 장면이 전환된 듯하다. 입구는 너무 조그마

278

해서 디즈니 직원들은 이 곳으로 들어서는 방문객을 한 명도 놓치지 않고 경쾌하게 인사를 건넬 수 있다.

만약 매직밴드를 착용한 사람이 도착하면, 거추장스러운 단계가 눈에 띄게 줄어든다. 이를테면 아무 자리에나 앉으면, 음식이 알아서 나온다. "우리 자리를 어떻게 찾을까? 진짜 마법 같다!" 어떤 여성이 자리에 앉으며 가족들에게 말하는 소리가 들렸다. 이 부부의 어린 아들이 나방처럼 자리를 뱅뱅 돌았다. 곧 젊은 남자 직원이 미소를 지으며 작은 수레에 주문한 음식을 담아 왔다.

여성이 던진 합리적인 질문은 곧 프랑스식 양파수프와 구운 쇠고기 샌드위치의 맛있는 냄새에 묻혀버렸다. 하지만 자리를 찾는 건 모두 철저히 계획된 일이었다. 처음 디즈니월드 내에서 어떤 체험을 재정비할지 결정할 때, 디즈니 경영진은 먼저 이 미녀와 야수 식당 '비 아워 게스트'에 주목했다. 이 식당은 인기가 많아 방문객들이 지치고 피곤한 채 이곳에 도착해도 또 줄을 서게 되는 곳이기 때문이었다. 이를 모두 해결해 주기 위해, 내가 우연히 엿듣게 된 이 가족처럼 방문객이 도개교를 건너는 순간부터 여러 가지 기술이 조용히 따라다니며 보이지 않는 곳에서 합창단처럼 조화롭게 도와주고 있었다. 과연 *우리 자리를 어떻게 찾을까?* 매직밴드와 그 속에서 조용히 작동하는 기술 덕택이었다. 공항에서 버스 타기, 호텔 체크인과 방에 입실하기, 공원 입장, 공원을 이용하며 각종 요금을 지불하는 과정에서 혹시 있을지 모를 대기 시간을 모두 없앴기 때문이었다. 매직밴드 하나에는 사방 12미터 반경까지 전송할 수 있는 통신 칩이 내장되어 있었다. 이 가족이 도착했을 때, 주방에는 다음 메시지가 전송되었다.

사람들이 바라는 것은 무엇인가

'프랑스식 양파 수프 두 그릇과 구운 쇠고기 샌드위치 두 개.' 이 가족이 마침내 자리를 잡자, 이들이 차고 있던 매직밴드가 자리에 있는 수신기에 신호를 보냈다. 자리 좌표는 종업원에게 전달되었고, 종업원은 이 가족이 주문한 음식과 자리를 정확히 파악하고 음식을 가져다주었다.

오늘날은 이처럼 **우리가 질문 하나 하지 않고 버튼을 누르지 않아도 우리를 도울 수 있는 기술이 우리 주변에 점점 늘어나고 있다.** 우리가 이런 기술에 거부감이 든다고 아무리 자주 말해도, 원하는 것을 기술이 예측해서 도와주면 순식간에 적응하고 만다. 스마트폰이 약속 시간에 맞춰 나갈 시간을 알려주거나, 구글 지메일이 회신할 내용을 제안해 주는 모습을 생각하면 된다. 오늘날 지메일에서 전송되는 전체 이메일의 10퍼센트 이상을 이러한 '스마트 답장'이 차지한다.[5] 오늘날 구글 지도에는 기본 설정상 우리의 장소 검색 기록, 친구들과 잡은 일정이 다닥다닥 표시되는데, 이는 단순한 반응이라기보다 예측하기 위해서다. 하지만 우리는 오싹 소름이 돋기도 전에 이미 편리함에 지배당한다. 편리함 때문에 원래 이 기능에 동의했다고 생각한다. 그런데 디즈니월드에서 놀라웠던 것은, 스마트폰 말고도 주변 환경이 이렇게 편리해졌을 때 사용자들이 대부분 무심하게 어깨 한 번 으쓱 하고는 다시 쇠고기 샌드위치에 집중하는 모습이었다.

여기에 바로 디즈니가 매직밴드에 10억 달러의 가치를 들인 이유가 있다. 디즈니는 매직밴드를 활용해 기존의 냉철한 사업 논리, 즉 종업원이 담당하던 서비스를 많이 제거함으로써 자리 회전율을 높인다는 논리를 휴가를 보내던 가족이 마법 같다고 말할 만한 무언가로 재편할 수 있었다. 신기하게도 디즈니월드는 최첨단 기술로 이루어진 감시 체계를 기쁨 가득한 경험으로 만들어냈다. 매직밴드를 디자인할 무렵, 이 가능성은 무한해 보였다. 사람들이 동화 속 다리를 지나 동화의 성을 보는 순간, 센서들이 사람들의 접근 거리를 인식할 수 있었다. 비 아워 게스트 식당의 최초 구상에서는 종업원이 방문객의 이름을 부르며 인사하고 지금껏 타다 온 놀이기구가 어땠는지 물어볼 계획이었다. 방문객이 어디를 방문하고 남은 일정 동안 예약해 놓은 여정은 어떠한지 모두 정확히 전달받을 계획이었다. 매직밴드의 구상 단계에서는 놀이공원 내 카메라들이 곳곳의 센서들과 통신한 다음, 사람들 각자가 보낸 시간을 마치 〈트루먼쇼Truman Show〉(삶 전체가 24시간 생중계되는 인물을 다룬 영화-옮긴이)의 주인공이 된 것처럼 영상 한 편으로 구성해 마지막에 기념품으로 제시하게 되어 있었다. 하지만 이런 기능은 결국 구현되지 못했다. 구현할 수 없어서가 아니라 구현하는 과정 어딘가에서 디즈니가 의지를 잃었기 때문이다.

의외였다. 이런 원대한 꿈이 이루어질 만한 곳을 딱 하나 꼽자면, 늘 첨단 기술에 가장 경쾌한 색을 칠하려 했던 월트 디즈니의 집착 위에 세운 디즈니월드가 아니겠는가. 닐 게이블러Neal Gabler가 쓴 최고의 전기를 보면, 디즈니는 "바깥세상보다 훨씬 나은 현실"을 만들고자 했다. 월트 디즈니는 첫 번째 테마파크인 디즈니랜드가 엉망이 되어가는 모습을 지켜본 후 이런 열정을 품게 되었다. 1950년대에 디즈니랜드가 걷잡을 수 없이 크게 성공하자, 주변 도시 경관은 조잡한 호텔과 번쩍거리는 대형 광고판, 낡아빠진 주변 건물들로 북새통을

사람들이 바라는 것은 무엇인가

이루었다. 크게 상심한 디즈니는 마법을 이루려면 먼저 질서부터 거대한 규모로 확보해야겠다고 결심했다. 당시 개봉했던 영화가 줄줄이 실패한 후 회사 재정이 엉망인 상황에서, 디즈니는 자기 생명보험을 담보로 대출을 받아 '플로리다 프로젝트'의 자금을 댔다. 디즈니랜드의 규모가 뉴욕 센트럴파크 저수지 정도였다면, 디즈니월드는 104제곱킬로미터 정도 규모로, 어림잡아 샌프란시스코 도시 전체만 했다. 월트 디즈니는 침대 위 천장 타일에 공원 설계도를 붙여놓고 매일 밤 바라보며 잠이 들곤 했다. 그리고 몇 년 후, 그 타일을 올려다보며 영원히 잠들었다.[6]

디즈니월드를 결국 현실화할 수 있었던 힘은 상거래가 곧 사회 발전이고 디자인이 좋아지면 삶도 나아지는 사용자 친화적인 세상의 효과를 굳건히 믿은 데서 나왔다. 당시 기술로 해결할 수 없는 곳은 기발한 연출 기법으로 해결했다. 월트 디즈니의 꿈은 진입로 터널에서 시작했다. 디즈니월드에 들어서는 방문객은 평지가 아니라 오히려 사상 가장 큰 인공 언덕 위에 서게 된다. 사방에 마치 혈관처럼 작은 굴이 퍼져 있어 구피나 미키 마우스 '배우'들이 필요한 곳에 갑자기 나타났다가, 무대 뒤로 퇴장하듯 사라질 수 있고, 담배 피우는 모습이나 의상이 얼마나 냄새나는지 욕하는 모습을 절대로 보이지 않게 숨길 수 있다. 심지어 놀이기구 사이 빈 공간조차 예술적인 연출이 가능하도록 의도적으로 디자인했다. 중심가 장면에서 미국 서부 장면으로 넘어갈 때 빈 공간이 넓게 펼쳐져 마치 미식가가 음식이 나오는 사이에 입을 헹구는 듯한 효과를 연출했다. 월트 디즈니는 영화와 연극의 미감에 맞춘 경험을 설계하고 있었다. 영화와 연극은 중

요하지 않은 요소를 모두 제거해 현실을 압축해서 보여줄 수 있기 때문이다.[7]

개장한 지 40년이 지난 지금, 오늘날의 디즈니월드 역시 첨단 기술로 각종 불편을 완화한 매끄러운 세상을 살짝 엿보는 것 같다. 하지만 엿보는 것에 불과하다. 왜냐하면 매직밴드와 이를 둘러싼 최초의 구상은 현실의 벽 앞에 힘없이 찌그러졌기 때문이다. 꿈을 현실화하는 데 디즈니가 맞닥뜨린 어려움들을 보면, 거대 기업들이 왜 사용자 친화적인 세상을 만들고자 하면서도 점차 능력의 한계에 부딪히고 있는지 알 수 있다. 결코 디자인이나 기술이나 꿈이 부족해서도 아니고, 세상이 준비가 덜 되어서도 아니다. 오히려 기업 조직이 디자인된 방식 때문이다. 디즈니월드나 실리콘밸리의 거대 IT 기업 같은 곳에서 만들어진 매력적인 꿈과 이상은 새로운 한계에 부딪히고 있다. 가장 큰 어려움은 수천 명이나 되는 사람에게 기술의 이음매가 절대로 보이지 않도록 작디작은 세부 요소에까지 모든 사람이 마음을 모으라고 설득하고, 그 세부 요소들에 통일된 경험 하나를 반영하는 일이다. 하지만 이런 노력에도 불구하고 기술의 이음매는 드러나게 마련이다. 스마트폰에 꾸역꾸역 집어넣은 신규 기능이든, 현실에서는 오류로 엉망이 된 미래적인 스마트홈이든, 마법같이 만들려다가 반만 완성한 듯한 테마파크든 모두 마찬가지다. 기업들이 숨기려 노력해도 이 이음매가 남아 있는 이유는, 그것이 기업의 구조를 반영하기 때문이다. 주도권 싸움을 하는 내부 조직들, 그리고 각 조직에 있는 사람들, 작디작은 타협이 모두 합리적인 결정이었다 해도 천 번이 모이면 경험 하나를 조금씩 깎아먹다가 마지막에 먼지만 남게 되

사람들이 바라는 것은 무엇인가

는 것을 이해하지 못하는 사람들이 모인 구조는 경험의 이음매에 그
대로 드러난다.

✻

  존 패짓의 약간 수줍고 촌스러운 미소에 깔끔하게 가르마를 탄
머리, TV 시트콤 주인공 리치 커닝엄과 눈에 띄게 닮은 모습을 보면,
1970년대에 그가 버지니아주 시퍼드에서 어린 시절을 보낸 이야기
에 자연스레 고개를 끄덕이게 된다. 시퍼드는 항공모함과 핵잠수함
을 건조하던 해군 조선소 근처 동네였다. 주변 이웃들은 거의 모두
조선공으로 일했고, 대부분 전기 기술자나 기계 기술자가 아니면 그
의 조부처럼 용접 기술자였다. 그는 매일 조선소를 보며 규모가 거대
해도 무서워할 필요가 없다는 사실을 배워나갔다. 크기를 상상할 수
없을 만큼 거대한 항공모함 그림자 아래로 지나갈 때도 있었지만, 그
저 옆집 아저씨들이 한 번에 리벳 하나씩 차근차근 지어 나가다 보니
그 정도로 거대해졌을 뿐이었다. 패짓 자신도 목공일을 배우며 자랐
다. 그러면서 거대한 규모에 열정적으로 집착하게 되었다. 패짓은 디
즈니의 매직밴드와 매직밴드 전체 경험을 묶어주는 디지털 플랫폼
마이매직플러스MyMagic+ 개발을 주도하는 임원이었다. 그는 수천만
명의 방문객이 디즈니월드 안에서 다니는 방식을 완전히 바꿀 만한
특허도 십여 건 공동 출원했다. 이 프로젝트에 결국 천여 명의 직원
과 협력 업체가 동원되었다. 놀이공원 곳곳에 센서를 수천 개 설치하
고 흩어져 있던 데이터 시스템 백여 개를 통합하는 대수술이었다. 모

284

두 디즈니월드 전체를 거대한 슈퍼컴퓨터로 만들어 방문객들이 어디에 있는지, 무엇을 하는지, 무엇을 원하는지에 관한 실시간 데이터를 처리한다는 한 가지 목표를 향해 집결한 것이었다.[8]

 패킷을 비롯해 이처럼 디즈니월드 방문 여정에서의 모든 번거로움을 완전히 제거하기 위해 노력하는 주요 임원들은 디즈니 이매지니어Imagineers('상상하다imagine'와 '엔지니어engineer'의 합성어-옮긴이) 소속이 아니었다. 이매지니어는 디즈니의 명소를 만들어내는 조직으로, 재미의 신으로 추앙받는 사람들이었다. 디즈니의 창의적인 문화에서 위계를 따지면 이매지니어의 결정권이 가장 컸고, 이매지니어들은 디즈니의 마법을 자신들이 주도한다고 생각했다. 어느 정도는 창립자 월트 디즈니 자신이 초래한 결과였다. 그는 이매지니어들이 디즈니의 혁신 동력이 되도록 권한을 부여했는데, 이 구조의 한계까지는 미처 내다보지 못했다. 패킷이 이끄는 조직은 이와 대조적으로, 급속도로 성장 중이던 운영 본부에서 잔뼈가 굵은 전문가들이었다. 놀이기구를 예약 없이 몰래 타지 못하게 막는 일부터 길 잃은 아이들에게 가족을 찾아주는 일까지, 그다지 주목받지 못하는 현실을 굴리는 사람들이었다. 이매지니어들과 달리, 이들 눈에는 디즈니월드가 가장 인기 있는 명소의 합이 아니었다. 이들은 엑스레이로 찍은 듯 디즈니월드를 지탱해 주는 뼈대를 볼 수 있었다. 이런 사람들이 디즈니월드의 새로운 미래상을 그릴 장본인이라니, 이매지니어들의 눈에는 신성 모독처럼 보였다. 이 시스템이 어떻게 될지 패킷 팀이 상상력을 발휘하기도 전이었다.

 매직밴드 자체는 단순하고 깔끔한 모양에 색상은 경쾌한 파

285

랑, 초록, 빨강 중에서 고를 수 있는 고무 팔찌다. 밴드 안에는 각각 RFID 전자 태그 칩과 2.4GHz 무선전화기에 내장된 것과 같은 통신 장치가 들어 있다. 디즈니월드 표를 온라인에서 사전 구매할 때 이 팔찌도 구매할 수 있다. 이때 타고 싶은 놀이기구도 미리 고를 수 있다. 그러면 방문하기 몇 주 전에 방문객 이름을 새긴 매직밴드가 우편으로 배달된다. 어린아이에게는 매직밴드가 마치 기대하고 고대하던 성탄 선물이 크리스마스트리 아래 놓여 있는 것처럼 느껴지도록 신경 썼다. 디즈니 임원들은 이 매직밴드가 대단하지는 않아도 디즈니월드에 마음대로 입장할 수 있는 초능력의 일종이라고 불렀다. 디즈니가 이것 하나로 각종 번거로운 절차를 얼마나 많이 없앴는지 보면 정말 놀랍다. 미키 마우스 아이콘이 눈에 띄는 곳 어디든 탭하기만 하면 된다. 자동차를 빌리거나 수하물 컨베이어 벨트 앞에서 기다릴 필요도 없다. 호텔 열쇠도, 입장권도 필요 없다. 길게 줄을 서서 기다릴 필요도 없다. 입장한 뒤에는 예약한 시간에 맞춰 놀이기구 앞으로 가기만 하면 된다. 그날의 여정은 복잡하게 얽히고설키지 않도록 최적의 경로로 짜여 있다. 자녀들이 올라프 인형을 집어 들고 *딱 이것 하나만요*라고 조를 때에도 번거롭게 지갑을 꺼낼 필요조차 없다. 그냥 매직밴드를 공중에 휘젓기만 하면 된다.

톰 스태그스Tom Staggs는 아서 C. 클라크Arthur C. Clarke(영국 공상과학소설의 대가이자 미래학자-옮긴이)의 옛말을 빌려 매직밴드에 대한 디즈니의 목표를 설명했다. "'기술이 충분히 발전하면 마법과 같아진다.' 이것이 우리 생각입니다. 우리가 눈앞에서 사라질 수만 있다면, 우리 고객들은 추억을 더 많이 쌓을 수 있지요."9 당시 스태그스는

1680억 달러 가치의 월트 디즈니 제국 전체 최고운영책임자이자 테마파크 전문가로 차기 최고경영자 후보였다. 매직밴드는 그의 임기에서 최고의 성과였다. 아니나 다를까, 디즈니월드에 매직밴드를 설치하자 방문객들의 소비가 늘고, 70퍼센트는 타인에게 추천 의사가 있다고 했으며, 방문객을 공간에 더 효율적으로 배분할 수 있어 기존보다 매일 5000명씩 더 수용할 수 있었다. 스태그스는 마치 고등학교 동창회에서 다시 만난 과거 학교 대표팀 선수처럼 꼿꼿한 자세에 사다리꼴 턱선과 친근한 표정을 갖췄다. 우리는 화상회의로 인터뷰를 했다. 스태그스는 버뱅크에 있는 디즈니 본사에, 나는 디즈니월드 안에서도 지원 사무동 안에 꼭꼭 숨어 있는 어느 큰 방에 앉아 있었다. 주위 벽에는 프로젝터가 놀이공원 안의 시시각각 변하는 정보를 표와 그래프 형태로 비추었다. 학부모 모임용으로 꾸민 것처럼 생긴 이 방에서 긴 접이식 책상 앞에 앉아 있으니, 이 공원 전체가 들숨으로 사람들의 정보를 들이쉬었다가 날숨으로 데이터를 내쉬는 모습을 언뜻 볼 수 있었다.

스태그스도 다른 기업 거물들처럼 마음속에 샘솟는 굉장한 아이디어를 월가 투자자의 입맛에 딱 맞춘 세련된 언어로 상식에 맞게 설명할 줄 알았다. 그가(그리고 디즈니도) 왜 그렇게 매직밴드에 관심이 많았는지 단번에 이해할 수 있었다. 자녀에게 '엘사를 만날 수 있으면 만나자'라든가 '작은 세상It's a Small World 놀이기구를 탈 수 있으면 타보자'라고 이야기하는 대신 "아이한테 영웅이 될 수 있는 거죠. 놀이기구를 타거나 캐릭터를 만나게 해주겠다고 자신 있게 약속할 수 있으니. 그런 다음에는 놀이공원 전체를 더 넓게 보고 즐길 수 있게

287

사람들이 바라는 것은 무엇인가

됩니다. 이제는 자유롭게 놀이기구를 더 많이 탈 수 있는 거예요." 스태그스를 보좌하던 닉 프랭클린Nick Franklin이 말했다.[10] 디즈니는 부모들이 자사의 테마파크에 들어서며 어떤 생각을 하는지 뻔히 알았다. '신데렐라랑 꼭 함께 차를 마셔야 하고, 아 그런데 도대체 그 버즈 라이트이어 어쩌고는 어디 있는 거야?' 매직밴드가 있으면 부모들이 중요한 일정을 먼저 잡을 수 있고, 나머지 모든 여정이 이를 중심으로 자연스럽게 흐른다. "계획하고 개개인에 맞출 능력은 필요 없어지고 마음껏 즉흥적으로 다닐 수 있게 되었죠." 스태그스가 말했다.[11] 어쩌면 이렇게 쉽고 편안했던 느낌 때문에 다시 돌아올 가능성이 높아질 수도 있다. 특히 캐릭터 배우들에게 시간 여유가 늘어나 그 사람을 더 반갑게 맞아줄 수 있다면 가능성은 더 커진다. 그런 한편, 이 시스템의 또 다른 목표는 줄곧 직원들의 행동 양식을 최적화해 자질구레한 온갖 잡무와 씨름하던 시간을 고객과 실제로 상호 작용하는 시간으로 전환하는 것이었다. 크로프턴은 2014년 인터뷰에서 매직밴드와 마이매직플러스 시스템 덕택에 직원들은 "단순 일처리에 머물지 않고 상호 작용을 더 강화할 수 있고, 그 결과 고객 경험을 개개인에 맞춰 제공할 수 있는" 권한이 커졌다고 이야기했다.[12] 처음에는 의욕적으로 확장하던 기술 플랫폼이 이제는 디즈니월드 전체가 품은 감성의 성격을 완전히 바꾸게 되었다.

하지만 이때 이들이 들려주는 이야기에 처음으로 균열이 보이기 시작했다. 디즈니 임원들은 그다음에 일어난 일에 대해서는 짜증스러우리만큼 모호하게 이야기했다. 수십 명과 이야기해 보았지만 모두 센서가 더 많이 설치되고 시스템이 점점 확장되면 어떤 일이 일어날 수 있을지 그 가능성만 늘어놓았다. 놀이공원 내의 수많은 카메라가 조용히 돌아가며 가족이 놀이기구를 타고 백설공주를 만나는 자연스러운 장면을 포착해 주고, 이 장면을 엮어 맞춤형 영상을 제작해 줄 수도 있다. 어떤 방문객이 대기 줄에서 예상보다 아주 조금 더 오래 기다렸다면, 놀이공원의 컴퓨터 시스템이 알아차리고 위로하는 내용의 문자 메시지와 무료 아이스크림 쿠폰을 보내줄 수도 있다. 이렇게 부정적인 경험을 긍정적인 경험으로 전환함으로써 고객 서비스 측면에서는 오히려 횡재를 할 수도 있다. 카지노에서 돈을 잃으면 무료 음료와 쇼 관람을 제공하는 것도 그래서다.

개발된 기술만으로도 이 정도는 기본이고, 한 발 더 나아가 전체 시스템이 대기 줄 같은 불쾌한 장애물을 모두 제거하고, 그 대신 연출된 우연한 행운을 가져다줄 수도 있다. 이를테면 미키 마우스 담당자들이 놀이공원 내에서 우리 위치를 추적하다가 미키 마우스가 어느 순간 나타나 생일을 축하하는 깜짝 메시지를 전하며, 다음 놀이기구까지 함께 가겠냐고 물어올 수도 있다. 인어공주 놀이기구에서는 갈매기가 우리 이름을 불러줄 수도 있다. 또 다른 임원이 2013년 매직밴드를 처음 발표했을 때 〈뉴욕타임스〉와 가진 인터뷰에서 이야기했듯이, "우리는 기존의 수동적이었던 경험을 최대한 활발한 상호 작용으로 바꾸고자 합니다. 예전에는 '오, 새가 말을 하네'라고 했다면 이제는 '우와, 저 새가 나한테 말을 거네'인 거죠."[13] 이런 수많은 아이디어는 현실화되지 못했다. 디즈니가 우리를 알아봐 주는 마법 같은 갈매기를 약속한 지 두 해가 지난 후, 이 갈매기는 텅 빈 방으로 향하는 복도에서 깍깍 울 뿐이었다.[14]

사람들이 바라는 것은 무엇인가

디즈니는 앞으로 무엇을 만들지 아이디어를 산더미처럼 쌓아두고 있었다. 문제는 그것을 누가 만들 것인가, 그리고 그것이 누구의 권리인가였다. 이매지니어들은 놀이기구와 명소들을 목숨처럼 지키려 했고, 이들에게는 입장권이나 파는 사람이 제멋대로 들어와 놀이공원의 고객 경험을 바꾼다는 발상이 마치 아스팔트 공사하는 사람이 페라리 스포츠카 디자인을 알려주는 것만큼이나 웃기다고 생각했다. 이매지니어들은 놀이기구 자체가 마법을 만든다고 생각했다. 놀이기구 사이의 빈 공간에 마법이 있다는 이야기는 말도 안 되는 이야기였다. 이 전쟁은 한 임원이 묘사했듯이, '코딱지 튕기기(기피 업무를 다른 사람에게 미루기-옮긴이)'처럼 치사한 싸움으로 발전했다.[15] 한 번은 만화 주인공들이 놀이기구 위에 탄 방문객의 이름을 불러줄 수 있도록, 매직밴드가 놀이기구를 타고 쌩쌩 지나가는 사람도 인식할 수 있을지 시험해 보았다. 이때 이매지니어들은 매직밴드를 깔고 앉아 수수방관하며 시험이 실패하기를 빌고 있었다(그러거나 말거나 밴드는 제대로 작동했다). 또 한 번은 내부 파벌 중 하나에서 시스템의 보안이 취약하다는 것을 증명하기 위해 캐릭터 배우들에게 게이트를 몰래 지나가라고 지시했다. 한편, 매직밴드 업무를 보는 일반 직원들은 스태그스가 그저 서둘러 실적을 쌓은 다음 문제가 생기기 전에 빨리 최고경영자로 승진하려는 것뿐이라고 투덜댔다. 결국에는 매직밴드가 어떤 모습이 되어갈지 누구도 합의할 수 없었다. 처음에는 모두 수많은 새로운 경험을 단순하게 하나의 기기, 하나의 플랫폼에 모은다는 꿈을 꾸었다. 하지만 그러려면 회사 전체가 전에는 한 번도 해본 적이 없는 새로운 방법으로 협업해야만 했고, 결국 해내지 못했다.

PART 2

창립자 월트 디즈니는 이매지니어를 일반 운영팀과 동떨어진 높은 자리에 올려놓음으로써 오늘날 수많은 회사와 똑같은 혁신 모형을 수립했다. 혁신을 기업 시스템 전체에서 발생하는 가치가 아닌 특별한 권한을 부여받은 자들의 전유물로 보는 모형이다. 패짓과 동료들은 바로 이런 문제에 부딪혔던 것이다. 디즈니에는 이미 이매지니어가 있었다. 별도의 혁신 조직을 또 만들자, 회사 전체가 공유할 수 있는 공동의 목표를 수립하는 문제가 더욱 증폭될 뿐이었다. 여러 연구 결과가 증명하듯이, 이른바 이노베이션 랩이라는 혁신 전담 부서들이 실패하는 이유는 아이디어가 부족해서가 아니라 새로운 아이디어를 구현하려면 새로운 업무 방식이 필요하기 때문이다.[16] 물론 매직밴드 프로젝트의 뼈대는 입장권 없는 입장이나 놀이기구 예약, 손 한 번 흔들어 체크인 하고 체크아웃 하는 과정 등에 아직 남아 있다. 하지만 처음 약속에는 도달하지 못한 채, 미개발 상태로 단단히 얼어 있었다. 매직밴드가 도입된 지 한두 해 이내에 이 프로젝트에 발을 담갔던 주요 임원들은 톰 스태그스까지 포함하여 모두 그만두거나 해고당했다.

디즈니만 유별났던 건 아니다. 오히려 지금과 같은 사용자 친화적인 시대에 매우 흔한 현상을 겪었다고 볼 수 있다. 모든 고객이 접하게 될 단순한 제품 단 하나를 만들기 위해 조직 전체가 협동해야 할 시대이기 때문이다. 만약 공동의 목표가 없다면, 어떻게 1000명이나 되는 사람들이 앱 속 세부 요소 하나의 방향성이나 매직밴드 시스템의 작디작은 요소 하나를 어떻게 할지 합의할 수 있겠는가? 현대적인 기업은 일관된 경험을 제공하기 위해 꾸린 조직이 아니다. 현

사람들이 바라는 것은 무엇인가

대적인 기업 조직은 분업을 염두에 두고 구성되었으며, 전체 모양보다는 부분의 효율을 높이는 데 집중하도록 만들었다. 이런 조직 간의 경계선은 한 번 유념해 보기 시작하면 너무나 확연히 드러난다. 이를테면 아마존의 웹사이트에 들어서면 아마존이 아닌 아마존 조직 구조를 그대로 옮겨놓은 모습으로 보이는 현상, 메뉴 또한 알 수 없는 기준으로 영상·식료품·오디오북·음악으로 나뉜 현상, 심지어 디지털 비서 알렉사에게 시킬 수 있는 일만 모두 모아놓은 기괴한 영역까지 있다. 게다가 알렉사 자체도 알 수 없는 방식으로 다른 모든 것들과 연결하는 기이한 세계이지 않은가.

구글과 애플이라고 다르지 않다. 구글 앱에 들어갈 때마다 지금껏 우리가 구글에 물어본 적 있는 내용을 하나부터 열까지 전부 기억하고 있다는 인상을 받는다. 그런데 웬걸, 구글의 지메일을 열면 예의범절에 엄격한 중년 남성에게 회신하는 글에 "당근이지!"라고 보낼 것을 제안한다. 또한 애플은 모든 제품이 깔끔한 외관에 담겨 마치 '바로 쓰면 되는' 인상을 심어주지만, 한편으로는 소프트웨어에 끊임없이 쓸데없는 버튼과 보이지도 않는 기능을 구겨 넣으며 도대체 사용하려는 사람이 있는지조차 관심 없는 듯한 태도를 보인다. 어느 애플 직원이 언젠가 자기 경험을 들려주었다. "나는 항상 사람들에게 아이폰에서 할 수 있는 일들을 보여주곤 하는데, 그때마다 사람들은 '와, 이렇게 신기한 편법을 많이 아시네요'라고 말합니다. 그때마다 일일이 '이건 편법이 아니에요. 원래 이렇게 개발된 거예요'라고 얘기해야 하죠." 이 사례들을 모두 열거한 이유는 사례 속 제품이 모두 겉으로는 세련되었지만 개발하는 회사의 서로 싸우는 모습이 그대로 느껴지기 때문이다. 그렇다고 해서 이 회사들이 실패했거나 어려움을 겪고 있다는 의미는 아니다. 오히려 그 반대다. 하지만 주력 사업이 계속 현금을 퍼 올릴지라도, 앞으로 무언가를 새로 만들어낼 가능성은 찾기 어려워 보인다. 따라서 이 회사들은 수백 개의 서로 다른 제품과 사업 부문 때문에 시간이 흐를수록 점점 규모는 커지고 필요한 내용은 찾기 어려워진다. 더 많이 제공하면서 불편함은 줄이는 대신, 그저 더 많이 제공할 뿐이다.

제품을 사용할 때면 이 회사들이 어려운 결정을 사용자에게 미뤄버리고, 회사가 스스로 해결하지 못한 문제를 사용자더러 해결해 달라고 하는 모습이 느껴진다. 업계에서는 이런 현상을 '조직도를 그대로 출시하는 행위'라고 부른다. 현재 사용자 친화적인 세상에서 가장 큰 미해결 과제다. 사용자에게 보이는 모습 뒤의 기업은 연방국가처럼 업무 효율을 위해 세분화한 곳인데, 어떻게 하면 사용자에게 통일된 모습을 보여줄 수 있을까? 이 과제를 세계에서 가장 영향력이 큰 기업들이 해결하지 못한다면, 아무도 해법을 모르는 미해결 문제라고 자신 있게 규정할 수도 있다. 어쩌면 한 가지 목표를 두고 협력할 수 있는 사람의 숫자에 한계가 정해져 있는지도 모른다. 아니면 이 기업 중 하나가 새로운 업무 방식과 새로운 도구를 만들어낼지도 모른다. 또 어쩌면 완전히 새로운 기업이 나타나 기존 기업들이 이미 꺼내놓은 조각들을 더 나은 방식으로 조합해 판을 휩쓸어 버릴지도 모르겠다.

사람들이 바라는 것은 무엇인가

기내 면세품을 보고 10억 달러짜리 매직밴드 프로젝트를 시작한 존 패짓도 다른 임원들처럼 디즈니를 떠났다. 그는 수십 가지의 다른 목표를 두고 싸우는 대신 한 가지 목표를 두고 실현하기 좋은 일자리를 새로 찾고 있었다. 패짓에게 매직밴드 프로젝트의 목표를 물어보면, 그는 그저 식당 주문처럼 우리가 원한다고 말한 걸 대령하는 데서 그치지 않고, 우리가 무엇을 원할지 예측하는 것이었다고 말해줄 것이다. 그가 새로운 일을 시작한 지 한참 지난 후, 나는 디즈니에서 최초의 목표를 이룰 수 없던 이유를 물었다. 그는 무표정한 얼굴로 나를 빤히 쳐다보더니, 갑자기 눈가를 씰룩거렸다. "그건 스스로 판단하시도록 두죠." 패짓이 답했다.[17] 그는 여정을 매끄럽게 만드는 것뿐 아니라, 누구든 이 세상에서 가장 중요한 단 한 사람처럼 느끼게 해주고 싶었다고 했다.

디즈니를 나온 지 얼마 지나지 않아 패짓은 카니발Carnival의 최고경영자 아널드 도널드Arnold Donald와 만났다. 도널드는 패짓에게 카니발이라는 400억 달러 가치의 회사가 운영하는 유람선 여행을 모든 개인에게 맞춘 듯이 만들어달라고 요청했다. 105척의 배뿐 아니라 전 세계에 걸친 정박지 740곳까지, 문화와 직원이 제각각인 곳을 통합하는 일이었다. 패짓이 잘 아는 부류의 회사에, 늘 꿈꾸던 규모의 일이었다. 디즈니와 카니발에서 이름을 지우면, 부동산과 기반 시설, 복잡한 운영과 배, 그리고 식당 수백 개를 거느린 거대한 기업이 남는다.[18] 테마파크와 유람선은 실리콘밸리의 거대 IT 기업들이 결코(적어도 한동안은) 이룰 수 없는 가치를 제공한다. 주위에 가득한 센서들이 우리가 어디에 있는지, 그리고 누구인지 알아낼 수 있는 완전히 통제된 환경이다.[19] 하지만 이번에는 패짓의 손에 쥐어진 권한의 크기가 달랐다. 조직에 꿈을 불어넣을 수 있는 가장 윗자리(그 아래 중 하나가 아니라)였고, 최고위층의 든든한 지원도 이어졌다. 그때와 자원은 비슷했지만, 자원을 다룰 수 있는 권한의 차원이 달랐다.

현대의 유람선만큼 테마파크와 비슷한 곳도 없다. 유람선을 타본 몇 안 되는 여행객이 아닌 이상 유람선의 크기나 운영 규모를 잘 모를 것이다(전 세계 호텔 방 중 2퍼센트 정도가 유람선 안에 있다). 예를 들어 '리걸 프린세스Regal Princess'호를 보자. 리걸 프린세스는 길이가 340미터에 가깝고 19개의 갑판은 66미터의 높이를 자랑한다. 승객 3500명과 승무원 1300명을 태울 수 있으며, 전 세계의 대형 유람선 가운데 30번째 안에 든다. 하지만 지금 이 정도로 크다 해도 10년만 지나면 그다지 대단하지 않을 수도 있다. 유람선의 수익 구조 때문이다.

큰 배일수록 승객당 연료를 적게 들이고, 절감한 비용은 즐길 거리를 더 만드는 데 쓸 수 있고, 즐길 거리를 늘릴수록 가능한 한 다양한 사람들을 크루즈 여행에 끌어들일 수 있다. 1996년에는 '카니발 데스티니Carnival Destiny'호가 세계 최대의 유람선으로 등극하여 10만 톤 무게에 승객 2600명을 태웠다. 오늘날 '하모니 오브 더 시즈Harmony of the Seas'호는 이보다 두 배 이상 무겁고 승객 6780명에 승무원 2300명까지 태울 수 있다.[20] 보통의 유람선에서는 바이올린 연주회부터 블랙잭 게임, 번지점프까지 무엇이든 해볼 수 있다. 선내에서

만이 아니다. 크루즈 여정의 대부분은 정박지에서 보내며, 여기서 제공하는 당일 여행만 해도 매일 수십 가지씩 있다. 이렇게 눈덩이처럼 선택의 여지가 늘어나자 오히려 스트레스만 늘었다. 소셜 미디어 덕택에 생겨난 용어인 소외공포감, 즉 포모Fear Of Missing Out, FOMO 심리로, 최고의 즐길 거리를 찾아서 예약해야 하고 그러지 못하면 뒤처지는 듯한 두려움이 엄습하는 것이다. 카니발의 10개 브랜드 중 존 패짓이 개발하게 된 플랫폼을 가장 처음으로 도입한 프린세스 크루즈Princess Cruises 사장 잰 스워츠Jan Swartz는 이렇게 말했다. "사람들이 왜 이렇게 심하게 압도당해 크루즈 여행을 아예 포기하게 되는지 공감하실 겁니다. 수많은 선택의 여지가 오히려 보이지 않게 크루즈 수요를 억누를 수 있습니다. 크루즈가 무엇인지 사람들이 전혀 이해하지 못하기 때문이죠."21

작게 보면 제품 하나에 기능을 한없이 늘릴 때 어떻게 되는지를 보여주는 사례도 있다. 과거 가정 내 VCR(비디오 재생기-옮긴이)은 가족 중 누구도 끝내 작동법을 익히지 못한 제품의 대표적인 사례다. 수많은 기능이 계속 추가되기만 했다. 비록 집에 설치하는 순간부터 아무도 사용하지 않는 기능이었지만 팔기에는 좋았기 때문이다. 자동차나 가전제품, 텔레비전 앱도 마찬가지다. 개별 부분은 더 사용하기 쉽고 단순해졌다. 하지만 부분이 모인 전체는 더 복잡해져, 이제는 수많은 선택의 여지에 묻혀 익사할 지경이다. 과거처럼 블록버스터Blockbuster(과거 미국 비디오 대여점 체인-옮긴이)에서 DVD 2000개 중 하나를 고르는 대신, 이제는 넷플릭스Netflix에서 영화 수만 편을 언제든 볼 수 있는 데다 애플과 아마존에서도 몇 십만 편씩 더 볼 수 있다.

이 모든 선택지를 새로운 멘탈모델을 중심으로 정리해 줄 새로운 은유가 나타나지 않는다면, 우리는 심리학자 배리 슈워츠Barry Schwartz가 정의한 '선택의 역설'에 지배당하게 된다. 눈앞에 선택권이 너무 많이 주어지면 결정 자체를 포기하거나 결과에 더 실망할 가능성이 높아진다. 개인화의 밝은 미래는 결국 우리가 선택하는 데 들이는 노력을 최소화하게 도우면서도 가장 많이 원하는 것을 정확히 제공하는 모습이다. 선택권이 지나치게 많아서 생기는 스트레스를 아마존이나 넷플릭스 같은 기업들이 알고리즘으로 해결하려고 하지만, 보통 물리적인 세계에서는 해결하기 어렵다.

아널드 도널드가 패킷에게 처음 연락하여 어떻게 하면 거대한 규모의 유람선을 각자에게 딱 맞춘 것처럼 느끼게 할 수 있을지 물었을 때, 패킷은 이미 지난 10년 동안 이에 대한 해법을 만들던 중이었다. 하지만 뛰어난 연출가인 패킷은 아이디어를 미리 밝히지 않았다. 특유의 으스대는 말투로 도널드에게 말할 뿐이었다. "내게 몇 백만 달러에 6개월만 주시면, 이 회사의 방향성을 바꿀 발표를 해드리죠."[22] 최고경영자에게 이런 말을 할 수 있다는 것부터 디즈니와 결정적으로 달랐다. 조직관리 연구자들은 조직이 변하려면 변화를 제안하거나 그 내용이 합리적인 것만으로는 부족하다고 지적한다. 조직이 변화를 절실히 원해야 한다. 카니발에서 패킷은 단순히 변화를 제안한 것이 아니었다. 변화를 요청받은 것이었다.

사람들이 바라는 것은 무엇인가

 ✱

하늘을 찌를 듯한 패짓의 자신만만함은 사람에 따라 영감을 주거나 돌아버리게 할 수도 있었다. 패짓과 함께라면 성도 함락시킬 수 있다고 자신하는 오랜 디즈니 인들도 있었고, 패짓 이름만 들어도 산 채로 불구덩이에 집어넣고 싶어 하는 사람도 있었다. 하지만 패짓의 성과만큼은 부정하기 어렵다. 패짓이 도널드에게 보여주려는 발표는 파워포인트가 아닌 건물 전체였다. 바로 카니발의 경험혁신센터였다. 이는 마이애미 어디서든 흔히 볼 수 있는 사무단지 속 여느 무미건조한 사무실 건물과 똑같은 형태였다.

하지만 2017년 여름 처음 이곳을 방문했을 때는 10년에 걸친 프로젝트 중 1년 반 가까이 지난 시점이었다. 대충 모양만 갖춘 로비를 보니, 이 건물에서 늘 무언가를 짓고 부수는 일상이 보이는 듯했다. 비밀의 공간으로 통하는 철문이 있었고, 문설주에는 사방으로 먼지가 흩뿌려져 있어, 마치 반대쪽에서 방금 폭발이 일어난 것 같았다. 문을 통과하면 방문객 맞이용 책상이 하나 있고 벽에는 2미터 높이 정도로 발명가 버크민스터 풀러Buckminster Fuller의 인용구를 칠해 놓은 게 보였다. "미래를 예측하는 가장 좋은 방법은 미래를 디자인하는 것이다." (풀러는 디자인 싱킹의 선조로서 스탠퍼드 교수 존 아널드의 사상 형성에 영향을 미쳤다.) 공간은 어두웠고, 저쪽 너머의 방들은 단순히 방이라기보다 커튼으로 가린 사운드스테이지(영화 촬영용 방음 설비를 한 스튜디오-옮긴이)에 가까웠다. 갑판과 복도, 엘리베이터, 스테이트 룸(유람선 객실을 부르는 이름), 카지노, 바까지 실제 크루즈 여행의 주요 공간들을 꾸며 놓았다. 이 복잡한 미로의 중앙에는 오즈의 마법사처럼 커튼 뒤의 숨은 공간에 엔지니어와 디자이너 수백 명이 값싼 접이식 책상 앞에 서로 바싹 붙어 앉아 알고리즘과 앱 화면과 평면도를 만지작거리고 있었다. 작은 시스템 오류와 문제는 발생할 수밖에 없지만, 패짓은 센터 내의 극도로 긴밀한 협업 방식 덕택에 결국에는 모두 잘 해결될 것이라고 자신했다. 십여 개 정도의 팀들은 서로 소리 지르면 들릴 거리에 자리 잡아 어지러운 모자이크 대형으로 다닥다닥 붙어 있었는데, 예를 들어 서비스 담당자와 개발자가 서로를 이해할 수 있도록 바로 옆에 앉아 있었다. 마치 항공모함을 만드는 작업자들 같았다. 패짓은 이렇게 말했다. "사람들은 늘 내게 이 정도의 복잡성을 어떻게 다루는지 비결을 묻곤 합니다. 한마디로 답하자면 사람들을 한곳에 모아 함께 해결하게 해주는 것이죠."

패짓은 현재의 결과물을 자랑스러워하다가도 다음 순간에는 이 결과물을 훌쩍 뛰어넘고 싶어 했다. 디즈니 왕국에서 한때 은밀히 주도권을 다투던 사람들을 행여 잘못 건드릴까 조심스러워하기도 했다. 패짓은 카니발의 프로젝트에 대해 떠벌리기도 하고 디즈니 때와 완전히 차별화하고 싶어 했지만, 디즈니 프로젝트의 연장선에 놓인 것은 어쩔 수 없다. 심지어 사운드스테이지 활용도 디즈니에서 배운 기법이었다. 디즈니월드에서 사운드스테이지는 앞을 검게 칠한 창으로 가려져 있었다. 디자이너들은 이곳에 앉아 반대쪽에서 들리는 말소리에 낄낄대기도 했다. 부모들은 인적 없는 건물 앞에 잘 숨었다고 생각하며 떼쓰는 자녀들을 데리고 와 소리 지르곤 했다. "5000킬로미터나 날아서 겨우 왔는데 즐겁게 보내지 않으면 혼날 줄 알아!" 디

사람들이 바라는 것은 무엇인가

즈니에서 10억 달러나 되는 예산을 승인받은 것은 이 사운드스테이지 덕택이었다. 오늘날은 이 사운드스테이지도 사진 한 장 남기지 않고 사라졌다. 마법 뒤의 지저분한 장면은 완벽히 숨겨야 한다는 창립자 월트 디즈니의 집착에 가까운 열정 때문이었다. 하지만 카니발의 경험혁신센터를 보면 그 모습을 짐작해 볼 수 있다.

나는 카니발 크루즈의 미래 모습을 체험해 보기로 하고, 가짜로 꾸민 거실에서 여정을 시작했다. 외모가 가장 출중한 프로젝트 팀원 두 사람이 부부 행세를 하며 전체 모습을 시연해 보였다. 크루즈 앱에서 예약하는 방법도 보았다. 디즈니 매직밴드처럼 '오션 메달리온 Ocean Medallion' 역시 우편으로 미리 배달된다. 유람선에 탑승하면, 승객은 25센트 동전 크기(지름 2.4센티미터 정도로 100원 동전 크기와 동일하다-옮긴이)만 한 메달 모양 작은 기기 하나만 팔찌에 끼우거나 주머니에 넣어 휴대하면 된다. 그러면 유람선 선상의 4000개나 되는 터치스크린이 승객을 인식해, 어느 화면이든 개인 스마트폰 속 앱처럼 사용할 수 있다. 영화 〈그녀〉나 〈마이너리티 리포트Minority Report〉 속 장면뿐 아니라 선구적인 과학자 마크 와이저Mark Weiser의 1980년대 후반 컴퓨터공학 선언문이 떠오른다. 와이저는 '유비쿼터스 컴퓨팅'을 주창했다. 그는 유비쿼터스 컴퓨팅으로 우리가 누구인지에 따라 설정을 맞추고, 우리가 필요로 하는 것을 제공하기 위해 회의실이든 침실이든 맥락에 맞춰 변형하는 기기를 여럿 발명하고자 했다.

커튼 뒤에 임시로 꾸민 작업 공간 안에는 가장 눈에 잘 띄는 자리에 거대한 화이트보드 벽이 있었다. 벽은 어지럽게 뻗어나가는 지도로 뒤덮여 있었다. 지도에는 수백 개의 알고리즘에 입력되는 정보를 모두 표시했고, 수백 개의 알고리즘은 승객의 취향을 완벽하게 계산해 '개인 게놈Personal Genome'이라는 것을 만든다. 오하이오주 데이턴에서 온 제시카라는 승객이 자외선 차단제와 마이타이 한 잔이 필요하다면, 전화기에서 주문하기만 하면 제시카가 유람선의 17개 갑판 중 어디에 있든 승무원이 직접 가져다준다. 승무원은 제시카의 이름을 부르며 반갑게 인사하고, 카이트서핑 강습을 앞두고 기분이 어떤지 물어볼 수도 있다. 저녁을 먹는 동안 친구들과 정박지에서 당일 여행을 계획하고 싶다면, 다시 전화기를 꺼내 들면 된다. 하지만 이때는 제시카뿐 아니라 친구들 전체의 취향이 겹치는 지점에서 추천이 뜰 것이다. 몇 명은 운동을 즐기고 나머지는 역사에 관심 있다면, 이들 모두 다음 항구에서 도보로 옛 시장 둘러보기 여정을 즐길 수도 있다.

301

제시카의 개인 게놈은 그녀가 유람선에서 했던 모든 활동을 수백만 개의 데이터 포인트로 입력해 100가지 알고리즘으로 초당 세 번씩 계산한 결과다. 시스템에서 추천한 당일 관광 상품을 얼마나 오래 살펴보았는지, 눈길조차 주지 *않은* 활동은 무엇인지, 유람선 곳곳에서 제시카가 실제로 머문 시간, 계산하는 그 순간 근처에서 진행 중이거나 곧 일어날 일이 모두 데이터 포인트다. 만약 제시카가 방 안에 있을 때 카니발이 제작한 세련된 여행 프로그램을 시청하고 정박할 항구 중 한 곳의 시장 관광 상품 정보를 읽었다면, 알맞은 시점에 똑같은 관광을 추천해 줄 수 있다. "사교 활동에 대한 참여도나 그 상황의 미묘한 분위기까지 계산합니다." 디즈니와 카니발에서 패킷과 함께 일한 마이클 정겐Michael Jungen이 알려주었다.[23] 시연이 거의

사람들이 바라는 것은 무엇인가

끝날 무렵, 이들이 설명하는 개인 게놈을 잠시 엿볼 수 있었다. 카니발의 컴퍼스 앱을 열어둔 채 임시로 꾸며 놓은 상갑판 위를 걸어 다니자, 공간을 가로질러 가는 동안 화면 위에서는 주변의 즐길 거리 추천 목록이 계속 바뀌었다. 여러 대의 서버가 주변에 무엇이 있는지, 내가 무엇을 선택했는지 등의 데이터를 빠르게 처리한 것이었다. 마우스 오른쪽 클릭이 현실 세계에도 생긴 것 같기도 하고, 공상과학영화가 현실에서 이루어진 것 같기도 했다.

지폐에서 신용카드로, 다시 모바일 결제로 발전하면서 거듭 드러나는 상거래의 철칙은 **번거로움이 줄어들면 소비가 늘어난다**는 법칙이다. 상갑판 모형에 서서 내가 원하는 것은 무엇이든 알아서 가져다주고, 또 내가 좋아할 만한 것들이 내 앱이나 주변 어느 화면이든 나타난다고 생각하니, 앞으로 다른 수많은 기업도 같은 길을 갈 거라고, 아니면 적어도 시도는 해볼 거라고 어렵지 않게 예상할 수 있었다. 패짓은 이렇게 말했다. "한편으로는 이렇게 매끄러운 경험을 만들어내는 건 기업의 선택이지요. 그런데 달리 보면 기업은 선택의 여지가 없습니다. 밀레니얼 세대에게는 가치가 중요해요. 하지만 번거로움이 더 결정적이죠. 이들이 성장한 시대 때문입니다. 말하자면 기본 판돈이에요. 밀레니얼 세대가 판에 들어오게 하려면 번거로움이 전혀 없어야 합니다."

그런 논리라면 현실 세계는 쉽고 매끄럽게 돌아가는 가상 세계에 비해 갈수록 *실망스러워지고* 있었다. 카니발처럼 현실 세계의 경험을 파는 기업은 경쟁에서 이기려면, 그리고 새로운 세대를 크루즈 고객으로 끌어들이려면 사람들이 이미 디지털 세상에서 겪어본 쉽고 편리한 느낌을 뛰어넘는 수밖에 없었다. 카니발은 가장 먼저 인터넷처럼 눈에 보이지 않는 센서 체계를 개발해야 했다. 시스템이 승객의 행동을 인식한 다음, 이 승객이 무엇을 원할지 알아내기 위해서였다. 이 시스템을 구현하면 유람선의 시스템은 승객에게 더 많은 일을 해줄 수 있었다. 승객들이 시스템에 더 많은 권한을 부여했기 때문이다. 사람들은 보통 크루즈 여행이 승객의 기분과 변덕에 맞춰야 한다고 믿기 때문에, 정성스러운 보살핌을 받거나 감탄할 만한 일을 기대하며 유람선에 오른다. 2020년, 오션 메달리온이 센서 인식의 완성도를 더욱 높여 수십 대의 카니발 크루즈 유람선에 등장할 때쯤에는 미래의 모습을 그려보기 위해 더 이상 실리콘밸리 어딘가의 비밀 연구실에 가지 않아도 된다. 그 대신 카리브해 위에 떠 있는 접이식 갑판 의자에 앉아 공기 중에 떠다니는 자외선 차단제 냄새를 맡으며 손에는 마이타이를 든 채 미래를 느낄 수 있을 것이다. 이 프로젝트가 결국 가장 원대한(앞으로 최소 10년 후까지 이어지는) 목표를 이룰지는 모르지만, 그럼에도 디자인과 기술 발전, 그리고 우리 손에 든 기기만큼이나 주변 환경이 중요해질 미래 세상의 척도가 된다.

리걸 프린세스호야말로 IBM 같은 기업들이 끊임없이 광고하는 스마트 시티의 모습이다. 스마트 시티란 결국 스마트폰이 발전할 대로 발전해 즉흥적으로 생각하고 원하는 것들이 스마트폰뿐 아니라 주변 환경 어디서든 이루어지는 곳이 아닌가. 작은 메달을 잘 넣어두면 도박을 하고 싶을 때도 꼭 카지노에 가지 않아도 된다. 배 위의 어느 화면이든 다가서면 나만의 카지노로 변하고, 내 취향과 설정과 게임 이력도 전혀 불편함 없이 모두 탑재된다. 오션 메달리온 프로젝트

사람들이 바라는 것은 무엇인가

는 유람선 위의 경험을 완전히 바꿔, 한 명 한 명에게 맞춘 여행을 거대한 규모로 제공하려 했다. 영화 〈마이너리티 리포트〉 속 한 장면처럼 터치스크린이 지나가는 승객을 알아본다. 여기에서 승무원들은 승객의 이름을 알아보고 어디로 가는 중이었는지도 알고 있어, 한 번도 만난 적이 없지만 즉시 개인 비서 역할을 해줄 수 있다. 게다가 먹거나 마시거나 사고 싶었던 것은 모두 누구든 알아서 가져다준다. 오션 메달리온 프로젝트의 디자이너들은 미래의 술집을 상상하며, 승객의 음주 취향을 행동 양식에 대응시킬 수 있고 한 지역에서 다른 지역으로 이동할 때 술과 음료의 재료도 지역에 맞게 변화를 줄 수 있을 거라고 생각했다. 또 디자이너들은 어느 해변에서 고글을 쓰면 언젠가 이 해변을 다니던 공룡을 볼 수 있고, 이 경험을 영상으로 편집해 방에서 다시 재생해 주는 가상현실 체험을 시연해 보이기도 했다. 전체적으로 볼 때, 오션 메달리온의 원대한 목표는 어디에든 적용할 수 있는 우버에다가 넷플릭스의 추천 알고리즘을 합친 모습이었다. 이처럼 눈에 보이지 않으면서 어디에나 있고, 완벽한 맞춤 서비스에 한곳과 다른 곳 사이에 경계선도 없는 경험은 앞으로 더 많은 디자이너가 구현하려 애쓰는 모습이 될 것이다.

내가 오션 메달리온 프로젝트를 취재하는 3년 동안 이 프로젝트는 가끔 너무 원대한 목표에 짓눌려 휘청거리기도 했다. 기본을 이루던 조각들은 끊임없이 발생하는 시스템 오류를 바로잡기 위해 대부분 처음부터 다시 개발해야 했다. 2019년쯤 다시 보니 이 회사는 오션 메달리온 전체 생태계를 한 번이 아니라 두 번이나, 게다가 천문학적인(그리고 일급비밀인) 비용을 들여 개발했다고 볼 수 있다. 그런데도 패짓은 역시 눈 하나 깜짝하지 않았다. 그는 오션 메달리온에서 새로운 아이디어를 발명하는 속도를 높이고, 더 많은 유람선에 더 빨리 적용하고 싶어 했다.

패짓에게 가장 어려웠던 부분은 어디였는지, 이 프로젝트를 디즈니 프로젝트와 비교하면 어떤지 물었다. 그가 대답을 하지 않고 침묵을 유지해서 더욱 의미심장하게 여겨졌다. 조금 후 패짓은 디즈니에서 관료주의를 극복하기가 가장 어려웠다고 이야기했다. 카니발에서 3년 걸린 일이 디즈니에서는 7년 이상 걸렸다. 하지만 한편으로, 매직밴드는 일단 나오자 디즈니월드 직원들이 고객에게 시스템의 꼬인 부분이 전혀 드러나지 않도록 처음부터 매끄럽게 운영할 줄 알았다고 넌지시 내비쳤다. 카니발에서는 일이 그렇게 간단하지 않았다. 패짓은 이렇게 말했다. "여기는 계획과 전략이 쉬웠지만, 실제로 도입하고 조직화하는 일이 가장 어려웠습니다." 고객 접점에 있는 직원들을 교육할 때, 이들의 손으로 만들어내는 이 변화가 얼마나 강력한 효과가 있는지 이해시키는 일이 어려웠다. 특히 직원들은 앞으로 승객에게 인사를 건네는 방법부터 직업의 본질까지 얼마나 크게 변할지도 쉽게 상상하지 못했다. 패짓의 이야기를 들으며 나도 모르게 이 모든 현상이 육지에서의 삶과 얼마나 비슷한지, 직원 전체가 소프트웨어 업데이트 주기에 맞춰 업무를 재편해야 하는 오늘날의 기업 풍경을 떠올렸다.

사람들이 바라는 것은 무엇인가

*

　　2017년 11월 오션 메달리온의 베타 버전을 출시할 즈음, 패짓에게 10년이나 종사할 만큼 이 일을 중요하게 여기는 이유가 무엇인지 물었다. 물론 기술에 수억 달러씩 투자하면 테마파크나 유람선 경험은 당연히 좋아질 것이다. 하지만 패짓에게 *무슨 상관*인가? 아무리 봐도 온종일 골프만 쳐도 될 만큼 돈을 많이 번 사람처럼 보이는데. "반은 미친 짓이고, 반은 신념이죠." 패짓이 인정했다. "늘 여가 산업 종사자들이 아주 작은 집단을 선별해 특별한 혜택을 준 다음 혁신이라고 부르는 것이 분했습니다. 그렇게 선택된 소수만 누리던 혜택을 널리 누리도록 대중화해야 진정한 혁신이죠."²⁴ 패짓의 설명에 따르면, 여가 산업계 거대 기업들의 수익 구조 탓에 대부분의 사람들은 개인 맞춤이라는 것은 꿈도 꾸지 못하게 되었다. 일반적으로 고객 경험은 완전히 다른 두 갈래 길을 따라 발달하기 때문이다. 형편이 되는 사람들은 최고가를 지급하고 관심사에 맞춘 여정과 고수 잎을 좋아하는지 싫어하는지 알고 있는 집사 등의 맞춤 서비스를 받는다. 한편 대중을 상대로는 운영 담당자들이 더 많은 머릿수를 채워 더 효율적으로 입장시키는 데 집중한다.

　　오션 메달리온은 기존과 전혀 달랐다. 기술을 활용하면 대중의 경험도 꼭 맞춘 듯 느낄 수 있다는 발상이었다. 패짓을 이상주의자라고 보기는 어려웠다. 오히려 MBA 학위를 꿰차고 재무 담당으로 디즈니에 입사했던 실용주의자였다. 데이터를 분석해 보니 부유한 사람 몇 명을 위한 서비스는 말이 되지 않는다고 생각했다. 사업의 수

306

익 개선 정도가 미미할 뿐이었다. 그 정도로는 사업 전체를 키우지 못했다. 하지만 어떤 사람이 관광 일정을 한두 가지 더 시도해 보고 건너뛸 수도 있었던 활동을 한두 개 더 해보게 유도한다면, 어쩌면 더 즐거운 경험을 하고 좋은 추억을 쌓을지도 모른다. 어느 시점에는 간편하고 쉬운 거래 방식으로 벌어들인 현금을 활용해 사람들이 경험을 얼마나 즐기고, 이 경험을 어떻게 기억하고, 무엇을 기억할지와 같은 좀 더 말랑말랑한 부분에도 영향을 미칠 것으로 예상했다. 더 나은 추억을 제공해 방문객 중 10퍼센트의 재방문 의사가 높아진다면, 대단한 횡재였다. 초기 비용만 수억 달러씩 들여 유람선들을 완전히 개조한다는 패짓의 제안을 최고경영자 도널드가 받아들였던 것은 그 때문이다.

패짓은 메달리온 프로그램을 스마트폰에 자주 비유했다. 둘 다 시간이 흐를수록 진화하는 플랫폼으로서, 처음에는 불가능하다고 여긴 일들을 한 해 한 해 지나며 점차 할 수 있게 되었기 때문이다. 또한 둘 다 사용자를 점점 더 많이 이해하는 데서 출발한다. 최근에 대화를 나눴을 때는 패짓이 유람선의 가장 중요한 데이터를 보여주었다. 모든 갑판의 구석구석을 볼 수 있는 정교한 지도였다. 각 세부 사항을 클릭하면, 승선한 사람 각각이 정확히 어디에 있는지 실시간으로 나타내는 풍선이 보인다. "보시다시피 발코니 쪽에 사람이 많이 있습니다." 패짓이 설명했다. 아무 풍선(아무 사람)이나 클릭하면 그 사람이 무엇을 하고 있으며, 바로 전에는 무엇을 했는지 정확히 알 수 있다.

이로부터 두 해 전에 패짓은 개인 맞춤을 극대화하고 주변의 모든 승무원이 그 승객이 무엇을 좋아하는지, 오늘 무엇을 했는지, 내일은 무엇을 할지 알고 있다고 해도 핵심은 승객이 이런 개인 맞춤을 불쑥불쑥 나타나는 오싹한 존재가 아닌 사치라고 느끼게 하는 역량이라고 설명했다. 만약 오늘이 고객의 생일이라면, 승무원은 센스 없이 '안녕하세요, 오늘 생일이시네요!'라고 말하는 실수를 저지르지 않아야 한다. 그 순간 감시당하고 있다는 사실을 승객에게 똑똑히 일깨워 주게 되니까. 센스 있는 승무원이라면 대사를 조율할 것이다. 승무원은 "오늘 혹시 특별한 날을 맞으셨나요?"라고 물어볼 수 있다. 약간의 차이로 고객과 부드럽게 대화의 말문을 트고, 마치 이 대화가 운 좋게 한 단계 나은 서비스나 무료 혜택으로 이어지는 듯 보이지만, 사실은 모두 용의주도하게 계획한 서비스인 것이다.

308

프린세스 크루즈의 스워츠 사장은 이렇게 말했다. "맞아요, 우리는 기술에 투자했습니다. 하지만 서비스 절차와 역할 정의에도 헤아릴 수 없이 많은 시간을 투자하고 있어요. … 내가 노을을 보며 옆 사람과 와인을 한 잔 마시고 싶다면, 굳이 그 순간의 흥을 깨고 웨이터와 시선을 맞추려 애쓸 필요가 없죠. 와인이 알아서 올 거예요. 하지만 와인을 가져다주는 승무원 역시 내가 그 순간의 흥을 온전히 누릴 수 있도록 교육이 되어 있어야 합니다."[25] 이런 세련된 치밀함은 구글이나 페이스북, 애플처럼 극도로 개인화된 세상을 만들어가는 기업이 배울 만하다. **주변 기기들의 성능이 점점 좋아질수록 기술은 더욱 예의 바르고 사회적 감수성이 좋아져야 한다.** 예의범절을 익혀야 하며, 그러기 위해서는 우리의 사회적 관습을 더 정교하게 본받아야 한다. 인간 대 물건 관계가 아니라 인간 대 인간의 관계를 더 세심하게 따

PART 2

르도록 새로운 방식으로 디자인해야 한다. 차세대 디자인은 점차 스크린과 물건이 아닌 대본과 큐 사인을 대상으로 할 것이다. 7장에서 살펴보았듯이, 더 인간적인 기술을 개발할 때의 교훈은 여기서도 통한다. 기술이 현재의 사회구조에 긴밀히 엮여 들어가게 되면, 우리는 이 기술이 사회적 관습과 교양 있는 집단의 기대치에 부응하기를 바란다.

예의를 지키는 건 쉽고 간단한 상식 같지만, 우리가 지금도 얼마나 세심하게 소셜 네트워킹을 현실 세계의 인간관계에 맞춰 조율하는지 살펴보자. 지난 10년간, 우리가 상대에 대해 무엇을 알고 모르는지 나타내는 방법도 진화했다. 우리는 직장 동료들과 담소를 나누다가 어느 대학교를 다녔는지 물어볼 수도 있다. 이미 링크드인에서 알 수도 있는 사람으로 계속 추천받아 어디를 다녔는지 훤히 알고 있어도 상관없다. 그렇게 묻지 않으면 분위기가 묘해질 수 있고, 구글 검색의 편의성 때문에 실제로는 누구를 만나든 곧바로 구글 검색부터 하더라도 잘못하면 스토커 수준의 관심을 암시할 수도 있기 때문이다. 다른 곳에서는 인스타그램에서 누군가를 팔로follow하지만 그 사람의 포스트에 '좋아요'를 누르지는 않을 수도 있다. 그 사람의 개인사까지 너무 자세히 아는 것처럼 비치고 싶지 않아서다. 우리가 상대에 대해 알고 있는 내용이 설령 소셜 미디어에서 공개된 정보라 해도, 상대에게 어디까지 아는 체할지는 아직 정해진 답이 없다.

우리가 이 새로운 영역을 탐색해 가는 동안, 소셜 미디어 플랫폼들도 이 상황을 그다지 능숙하게 다루지는 못하고 있다. 이 플랫폼들이 광고를 함으로써 저급한 가상의 '사용자'를 양성하게 되고, 그러

309

사람들이 바라는 것은 무엇인가

면 이것이 누구를 위한 제품인지 알 길이 없어진다. 소셜 미디어 플랫폼을 상대하다 보면 꼭 남 얘기를 하기 좋아하는 사람과 대화하는 느낌이다. 보통 이런 사람의 소행은 뒤늦게 다른 사람들이 나에 대해 이야기할 때에야 알아챌 수 있다. 삼십 대 중반을 바라보는 미혼 여성 친구의 페이스북 피드에 얼마 전부터 난자 동결 광고가 뜨기 시작했다. 그 광고를 받아보기 전까지는 한 번도 이에 대해 생각해 본 적이 없다가, 그 후부터는 자나 깨나 그 생각이 들었다고 한다. 이 여성이 이런 이상한 일을 친구들에게 이야기해 보니, 친구들 중 똑같은 광고를 본 사람은 한 명도 없었지만 각자 지나친 맞춤 광고를 경험한 적은 있었다. 얼마 전 나는 아시아계 남성이 등장하는 여드름 치료제 광고를 받기 시작했다. 성인이 된 후에도 여드름이 나긴 했다. 하지만 그다지 거슬리지 않았기 때문에 친구들에게 이야기해 본 적도 없고, 내 기억에는 인터넷으로 여드름 치료를 검색해 본 적도 없었다. 하지만 어떻게 된 일인지 웬 알고리즘이 내 열등감을 건드릴 만한 기회를 찾아 딱 그만큼의 데이터를 수집했던 것이다.

이런 광고는 기술이 섬뜩해지는 사례이지만, 어찌 보면 그냥 무례한 행동이다. 우리가 어떤 사람인지 알아보지도 않은 채 우리의 정보만 최대한 주워 모은다. 우리를 대화에 초대하는 대신, 그림자 뒤에 숨어 우리를 빤히 쳐다보다가 소문 거리만 수집한다. 페이스북에서만 '아는' 사람에게 다가가 어제 저녁 가족 식사가 어땠는지 물어보는 행동처럼, 이런 맞춤 광고는 반反사회적으로 행동하며 등장하는 순간부터 우리에 대해 아는 내용을 전부 쏟아붓는다. 지금은 광고 업계가 이상하리만큼 정확하게 우리를 겨냥할 수 있다. 반면 광고를 내보내는 형식은 여전히 인간미 없는 대중매체 시대의 빌보드(대형 옥외 광고판-옮긴이)에서 빌린다(실제로 마케팅 업계에서는 가장 큰 '배너광고'를 '빌보드'라고 부른다). 만약 누군가와 난자 동결이나 여드름 치료제에 관한 대화를 시작한다면, 상대가 관심 있어 할 만한 주제일 수도 있다. 하지만 적어도 먼저 '안녕하세요?'는 해야 하지 않을까?

하지만 섬뜩하게 정확한 광고를 우리가 부당하게 떠안기만 하는 건 아니다. 이런 광고는 우리 삶을 채우는 것은 무엇이든 우리의 요구에 딱 맞게 제공해야 한다는 기대치를 반영하기도 한다. 우리는 이제 소셜 미디어에 뜨는 피드, 또는 늘 보는 뉴스나 이메일도 우리를 대신해 걸러주기를 바라며, 원하는 것만 보고 더는 보지 않으려 한다. 현대 광고의 불편한 진실은 더 큰 흐름을 넌지시 알리는 신호일 뿐이다. 이 책은 지난 100년 동안 '사용자 친화' 개념에서의 '사용자'를 발견하려는 여정에서 출발했다. 사람들이 누구인지, 무엇이 필요한지, 무엇을 사용할지 점차 이해해 가는 과정이었다. 사용자 중심 디자인의 초기 몇십 년 동안 이 여정은 우리가 세상을 이해하는 방식에 대한 보편적인 원칙을 찾는 길이었다. 또 누구든 한 번에 이해하고 쉽게 사용할 수 있는 신기술을 만드는 일이었다. 하지만 스마트폰과 통신 덕분에 세상이 우리 손안에 들어왔고, 앱이든 스마트폰이든 사람들은 모두 똑같은 상자를 사용하지만 내용물은 각자 다른 시대를 낳게 되었다. 존 패짓은 이 현상을 '단 한 명의 시장'이라고 불렀다. 지난날 디자인이 사용자를 이해하고자 했다면, 이제 디자인된 물건들이 *우리*를 개인으로서 이해하려 한다. (작가 팀 우Tim Wu는 이 새로운 시대의 원년을 정확히 짚어 준다. 1979년인데, 소니의 워크맨이 처음 소개된 해

사람들이 바라는 것은 무엇인가

다. "우리는 워크맨에서 편의의 개념이 미묘하지만 근본적으로 변한 것을 볼 수 있다. 첫 번째 '편리함의 혁명'이 일과 삶이 쉬워질 거라고 약속했다면, 두 번째 편리함의 혁명은 *우리 자신*으로 살기 쉽게 해준다고 약속했다. 새로 소개된 기술은 모두 개성을 발휘하는 기폭제 역할을 했다. 이런 신규 기술 덕택에 자기표현이 더 효율화되었다.")[26]

이제는 사용자 친화 개념이 갈등, 더 나아가 한계에 부딪혔다. 기술은 무엇이든 사용하기 쉽게 만들겠다는 일념으로 디자인의 보편성을 추구해 왔다가, 이제는 우리가 모두 똑같은 사람이 아니라는 진실에 부딪혀 바닥에 주저앉은 것이다. 인공지능과 머신러닝에 그토록 많은 자금과 관심이 쏠리는 이유도 일부 여기에 있다. 인간은 인간으로서 할 수 있는 일은 전부 했다. 즉 사물들이 우리를 도울 수 있도록 인간이 공유하는 보편적인 특징을 연구해 왔다. 하지만 '단 한 명의 시장'을 수없이 많이 만들어주기에는 인력이 턱없이 부족하다.

그래서 디자이너들이 예측하지 못하는 디자인과 사용자의 최종 접점에서 기계에 기대를 건다. 그리고 기계가 만들어준 마지막 부분의 끝에는 콘텐츠만이 남는다. 그 콘텐츠가 담길 상자를 만드는 사람들은 점점 미디어 기업 같은 모습을 띤다. 우리를 밥상에 앉히기 위해 경쟁하는 데서 그치지 않고 자기 회사가 만든 밥상에 붙잡아 놓기 위해 또 경쟁한다. 애플은 TV 거래를 성사하기 위해 수십억 달러씩 투자하고, 애플 뉴스를 뒷받침할 콘텐츠 편집 인력을 끌어모으고 있다.[27] 페이스북은 지난 10년 동안 언론과 출판 업계를 궤멸하더니, 이제 드디어 자신이 기술 플랫폼일 뿐 아니라 언론사임을 인정했다.[28] 한편 구글은 조용히 모바일 웹에서 글이나 기사를 전달하는 기술적 통로로 자리 잡았다. 우리가 언론사가 아닌 구글의 인터넷 주소를 달고 있는 기사를 수없이 많이 보는 것은 그 때문이다. 그러면서 구글은 유튜브를 앞세워 TV를 완전히 대체하려 한다. 아마존은 대부분의 영화 제작사를 압도하는 영화 예산 50억 달러를 보유했을 뿐 아니라 그 외에 우리가 구매하거나 보거나 읽을 만한 모든 상품을 중심으로 생태계를 구축하고 충전 케이블부터 가구까지 점점 더 많은 물건에 아마존 브랜드를 붙이고 있다.[29] 빈 상자를 고도로 정교하게 디자인하고 나니, 그다음에는 상자에 뭔가를 다양하게 가득가득 채우는 일만 남았다. 그럴수록 사람들이 계속 열어보지 않고는 못 배긴다는 계산이다. 그리고 상자를 여는 순간 완벽한 무언가가 가장 위에 올라와 있도록 알고리즘을 동원한다. *이런 식의 상호 작용은 점차 사용자 친화적인 제품들이 우리를 끌어들이고 붙잡아두는 방식을 완전히 바꿔 놓았다.* 더글러스 엥겔바트가 꿈꾸던 대로 우리 사고를 확장해 주는 도구의 모습은 점점 사그라지고, 오히려 현실이 초라해 보일 만큼 완벽한 추천 콘텐츠가 가득한 무대가 되었다.

우려할 만한 일이다. 닉 드 라 마르Nick de la Mare는 디즈니 매직밴드와 밴드를 중심으로 뻗어나간(혹은 뻗어보려고 시도했지만 빛은 보지 못한) 디지털 경험을 디자인한 사람 중 한 명이다. 드 라 마르는 프로그 디자인에서 근무 중이었다. 하지만 경쟁사들처럼 프로그도 점차 진화한 끝에 사람들이 만지는 물건뿐 아니라 어떻게 생활하는지까지, 좀 더 애매모호한 경험 영역을 디자인하고 있었다. 드 라 마르는 프로그에서 일하다가 그만둔 후 디자인 회사를 설립했는데, 초기 프로젝트 중에는 텍사스주립대학교의 새 캠퍼스를 리오그랜드밸리에

사람들이 바라는 것은 무엇인가

설계하는 일도 있었다. 리오그랜드밸리는 텍사스주에서 가장 가난한 지역으로 이민 노동자 수만 명이 자녀와 함께 살고 있었다. 이 자녀들은 어찌어찌 대학에 갈 상황이 된다고 해도 대학 입학 시험을 위한 과외나 진로 컨설팅의 도움은 꿈도 꿀 수 없었다. 이곳 학생들은 월마트와 코스트코에서 일했고, 자동차도 없었다. 대부분은 대학교는 물론 고등학교 진학도 가족 중 첫 세대인 경우가 많았다.[30]

드 라 마르의 회사 빅투머로Big Tomorrow는 가상 캠퍼스와 디즈니 매직밴드 같은 물건을 함께 제안했다. 이곳에서는 강의실도 캠퍼스 잔디밭 위에 짓지 않았다. 오히려 학생들의 직장이 위치한 번화가 어딘가에 계획했다. 이렇게 도심 곳곳에 배치한 캠퍼스 중 필요한 곳에 가려면, 학생들은 센서를 가지고 버스에 오르기만 하면 된다. 학생들은 재학 내내 유지되는 학습 내용과 성취도 데이터를 바탕으로 각자 개인에 맞게 학습 진도를 관리받을 수 있다. 이런 디자인은 고전적인 대학 교육이 제시하는 모호한 약속만 마냥 바라볼 수 없고, 교육에 투자한 돈을 어떻게 회수할지에 민감한 새로운 종류의 학생들에게는 더 합리적인 방법이었다. 결국 학생들의 디지털 일상은 이미 개개인에게 맞춰져 있지 않은가. 대학 교육이라고 각각의 특수한 삶에 맞추지 못할 이유도 없었다.

이 제안은 대학의 운영 모델과 충돌해 결국 좌초되었다. 조직 구조가 스스로 변화의 발목을 잡은 사례다. 하지만 드 라 마르 역시 자기 회사가 제안하는 미래에 대해 걱정이 앞서기는 했다. 디즈니월드와 카니발에서 구현한 개인화 과정의 다음 단계를 제시했기 때문이다. 교육조차 개인 맞춤이 된다면 어떤 모습일까? 우리가 모두 각자 만들어낸 섬에 고립되어 지내게 될까? 그렇다면 모두 자기 의견과 비슷한 목소리에만 귀를 기울이는 페이스북 부족주의(이해관계가 같은 집단이 영향력을 키우는 현상-옮긴이)의 세상이 점차 페이스북만이 아니라… 실제 세상이 된다면? 드 라 마르가 혼잣말하듯 말했다. "그런 세상에서 성장하는 것은 어떤 경험일까요? 그런 환경에서 자라면 이기심이나 공감, 역경을 이겨내는 능력 같은 것은 어떻게 될까요?" 지금껏 우리는 사용자에게 공감하는 마음을 산업화해 사용자 친화적인 세상을 일구었는데, 정작 그 세상은 사용자들의 공감력을 키우지 않고 오히려 방해한다면 이상한 일이 아니겠는가.

사람들이 바라는 것은 무엇인가

페이스북   1 해커 웨이

페이스북 본사 간판에 표시된 '좋아요' 버튼 모양 (2009)

09

편리성의 함정

이 기능이 최악이라고 말하는 사람들조차, 실시간 사용 형태를 찾아보면 충격을 받았다. '싫다면서 쉴 새 없이 쓰고 있잖아! 무슨 말도 안 되는 소리야?'

\- 맥스 켈리Max Kelly, 페이스북의 첫 사이버 보안요원,
  페이스북 뉴스피드 기능 출시에 대한 언급 중

10년 걸려 수정할 만한 잘못을 저지르는 사람이야말로 진정한 인간이다.

\- 로버트 오펜하이머Robert Oppenheimer

'좋아요' 버튼은 매일 수억 명이 사용하는, 21세기에 가장 널리 확산된 사용자 인터페이스로, 저스틴 로즌스타인Justin Rosenstein과 리아

사람들이 바라는 것은 무엇인가

펄먼Leah Pearlman이라는 두 친구의 우정에서 비롯했다. 둘은 2006년 당시 불과 100명 규모였던 페이스북에서 일하며 만났고, 즉시 마음이 통해 서로 꿈과 이상을 나눌 정도로 친해졌다. 두 친구는 종종 팰로앨토의 페이스북 본사 건물을 둘러싼 금빛 언덕을 가로질러 긴 시간 함께 자전거를 타기도 했는데, 각자 회사 지원금으로 사무실에서 약 1.5킬로미터 거리 내에 살았다. 페이스북은 자극적인 곳이었다. 펄먼은 이렇게 회상했다. "그때는 모든 사람이 모든 일에 참여했습니다. 호기심도, 의욕도 전성기를 누리는 젊은 사람들을 지켜보면 가끔 황홀할 지경이었어요." 정해진 부서도 없이 그저 열렬한 관심을 공유하는 작은 무리뿐이었고, 무리마다 대단한 것을 창조한다는 자신감이 넘쳤다.[1]

페이스북 뉴스피드 기능을 출시한 직후, 엔지니어 어킬 웨이블 Akhil Wable은 사람들이 각자 독특한 방법으로 의견을 퍼뜨리는 모습을 발견했다. 당시 뉴스피드는 포스트를 올리거나 댓글을 다는 기능만 지원했다. 따라서 사용자들은 공감 가는 내용을 발견하면 스크린 샷을 찍어 그 사진을 다시 포스팅했다. 페이스북 내부에서는 이런 사용 형태에 피드 폭격Feedbombing이라는 별명을 붙였다. 어떤 포스트에 관심이 집중되면 서로 연결된 수많은 사람이 줄줄이 같은 스크린 샷을 올려 결국 뉴스피드가 똑같은 내용으로 가득 차는 현상이 발생했고, 사용자가 뉴스피드를 여는 순간 이 현상을 알아차릴 수밖에 없었다. 웨이블은 피드 폭격 버튼을 개발해 이런 행동을 쉽게 할 수 있도록 만들고 싶었다. 웨이블의 생각은 페이스북 내부에서 크게 공감을 얻어 기능을 어떻게 구현할지, 이름은 어떻게 지을지, 어떻게 응용할지 연일 뜨거운 토론이 벌어졌다. 펄먼은 약간 다른 관점을 제시했다. "리아는 이 기능으로 사람들이 서로 지지해 줄 수 있으면 멋지지 않겠냐고 말했습니다." 이제는 새로운 스타트업 아사나^{Asana}를 창업한 로즌스타인이 새 사무실의 조용한 구석 자리에 앉아 이야기했다 (아사나는 로즌스타인과 페이스북 최고경영자 마크 저커버그의 대학 동기 더스틴 모스코비츠^{Dustin Moskovitz}가 공동 창업한 스타트업이다). "처음에는 유치하다고 생각했죠." 그렇지만 로즌스타인과 펄먼은 거기서 멈추지 않았다. "그리고 이 아이디어에 대해 계속 이야기해 보았습니다. 나중에는 한 발 물러나 다시 물었어요. '우리가 페이스북에서 이루려는 목표가 무엇일까?' 그랬더니 '그중 하나가 사람들이 서로를 북돋아 주고 격려해 주는 세상을 만드는 것이 아닐까?'라는 생각이 들었습니다. 긍정이 '가장 쉬운 길^{path of least resistance}'인 세상이죠."[2]

당시에는 누군가가 올린 포스트에 반응이라도 보이려면 댓글을 다는 수밖에 없었다. 그렇지만 댓글에는 문제가 있었다. 펄먼은 이렇게 회상했다. "누군가 흥미로운 내용을 올리면 똑같은 댓글이 줄줄이 붙었습니다. '축하합니다', '축하합니다', '축하합니다' 일색이었죠. 뭔가 독특한 댓글을 달고 싶어도 수없이 많은 댓글에 묻혀버리곤 했어요." 따뜻한 한마디를 남기고 싶을 때는 독창적인 말을 찾기 위해 머리를 쥐어짜거나, 아니면 포기하고 다른 모든 사람이 올린 것과 정확히 똑같은 댓글을 올렸다. 0.001초 단위로 생각하는 데 익숙한 펄먼과 로즌스타인은 '축-하-합-니-다'를 입력하는 과정이 고통스러울 정도로 지루하게 느껴졌다. "이 과정을 더 친절하게 만들어야겠다고 생각했어요. '어떻게 하면 긍정의 마음을 가장 친절하고 간단하게 표

319

사람들이 바라는 것은 무엇인가

현할 수 있을까?' 하고 고민했죠." 펄먼은 이 기능을 '멋져요' 버튼이라고 불렀다. 사용자에게는 비슷한 댓글끼리 묶어주면서 페이스북에는 포스트가 얼마나 많이 퍼질지 예상할 만한 측정 기준을 제공하는 아이디어였다. 두 사람은 웨이블의 의견도 듣고 엔지니어 두세 명의 도움을 더 받아 밤새 시제품을 만들었다. 다음 날, 작업 결과를 시연하자 동료들은 열광했다. 페이스북 동료들이 이 '멋져요' 버튼을 어떤 기호로 나타낼지, 이름은 어떻게 지을지 고심하고 토론하며 수개월이 흐르고 흘렀다. 엄지를 치켜올리는 기호는 여러 차례 거론되었다가 여러 문화권에서 부정적인 의미를 나타낸다는 이유로 금기시되었다(이때는 페이스북이 해외로 확산되기 훨씬 전이었지만, 회사는 이미 큰 그림을 그리고 있었다). 프로젝트는 여러 차례 지연되었다가 펄먼이 동료 몇 명을 모아 부활시키곤 했다. 마침내 끝없는 논란에 지친 저커버그가 직접 버튼의 이름을 '좋아요'로, 그리고 아이콘은 엄지를 치켜올리는 그림으로 선언해 버렸다.[3]

당시 인터넷은 지금과 크게 다른 모습이었다. 사용자 피드백은 고작 소셜 뉴스 웹사이트 레딧Reddit의 찬성과 반대 투표 체계나 이베이의 별 다섯 개 평가 체계 정도가 전부였다. 어떤 내용을 평가할 수는 있어도 동조나 동감을 표시할 길은 없었다. 좋아요 버튼의 등장으로 인터넷에 완전히 새로운 피드백 체계가 형성되었고, 사람들의 현재와 미래 욕구를 가늠할 방법이 생겼다. 오늘날 이런 생각은 하트나 +1 표시부터 이모티콘까지 다양한 형태로 디지털 세상을 지배한다. 세계 어디에서나 통하는 표현 방식이며, 수많은 생각을 확산시켰다. 로즌스타인은 이렇게 말했다. "좋아요 버튼이 우리가 상상하지도 못

320

했던 방식으로 성공하는 모습을 보니 정말 환상적이었습니다. 그런데 전혀 의도하지 않은 결과도 발생했어요. 자연스럽다고 할 만한 것에서부터 꽤 해로운 것까지 있었죠." 우리가 대화를 나눈 시점은 도널드 트럼프가 미국의 제45대 대통령 취임 선서를 한 지 두 달 후였고, 언론 매체마다 미국 전역이 어쩌다가 8장에서 닉 드 라 마르가 우려한 확증 편향(자기 신념과 일치하는 정보만 받아들이는 성향—옮긴이)으로 분열되었는지, 또 미국인 절반이 나머지 절반에게 얼마나 놀라 어안이 벙벙했는지 새로운 데이터를 연일 보도할 때였다. 러시아 해커들이 트럼프를 도와 페이스북에 가짜 정보를 유포했다는 보고서들이 발표되고 있었다.

로즌스타인은 마른 체형이었고, 흐트러진 더벅머리에 턱수염이 드문드문 났으며, 앞니는 소년처럼 살짝 틈이 벌어진 모습이다. 삶의 이력만 보면 실리콘밸리를 다룬 다큐멘터리 형식의 코미디극에 나오는 주인공이 연상된다. 예를 들어 위키피디아에서는 로즌스타인의 페이스북 포스트를 요약해 다음과 같이 소개했다. "로즌스타인은 2010년부터 조던이라는 여성을 사귀었으나 그녀가 페루 무속 신앙을 추구하는 과정 중에 헤어졌다. 그가 하트 모양 조각 작품에 조던이 쓴 노래 가사를 새겨 버닝맨Burning Man 행사에서 선보인 후, 두 사람은 특별한 우정을 쌓아가기로 계획한다."[4] 한편 로즌스타인은 존경스러울 정도로 진지하기도 하다. 자신이 보유한 페이스북 주식이 결국 수억 달러 가치를 지니게 되었는데도 전혀 관심을 보이지 않았다. 주식 전체를 신탁 금융에 맡긴 뒤, 한 푼도 쓰지 않고 모두 기부하겠다고 결심했다.[5] 또 저택을 소유하는 대신 아가페라는 12인 공

사람들이 바라는 것은 무엇인가

동 주거 시설에서 뉴에이지풍 취미를 즐기는 다른 창업자들과 함께 생활했다.[6] 게다가 천재적인 면도 있었다. 구글에 근무할 때 동료들이 서로 무슨 일을 하는지 알기 어려워 불만을 느끼자 로즌스타인은 오늘날 클라우드를 기반으로 파일 공유를 돕는 드라이브(현재의 구글 드라이브Google Drive-옮긴이) 서비스를 발명했다. 그 후 구글의 이메일 창에 채팅창을 끼워 넣으려는 제안에 상사가 기술적으로 실현 불가능하다고 답하자 프로그래밍으로 며칠 밤을 새운 끝에 지챗Gchat(구글톡Google Talk 서비스의 별칭으로, 현재는 서비스가 종료되었다-옮긴이)을 개발했다. 이런 제품이 지금 전 세계 수억 명이 구글 서비스를 만나는 접점이 되었다.

로즌스타인은 매일 자신이 수립한 목표를 정확히 이룰 수 있도록 일상 전체를 깔끔하게 정리했다. 매일 물을 충분히 마실 수 있게 아침마다 책상에 물 다섯 잔을 일렬로 배치하며 하루를 시작한다. 그중 한 잔에는 비트와 블루베리 등 슈퍼 푸드에서 추출한 가루를 탔다. 업무 일정은 시간대별로 집중할 과제를 표시해 중요한 일을 절대로 놓치지 않는다. 하루 중 정해진 시간마다 명상하도록 타이머에 표시해 놓았다. 하지만 이런 로즌스타인조차 페이스북이 만든 세상에 빠져 있다고 인정한다. "내가 단 하나 중독된 것이 있는데, 바로 페이스북 알림입니다. 나는 성인이고, 다른 사람이 나를 어떻게 보는지 신경 쓰지 않아요. 지금 누가 내 포스트를 클릭하고 있는지 아무 관심도 없죠. 그런데도 이 대화가 끝나자마자 이미 전화기를 들어 페이스북을 확인할 거예요." 이런 충동이 왜 일어나며, 우리 사회를 어떻게 바꾸고 있는지는 꽤 많이 밝혀져 있다.

벌허스 프레더릭 스키너Burrhus Frederich Skinner는 심리학을 지배하기 수십 년 전인 1910년대에 어린 시절을 보낼 때에 이미 사람도 여느 기계처럼 의도한 틀대로 바꿀 수 있다고 생각했다. 소년 시절에도 이미 자신을 실험 대상으로 삼아 이 이론을 실험해 보았다. 한번은 옷을 벗어 아무 데나 늘어놓는다고 어머니가 구박하자, 그는 잘 잊어버리는 태도를 훈련으로 극복하기 위해 방의 구조를 바꿨다. 우선 문에 깃발을 달아 출입을 막았다. 이 깃발을 도르래에 연결하고, 도르래 반대편에는 옷걸이를 연결했다. 그 옷걸이에 잠옷을 걸어야만 깃발이 올라가 방 밖으로 나갈 수 있었다.[7] 어린 스키너로서는 명확하게 설명하지 못했지만, 이런 생각을 한 것 같았다. '여기에 하기 싫을 뿐 아니라 좀처럼 기억하기 어려운 일이 있다. 하지만 환경만 제대로 조성하면 내가 *어쩔 수 없이* 하게 될 것이다.' 이 생각은 기이하리만큼 일관성 있게 평생 그를 지배했다.

1926년, 스키너는 대학을 졸업하고 이 방으로 돌아왔다. 이번에는 반드시 소설가가 되겠다는 목표를 세우고 스스로 훈련하기 시작했다.[8] 우선 자기 방을 간단한 공장으로 만들었다. 한쪽 끝에는 팔을 들지 않고도 표도르 도스토옙스키와 마르셀 프루스트와 허버트 조지 웰스를 읽을 수 있도록 선반을 세워 책을 펼쳐 놓았다. 반대쪽 끝에는 글을 쓰는 책상을 두었다. 대가가 될 때까지 읽고 쓰기를 반복한다는 계획이었다. 하지만 계획은 효과가 없었고, 그 이유에 그는 놀랐다. 특별히 빈 종이가 두려웠다거나 쓸 말이 없는 것이 아니었다. 오히려 빈 종이가 너무 작게 느껴져 흥미를 잃었다. 꾸며낸 인물들의 내면을 떠올리느라 시간을 낭비하는 일이 끔찍이 지루해 보였

사람들이 바라는 것은 무엇인가

다. 젊은 스키너는 사람의 모습을 안에서부터 비추는 대신, 누구도 반박할 수 없는 방식을 고안해 사람들을 바깥에서 설명하면 어떨지 곰곰이 생각했다.[9]

학창 시절 늘 선생님들의 총애를 한 몸에 받던 스키너는 금세 하버드대학원에 입학했다. 스키너는 학부 시절 학과장에게 보낸 편지에 이렇게 썼다. "제게는 심리학이 가장 잘 맞습니다. 그래서 필요하다면 감히 이 분야 전체를 제 입맛에 맞게 바꾸고자 합니다."[10] 스키너는 동물심리학을 물리학에 조금도 뒤지지 않을 만큼, 어떤 동물이든 특정 행동을 왜 하는지 소설적인 해석이 전혀 필요 없을 만큼 빈틈없는 학문으로 만들겠다는 목표를 세웠다. 그는 다시 열병에라도 걸린 듯 열정적으로 뚝딱거리기 시작했고, 훗날 스키너 상자로 불리는 장치를 만들어 금세 획기적인 발견을 했다.[11] 이 장치는 스키너가 어린 시절 방을 꾸몄던 모습, 그리고 환경을 조성함으로써 행동을 인위적으로 만들려던 꿈을 묘하게 연상시켰다. 이 상자는 쥐나 비둘기가 들어갈 만한 방으로서 전등이나 스피커를 설치할 수 있고, 사전에 설치된 조작 장치를 누르면 음식 알갱이가 상자 안에 전달된다. 상자의 목적은 방 안에 있는 불쌍한 동물이 특정한 신호에 따라 조작 장치를 누르면 보상을 받는 방식으로 원인과 결과를 학습할 수 있는지 보는 것이었다.

스키너의 실험은 유명한 파블로프의 침 흘리는 개 실험에서 한 단계 발전한 변형으로, 다소 고루해 보일 수 있다. 하지만 스키너가 오래도록 큰 영향력을 발휘한 것은 상자를 통해 세상을 해석하는 관점을 수립했기 때문이다. 결국 세상은 무작위로 오는 자극이 얽힌 거

324

미줄이 아니겠는가. 삶 또한 결국 돈이나 섹스를 얻기 위해 조작 장치를 누르는 행위의 연속이 아니겠는가. 스키너는 심리학자들이 생각이나 동기처럼 모호하고 알 수 없는 개념은 전혀 이해할 필요가 없다고 생각했다. 심리학자는 소설가 행세를 할 필요가 없었다. 이 마법 같은 상자 이론으로 수십 년간 심리학을 지배할 만한 사상을 일군 뒤, 노년을 앞둔 스키너는 의기양양하게 말했다. "행동의 원인을 찾아냄으로써 그동안 상상 속에 존재하던 내적 원인은 버릴 수 있다. 우리는 더 이상 자유의지를 믿지 않는다."12

성격은 환경의 산물일 뿐이라는 스키너의 집요한 주장에 주목해야 한다. 사용자 친화적인 세상의 가장 큰 심리적 부작용도 그의 주장에서 발견할 수 있었다. 이 발견은 단순한 질문 하나에서 출발했다. 쥐가 먹이 보상이 규칙적일 때 더 빨리 반응할까, 아니면 무작위일 때 더 빨리 반응할까? 규칙적인 보상이 훨씬 나은 자극 같았다. 보상이 확실하다면 쥐가 더 빨리 반응하겠지. 하지만 실제로는 그 반대였다. 쥐들은 보상이 규칙적일 때도 물론 집중력이 높았다. 하지만 무작위로 주자 더 미친 듯이 열중했다.13

동물실험이 인간의 특성을 충실히 드러내지 못하는 경우도 수없이 많다. 어떤 경우는 인간과 다른 동물 사이의 유사성을 지나치게 단순화하기도 하고, 인간에게는 자극이 다르게 작용한다는 것을 알게 되기도 한다. 하지만 이 실험만큼은 우리와 가장 먼 친척들이 수백만 년 동안 지녀온 동물적 본능에서 우리 모습을 완벽히 확인한 매우 희귀한 사례였다. 스키너는 자기가 고안한 행동 장치가 인간이라면 누구나 있는 도박 중독을 드디어 설명할 수 있다고 자랑스럽게 언

325

사람들이 바라는 것은 무엇인가

급했다. 결국 슬롯머신이든 운에 맡기는 다른 어떤 도박이든, 스키너 상자가 아니고 무엇이겠는가. 조작 장치를 당기면, 무엇이 나올지 전혀 알 수 없으니 말이다. 이길지도 모른다는 기대감 때문에 이끌리듯 시작한 것이다. 그리고 거의 이겨본 적이 없다는 사실 때문에 계속 조작 장치를 당기게 된 것이다.

최근 몇십 년 동안에야 신경과학자들은 왜 이런 현상이 일어나는지 조금씩 알아내기 시작했다. 일이 예상했던 대로 돌아가면, 우리 뇌의 보상 중추는 정지 상태로 머문다. 우리 신경회로는 알던 사실을 다시 확인할 때 보상하도록 발달하지 않았다. 한편 일이 예상대로 돌아가지 *않을* 때, 우리 뇌는 흥분한다. 이런 새로운 패턴을 수집할 가능성에 긴장한 우리 보상 중추는 더 활기를 띠게 된다. 이 부분은 헤로인과 코카인에 반응하는 도파민 신경회로이기도 하다. 이처럼 이른바 가변적 보상은 카지노와 슬롯머신 설계에 늘 등장하며, 여기에 미국인들은 영화와 야구, 테마파크를 합한 것보다 많은 돈을 쓴다.[14] 여기서 모든 영화와 야구 경기와 테마파크 역시 각각 가변적 보상을 제공한다는 사실은 잠시 접어두겠다. 이 개념으로 우리 일상에 늘 있는 현상을 설명할 수 있다. 예를 들어, 우리가 일터에서 격주로 2000달러를 번다고 하자. 그 돈이 좋긴 하지만, 돈을 받을 때 기뻐서 환호성을 지르지는 않는다. 하지만 친구가 재미로 준 복권을 긁었다가 1000달러에 당첨된 기쁨을 상상해 보자. 틀림없이 친구들에게 자랑할 것이다. 자축하며 술집의 모든 손님에게 한 잔씩 돌릴 수도 있다. 또한 우리 문화 곳곳에서 얼마나 약자를 응원하고 축하하는가. 스포츠나 책, 영화, 정치에서 동서고금을 막론하고 약자의 승리가 기뻔 이유는, 뻔히 아는 내용이 아니기 때문이다. 그 대신 약자가 만들어내는 행복 덕분에 세상이 완전히 달라진다. 약자가 승리하면, 우리는 열광한다. 뜻하지 않은 행운을 얻었을 때 도파민 분비가 급증하는 현상을 연구한 밴더빌트대학교의 신경과학자 데이비드 잘드David Zald는 이렇게 말했다. "이미 이길 것 같은 팀에 대해서는 아무도 이런 이야기를 하지 않아요. 만약 앨라배마주립대학교가 밴더빌트대학교를 이기면 다들 시큰둥하지만, 밴더빌트가 앨라배마를 누르면 내슈빌 전체가 들끓죠."[15] 문자를 사용한 이래 우리는 큰 어려움을 극복하고 성공하는 영웅 이야기를 주고받아 왔다. 이런 이야기는 인류가 발견해낸 최초이자 최고의 마약일 것이다.

스키너의 연구와 우리의 디지털 일상 사이에 섬뜩한 연관성을 찾아낸 사람이 있다. 작가 알렉시스 마드리갈Alexis Madrigal은 2013년에 인류학자 나타샤 슐Natasha Schüll이 슬롯머신의 디자인을 분석한 책을 읽고, 오늘날의 앱 디자인과 눈에 띄게 비슷하다고 생각했다.[16] 그 후 디자인 업계는 고통스러운 자기반성의 시기에 들어서기 시작했다. 디자이너 트리스탄 해리스Tristan Harris는 다음과 같이 기고했다. "사람들을 자극하는 방법을 터득하는 순간, 피아노를 연주하듯 마음대로 주무를 수 있다. IT 기업들은 흔히 '우리는 그저 사용자들이 보려는 영상을 보기 쉽게 해줄 뿐이다'라고 말하지만, 실제로는 사업 이익 외에는 안중에도 없다. 이들 기업 탓만은 아니다. '사용 시간'을 늘려야 경쟁에서 이기기 때문이다."[17] 오늘날 가변적 보상을 제시하는 스키너 상자는 어디든 있고, 상자마다 페이스북·인스타그램·지메일·트위터라는 브랜드 이름이 붙어 있다. 우리는 아침에 일어나

페이스북 피드나 인스타그램 계정, 이메일을 확인한다. 메시지와 '좋아요'를 받은 내용들이 흘러 들어온다. 친구들이 올린 이미지와 글을 보면 재미있거나 짜증이 난다. 아니면 그냥 재미없다. 어느 쪽일지 늘 알 수 없다. 내 포스트에 '좋아요'가 몇 개나 달렸지? 그러다가 나도 모르게 1, 2분 후 다시 페이스북, 인스타그램, 트위터 순서로 확인하고 있다. 각각의 앱은 스마트폰 화면을 끌어 새로고침 하는 기본 동작을 조금씩 다르게 변형했고, 앱에 따라 화면을 끌어내리거나 버튼을 누르게 되어 있다. 그러면 화면에는 다시 최신 내용이 올라와 우리가 소비하기를 기다린다. 이 동작이 슬롯머신의 손잡이가 아니고 무엇인가. 어떤 때는 이런 수고도 소용없이 아무것도 뜨지 않는다. 이런 가변성이야말로 매일매일 우리를 붙잡아두는 것이다. 어느 연구에서는 우리가 휴대전화를 하루에 85번 정도 확인한다고 밝혔다.[18] 또 다른 연구자들은 우리가 스마트폰을 건드리는 빈도를 관찰한 끝에 (그저 그 자리에 있는지 확인하느라) 하루에 무려 2617번을 만진다고 발표했다.[19]

스키너는 상자 연구에서 밝힌 내용으로 우리 사회 곳곳을 발전시킬 수 있으며, 개인도 알맞은 조건을 만들면 더욱 발전할 수 있다고 생각했다. 지금까지는 스키너가 옳았는지 판단하기 어렵다. 하지만 아직도 실험은 진행 중이라고 분명히 말할 수 있다. 스마트폰은 어느 모로 보나 현대판 스키너 상자다. 단, 누군가가 우리에게 떠안긴 상자가 아니다. 우리가 스스로 선택한 상자다. 스마트폰은 사용자 친화성 덕택에 나이와 문화권을 뛰어넘어 널리 퍼졌다. 점차 스마트폰 버튼과 앱과 피드백의 사용자 친화성 때문에 전 세계 수십억 명의 사회생활, 정보 소비, 구매 습관, 짝짓기 행태까지 근본적으로 바뀌었다. 온라인 데이팅 앱 틴더^{Tinder}는 사랑을 찾는 과정을 변형해 가변적 보상을 기반으로 설계했다. 슬롯머신의 작은 그림이 빙글빙글 돌아가는 대신, 새로운 얼굴들이 가장 빠르게 소비할 수 있도록 연출과 편집을 거쳐 끝없이 나올 뿐이다. 마음에 드는 사람이 혹시 나를 좋아하기까지 하면 잭팟을 터뜨린 것이다. 처음에는 우리 자유의지에 운을 더하니 마치 틴더는 게임 같다가, 이 게임이 익숙해지는 순간 마약이 된다. 틴더의 공동 창업자는 이 원리를 무미건조하게, 그리고 극도로 뻔뻔하게 설명했다. "여기에는 게임 같은 요소가 들어 있어 사용자는 정말 보상을 받는 것처럼 느끼죠. 어쩌면 슬롯머신의 원리와 같기도 해요. 다음 사람이 누군지 기대되고, 더 나아가 '매치되었을까?'라는 기대감, 그리고 '매치 화면(쌍방이 서로 좋다고 선택할 경우 보여주는 팝업 화면–옮긴이)'에 대한 기대감이죠. 기분 좋은 짜릿함이랄까요."[20] 쉽고 즐겁다는 데 홀딱 반해, 우리 사회는 스키너 상자를 전에 없이 값싸고, 설치하기도 사용하기도 쉽게 만들어 모두의 손에 하나씩 부지런히 쥐여주고 있다. 하지만 슬롯머신과는 달리, 우리의 개인용 스키너 상자는 일확천금을 약속하지 않는다. 시장은 우리를 붙잡아 두고 다시 돌아오게 하는 최소 보상 수위를 이미 알아냈다.

물론 처음부터 스키너 이론을 발판 삼아 중독이 만연한 세상을 만들겠다고 나선 사람은 없다. 하지만 그 때문에 중독이 만연한 지금의 세상이 더 놀랍고 어렵다. 디자이너들은 사용자들이 점점 자주 방문하게 할 방법을 찾아 나섰다가, 우리가 거부할 수 없는 강력한 원리를 우연히 발견했을 뿐이다. 하지만 의욕과 통찰력과 독창성과 탐

329

사람들이 바라는 것은 무엇인가

욕을 더하자, 우리의 뇌 화학작용 중 가장 상력하고 다루기 힘든 면이 고개를 들었다. 술, 담배, 마약처럼 세계에서 가장 오래가는 사업은 항상 중독을 바탕으로 발달했다. 하지만 사용자 친화적인 세상에서는 약물을 구매할 필요조차 없다. 더욱 절묘하지 않은가. 약물은 오랜 진화의 결과로 이미 우리 뇌에 들어 있다.

이 책의 앞부분에서, 심리학이 인간의 의식을 상과 벌에 대한 조건반응으로 치부하는 과거 행동주의자들의 차디찬 이론과 점차 결별하는 과정을 살펴보았다. 한번 변화하기 시작하자, 심리학은 사람의 마음속에 관심을 두고 인간을 더욱 섬세하게 이해하는 방향으로 나아갔다. 이처럼 공감에 무게가 실리자, 디자이너들은 사용자를 인간이 만든 세상의 중심에 놓을 수 있게 되었다. 이 변화 덕분에 제2차 세계대전이 끝난 뒤에는 당시 조종사들이 전투기 사고를 낸 이유가 훈련 부족 때문만은 아니라는 주장도 나오기 시작했다. 군인들은 죽어갔고, 앨폰스 샤페이니스 같은 연구자는 인간이 오류의 존재이기 때문에 훈련 방식이 태생부터 잘못되었다고 주장했다. 인간이 기계를 더 잘 다루려면, 훈련을 늘려야 하는 것이 아니었다. 오히려 기계를 인간에게 맞춤으로써 훈련을 *줄여야* 했다. 따라서 20년 전에는 최신식 VCR이나 TV를 구매할 때 암호 같은 온갖 최신 기능을 판독할 두툼한 설명서가 따라왔다면, 지금 우리는 인류 역사상 가장 복잡한 기계인 스마트폰을 집어 들고 아무 설명 없이 원하는 일은 무엇이든 할 수 있어야 한다고 생각한다.

사용자 친화성으로 무엇이든 사용하기 쉽게 만든다는 목표는 점차 기기를 보자마자 사용할 수 있게 만든다는 목표로 진화했다. 쉽다 보니

330

PART 2

점차 제품을 거부할 수 없이 매력적으로, 심지어 대놓고 중독성 있게 만들게 되었다. 실리콘밸리에서 처음에는 이런 중독성을 추구하는 일이 별일 아닌 듯 보였다. 이런 중독성을 '몰입engagement'이라는 실리콘밸리 용어로 포장했기 때문이기도 하다. 사용자가 끊임없이 재접속하게 만든다는 뜻이다. 이런 순진한 열정을 부추긴 사람은 스탠퍼드 교수 B. J. 포그B. J. Fogg였다. 4장에서 사람들이 컴퓨터에 기대하는 정중함의 정도를 연구했던 스탠퍼드 교수 클리퍼드 나스의 수제자였다. 포그는 스승의 연구를 이어받아 컴퓨터가 우리 행동에 어떻게 영향을 미치는지 분석했다. 하지만 그는 곧 스승인 나스조차 상상도 하지 못했을 실험의 장을 만나게 된다. 바로 페이스북이다.

2006년 말, 페이스북은 서비스를 시작한 지 겨우 2년 만에 이미 실제 사용자 수 1200만 명을 넘어선 데다 빠른 속도로 꾸준히 성장하고 있었다. 또 성장 동력을 더욱 늘리기 위해 외부 개발자들이 게임을 개발할 수 있도록 플랫폼을 개방한 상태였다. 포그는 예리한 안목으로 페이스북이 심리학 데이터의 보물창고일 뿐 아니라 심리학 이론을 적용해 볼 수 있는 장이라고 판단했다. 따라서 2007년 9월 신학기에 '페이스북 앱 개발'이라는 학부 컴퓨터공학 과목을 개설한 뒤,[21] 학생들에게 각자 페이스북 게임을 개발하고 그 안에서 사용자들에게 다양한 심리학 원리를 적용해 보는 과제를 주었다. 과제 결과 중 하나인 온라인 피구 경기에서는 사용자의 친구들을 가입시키게 했고, 안아주기 게임에서는 친절에 보답하려는 인간 본성을 이용했다. 강의 수강생 75명은 10주 안에 총사용자 수 1600만 명과 100만 달러나 되는 수익을 얻게 되었다. 학기 말 과제 발표에는 사냥감을

사람들이 바라는 것은 무엇인가

찾는 투자자들을 포함하여 방청객이 500명이나 참석했다.[22] 포그는 이런 폭발적인 성장을 지켜보며 의문을 제기했다. 이 중 어떤 게임이 유독 흡인력 있는 이유가 무엇일까? 포그는 이 원리를 단 세 가지 요소로 압축했다. 바로 동기motivation, 계기trigger, 능력ability이다. 먼저 사소해도 좋으니 동기를 부여한다. 사용자가 이 동기를 충족할 수 있도록 계기를 제공한다. 그리고 사용자가 행동을 취하기 쉽게 만든다.

이 공식은 스키너가 제시한 조건반응과 눈에 띄게 비슷하다(과연 포그의 신봉자 중 니르 이얄Nir Eyal은 《훅: 일상을 사로잡는 제품의 비밀 Hooked》에서 포그의 이론을 대중화한 뒤 실리콘밸리에서 이 분야의 권위자로 급부상했다). 포그의 모형을 요약하면, 우리는 즐거움과 고통, 희망과 두려움, 소속감과 소외감 같은 동기를 주변 환경의 조건을 계기로 해서 행동에 옮기며 새로운 습관을 형성한다. 사용자에게 행위를 유도하려면, 그저 적시에 계기를 보내고 사용자가 최대한 쉽게 반응할 수 있게 해주면 된다. 그렇다면 이 행위에 가장 좋은 보상은 무엇일까? 물론 도파민 중추를 자극하는 불확실한 보상이다. 물론 포그는 이 이론을 다듬고 설명하면서도 혹시 모를 악용 가능성을 필사적으로 차단하려 했다.[23] 하지만 포그의 경고와 암시는 대부분 무시당했다. 포그의 수업을 거친 학생 수백 명이 실리콘밸리로 진출해 페이스북과 우버와 구글의 책임자 자리에 올랐다. 그중 가장 유명한 이는 마이크 크리거Mike Krieger인데, 대학 친구인 케빈 시스트롬Kevin Systrom과 함께 아이폰4에 맞춘 소셜 네트워킹 앱을 개발했다. 나중에는 앱을 단순화해 사진을 올리고 친구들의 사진에 '좋아요'를 누를 수 있는 기능에 집중했다. 그리고는 인스타그램이라고 이름 붙였다.[24]

우리가 앞서 캐피털원 은행에서 기밀로 보호하는 챗봇의 성격 특성이나 카니발의 차세대 유람선에 적용된 사회공학 사례에서 살펴보았듯이, 과거에는 물리적 세상을 이해하는 직관이 디자인 재료였다면 지금은 우리의 행동이 디자인의 재료가 된다. 게다가 이런 행동은 보통 무의식중에 일어난다. 그래서인지 시장에서 성공하는 모든 앱의 중심에는 인간의 별난 성질이 녹아 있다. 그중 우버의 사례가 특히 충격적으로 다가온다. 〈뉴욕타임스〉 기자 노엄 샤이버Noam Scheiber는 오랜 기간 우버를 취재한 끝에 이 회사가 행동경제학 이론을 적용해 기사들이 더 오랜 시간 일하도록 유도한다고 밝혔다.[25] 그중 하나는 목표에 집착하는 인간 심리를 이용한 꼼수였다. 운전자들은 '딱 10달러만 더 벌면 순익 330달러를 달성할 텐데, 정말 접속을 끊으시겠어요?'와 같은 메시지를 받게 되었다. 임의로 정한 숫자에 아무 의미 없는 목표였다. 하지만 애초에 의미는 필요 없었다. 지금 수치보다 살짝만 멀리 있으면 족했다. 슬롯머신에서 마지막 바퀴가 점점 느려지며 체리 세 개가 *거의* 일치했다고 느끼게 했다가 마지막 순간에 살짝 어긋나는 원리와 같다. 우버와 리프트Lyft 모두 기사들을 애태우는 수단으로 우버가 '예측 발송'이라고 부르는 기능을 활용한다. 현재 운행이 끝나기 전 다음 운행을 미리 대기시키는 기능으로, 넷플릭스가 현재 영상을 마치기 전 다음 영상을 대기시키는 것과 같은 원리다. "넷플릭스를 끝도 없이 보는 일은 거의 힘이 들지 않는다. 오히려 계속 보는 것보다 멈추는 데 더 노력이 많이 든다." 학자 매슈 피트먼Matthew Pittman과 킴 시헌Kim Sheehan이 지적했다. 이 기능의 효과가 너무 큰 나머지 화장실도 가기 어려워진 우버 기사들이 들고일어날 뻔했다. 우버는 결국 일시정지 버튼을 추가하긴 했지만, 기사들도 최대의 효율로 최대의 수익을 내려 한다고 지적하며 방어에 나섰다. 하지만 기자 노엄 샤이버의 주장처럼 "물론 우버의 지적도 옳지만, 예측 발송 기능의 논리를 다른 관점으로 본다면 자기조절 권리를 묵살하는 것이다." 이런 심리적 꼼수도 다양한 색깔을 띤다. 스냅챗에서는 사용자가 며칠 연속으로 친구들에게 메시지를 보내면 '스트릭streaks'이라고 부르며 이모티콘을 붙여준다. "스트릭이 있으면, 뭐라 설명할 수는 없지만 우정이 더 확실해지는 것 같아요. 그러니까 누군가와 매일 대화할 순 있지만, 스트릭이야말로 매일 대화한다는 생생한 증거죠." 한 십 대가 온라인 매체 〈마이크Mic〉에서 설명했다.26 다른 십 대는 "그 사람과 얼마나 친한지 증명하는 것이 스트릭이죠"라고 말했다. 이렇게 서로 주면 받고 받으면 주려는 오랜 본능이 피드백과 만나자, 의미 없던 목표도 고등학교 같은 곳에서는 죽느냐 사느냐 하는 문제가 되었다. 바로 인기도다. 스냅챗은 사회적 평판을 가늠하는 측정 기준을 만들어 십 대들의 사회생활을 완전히 바꿔 놓았다.

이 책에서는 최근 100년간 인간이 누구인지 탐색해 온 과정을 다뤘다. 우리가 왜 특정 물건을 더 쉽게 느끼는지, 그리고 생활 속 기기들을 어떤 방식으로 받아들이는지를 이해하려는 여정이었다. 모나면 모난 대로 우리 사고방식에 맞춰 만들기 위해서였다. 이처럼 우리 자신을 알기 위해 구부러진 길을 따라갔더니, 길 끝에는 우리 마음대로 통제하지 못하는 부분을 이용하려는 기기들이 있었다. 그동안 욕구와 편견과 별난 면 그대로 우리 자신을 연구해 왔지만, 다시 원점에서 스키너의 날카로운 눈길 앞에 벌거벗은 채로 서 있다. 시장은 우리 삶을 점점 쉬워지는 제품으로 가득 채워버렸다. 이런 제품은 점점 발달해 구글, 페이스북, 인스타그램, 트위터, 그 밖의 스마트폰에 있는 거의 모든 앱처럼 화려한 코드 뭉치가 되었고, 우리 뇌에서 외부 세계 이해를 관장하는 가장 원시적인 부분을 자극하게 되었다. 스키너가 추구하던 환원주의적 사고방식은 점차 외면당했지만, 사용자 친화성을 이루기 위해 노력하던 디자이너들이 스키너를 재발견했다. 그럼으로써 디자이너들은 사랑과 유대감을 추구하거나 새로움을 탐색하는, 우리를 인간답게 만드는 특성을 사용성에만 목숨 거는 스키너 상자로 재구성해 버렸다. 우리는 이 상자에 일상의 달콤함이나 가장 쓴 맛을 꽉꽉 눌러 담는다.

스키너는 자극과 동물 반응에 맹목적으로 집착했다. 기술이 발달하자, 과거 스키너의 집착은 사용자가 무엇을 원하든 클릭 유도로 귀결 짓는 디자이너의 뻔뻔함으로 변했다. 인간의 동기는 완전히 외면하고 충동과 행동만 보는 위험한 생각이다. 디자인 방법론 또한 이런 기-승-전-클릭의 역학 관계를 체계적으로 정리하고 단단히 못 박았을 뿐이다. 페르소나 개념을 고안한 저명한 사용자 경험 디자이너 앨런 쿠퍼는 이런 현상을 제품 디자인의 오펜하이머 위기라고 불렀다.[27]

오펜하이머는 미국이 제2차 세계대전을 종결지을 수 있도록 핵폭탄 개발에 참여했다. 하지만 첫 시험 발사에서 피어오른 버섯구름을 본 순간, 그는 자신이 어떤 의도로 발명했든 이 발명이 어떻게 사용될지는 이제 자기 손을 떠났음을 절절히 깨달았다. 앨런 쿠퍼는 언

335

사람들이 바라는 것은 무엇인가

젠가 자신이 개척한 사용자 경험 분야에 종사하는 디자이너들을 앞에 두고 이렇게 강연했다. "오늘날 우리 IT 전문가들, 즉 기술을 디자인하고 개발하고 적용하는 사람들은 각자 나름의 오펜하이머 위기를 겪고 있습니다. 이 순간에야말로 우리가 만든 제품이 예상치 못했고 원하지도 않는 방향으로 사용되고, 우리의 가장 선한 의도조차 뒤집혔다는 사실을 뼈저리게 느끼게 됩니다."

＊

나는 대만계 이민자의 아들이다. 아버지는 교육 기회를 찾아 미국으로 왔고, 어머니는 중학교만 간신히 나왔을 뿐이다. 현재 내가 누리는 모든 혜택, 그러니까 좋은 교육 기회와 보람 있는 직업, 사랑하는 아내, 그리고 우리 아이도 같은 혜택을 누릴 것이라는 믿음은 다양한 문화를 버무려온 미국이라는 나라의 탁월한 능력 덕분이라고 생각한다. 경제학자들이 증명하듯이, 이 나라의 기막힌 성장의 역사는 이민자들이 꿈을 이뤄가는 과정으로 아로새겨져 있다. 하지만 2016년 11월 9일 아침, 대선 결과를 확인했을 때는 다른 수백만 미국인처럼 나도 이 나라가 더는 이런 역사를 믿지 않는 것인지 고민했다. 누가 클린턴에게 혹은 트럼프에게 표를 던졌는지에 대한 데이터나 그 데이터에 관한 분석 기사로는 속 시원한 답을 찾을 수 없었다. 이 정보만으로는 앞으로 어떻게 해야 할지 알기 어려워 더욱 공허했다. 그러다가 작가 맥스 리드Max Read가 쓴 '도널드 트럼프의 승리는 페이스북 덕분이다'라는 기사를 읽게 되었다.[28]

리드는 가장 먼저 우리가 이미 알고 있듯이 페이스북이 정보보다는 동의와 지지를 퍼뜨리는 매체라고 전제했다. 로즌스타인과 펄먼이 발명한 '좋아요' 버튼과 그 버튼을 누른 기록을 추적하는 알고리즘 덕분에, 우리는 똑같은 의견에만 둘러싸여 안락하게 지낼 수 있다. 예를 들어 교황이 트럼프를 공개적으로 지지했다는 가짜 포스트가 페이스북에서 86만 8000회 이상 공유된 반면, 거짓이라고 밝힌 포스트는 3만 3000회 공유되었을 뿐이다.[29] 거짓은 진실보다 빠른 속도로 퍼진다. 진위 확인에 클릭 한 번이 더 드는 진실보다 그럴싸한 거짓말을 공유하기가 훨씬 쉽기 때문이다. 어느 동료가 지적했듯이, 페이스북은 과거 거대 조립주택 단지인 레빗타운Levittown을 21세기에 되살렸다. 다양성이 아닌 동일성이 지배하는 곳이며, 들리는 목소리라고는 우리와 똑같이 생각하는 가상 공간 이웃의 의견뿐이다.

서구 사회에서는 본 적 없는 끔찍한 결과도 발생했다. 미국과 영국이 2016년 대선과 브렉시트 국민투표 결과에 페이스북이 어떤 역할을 했는지 슬슬 조사를 시작할 즈음에도, 미얀마에서는 수십 년간 급진적인 불교도 국수주의자들에게 박해받아 온 이슬람교 소수민족 로힝야족을 향한 대규모 집단 학살이 일어나고 있었다. 이 유혈 사태는 소름 끼칠 만큼 일정한 속도로 꾸준히 일어났지만, 2017년에 로힝야족 6700명이 죽고 마을 354곳이 불타고 최소 65만 명이 서쪽 국경을 넘어 방글라데시로 피난하고 나서야 유엔은 이 사태의 새로운 기폭제를 밝혀냈다. 바로 페이스북의 잘못된 정보 확산이었다.[30] 미얀마뿐 아니라 스리랑카의 반이슬람교도 운동에서도, 인도와 인도네시아와 멕시코에서도 각각 소셜 미디어에서 누군가가 잘못된 정보

사람들이 바라는 것은 무엇인가

를 조장하고 키운 결과 그런 일이 일어났다.

"페이스북만 비난하는 건 아닙니다. 균은 원래 우리 안에 있었죠. 하지만 페이스북이 바람을 불어준 셈이죠." 스리랑카의 한 공직자가 설명했다.[31] 하지만 페이스북이 이 전염병을 누구도 예상치 못할 만큼 멀리 퍼뜨렸다고 해서 단순히 바람 역할만 했다고는 보기 어렵다. 동의와 지지에 목마른 우리의 원초적인 욕구에 피드백을 얹어주는 행위는 그보다 훨씬 더 강력하다.(기사 제목을 인용하자면 다음과 같다. "페이스북 전 부사장, 소셜 미디어가 '도파민 피드백 순환고리'로 사회를 망친다고 밝혀.")[32] 〈뉴욕타임스〉는 가짜 뉴스의 효력이 얼마 만에 반감하는지 보기 위해 스리랑카에서 약사 한 명이 불교도 고객에게 불임 약을 퍼뜨리고 있다는 거짓 포스트 몇 개를 추적한 후 다음과 같이 보도했다. "어쩌면 페이스북의 가장 큰 영향력은 우리 모두가 지닌 부족주의를 증폭시키는 데서 오는지도 모른다. 세상을 '우리'와 '저들'로 양분하는 포스트들이 사용자의 소속감 욕구를 이용해 자연스럽게 부상하기 때문이다. 게임 같은 사용자 인터페이스 때문에 참여하면 할수록 보상이 더 커지고, '좋아요'와 댓글이 쌓일수록 도파민이 대량 분비되며, 사용자들은 점차 동의와 지지를 얻을 만한 행동에 심취하게 된다. 게다가 이런 알고리즘이 의도치 않게 부정적 성향을 부각하는 탓에 외부인, 즉 나 아닌 상대 팀, 반대 정당, 소수민족 등을 공격할 때 쾌감이 극대화된다."[33]

사람들은 종종 끔찍한 생각을 하기도 하지만, 전체 시민사회의 관습과 사회의 리듬에는 이를 자연스레 저지하는 효과가 있다. 결국 사회는 어떤 행동은 장려하고 다른 행동은 억제하며, 어떤 집단은 보호하고 다른 집단은 견제하도록 설계되어 있기 때문이다. 이것이 사회의 가장 기본적인 기능이다. 이와 대조적으로, 페이스북에서는 끔찍한 말을 공개적으로 내뱉기 쉽다. 실제 시민사회에서와 달리, 이런 극단성은 '좋아요'의 횟수로 보상받는다. 처음 보는 획기적인 피드백 구조 덕택에 사람들은 어딘가에 나와 꼭 닮은 타인이 있다는 것을 알 수 있다. 그리고 확신은 점차 강해진다. 이런 구조에 따르면, 예전에는 숨죽여 말했을 법한 소수 의견도 확성기를 대고 외치는 의견으로 탈바꿈할 수 있다. 비슷한 생각을 하는 사람들끼리 가상의 레빗타운에 안락하게 머무는 것과는 차원이 다르다. 우리 안에 존재하는 최악의 충동을 지지해 주는 피드백 때문에 비주류도 주류처럼 여기고, 타인도 나와 똑같이 생각한다는 느낌이 있으면 평소에 절대로 하지 않았을 법한 일도 더 자유롭게 상상한다. 사용자 친화적인 디자인은 사용하기 쉽기 때문에 우리는 최악의 모습을 마음껏 표출할 수 있다. 화재를 일으키는 일도 불을 간단히 지피는 일 정도로 쉽게 만들어버린다. 나는 디지털 디자인에 대한 글을 수천 편씩 보도하고 집필했으며, 디지털 제품도 직접 디자인해 왔다. 그동안 늘 '번거로움이 없도록 만들기'가 진정한 선善이라고 믿었고, 과학과 효율적인 시장, 신뢰할 만한 법정과 같은 반열에 놓았다. 하지만 사용자 친화적인 세상이 정말로 최고의 세상일까?

미국 대선 후 수개월 동안, 당황한 힐러리 클린턴 진영이 도널드 트럼프와의 대결 구도를 이렇게나 잘못 파악했나 고민하고 있을 때, 뉴스에서는 선거운동 기간에 수백만 달러씩 받고 트럼프 진영을 지원한 케임브리지 애널리티카Cambridge Analytica라는 베일에 싸인 데이터 분석 기업 이야기가 놓았다.[34] 사실 이 회사가 특별한 혁신을 한 것은 아니었다. 케임브리지대학교의 젊은 심리학자 미할 코신스키 Michal Kosinski의 연구 결과에서 영감을 얻었던 것이었다.

코신스키는 평소에 늘 벤처캐피털 투자자들의 단체복 같은 잘 다린 면바지에 빳빳한 셔츠를 넣어 입은 차림이다(만약 셔츠를 밖으로 빼냈다면 틀림없이 이른바 스타트업 남이라고 생각했을 것이다). 하지만 이 심리학자의 알고리즘대로 묘사하자면, 머리카락은 17.2퍼센트 정도 과도하게 흐트러졌고 까끌까끌 나기 시작한 턱수염은 10.9퍼센트 초과해 자랐다고 할 수 있겠다. 잘 모르는 사람에게도 왜 신을 믿는지 물어볼 정도로 반골 기질이 강한 인물이다. 코신스키는 그 이유를 폴란드에서 성장했기 때문이라고 했다. 폴란드에서는 전 국민이 취미로 논쟁을 즐기기 때문이다. 그러더니 이런 무례한 성향이 있었기에 현재 자리까지 오게 되었다고 인정했다. 이 성향 덕에 우리가 끊임없이 생성하는 온라인 데이터를 어디까지 활용할 수 있는지 발견한 불길한 예언자가 된 것이다.

코신스키는 심리학으로 박사학위를, 심리측정학으로 석사학위를 받았다. 심리측정학 분야는 인간 성격의 모든 애매모호한 특성을 다섯 가지 요소로 요약할 수 있다고 전제한다. 머리글자만 따 OCEAN이라고 부르는 이 특성은 새로운 경험을 시도하려는 정도인 개방성Openness, 성실성Conscientiousness 또는 완벽주의, 외향성Extroversion, 얼마나 배려하고 협조하는지를 나타내는 친화성Agreeableness, 얼마나 쉽게 기분이 상하는지를 나타내는 예민성Neuroticism으로, 코신스키는 정도만 다를 뿐 인간이면 모두 공유하는 특질이라고 주장한다. 2012년 당시 그는 이 다섯 가지 요소에 바탕을 둔 성격검사를 참여자의 답변 내용에 맞춰 뒷부분의 질문을 바꿔 효율화할 수 있는 적응형 검사로 다양하게 설계하는 중이었다. 이때 코신스키와 동료는 결과를 훨씬 많이 수집할 만한 기회를 온라인에서 포착했다. 두 사람은 OCEAN 특성을 바탕으로 한 성격검사를 페이스북에 퍼뜨렸다. 검사는 폭발적인 인기를 끌며 검사 결과를 수백만 건씩 도출했다. 결과를 받아서 보니, 세상 어디에도 없는 특별한 데이터였다. 검사에 응한 사람들의 성격 특성을 분석하는 데 그치지 않고, 이 특성을 페이스북에서 좋아한다고 표시한 것들과 프로필에 드러난 인적 사항에 일일이 대응해 볼 수 있었기 때문이다. "문득, 누군가의 디지털 발자국digital footprint만 들여다보면 성격 파악 과정을 자동화하는 것쯤은 식은 죽 먹기라는 생각이 들었습니다." 코신스키가 회상했다.[35]

341

  결과는 충격적이었다. 코신스키의 분석 모델을 적용하자, 사용자가 '좋아요'를 누른 기록 몇십 개만 있으면 95퍼센트의 정확도로 그 사람의 인종을 파악할 수 있었다. 성적 지향이나 지지 정당도 각각 88퍼센트와 85퍼센트의 정확도로 맞출 수 있었다. 결혼 상태, 종교 성향, 흡연 여부, 마약 복용, 심지어 부모의 이혼 여부까지 예측할 수 있었다. 그다음부터는 섬뜩해졌다. '좋아요'를 누른 기록 70회를 수집하면 성격검사 답안을 그 사람의 친구들보다 더 정확하게 맞출 수 있었다. 겨우 150개면 부모님보다 정확해졌다. 300개 이상이면, 배우자나 연인도 깨닫지 못한 취향과 성격의 미묘한 면까지 예측할 수 있었다.[36] 2013년 4월 9일 코신스키가 연구 결과를 발표하자, 페이스북 채용 담당자가 연락하여 페이스북의 데이터과학팀에 합류할 생각이 있는지 물어왔다. 나중에 집 우편함을 확인해 보니 페이스북 변호사들이 보낸 소송 협박장이 와 있었다.

　페이스북은 곧바로 대응했고, '좋아요'를 누른 기록을 비공개로 전환할 수 있게 만들었다. 하지만 엎질러진 물이었다. 이미 페이스북에서 '좋아요'를 누른 기록만 알면 그 사람의 성격도 파악할 수 있다는 사실이 완전히 공개된 것이었다. 성격을 알면, 그 사람에게 분노나 두려움이나 의욕이나 외로움을 불러일으키는 요소를 알아내 손쉽게 맞춤 메시지를 보낼 수 있었다. 케임브리지 애널리티카가 코신스키에게 셸컴퍼니(이름뿐인 회사-옮긴이)를 세워 함께 일하자고 제안하는 것도 어쩌면 시간문제였는지 모른다. 코신스키는 제안을 거절했고, 나중에 미국 대선에서 트럼프 진영이 특정 사용자를 겨냥해 분노를 자극하는 페이스북 광고를 내보낸다는 의혹이 보도되자 경악했다. 2016년이 되자 케임브리지 애널리티카의 최고경영자는 2억 2000만 명이나 되는 미국 성인 인구 전체의 성격 정보를 수집했다고 주장했다. 이 회사가 대선 기간에 광고를 하루에 4만~5만 개까지 내보내며 어떤 내용이 유권자들을 설득할 수 있는지, 또는 트럼프를 좋아하지 않는 유권자의 투표를 막을 수 있을지 시험했다는 추정도 있었다.[37] 한번은 트럼프의 직속 디지털 정보원들도 직접 마이애미의 아이티 출신 흑인 유권자들을 겨냥해 2010년 아이티 대지진과 관련하여 클린턴 재단의 구호 관련 부정 의혹 기사를 유포한 적이 있다고 고백했다.[38] 몇 달 후, 기자들은 케임브리지 애널리티카가 실제로 데이터 분석력이 그렇게 뛰어난지 의문을 제기하기 시작했다.[39] 그렇지만 케임브리지 애널리티카가 자랑해대던 일을 페이스북이 쉽게 해낼

342

PART 2

수 있다는 데는 이견의 여지가 없었다.

과연 대선 후 몇 개월이 흐르자 페이스북 오스트레일리아 경영진이 작성한 문서가 유출되었는데, 문서에는 십 대들이 '불안'해하거나 '쓸모없는 기분'이거나 '자신감이 뚝 떨어지는' 때에 그 순간을 집어 광고 타깃으로 삼을 수 있다는 내용이 담겨 있었다. 페이스북은 재빨리 부인하며, 사용자들의 감정 상태에 따라 광고를 내보내지 않는다고 발표했다.[40] 하지만 이런 일이 가능하다는 사실까지 부인하지는 못했다. 코신스키의 연구 결과, 페이스북 광고주들이 굳이 가공하지 않은 인적 사항에 의지할 필요가 없다는 사실이 충격적일 만큼 훤히 드러났다. 가장 기본적인 페이스북 데이터만 가지고도 성격에 따른 맞춤 광고를 내보낼 수 있었다. 그 사람이 두려움이나 희망이나 관용이나 탐욕에 대한 메시지에 어떻게 반응할지 알기 때문이다. **사용자 친화적인 디자인 역사상 처음으로 우리는 추론이 아닌 정확한 정보를 바탕으로 사용자 경험을 좌우할 수 있게 되었다.**

페이스북 최고경영자 마크 저커버그는 언제나 사용자 친화적인 디자인 언어로 자기 야심을 표현해 왔으며, 페이스북이 '전 세계 사람들을 더 가까이 모아' 사용자들에게 행복을 안겨준다고 말했다. 하지만 그 정도에서 그치지 않았다. 사용자를 예전에는 꿈도 꾸지 못했을 만큼 면밀히 *파악할* 수 있는 기업을 만들어낸 것이다. 저커버그는 세계에서 가장 큰 스키너 상자를 만들었고, 이 상자는 **사용자를 중심에 두긴 했지만 알고 보니 친화적이지는 않았다.** 구슬픈 아이러니다. 스키너가 동물 행동 실험용 블랙박스(내부 구조는 모르지만 입력에 따라 출력이 나타나는 장치-옮긴이)를 발명할 때, 동물의 행위를 유도하는 자극

사람들이 바라는 것은 무엇인가

과 보상을 이해할 수 있다면 그 동물의 내적 삶은 연구할 필요가 없다고 주장했다. 페이스북이 위험한 이유는 우리가 알지도 못하는 사람들이 알 수 없는 동기를 가지고 우리를 정확히 예측할 수 있기 때문이다.

소비자를 향한 기술은 늘 모든 모서리를 둥글게 깎고 부드럽게 다듬어 모든 부분이 매력적일 만큼 단순해지고 '필연적인 결과물로' 보이려 했다. 이 책에서 살펴보았듯이, 이런 '필연'은 여러 가지를 뜻한다. 사용 형태를 정확하게 예측해 사용자가 디자인을 전혀 의식하지 않게 될 때, 그 디자인은 필연 같아 보인다. 하지만 우리는 '보편적 인간'에 기계를 맞추려다가 목표를 훨씬 초과 달성해 버렸다. 이제는 기계를 보편적 이상이 아니라 우리 개인의 성격과 기분에 맞출 수 있다. 대표적인 사례가 카니발 크루즈의 오션 메달리온과 캐피털원 은행의 인간적인 약점까지 지닌 챗봇이다. 개개인에 꼭 맞춘 이상은 페이스북과 스마트폰이라는 두 가지 제품에서 절정을 이루었다. 페이스북은 어지럽고 복잡한 우리 사회생활을 가상의 연결선과 기계가 생각하는 우리 모습에 기반을 둔 정보 목록으로 재구성했고, 스마트폰은 우리가 무엇을 하려는지 점점 정확하게 예측하는 버튼 모음이 되었다.

하지만 이처럼 우리를 꾀어내는 **단순한 버튼 뒤로 복잡다단한 실상을 꼭꼭 숨길수록, 우리 능력도 그만큼 후퇴한다.** 어떻게 작동하는지 통제할 능력과 분해할 능력, 무슨 생각으로 만들었는지 의문을 품을 능력을 모두 잃어버린다. 현대의 사용자 경험은 점차 입력과 출력의 관계만을 따지는 블랙박스로 변하고 있다. 이는 사용자 친화성의 변하지 않는 원리로, 사용자 경험이 매끄러울수록 그 경험은 점점 불투명해질 수밖에 없다. 기기가 우리를 대신해 결정권을 쥐면, 예전에는 직접 했을 법한 의사 결정도 모두 고작 소비할 기회로 변해버린다. 순간적이고 극도로 단순한 상호 작용이 많을수록, 버튼 하나로 압축하기 어려운 상위의 욕구도 관심도 사라진 세상이 된다. 소비는 점점 쉬워지는 반면, 우리가 정말 필요한 것이 무엇인지 표현하기는 점점 어려워질 것이다.

페이스북에 주목한 이유는 사회에서 가장 영향력이 뚜렷하고 광범위하기 때문이다. 하지만 사용자 친화적인 제품을 만들어 영향력을 넓히려는 거대 IT 기업 가운데 이런 비난에서 자유로운 곳은 한 군데도 없다. 이들이 만드는 제품의 표면 뒤에는 우리가 볼 수 없는 결과와 비용과 눈과 귀가 숨어 있다. 아마존 물류 창고의 직원이 먹고살기 위해 분투하는 모습, 어떤 때는 며칠이고 일 없이 보내다가 어떤 때는 허리가 끊어져라 12시간 교대근무를 소화해야 하는 모습이 보이지 않는다. 애플로 말할 것 같으면 우리 생활 전체가 조그마한 화면 하나에 들어가는 요긴한 물건을 창조함으로써 페이스북을 키운 공로자다. 애플은 우리 삶을 말 그대로 축소하고 한데 모아 점점 작아지는 색판 속에 담았다. 한편 구글은 페이스북이 받았던 혹독한 평가를 간신히 피했지만, 우리가 접하는 정보와 그 정보를 보는 시점을 알아서 정리함으로써 우리가 세상을 보는 시각을 얼마나 많이 통제하는지 파악할 수 없을 정도다.

사용자 경험이 좋아지려면 사용자 인터페이스를 질서 있게 정리해 정보를 쉽게 찾는 직관적인 구조를 갖추고, 그 인터페이스가 사용자에게 피드백을 주어 사용자가 의도한 일을 달성했는지 알려야 한다. 하지만 이 의도가 사용자의 자유로운 결정이라 해도, 이 결정을 내리기까지의 과정도 자유로웠는지는 논란의 여지가 있다. 우리는 늘 같은 사람이 아니다. 우리는 변덕스럽다. 장점과 단점도 있다. 그런데 디자인의 이른바 필연성은 곧 우리가 내릴 수 있는 선택의 폭에도 영향을 미친다. 이렇게 데이터가 우리 선택에 영향을 미친다면, 이 선택이 우리의 뜻일까? 만약 데이터가 이끄는 대로 가장 원하는 것만 보는 소비자로 전락한다면, 우리는 기계가 추측하는 것 이상이 될 가능성을 잃어버리게 된다. 처음부터 추측할 권한조차 주지 말았어야 한다.

한 가지 사례만 꼽자면, 내 스마트폰 자동 뉴스피드 중 하나는 내가 몇 년 전 별생각 없이 즐겁게 미식축구와 테슬라와 운동화에 관한 기사 몇 개를 클릭했다는 이유로 내 관심사는 그 세 가지뿐이라고 생각한다. 이제는 미식축구와 테슬라와 운동화 기사를 접하며, 그 속에서 기계가 제멋대로 이해한 황당한 내 관심사를 더욱 강화하는 기사를 고를 수밖에 없다. 내가 무엇을 중요시하는지에 대한 이처럼 짜증 나리만큼 좁은 해석을 쭉 스크롤할 때면, 웬 얼간이가 나를 규정하는 느낌이다. 이 얼간이는 미묘하게 놓친 단서와 정황을 절대로 보지 못하며, 생각지 못했던 요소를 알아채는 지혜를 갖추지 못했다. 이제 같은 문제가 점점 많은 영역으로 확대된다고 상상해 보자. 우리가 보는 뉴스뿐 아니라 연락하고 지내는 친구들부터 자녀들에게 사주는 물건까지 모두 이런 식으로 해석된다면, 문제가 심각해진다. **사용자 친화적인 제품들은 우리를 더 잘 안다고 주장함으로써 절대로 깰**

수 없는 선입견의 틀 안에 가둔다. 그렇게 우리는 누를 곳이 하나뿐인 스키너 상자 속 쥐가 되어 누르고 또 누른다. 그 외에는 할 일이 없기 때문이다.

문제는 여기서 끝나지 않는다. 디지털 제품이 점점 널리 보급될수록 점점 적은 인원이 중요한 의사 결정을 내린다는 뜻이 된다. 의외의 일이다. 개인용 컴퓨터가 처음 등장했을 때 기대했던 힘과 가능성은 이런 모습이 아니었다. 개인용 컴퓨터의 이상은 스티브 워즈니악Steve Wozniak(애플의 공동 창업자-옮긴이) 같은 해커들도 기존 기기들을 분해해 더 나은 개인용 기기를 조립할 수 있다는 데서 나왔다. 하지만 기계들이 점점 더 세련되어지면서 그 기계를 마음대로 바꿀 수 있는 우리의 능력은 점점 뒤처졌다. 스마트폰에서 설정을 바꾸기는 쉬울지 몰라도, 새로운 스마트폰을 만들기는 거의 불가능하다. 실리콘밸리의 낙관론자들은 그 해결책으로 우리 모두 코딩을 할 줄 알면 된다고 주장한다. 오늘날 아이들에게 코딩의 기본을 가르치는 우수한 제품이 많은 이유이기도 하다. 하지만 디지털 세계를 재창조하는 데 왜 코딩이 걸림돌로 남아야 하는가? 왜 우리는 과거에 자동차를 이리저리 건드릴 수 있었던 것처럼 쉽게 알고리즘을 열어 속을 들여다볼 수 없는 것일까?

물론 우리가 사용하는 물건의 최종 모습과 그 물건을 제대로 만드는 데 필요한 전문성에는 차이가 있다. 그래야 사용자 친화적인 제품이다. 페이스북의 작동 원리를 *몰라도* 페이스북을 즐길 수 있다. 스마트폰이 *왜* 지금처럼 생겼는지 몰라도 목적에 맞게 활용할 수 있다. 이것은 분명히 큰 발전이다. 우리 사회가 원활히 돌아가는 이유

사람들이 바라는 것은 무엇인가

는 복잡한 세부 사항을 전문가에게 믿고 맡기기 때문이기도 하다. 그런 전문가들의 지식은 사용하기 쉽고 깔끔하게 디자인된 제품의 형태로 우리 모두가 누릴 수 있다. 엘리자베스 콜버트Elizabeth Kolbert는 이런 구조를 스티븐 슬로먼Steven Sloman과 필립 페른백Philip Fernbach이 공저한《지식의 착각The Knowledge Illusion》을 비평한 글에서 다음과 같이 요약했다. "이렇게 경계가 사라지거나 모호해지는 현상이 있어야 이른바 발전이 일어난다. 인간이 새로운 생활양식을 뒷받침할 새로운 도구를 발명할수록 새로운 무지의 영역도 생겼다. 예를 들어 모든 사람이 칼을 써보기 전에 금속 세공의 원리부터 통달하려 했다면, 청동기 시대도 그리 대단히 발전하지 못했을 것이다. 최신 기술은 불완전하게 이해할수록 오히려 권력이 되기도 한다."41 생활 속 사물들을 더 맛깔스럽고 유쾌하게 세분화한다고 해롭지는 않다. 좋아하는 것을 더 쉽게 사용하지 못할 이유도 없다. 이런 태도는 우리의 생활수준이 계속 높아지기만 할 것이라는 이상을 표현한 것이며, 헨리 드레이퍼스가 디자인이 좋아질수록 당시 부상하던 중산층에게 여가 시간이 늘기 때문에 사회가 발전한다고 믿고 따른 꿈이다. 하지만 그러다가 우리 생활이 사물의 실제 작동과 너무 동떨어지면, 그때부터는 우리가 제품을 사용하기보다 제품이 우리를 사용하게 된다.

아마도 이런 진퇴양난 상황은 인간 중심 디자인의 대부 도널드 노먼이 창시한 인지심리학 분야에서 가장 우아하게 표현했을 것이다. 자동화의 역설이라고 부르는 이 현상은 비행기의 자동조종장치 연구에 뿌리를 두고 있다. 인지심리학자들과 인간공학자들이 조종사와 기계 사이에 주도권을 주고받는 방법을 점점 발전시킬수록, 걱정스러운 현상을 포착했다. 비행기 조종이 더 자동화될수록 조종사의 조종 숙련도는 점점 떨어졌고, 계획이 흐트러지거나 예상치 못한 일이 벌어졌을 때 대처하는 능력도 떨어졌다. 그 결과 기계는 점점 자주 실수하는 인간을 보완하기 위해 점점 더 자동화되어야 했다. 따라서 **자동화의 역설은, 인간의 능력을 최대화하기 위해 고안된 자동화 방법 때문에 실제로는 우리 능력이 점차 떨어지는 현상을 뜻한다.** 자동화는 원래 인간을 더 유능하게 만들고, 우리 뇌가 가장 잘하는 복잡한 일에 집중할 여유를 만들어주려는 목적으로 발달했다. 하지만 자동화의 역설에서는 기계가 우리 일상 속 번거로움을 없애며 일을 쉽게 만들어줄수록 우리는 으레 하던 일에서도 점차 능력을 잃어간다.

기계가 인간을 대신해 더 많은 일을 하도록 만들었을 때 문제가 발생하면, 자동화의 역설이 거의 항상 언급된다. 예를 들어, 자율주행차의 등장으로 운전 실력이 형편없는 운전자들을 배출하는 시대가 올 수 있다. 나는 다른 면을 살펴보고자 한다. 이 현상을 사용자 친화성의 역설이라고 부르자. 기기가 사용하기 쉬워질수록 그 기기는 점점 더 베일에 싸이게 된다. 그럴수록 우리는 의도한 일을 해내는 능력이 향상되는 한편, 그 의도가 가치 있는지 판단하는 능력은 점점 퇴화한다.

신문 연재만화를 보았을 만한 연배의 독자라면 〈낸시Nancy〉를 기억할지도 모르겠다. 낸시는 한 줄짜리 연재만화인데, 동명의 주인공 낸시는 북슬북슬한 곱슬머리의 통통한 소녀였다. 만화를 봤다 해도 무슨 내용인지 전혀 기억하지 못할 것이다. 모두 만화가의 계획이었다. 만화가 어니 부시밀러Ernie Bushmiller는 의도적으로 모든 내용을 배제했고, 사회 비판이나 내적 일관성, 인물의 성격 정의, 감정의 깊이 등 어느 것도 담지 않았다.[42] 그 대신 부시밀러는 '유치하게 웃기려' 했으며, 독자가 호불호를 판단하기도 전에 이미 다 읽어버릴 정도로 단순하게 그렸다. 독자는 웃었을 수도 있고, 어쩌면 웃지 않았을 수도 있다. 하지만 어느 쪽이든 이미 소비한 뒤였다.

사용자 친화적인 세상은 우리가 소비한 대상이 실제로 유익한지에 대해서는 약 오를 만큼 조용할 수 있다. 100년에 걸쳐 공감의 산업화가 발전해 온 과정은 처음에 사람들을 더욱 깊이 이해해 필요한 것을 좀 더 정확히 예측한다는 이상에서 출발했다. 하지만 '인간의 욕구'가 곧 편리한 소비는 아니다.[43] 그런데도 우리는 거의 100년 동안 그 두 개념이 같다고 생각하며 지내왔는데, 이 시각은 작가 팀 우의 글에서도 드러난다. "지금은 비록 평범해 보이지만, 편리함은 인류를 노동에서 해방한 존재로 유토피아적인 이상향이었다. 시간을 절약하고, 고되고 단조로운 일을 제거함으로써 여가 생활의 가능성을 제시했기 때문이다. … 편리함 덕분에 과거에 귀족층에게만 가능했던 자기 계발의 자유를 일반 대중도 누릴 수 있게 기회가 열렸다. 이 시각으로 볼 때 편리함은 위대한 평등주의자이기도 하다."[44]

하지만 지금 보면 이 등식에는 눈에 띄게 누락된 부분이 있다. 헨리 드레이퍼스와 동시대 디자이너들은 편리함만으로 더 큰 의미를 얻게 된다고 생각하지 않았다. 그 의미는 인간 스스로 찾아야 했다. 사용자 친화적인 세상이 우리에게 그것을 알아서 안겨주지 않은 건 물론이다. 하지만 우리는 자동화의 역설을 겪었기 때문에 이미 답을 대강은 알고 있다. 자동화가 늘어날수록 인간 능력이 시들어버리는 사태를 막으려면 인간이 기본 능력을 갈고닦을 수 있도록 계속 참여하고 결정적인 순간에 주도권을 줘야 한다. 사용자 친화성의 역설을 해결하는 일도 비슷한 노력이 들 것이다. 기계들은 인간의 상위 가치를 존중하고 따라야 하며, 함부로 그 가치를 갉아먹어서는 안 된다.

"사용자 친화성은 사용자의 욕구에 맞추는 것이죠." 저스틴 로즌스타인이 말했다. 페이스북의 '좋아요' 버튼이 어떻게 등장했는지를 두고 한 시간 동안 이야기를 나눈 뒤였다. "하지만 욕구에도 위계가 있잖아요. 저기 저 치즈버거를 먹고 싶다는 욕구가 있겠죠. 하지만 오랫동안 건강하고 행복하고자 하는 상위 욕구도 분명히 있어요." 로즌스타인은 우리의 단계별 욕구가 다른 욕구와 서로 보완관계라는 에이브러햄 매슬로Abraham Maslow의 이론을 설명했다. 낮은 단계의 욕구가 충족되면 그 욕구에서 자유로워짐으로써 더 높은 단계의 욕구를 생각할 수 있다. "하지만 우리 두뇌의 신피질과 변연계가 서로 정면충돌하면 어떻게 될까요? 물론 우리는 통합적인 자아를 겪어보긴 했지만, 우리 뇌가 하드웨어 단계에서는 위원회 형태에 더 가깝습니다. 어떤 부분은 낡았고 다른 부분은 새것이고, 각 부분이 서로 동의하지 않을 수도 있거든요." 따라서 페이스북 알림을 확인하고 싶어 하는 욕구와 시간을 현명하게 보내고 싶어 하는 욕구는 충돌할 수밖에 없다. "예전에는 '크랙베리Crackberry(crack(마약)과 Blackberry(블랙베리 스마트폰)의 합성어로, 한때 업무용 스마트폰의 대명사인 블랙베리의 중독성을 풍자하던 별명-옮긴이)'에 중독된 사업가들을 비웃곤 했습니다. 그러다가 아이폰이 등장하니 갑자기 모두가 중독되었죠. 만약 사람들에게 '현재 스마트폰과의 관계에 만족하시나요?'라고 물어본다면

351

사람들이 바라는 것은 무엇인가

그렇다고 대답하지는 않을 거라고 장담해요. 물론 생활하려면 이메일은 읽어야 하지만, 기계가 사용자와 지나치게 친밀해지면서 그 순간 원하는 것을 너무 정확히 대령한다면, 그 사용자의 가장 상위 욕구 성취를 방해하고 오히려 불친절해지는 셈이죠."

디자이너들은 이제 충격적인 현실과 정면으로 마주해야 한다. 사용자 친화성만 있으면 디자인의 파급력을 단순화해 버림으로써 은근슬쩍 책임을 회피할 수도 있다는 현실이다. 로즌스타인 자신은 디자인 업계 내의 기술 중독 논쟁에 불을 붙인 디자인 윤리학자 트리스탄 해리스를 비롯해 IT 분야의 알려진 인물들과 인도적 기술 센터 Center for Humane Technology를 공동 설립해 더욱더 책임 있는 기업 활동을 위한 입법 운동을 펼치고 있다.[45] 한편 디자이너들로 말할 것 같으면, 사용자 경험 디자이너 앨런 쿠퍼는 디자인에서 '원형사고ancestor thinking'라는 정신을 주장하고 나섰다. 제품이 작동하는지를 넘어 제품의 영향력을 생각하는 마음가짐이다. 그는 이전 세대 디자이너들이 공감의 산업화 프로세스와 사용자 친화적인 디자인 원리를 체계적으로 정리하고 널리 보급한 것처럼, 오늘날의 디자이너도 지금보다 나은 미래를 만들도록 일하는 방식을 새롭게 정비하고 예전에는 미처 몰랐던 디자인의 영향력을 보는 눈을 키우자고 호소했다. 실제로 이런 움직임이 있었지만, 예전에는 별다른 이목을 끌지 못했다. 하나는 이른바 미래 전개도Futures Wheel 기법으로서 우리가 만들고자 하는 미래를 바탕으로 무엇을 발명할지 아이디어를 전개하는 방법이었다. 딱 봐도 실리콘 붐이 일기 전, 1970년대의 에너지 위기 시대에 지미 카터 미국 대통령이 미국인들에게 난방을 낮추고 실내에서 스웨터를 입으라고 촉구하던 시절 만들어진 기법이다. 미래 전개도에서는 공감을 산업화할 때 사용자가 지금 당장 원하는 것뿐 아니라 미래에 꿈꾸는 모습과 만들고자 하는 세상을 대상으로 삼는다면 어떻게 될지 살짝 엿볼 수 있다. 그리고 그런 세상이 손만 뻗으면 닿을 만큼 가까웠을 수 있다. 예를 들어, 페이스북이 사용자 한 명당 내는 수익은 충격적일 만큼 적다. 한 달에 고작 2달러에서 4달러 사이 어디쯤이다. 만약 이제라도 사용자들이 그 비용으로 다른 것을 선택한다면, 너무 급진적인 생각일까? 미국인들은 유기농 제품에 기꺼이 50퍼센트의 추가 비용을 지급한다. 그렇다면 우리는 마음의 평화를 주는 제품, 더 나아가 우리를 더 존중하기 위한 제품에는 더욱 지갑을 열지 않을까?

미래 전개도를 처음 접한 것은 인공지능 디자인 학회에서였다. 당시에는 디자이너들이 멀리 내다보고 일하면 나중에 수십억 명에게 영향을 미친다는 주장에 별로 설득력이 없다고 생각했다. 하지만 세계를 손에 쥐락펴락하는 거대 IT 기업에서 일하는 디자이너라면, 오히려 한 명이 얼마나 큰 결정권을 쥐고 있는지 더 놀라울 지경이다. 설령 애플의 iOS 운영체제나 구글 어시스턴트 같은 제품을 만드는 데 수천 명씩 관여한다고 해도, 이 제품이 어떤 모습을 띨지 결정하는 디자이너와 엔지니어가 수천 명씩 되지는 않는다. 가장 초기 방향성은 고작 몇 명이 만들어내며, 이 몇 명의 세상에 대한 선입관, 어떤 영향력을 미치고자 하는지와 더 멀리 보는 것이 이득이 있을지에 관한 판단 등이 엄청난 중요도를 띠게 된다. 순진한 사람이나 기술 옹호자가 아니어도 겨우 몇 명의 시각과 생각이 결정적인 역할을 한다

사람들이 바라는 것은 무엇인가

는 예측쯤은 누구나 할 수 있다.

페이스북을 이용해 우리의 감정을 표적으로 삼을 수 있다고 밝혔던 학자 미할 코신스키를 찾아갔을 때, 그의 사무실은 깔끔했고 개인 취향이라고는 거의 찾아볼 수 없었다. 벽에 걸린 거라고는 코신스키가 구입한 미술 작품 한 점뿐이었는데, 배경에는 진압용 장비를 갖춘 군인이 서 있고 앞쪽에는 시위자가 뒷주머니 속에 페이스북의 'f' 로고가 보이게 등을 보이고 서 있었다. 시위자의 왼손은 그 로고를 향해 구부러져 있었다. 미켈란젤로의 다비드상에서 거인 골리앗을 본 다비드가 손에 들었던 돌을 손가락으로 움켜잡는 모습이 연상되었다. 이 그림의 주인이 코신스키라니 좀 이상한 것 같다고 이야기해 주었다.

코신스키는 자신이 낙관론자라고 했다. 지금껏 삶이 낙관주의로 가득했기 때문이다. 코신스키는 폴란드에서 중대한 시기에 태어났다. 1981년, 폴란드의 정치 지도자들은 반공산주의 연대를 박살 내기 위해 계엄령과 야간 통행금지를 시행했다. 실내에서 보내는 시간이 늘어나자 폴란드의 출산율이 폭발적으로 높아졌다. 코신스키도 이른바 '연대의 아이들Solidarity Children'이었다. 코신스키가 유치원을 다니기 바로 전 해에는 아이들이 15명 있었다. 코신스키 학년에는 32명이, 그다음 학년에는 60명이 다녔다. 코신스키가 초등학교를 마칠 무렵, 폴란드는 철의 장막 뒤에서 앞으로 굴러떨어져 새로 얻은 자유의 강렬함 앞에 눈을 깜빡이고 있었다. 코신스키는 다음과 같이 회상했다. "하루하루 전날보다 더 나아졌습니다. 내 첫 리바이스 청바지도 생각나고 생전 처음 바나나를 먹었던 때도 기억나요. 배고팠기 때문이 아니라 그때까지 바나나를 본 적이 없었기 때문이죠." 코신스키는 십 대에 직접 인터넷 카페를 창업해 아버지가 평생 번 돈보다 많은 돈을 벌기도 했다. 코신스키는 이렇게 말했다. "물론 부정적인 면에 집중할 때도 있습니다. 하지만 결국에는 기술이 있기에 우리가 더 나은 일을 해낼 능력이 생기는 거예요." 상황이 악화하고 있다는 구체적인 증거를 들이민다면, 이런 말은 근거 없는 믿음처럼 들린다. 하지만 제대로 찾아본다면, 그렇게 근거 없는 이야기만은 아니다.

사람들이 바라는 것은 무엇인가

매직 버스 티켓팅 (2016)

10

디자인과 인간이 나아가야 할 길

콩고민주공화국에서 자란 레슬리 사홀리 오세트Leslie Saholy Ossete
는 여섯 살 무렵 친구들에게 그림을 잘 그린다는 칭찬을 받곤 했다.
이런 인정을 받으니 생애 처음으로 자랑스러운 기분이 들었다. 하
지만 그 후에 한 생각은 어린아이로서는 조금 특이했다. '이걸로 돈
을 벌 수 있겠다.' 자기 또래 어린아이들은 항상 만화책을 읽거나 텔
레비전을 보니 다른 것도 더 보고 싶어 할 거라고 생각했다. 오세트
는 집에 돌아와 주변에 있는 소재로 이야기를 그리기 시작했다. 책에
서 본 동물 이야기와 학교의 나쁜 아이들과 좋은 아이들 이야기였다.
다음 날 오세트는 학교 친구들을 먼지 가득한 회갈색 놀이터에 끌어
모은 뒤, 아이들이 부모님께 받은 용돈을 내면 자기가 그린 이야기들
을 보여주었다. 번 돈으로는 사탕을 사 먹었다. 오세트가 처음 시작
한 사업이었다. 한 사람은 다른 사람이 원하는 것을 만들고, 둘은 교

사람들이 바라는 것은 무엇인가

환을 하고, 모두가 행복해지는 이 과정이 어린 마음에 마치 마법같이 느껴졌다.

오세트의 부모님은 콩고 사회에 드문드문 흩뿌려져 있는 중산층의 일원으로, 고등교육을 받은 교양인이었다. 어머니는 약사였고, 아버지는 대학교수이자 시민단체 지도자였다. 오세트는 어린 시절 부모님이 수입을 보충하거나 지역사회에 필요한 돈을 충당하기 위해 부업으로 각종 사업을 벌이는 과정을 지켜봐 왔다. 그러면서 맨땅에서도 무엇이든 시작해 모두에게 도움을 줄 수 있다고 느꼈다. 하지만 어린 시절의 사업 구상이 무엇이었든 학업을 위해 잠시 미뤄야 했다. 십 대가 된 오세트는 미국의 기숙학교에 장학금을 받아 입학하게 되었다. 이 기회를 살려 사회에 가장 기여하는 의사가 되고자 했다. 오세트는 학업 성적이 우수해 다시 인디애나주의 퀘이커교도들이 설립한 교양학부 중심 얼햄대학교Earlham College에 장학생으로 입학했다. 처음에는 과학 강의를 잔뜩 수강했다. 하지만 수업을 듣는 내내 모래를 씹는 느낌이었다. "지금 생각해 보니 나는 줄곧 사업형 인간이었던 것 같아요." 오세트가 덧붙였다. 경영학 수업은 전혀 달랐다. 이 세상이 초등학교 시절 운동장과 똑같다는 깨달음 때문이었다. 누구도 정답을 알려주지 않았다. 스스로 알아내고 행동해야 했다. 그래서 학생 창업가들이 참가할 수 있는 상금 100만 달러의 사회적 혁신 사업 아이디어 대회 소식을 듣자, 속으로 생각했다. '그럼 상금은 우리 거지. 이건 그냥 지나칠 수 없는 기회야.'[1]

헐트상Hult Prize은 도전적인 과제를 던졌다. 사람들에게 꼭 필요한 서비스를 연결해 주는 것만으로 인구밀도가 높은 도시에서 1000만

명의 소득을 2022년까지 두 배로 늘리는 방안은 무엇인가? 오세트는 다른 학생들을 찾아 팀을 구성했다. 오세트와 동급생 둘은 개발도상국에서 자랐고, 이들 국가에서는 사람들이 대부분 버스를 타고 다녔다. 하지만 버스 자체는 느리고 덥고 먼지가 풀풀 날려 지독히 불편했다. 그래서 학생들의 첫 아이디어는 무선인터넷과 작업이 가능한 좋은 좌석을 설치한 쾌적한 버스를 운행하는 사업이었다. 핵심은 낭비되는 시간을 노동시간으로 전환한다는 것이었다.

꼼꼼하고 상세한 사업 계획과 팀원들의 개인적 사연으로 무장한 이 팀은 경쟁을 뚫고 전국대회까지 진출했다. 하지만 이 사업 아이디어에는 학생 특유의 겉멋이 남아 있었다. 명확하지만 뻔한 해결안이었고, 당연히 비쌌다. 이 사업을 조금이라도 확장하려면 버스를 점점 많이 구매해야 했다. 크게 성장하기 어려운 구조였다. 헐트상 심사위원들도 부드럽게 일깨워 주었다. 조언을 들은 오세트는 학교 과제를 명예롭게 마쳤다고 받아들이는 대신 새롭게 시작하라는 격려라고 여기고 마음을 다잡았다. 다음번에는 학생 부문(뜻은 가상한 아이들의 잔치) 대신 일반 부문에 참가해, 100만 달러를 받아 세상을 바꿀 기회를 노리는 최고의 사업 아이디어들과 정면으로 겨루기로 했다.

이때쯤 오세트의 사업상의 오른팔인 와이클리프 오냥고 오몬디 Wycliffe Onyango Omondi는 고향에서 버스를 이용한 경험을 곱씹어보며 일생에서 가장 기억에 남았던 버스 탑승 경험을 떠올렸다. 오몬디도 작디작은 얼햄대학교에 장학생으로 선발되었고, 이제 떠날 일만 남겨두고 있었다. 학교에 입학하려면 미국 학생비자 승인이 필요했으므로 150달러를 내고 케냐 나이로비의 미국 대사관에서 면접 일정을 잡았다. 할머니와 함께 사는 동네에서 몇 킬로미터 떨어진 곳이었다. 드디어 면접일이 다가왔다. 면접 시간은 오전 10시였다. 그리고 하필이면 그날, 늦잠을 잤다.

오몬디답지 않은 실수였다. 그는 면접 약속을 한 시간 남겨두고 버스를 탔다. 하지만 케냐에서 인생 역전의 기회가 달린 면접을 한 시간 앞두고 버스에 앉아 있는 상황은 미국에서 한 시간 여유를 두고 버스에 앉아 있는 상황과는 다르다. 오히려 뉴욕 맨해튼 한복판에서 오후 5시에 약속 시간을 10분 남겨두고 택시에 앉아 꽉 막힌 거리를 지나가려 하는 상황과 더 닮았다. 오몬디는 도착할 때까지 내내 겁에 질려 있었다. 면접도 놓치고, 150달러도 잃고 인생 역전의 기회도 잃는다고 생각하니 공포가 엄습했다. '여정이 한 시간보다 오래 걸리면 어쩌지?' *여정*. 시내까지 몇 킬로미터를 가는 길을 설명하기에 더없이 좋은 말이었다. "면접을 못 보고 장학금도 놓칠까 봐 두려웠죠."

오몬디가 자기 경험을 되짚어 보니, 문득 왜 버스가 항상 늦는지 궁금해졌다. 아프리카에서 살아본 적 없는 사람들은 대부분 버스가 부족하기 때문이라고 지레짐작했고, 살아본 적 있는 사람들도 마찬가지였다. 실제로 그도 그렇게 생각했고, 더 크고 좋은 버스를 만들면 교통 문제를 해결할 수 있다고 여겼다. 그러다 어느 때인가 그가 도시 교통을 다룬 논문을 발견했는데, 연구자들의 주장에 따르면 세계의 교통 문제는 대부분 혼잡과는 관련이 없었다. 구조 문제였다. 그 순간, 케냐 시절의 단편적인 기억들이 갑자기 이야기 한 편으로 연결되었다.

버스가 늘 늦는 건 버스 수가 부족해서가 아니었다. 누가 버스를

360

PART 2

탈지 시스템이 알 길이 없기 때문이었다. 시스템 안에 피드백을 주고 받을 경로가 없었다. 전체를 계획하는 사람도 없었다. 그 대신 영세한 회사들이 뒤얽혀 운전기사와 승무원으로 이루어진 운행조에 버스를 대여하는 구조였다. 기사들이 그날 버스를 대여해 나갈 때는 적자 상태에서 시작한다. 하루를 마감하고 버스를 반납할 때는 돈을 많이 벌었든 적게 벌었든 일정한 요금을 내야 했다. 그래서 버스 기사들은 정류장까지 버스를 몰아간 다음… 하염없이 기다렸다. 기사들은 적자는 면할 만큼 승객이 충분히 많이 올라탈 때까지 기다리고 또 기다렸다. 필요하다면 몇 시간씩 기다렸다.

오몬디처럼 한 시간 안에 어딘가로 가려는 사람에게는 끔찍한 일이었다. 그리고 좀 더 나은 삶을 꾸리려 노력하는 수백만 명의 케냐인 누구에게나 재앙에 가까운 일이었다. 예를 들어, 버스 때문에 학교에 두 시간 늦었다고 생각해 보자. 학교 공부를 두 시간어치 놓치게 된다. 버스 때문에 집에 두 시간 늦게 도착해 집안일을 돕지 못하면, 학교에 갈 기회를 통째로 날릴지도 모른다. 그 밖에도 비슷한 일이 케냐 전체에서 일어날 것이다. 버스가 늦으면 의료도, 근로도, 장학금도, 무엇이든 이루고자 할 만한 일은 모두 줄어든다는 뜻이었다. 보기에 따라 버스 정류장에서 기사들이 대기하는 현상은 아프리카만 겪는 큰 문제가 아니었다. 이것은 *모두*의 문제였다. "그래서 생각했죠, 아, 이건 정면으로 맞서야겠다." 오몬디가 말했다.

오몬디와 오세트는 이 문제를 제대로 이해하기 위해 빈곤 퇴치 단체인 애큐먼Acumen과 함께 디자인 회사 IDEO가 발표했던 인간 중심 디자인 도구모음을 활용했다. 이들은 나이로비를 떠나 매일 버스

사람들이 바라는 것은 무엇인가

를 타는 사람들과 만나 이야기를 나눴다. 만나 보니 사람들은 대부분, 특히 여성은 버스의 위험성 때문에 늘 겁에 질려 있었다. 버스에 올라타기도 전에 강도를 만나 돈을 빼앗기는 일이 비일비재했다. 버스에 탄 뒤에도 거스름돈을 제대로 돌려받지 못하기 일쑤였다. 케냐처럼 남성이 지배하고 우후죽순처럼 발생한 영세한 사업자들이 설치는 사회에서 여성은 응당 받아야 할 돈도 요구하기를 무서워했다. 따라서 아이를 둔 엄마가 병원 진료를 받거나 한 달에 한 번 장을 보러 시내로 갈 때면, 버스를 기다리느라 몇 시간씩 허비할 가능성과 거스름돈 사기를 당할 가능성을 따진 뒤, 차라리 8킬로미터쯤 걷자고 결정하는 일은 매우 흔했다. 오몬디와 오세트와 동급생 두 명은 버스 기사들이 요금을 채우기 위해 기다리느라 모두가 늦는 문제를 해결하려면, 기사에게 전체 경로에 걸쳐 승객이 얼마나 될지 알려줄 방법이 필요하다고 생각했다. 또 현금 때문에 자잘한 범죄가 일어나거나 버스 타기를 주저하니, 해결안으로 현금을 완전히 없애야겠다고 결정했다.

362

오세트 팀은 새 해결안을 매직 티켓팅이라고 불렀다. 원리는 간단했다. 누구든 휴대전화로 표를 미리 구매할 수 있다. 케냐 국내총생산의 절반을 좌우하는 세계에서 가장 앞선 모바일 결제 시스템 중 하나인 엠페사M-Pesa 덕택에, 케냐 사람들에게 이 멘탈모델은 이미 매우 익숙했다. 하지만 매직 티켓팅은 엠페사의 원리를 그대로 끌어오지 않고 응용했다. 가장 먼저 사용자가 정해진 번호로 문자 메시지를 보낸다. 그러면 이 전화번호에서 간단한 메뉴가 뜨고, 여기서 승차권을 살 수 있다. 버스 운전사들은 요금도 받고 승객이 실제로 어디에 있는지 감을 잡을 수 있어 전체 경로를 부지런히 돌게 된다. 다시 말해, 전에는 없었던 피드백을 얻게 되었다. 바로 전체 경로를 완주했을 때의 총소득이다. 한편 승객은 같은 시스템으로 버스가 어디에 있는지 확인하고 승차권을 쉽게 살 수 있다.

내가 오몬디와 오세트 두 사람과 대화를 나눴을 무렵은 목표했던 상금 100만 달러를 받은 지 1년이 지난 뒤였다. 대학 4학년이 된 이 팀이 상금을 받고 처음 든 생각은 '이 돈을 대체 언제 다 쓰지?'가 아니었다. 그보다는 '우리 계획을 전부 이루려면 이 돈이 금세 바닥나겠다'였다. 이미 버스 이용자 2000명을 대상으로 새로운 앱 디자인을 시험해 보았고, 시험 참가자들은 승차권을 5000장이나 예약한 뒤였다. 아직 해결해야 할 숙제도, 개발할 부분도 수두룩했다. 수많은 버스 노선을 관리할 기술적인 프로그램을 비롯해 각 경로를 효율적으로 정할 지도 시스템, 승차 수요와 공급을 맞추는 대응 엔진도 만들어야 했다.

그때 세계은행의 자문이기도 한 이 팀의 고문이 이야기해 주었다. "여러분, 이 문제를 케냐만 겪고 있는 건 아니에요. 전 세계에서 겪는 문제이지요." 그래서 이 팀은 나이로비 외에도 같은 문제를 겪고 있는 곳을 찾아보기 시작했다. 기술이 준비되면 이제 매직 버스 티켓팅이라고 부르는 이 신규 서비스를 11개국 29개 도시에 적용할 생각이었다. 그중 한 곳이 어디일까? 바로 얼햄대학교가 있는 인디애나주 리치먼드였는데, 버스 노선 확대에 진통을 많이 겪는 도시였다. 이 책에서 만난 다른 수많은 사람처럼, 이 신진 사업가들도 시장 하나를 크게 확대해 자세히 살펴봄으로써 문제를 발견했고, 적용 범위

사람들이 바라는 것은 무엇인가

가 훨씬 넓은 해결안을 만들었다. 이 두 이민자는 고향을 더 나은 곳으로 만들려다가, 현재 살고 있는 인디애나에 긴급히 필요했던 것을 발명하게 되었다. 상상 이상으로 성공적인 부메랑 효과였다.

매직 버스 티켓팅을 구현할 수 있었던 조건들을 따져보자. 우선, 누구나 사용자 친화적인 휴대전화를 사용하지 않았다면 불가능했을 것이다. 또 문자 메시지를 보내는 행위나 팝업 메뉴가 친숙하지 않았다면 어려웠을 것이다. 문자 메시지로 결제하는 익숙한 정신 모형이 아니었다면, 또 이런 모바일 결제를 쉽게 해주는 쉬운 사용자 인터페이스가 아니었다면 이 서비스의 원리를 이만큼 직관적으로 알리지 못했을 것이다. 이런 바탕이 있었기에 훌륭한 아이디어가 적합한 고객을 만났고, 고객이 따로 배우지 않고도 아이디어를 이해할 수 있었다.[2]

그 결과 오몬디와 오세트는 새로운 것을 만드는 데 그치지 않고 이런 형태가 아니면 상상하기 어려운 꼭 맞는 서비스를 개발한 것이다. 국가로서 케냐는 믿을 만한 버스 일정 등 서구 사회에서 쉽게 누리는 서비스를 정착시킨 노련한 행정력을 갖추지 못했다. 하지만 이런 사회 기반 대신 사용자 친화적인 기기가 있었고, 기기를 바탕으로 과거에 정부 주도로 거두었던 성과도 일반인 주도로 시작할 수 있었다. 매직 버스 티켓팅은 다른 맥락에서 쌓아온 멘탈모델과 행동 유도성을 발판 삼아 완전히 새로운 방식으로 시민사회를 만들어갈 가능성을 제시했다. 오늘날 생각지 못한 곳에도 디자인을 다양하게 적용할 수 있는 가장 큰 이유는 이처럼 **사용자 친화적인 양식을 새로운 맥락에 쉽게 응용할 수 있기 때문이다.**

　　헨리 드레이퍼스는 절묘한 시기를 만나 탁월한 능력으로 미국 가정에 생소한 기기들을 가득 채울 수 있었다. 진공청소기나 자동 세척 오븐, 세탁기가 일상 속 육체노동을 자동화한 덕택에 제2차 세계대전 이후 미국 여성 수백만 명은 편리한 생활을 누리게 되었다. 80년 동안 소비자의 위상이 꾸준히 높아진 끝에 이제는 서구 사회에서 새로 등장하는 기기일수록 점점 해결해 주는 범위가 좁아진다. 음식이 익어가는 과정을 영상으로 스마트폰에 전송해 주는 오븐부터 우리가 얼마나 푹 잤는지 알려주는 침대까지 우스꽝스러울 지경이다(자기가 푹 잤는지 아닌지 알기 어려운 사람도 있었던가?). 드레이퍼스가 활동한 시대에는 오히려 손에 생생하게 잡히는 성질 때문에 물리적인 형태를 갖춘 물건을 상상하기가 가장 쉬웠지만, 지금은 디자이너들이 사용자 친화적인 물건을 만든다고 해도 물리적인 형태를 갖추지 않은 물건일 때가 더 많다. 하지만 매직 버스 티켓팅 시스템에서 알 수 있듯이, 디자인 기회가 줄었다는 뜻이 아니다. 오히려 기회는 더 커졌다. 점점 발전하는 기술력을 활용하면 사용자 친화적인 각종 시스템에 아직 남아 있는 번거로운 요소들을 매끈하게 다듬을 수 있기 때문이다. 지금은 버스 시스템을 완전히 새로 디자인한다고 해서 버스까지 새로 디자인할 필요는 없다. 더 나아가 사람들의 삶을 개선하는 데 필요한 *사회구조*를 만든다고 해서 정부까지 새로 구성할 필요도 없다.

　　인터뷰 당시 프로그 디자인의 최고경영자였던 해리 웨스트Harry

365

사람들이 바라는 것은 무엇인가

West는 좋은 디자인을 현대인의 삶의 중심에 놓으려 했던 헨리 드레이퍼스의 꿈을 이어가는 후계자였다. 딱 부러지는 영국식 말투에 눈썹은 멋지게 구부러져 미세한 움직임만으로 놀라거나 귀 기울이거나 의심하는 표정을 지을 수 있었다. 그는 로봇공학을 전공했다. 점심을 함께 먹으며 웨스트는 프로그 디자인의 작업에 흐르는 철학을 알려주었다. 우리가 한 세기 동안 꿈꾸었던 디자인은 완전히 끝났다는 생각이다. "농업 중심 경제에서 대도시 중심 경제로 전환할 때 우리는 선택권을 갖게 되었죠." 웨스트는 멋진 눈썹을 치켜올리며 말을 이었다. "지금은 선택권도 민주화되고 있어요. 요즘은 보험이나 투자 상담사를 고를 때도 직장에서 제공하는 명단에서 그대로 배정받지는 않습니다."[3] 예를 들어 의료 서비스 영역에서는 시장이 더 개방되면서 과거에는 타인이 선택하던 것들을 사용자가 직접 선택하게 되었고, 기업들은 실제 사용자가 누구인지 다시 생각하게 되었다. 웨스트는 이런 움직임이 휴대전화의 출현으로 급격히 빨라졌다고 지적했다. 은행과 보험사도 지점과 판매 상담원을 거치지 않고 우리가 언제 어디서든 편할 때 검토할 수 있도록 서비스를 휴대전화로 직접 보내준다. 우리도 점점 기업이 만드는 사용자 경험과 화소에 의존해 선택하는 경우가 늘어나고 있다.

드레이퍼스도 이 싹을 감지했다. 이제 디지털 제품뿐 아니라 서비스도 소비자가 직접 선택할 수 있다. 웨스트는 말을 이었다. "도널드 노먼은 디자인을 기계적인 개념으로, 하향식으로 해결하는 개념으로 접근했습니다. 하지만 문제의 본질은, 사람들이 문을 열기 쉽게 디자인할 줄 모른다는 게 아니었어요(노먼이 자주 언급한, 행동 유도성이 좋아 어느 방향으로 열릴지 알아볼 수 있는 문을 뜻한다). 오히려 본질은 문을 판매하는 사람에게 문이 열기 쉬운지 어려운지는 관심 밖이었다는 것이죠. 오늘날은 사용자들이 결정권을 쥐고 있습니다. 새로운 경험으로 제품을 뒷받침하지 않는 한, 아무리 광고해도 그 제품은 팔리지 않습니다." 과거와 달리, 수많은 산업에서 고객이 곧 사용자가 되어가기 때문에 처음으로 제품 자체의 판매 경쟁력이 필요해졌다. 휴대전화와 소셜 미디어의 발달에 힘입어 기업과 최종 사용자가 전에 없이 가깝게 소통할 수 있다. 따라서 입소문이든 앱스토어 평가점수든 제품이 얼마나 잘 작동하는지 증명하기에 따라 제품의 운명이 결정된다. 기업들은 이제 인사 담당자나 보험 대리인 한 명과 좋은 조건으로 계약을 맺는 데에만 집중할 수 없다. 어떤 서비스든 우버나 에어비앤비와 비교당할 각오를 하고 제공해야 할 것이다. 모두 한 손 안에 손가락 탭 하나 간격으로 놓여 있기 때문이다.

각 산업이 물건에서 화소로 중심을 옮기는 동안, 사용하기 쉽게 만든다는 의미가 무엇인지 명확히 정의하는 데만 100년의 세월이 걸렸다. 이제 사용성이 무엇인지는 우리 모두 안다. 사용성은 피드백이자 멘탈모델, 또 이 책에서 본 적 있는 그 밖의 미묘한 뉘앙스다. 사용자 친화적인 디자인을 추구함으로써 이룬 최대 성과는 우리가 무엇을 하고 싶든 한 가지 도구로 할 수 있게 되었다는 것이다. 지금은 앱의 작동 방식을 이해하면 어떤 서비스든 접근할 수 있다. 또 디자이너들은 새로운 서비스를 개발할 때 이 같은 구조에 맞춰야 한다고 전제한다. 우리 일상에서 점점 넓은 영역에 사용자 친화적인 디자인을 적용하고 있으며, 디자인 분야도 예전에는 전혀 디자인이라고 생각

사람들이 바라는 것은 무엇인가

지 않았던 영역까지 아우르게 되었다. 우리는 앱이 설명 없이도 이해하기 쉽기를 바랄 수 있다. 그렇다면 **정부나 식품 공급망, 의료 서비스에도 같은 기준을 요구해도 되지 않을까?**

프로그 디자인은 이런 필요성을 감지하고 세계적인 의료 서비스 기업 시그나Cigna의 의뢰로 디즈니 매직밴드에 일부 영감을 얻어 혁신적인 디자인을 제공했다. 사용자가 의료 기관에 들어서자마자 앱과 챗봇이 등장해 사용자의 보험 보장 범위와 가능한 치료 범위를 알려준다. 사람들이 의료 서비스에서 어떤 것을 기대하는지 철저하게 조사한 끝에 탄생한 이 비서는 복잡하고 어려운 보험을 잘게 분해한 다음 사용자에게 조언해 주는 친숙한 상담사 형태로 재구성했다.

더 나아가 디자인 접근법이 더 상위의 문제에 적용되고 있다. 세계에서 가장 영향력 있는 자금 제공자인 게이츠 재단은 디자인 싱킹 과정을 활용해 역량을 집중할 중요한 문제를 포착한다는 믿음을 바탕으로 설립되었다. (실제로 게이츠 재단은 오랫동안 IDEO의 고객 가운데 성과가 가장 좋고 화려한 고객이었다.[4] 최근에는 이 책의 공저자 로버트 패브리칸트가 이끄는 달버그 디자인에 의뢰하여 인간 중심 디자인을 전 세계 의료 보급 전략에 적극적으로 적용하는 과제를 진행했다.) 핀란드에서는 정부가 직접 디자인 싱킹 부서를 설립했는데, 이른바 실험 부서라는 별명이 붙은 이 조직은 지금껏 학교에서 어떤 외국어를 가르쳐야 하는지부터 국가 보육 운영까지 26가지 과제를 제안해 왔다. 과제마다 각각 시제품이나 시범 서비스를 개발하고, 실사용자에게 시험해 보고, 다시 수정하고, 다시 시험할 예정이다. 핀란드 정부는 특정 사용자 집단을 선발해 더 나아진 서비스를 시험할 수 있도록 모든 시민이 동일

한 대우를 받아야 한다는 자국 헌법 조문에 예외를 인정하는 법안까지 통과시켰다.[5]

　디자인이 세상의 모든 문제를 해결해 줄 거라고 믿는다면 허황한 낙관주의다. 하지만 우리가 문제를 이해하고, 받아들이고, 가능한 방법을 동원해 해결안을 만드는 데 디자인 접근법이 분명히 큰 역할을 할 것이다. 앞으로 미래가 어떻게 펼쳐지든, **사용자 친화성은 사람들이 세상을 명확히 이해하도록 돕고, 더 나은 성과를 이룰 수 있도록 피드백과 동기를 제공하는 데 꼭 필요한 재료다.** 21세기 디자인의 역설은 사회에서 마주하는 역설과 똑같다. 100년 동안 소비자의 선택 폭이 폭발적으로 늘어나면서 우리는 더 분열되고, 우리 소비생활의 대가를 제대로 보지 못하게 되었다. 소비를 더 쉽게 만들어야 한다는 그럴싸한 이유 때문이다. **앞으로 디자인의 숙제는 개인의 행복을 추구하되, 개인이 혼자서는 도달하기 어려운 상위의 목표에 함께 도달하도록 돕는 일이다.** 이제는 사람들을 편안하게만 해주면 절로 더 나은 세상이 될 거라고 방관할 수 없다. 기후변화 문제든 가짜 뉴스 문제든, 앞으로 디자인은 우리가 의사 결정을 내릴 때 무엇이 사용하기 쉬운지가 아니라 애초에 무엇을 사용해야 하는지를 기준으로 삼도록 도와야 한다.

　언젠가 애플에서 거의 20년을 일한 디자이너와 대화를 나눈 적이 있다. 입사 후 데스크톱 컴퓨터 디자인으로 일을 시작해 첫 아이폰 디자인에서도 중요한 역할을 한 디자이너다. 첫 아이폰이 출시되었을 때 이 디자이너의 가족은 사명감을 느껴 일가친척 모두 아이폰을 하나씩 샀다. 남아시아에서 이민 온 왁자지껄한 이 대가족은 아들

369

딸들이 모두 휴가를 낼 수 있는 크리스마스 명절은 늘 함께 보내곤 했다. 그해에는 부모님 댁에 도착해 초인종을 울리자, 평소와 달리 아무도 쏜살같이 현관으로 달려 나오지 않았다. 다들 외출했나 생각하며 집 안에 들어가 보니, 가족들이 모두 아이폰을 두드리느라 정신이 없었다. 제품을 출시한 지 불과 몇 달 되지 않았을 때였고, 개발에 참여했다는 만족감에 들떠 아직 어리둥절한 상태였다. 하지만 이 광경을 보자마자 정신이 번쩍 들었다. *대체 내가 무슨 짓을 한 거지?*

내가 만나본 디자이너들은 거의 모두 한 번쯤은 자신이 물건을 더 만듦으로써 과연 세상을 더 살 만한 곳으로 만들었는지 고민하는 시기가 있었다고 고백했다. 인류 발전의 열쇠는 소비라고 굳게 믿었던 디자인 업계의 설립 철학이 낳은 결과다. 이 같은 의문은 세대에 걸쳐 반복된다. 1971년 빅터 파파넥Victor Papanek은《인간을 위한 디자인Design for the Real World》에서 디자이너들에게 세계에서 가장 부유한 사람들만 누리는 상품 디자인은 그만두라고 간곡히 당부했다. 더 잘 디자인된 제품이 사회 발전의 동력이라고 굳게 믿었던 헨리 드레이퍼스마저도 처음의 신념이 흔들리기도 했다. 노년이 된 드레이퍼스는 자신이 부유층을 더 부유하게 만들었을 뿐이라고 씁쓸하게 인정했다. 20세기 중산층의 폭발적인 성장을 직접 겪은 사람으로서 이런 성찰은 의외였다. 1960년대에는 자신의 세 문단짜리 디자인 신조를 남몰래 수정하면서 디자이너가 사람들에게 소비 욕구를 불러일으켰다면 성공이라고 평가한 부분을 삭제했다. 오늘날까지 디자인 분야에 남아 있는 불편한 감정을 작게나마 공개적으로 인정한 사건이었다.

오늘날의 디자이너들은 각자 사회에 미친 영향을 해결하려 애쓴다고 해도, 드레이퍼스 시절에는 꿈도 꾸지 못했을 규모를 감당해야 한다. 드레이퍼스는 소수의 기업이 엄청난 이익을 얻었고 더 많은 다른 계층은 삶이 특별히 나아진 게 아니라 물건만 더 많아졌을 뿐이라고 걱정했다. 요즘 디자이너들도 이 문제와 씨름해야 하지만, 걱정거리의 초점이 다르다. 제품이 사회에 미치는 영향을 정확히 측정하기가 더 어려워졌다. 전체적으로 예측하기가 거의 어렵고, 범위도 매우 넓기 때문이다. 예컨대 페이스북의 '좋아요' 버튼을 디자인했다면, 겨우 10년 만에 새로운 피드백 체계 때문에 정보의 확산 방식이 완전히 달라졌다는 사실을 어떻게 받아들여야 할까? 또 아이폰을 디자인했다면, 아이폰의 마케팅은 어떤가? 매년 우리에게 예전 스마트폰은 더이상 가치가 없다고 설득하고, 그럼으로써 제품의 계획적 구식화(일부러 곧 구식이 되게 만듦-옮긴이)를 어쩔 수 없는 사업 비용이 아니라기술 발전의 이상향이라고 신봉하는 마케팅 행태에 마음이 편하겠는가?

어쩌면 전혀 다른 것을 만들어야 해결될지 모른다. '좋아요' 버튼 개발에 참여한 소프트웨어 천재 저스틴 로즌스타인은 이제 새로 창업한 기업인 아사나에 전념한다. 아사나라는 이름은 요가의 완전히 깨어 있으면서도 고요한 상태를 뜻한다. 아사나는 조직 내 업무 조율을 돕는 소프트웨어를 만드는데, 로즌스타인은 이 사업에서 방해 요인으로 가득한 세상에 대응할 해답을 찾았다고 생각한다. 상위 목표를 향해 협업하는 행위를 '가장 쉬운 길(9장에서 '좋아요' 버튼을 개발할 때 리아 펄먼과 나눈 말-옮긴이)'로 만들어주고자 했다. 페이스북을 떠날 때 로즌스타인은 공동 창업자와 세상의 모든 프로젝트를 5퍼센트 빠

사람들이 바라는 것은 무엇인가

르게 만들어주는 소프트웨어를 개발한다는 꿈을 세웠다. 그리고 새 소프트웨어를 출시한 지 몇 년 후, 사용자들에게 설문을 돌려 아사나를 사용하고 소속 팀의 업무 속도가 얼마나 빨라졌는지 물었다. 사용자들이 응답한 평균은 45퍼센트였다.

지금도 로즌스타인은 이 숫자를 부적처럼 지니고 다닌다. "진부하게 들릴지 모르지만, 어떤 구호단체의 도움을 받은 사람들 사진도 받았습니다. 사진에는 '아사나 덕분에 이 분이 잘 지냅니다'라는 문구가 쓰여 있었죠." 바이오테크 기업 모임에서 강연했을 때는 그중 한 기업의 수석 과학자가 회사에서 새로운 항생제를 개발하는 데 아사나가 도움이 되었다고 이야기했다. "설령 내가 하는 일이 이 중 단 한 팀만 돕는 일이라도, 보람을 느낄 거예요." 로즌스타인이 말했다. 나는 혹시 이러다가 차세대 원자폭탄 개발을 돕게 될 수도 있을지 물었다. 로즌스타인은 고개를 끄덕였다. 그럴 가능성도 생각해 본 것이다. "사람들이 옳은 일을 할 거라고 믿어야죠. 물론 예전에 믿음이 더 크긴 했어요. 하지만 지금은 우리 실제 고객을 보면 돼요."[6]

로즌스타인에게 물었다. 실리콘밸리가 우리 주의를 흐트러뜨려야 이득이 되는 물건, 우리 주의를 끌어 개인 아닌 기업의 이익만 챙기는 제품 말고 다른 걸 만들어낼 수 있긴 한가? 결국 앱스토어의 은유 때문에 우리 손이 앱들의 각축장이 된 것 아닌가. 모든 앱이 우리의 한정된 주의력을 차지하기 위해 사상 가장 강력한 자극인 팝업 알림을 쏘아대는 곳 아닌가. 로즌스타인은 헤겔의 변증법 이야기를 꺼냈다. 사회에서 정正을 제시하면 그에 대해 반응이 나오며, 다시 반反을 제시해 이전 명제를 수정하고, 마지막에 합습을 제시해 두 의견 사이의 대립을 해소한다는 이론이다. 예를 들어 산업혁명은 기계 때문에 인간이 입력장치로 전락한 것처럼 보였지만, 뒤이어 인간의 삶에 기계를 맞추는 발상을 낳았다. 소셜 미디어도 마찬가지다. 장애를 새로운 디자인 정신으로 승화시킨 마이크로소프트 디자이너 어거스트드 로즈 레예즈는 소셜 네트워킹이라는 아이디어가 교외 주택지역에서 고립된 채 어린 시절을 보낸 이른바 '열쇠 찬 아이들(학교를 마친 뒤 빈 집에 들어가 보호자가 올 때까지 혼자 있어야 했던 아이들-옮긴이)' 세대의 산물이라고 내게 이야기해 준 적이 있다. 로즌스타인도 오늘날 인터넷상의 과잉 연결 현상은 과거 텔레비전이 주던 고립감에 대한 반응이라고 지적했다. 현재로서는 디자인의 공익적인 역할을 재건할 수 있는 인간적인 방법, 독립성을 누리면서도 타인과 교류하려는 우리 욕구를 조화시킬 방법은 아직 없어 보인다.

어쩌면 새로운 세대가 등장해야 로즌스타인이 말한 합슴을 만들 수 있을지 모른다. 그리고 소셜 미디어의 영향으로 이런 세대가 이미 형성 중이라는 신호도 보인다. '좋아요' 버튼을 공동 개발한 리아 펄먼은 나와 인터뷰하는 도중 갑자기 번뜩인 깨달음을 나눴다. '좋아요' 버튼은 미국이 아니었다면 절대로 만들어내지 못했을 거라는 생각이었다. 미국은 무엇을 하는가에 따라 개인의 정체성이 결정되는 곳이기 때문이다.[7] 더 많이 할수록 행복해지는 원리다. 하지만 페이스북이 세상의 모든 사람을 연결하려는 과정에서, 우리는 모두 각자 하지 못하고 가지지 못하는 게 무엇인지 확실히 의식하게 되었다. 내가 초대받지 못한 모임과 내 것이 아닌 웃음이었다. 소셜 네트워킹에서 발생하는 불행한 감정은 소외공포감, 즉 포모 때문이라는 연구 결

사람들이 바라는 것은 무엇인가

과가 점점 더 많이 발표되고 있다.[8] 하지만 흥미롭게도 이 불행감은 소셜 네트워킹을 아주 어릴 적부터 사용하지 *않은* 세대에만 국한되는 것 같다. 어찌된 셈인지 소셜 네트워킹을 이용하며 성장한 세대는 과잉 연결의 위험성을 예방하는 방법을 터득했다. 연구자들의 분석 대로라면 이 세대는 적절한 수위가 어느 정도인지 자각하고 있었다. 필요할 때는 거리를 둘 줄도 알았다. 나중에 이 아이들 중 한 명이 이런 본능적인 자제력을 담은 뭔가를 만들 거라는 예측이 허황된 꿈만은 아닐 것이다. 어쨌든 열심히 개선해 봐야 페이스북에서 소외공포감을 도려낼 수는 없을 것이다. 페이스북이 곧 소외공포감이기 때문이다. 더 나은 페이스북이라면 기존의 페이스북과는 완전히 다르되, 타인과 교류하려는 욕구를 똑같이 충족할 수 있어야겠다. 지금으로서는 세상을 가깝게, 그러면서 다루기 쉽게 해줄 제품을 그저 상상할 수밖에 없다.

*

드레이퍼스는 사람들이 상위의 목표를 추구할 수 있도록 여유 시간을 쓰기 쉽고 편리하게 만들어주면 모두에게 도움이 된다고 믿었지만, 지금 우리는 물건을 디자인할 때 처음부터 이런 상위 목표를 포함해야 한다는 걸 깨달았다. **단순히 물건이 있으면 생활이 편리해지기 때문이 아니다. 물건이 실제로 우리를 변화시킬 수 있기 때문이다.** 보기보다는 충분히 근거 있는 발상이다. 우리는 보통 사고 과정이 머릿속에서 시작해서 끝난다고 생각하지만, 인지과학자이자 아마도 오늘날 가장 권위 있고 많이 인용되는 심리철학자인 앤디 클라크Andy Clark는 인간의 사고와 주변 환경이 뒤섞여 있다고 주장한다. 일례로 여기 수학자가 있다. 머릿속으로 과감한 논리적 추론은 가능하지만, 페르마의 마지막 정리를 증명하는(수학사의 유명한 난제로 1995년에 약 350년 만에 증명되었으며, 증명 과정 또한 논문 100쪽 분량의 난해한 문장과 수식으로 알려졌다 – 옮긴이) 난제를 푼다면 섬세한 수학적 뉘앙스와 수식을 처음부터 끝까지 머릿속으로만 생각하기는 어려울 것이다. 하지만 종이와 펜이 있고 뒤적거리며 참고할 만한 학술지 몇 권이 있다면 가능하다. 우리 각자의 생활에서도 마찬가지다. 우리가 종일 달력이나 일정표 없이 지내야 한다면 어떨지 생각해 보자. 아마 할 수 있는 일이 확 줄어들 테고, 놓치는 일도 수없이 많아질 것이다. 클라크는 우리가 주변 사물을 생각 속으로 끌어들여 사고를 확장하는 도구로 활용하는 경이로운 능력을 지녔고, 인간과 동물의 사고 과정을 구별 짓는 결정적 차이가 여기에 있다고 주장했다.[9]

이것이 사실이라면(사실이라는 증거는 논리뿐 아니라 신경과학에서도 찾아볼 수 있다), 디자이너가 새로운 것을 만들 때는 생각에 형태를 부여함으로써 다른 사람들이 본래 능력보다 더 많이 이룰 수 있게 도와야 한다. 말 그대로, 이런 **새로운 디자인은 새로운 생각을 만든다.** 스티브 잡스가 컴퓨터를 '생각의 자전거', 즉 우리 사고가 더 멀리 확장되게 돕는 기기라고 부르고, 더글러스 엥겔바트가 컴퓨터로 인간의 잠재력을 촉진하고자 한 것과 같다. 이런 사고방식 때문에 **디자인이라는 행위에 새로이 윤리적인 무게가 실린다.** 그리고 이 윤리는 의도치 않게 이 책의 주장과도 놀랄 만큼 많이 연결된다. 예를 들어 클라크

사람들이 바라는 것은 무엇인가

는 자신의 연구와 심리학의 체화된 인지('딱딱한 사람' 혹은 '가벼운 인간'이라는 표현처럼 몸으로 경험한 감각이 인지가 되는 것-옮긴이) 연구, 그리고 포괄적 디자인 사이에 관련이 깊다고 주장한다. 포괄적 디자인은 장애가 사용자 능력의 한계가 아니라 디자인된 세상과 사용자 사이의 불협화음이라는 시각을 바탕으로 발생했다. 그렇게 본다면 우리는 모두 어딘가에 장애가 있다. 이 세상이 우리 요구에 완벽히 맞을 수 없기 때문이다. 더 바르고 유능한 사람이 된다는 건 결국 새로운 디자인을 싹 틔울 수 있는 새로운 요구 사항을 찾아낸다는 뜻이다.

이 과정이 산업화된 공감력의 출발점이다. 이는 풀턴 수리가 일상생활의 수면 아래에 숨은 기회를 찾으려 할 때 본 현상이다. 하지만 오늘날 구글과 페이스북에서 가장 대표적으로 사용하는 '일단 시도해 보기test-and-learn(시험과 수정을 거듭하며 최적화해 가는 접근-옮긴이)' 방식이 발달함에 따라, 우리는 긴 기간 관찰해야 하는 디자인보다 재빨리 시험해 볼 수 있는 디자인 개발을 강조하게 되었다. 이를테면, 휴대전화에 알림 기능을 켜고 싶은지 끄고 싶은지, 피드에는 어떤 이야기를 띄울지 등 우리가 무엇을 선호하는지 아주 세세하게 입력하기는 쉽다. 이런 사용법은 사용자에게 딱 맞게 최적화되어 있다.

하지만 휴대전화에 우리가 디지털 일상에서 전체적으로 어떤 경험을 원하는지 지시할 방법은 없다. 이 현실을 그대로 받아들이다니 더 이상하지 않은가? 가령 우리가 개인 트레이너에게 강습을 받는다면, 만나자마자 이두박근 회전 운동을 몇 회 하고 싶은지부터 이야기하지는 않을 것이다. 그보다는 운동의 목표부터 이야기할 것이다. 예를 들어 '더 건강하게 지내고 싶고, 1년 뒤에는 우락부락한 몸이 아닌 탄탄하고 늘씬한 몸을 만들고 싶어요'라고 말할 수도 있다. 하지만 휴대전화와는 이렇게 상호 작용하지 않는다. 애초에 정해진 일을 수행하는 도구라는 은유를 바탕으로 만들어졌기 때문이다. 그러니 더 행복해지거나 사랑하는 이들과 더 가까워지고 싶다는 포괄적인 목표를 정하기란 불가능할 수 있다.

사회는 우리가 만드는 물건에 우리 모습을 점점 더 많이 투영하게 된다. 즉 사물 하나에도 우리가 누구인지, 그리고 어떤 사람이 되고 싶은지 점점 더 큰 의미를 부여하며, 우리는 물건을 사용하며 전보다 나은 사람으로 성장한다. 하지만 이런 이상은 실현되지 않고 있다. 사용자 경험 분야가 다음 단계로 도약하려면, 당장의 호불호뿐 아니라 상위의 욕구를 표현할 수 있도록 사용자 경험의 기초를 이루던 은유를 바꿔야 한다. 은유가 바뀌려면 디자이너는 절대로 풀 수 없어 보이는 대립 관계를 해결해야 할 것이다. 이를테면 어떻게 하면 사람들을 더 많은 물건과 연결하면서도 주변 환경을 이해하기 쉽게 만들지, 어떻게 하면 선택의 여지가 점점 더 많아지는 세상에서 오히려 바람직한 선택지를 조금만 만들지 등을 해결해야 한다. 그러기 위해서는 늘 의문 없이 당연시하던 전제부터 바꿔야 한다.

377

✽

이 책을 쓰면서 100명이 넘는 사람을 인터뷰했지만, 그중에서도 새로운 생태계를 만들기 위해 무모하게 도전하는 사람들에게 가장 깊이 감동했다. 이 사람들의 분투는 페이스북과 애플의 광대함에

사람들이 바라는 것은 무엇인가

비하면 모두 보잘것없었다. 하지만 용기를 주는 일이기도 했다. 그
중 하나는 컴퓨터를 새로 정의할 아이디어가 있다는, 캐나다 출신의
젊고 고집 센 창업자였다. 이 젊은이는 부모님 집에서 생활하던 어린
시절에도 늘 상상했다고 한다. 만약 항상 새로운 화면이 달린 새로운
기기를 사는 대신 무엇이든 딱 한 대만 구입한다면 어떨까? 예를 들
어 외향은 항상 휴대하는 디지털 장신구 같으면서 두뇌처럼 내가 사
용한 앱이나 가입한 서비스 등 필요한 데이터를 모두 저장할 수 있다
면? 또한 주변 화면들이 별다른 기능 없이 내가 원하면 언제든 내 디
지털 장신구 속 정보에 접근하는 용도로만 쓰인다면? 카니발 크루즈
기업의 오션 메달리온이나 마크 와이저가 유비쿼터스 컴퓨팅 분야에
서 제시한 미래상과 그리 달라 보이지 않는다. 유비쿼터스 컴퓨팅은
1980년대 후반에 등장했고, 와이저는 눈에 띄지 않는 화면이 공간 속
사람과 그 사람의 요구를 감지하는 미래를 주장했다.

　　이 젊은 사업가의 주장은 다음과 같다. 애플 같은 기업은 사업 구
조상 똑같은 기능을 하는 상자를 점점 더 많이 팔 수밖에 없다. 아이
폰, 아이패드, 아이맥처럼 각 기기가 서로 비슷하게 흉내 내는데 왜
컴퓨터 칩이 이렇게 세 개나 필요할까? 물론 애플로서는 이 모든 상
자가 다른 모든 상자와 똑같은 기능을 한다면, 각각 그만큼 값어치
가 있다는 뜻이다. 중복은 순기능이지 오류가 아니다. 그 결과로 발
생하는 과잉 연결은 어쩔 수 없는 부산물일 뿐이다. 하지만 우리가
이 고르디우스의 매듭(복잡하고 어렵지만 발상을 전환함으로써 쉽게 풀 수
있는 문제-옮긴이)을 자르고 기기를 둘러싼 생태계의 작동 원리에 대
한 선입견을 모두 제거한다면? 우리는 각자 디지털 장신구만 휴대하

고, 주변의 모든 화면은 필요할 때만 무언가를 담는 그릇처럼 작동한다면? 값도 싸서 계속 교체할 만한 가치가 없다면? 그런 세상이 오지 말란 법은 없지 않은가. "우리는 삼성과 애플을 상대로 싸울 거예요!" 젊은 사업가가 말했다. 이 말은 고무적이기도 하고, 공허하게 들리기도 했다. 하지만 어쨌든 이 아이디어를 구현하기 위해 200만 달러를 끌어모은 상태였다. 이 사업가를 여섯 번이나 만난 뒤에도, 정신이 나간 사람인지 아닌지 구분하기 어려웠다. 그렇다고 이 사람의 생각이 틀렸다는 뜻은 아니다. 날로 늘어가는 개인 기기 화면마다 우리 모습을 비슷비슷하게 비춘다면 거울의 방과 다를 바 없다. 디지털 세상에 더 인간적인 모습으로 살며, 그 안에서 자기 모습을 더 명확하게 인식하는 일은 점점 요원해질 것이다. 사용자 친화성의 기본 원칙은 앞으로도 이어지겠지만, 이제부터 디지털 일상을 좀 더 효과적으로 관리하려면 새로운 멘탈모델과 은유가 필요하다.

그 가능성을 한 스타트업에서 발견했다. 사물인터넷Internet of Things, IoT의 기반이 되겠다는 포부를 밝히고 벤처캐피털 투자를 6300만 달러나 유치한 기업이다. 설립자 린든 티베츠Linden Tibbets는 IDEO에서 엔지니어이자 디자이너로 근무하다가 제인 풀턴 수리의《무심결에 하는 행동?》을 보게 되었다. 이 책에는 귀 뒤에 연필을 꽂거나 굴러다니는 코르크를 문틈에 끼워 열어두는 일 등 보통 사람들이 온갖 기발한 방법으로 주변을 활용해 도구를 만들어 쓰는 방법이 망라되어 있었다. 티베츠는 이렇게 말했다. "주변에는 우리가 이미 용도를 바꿔 쓰고 있는 사물이 수도 없이 많습니다. 항상 그렇게 용도를 바꾸며 지내지만, 누군가가 일깨워 주기 전에는 전혀 알아채지 못하기도 하

사람들이 바라는 것은 무엇인가

죠." 풀턴 수리의 책 덕분에 무심코 지나쳤던 신실을 깨달은 것이다. "세상이 한 번 이렇게 보이기 시작하면, 그다음부터는 보지 않으려고 해도 그냥 보여요. 굳이 멀리 가지 않아도 지금 사는 세계를 새롭게 경험할 수 있지요."10

주변 사물을 접할 때 우리 눈에는 본래 용도보다 앞으로 어떻게 쓸지가 더 자연스레 보인다. 상상력의 가장 핵심적인 기능이다. 부지깽이로 불만 뒤적일 수 있는 것이 아니다. 부지깽이는 길고 묵직한 막대로, 끝이 뾰족한 편이지만 날카롭지는 않다. 그러니 소파 아래에 숨어들어 간 무언가를 끄집어낼 때도 사용할 수 있다. 그런데 이처럼 주변 세계를 이리저리 바꾸는 인간 특유의 능력이 디지털 세상에서는 전혀 존재하지 않는다. 앱이나 웹사이트나 디지털 서비스를 보더라도 그 순간 필요한 기능이 전부이고, 설령 다른 기능을 할 수 있더라도 우리는 이해하지 못한다. 부지깽이로 불만 뒤적거릴 수 있는 곳이다.

티베츠는 우리가 그때그때 필요에 맞게 주변 세계를 마음대로 주물럭거리는 능력을 발휘하는 것이 자연스러우며, 또 매우 인간적인 욕구라고 생각했다. 그는 이런 생각을 실현할 수 있는 제품을 어떻게 구현할 수 있을지 고민했다. 그러던 어느 날, 인도 음식점에서 종업원이 주문받는 모습을 지켜보고 있을 때였다. 손님이 음료를 주문하면, 웨이터는 주방으로 가는 길에 음료 바에 들렀다. 컴퓨터 프로그래밍과 정확히 똑같았다. *만일* 이런 일이 일어나면, *그럴 때는* 이렇게 하라는 명령이었다. 티베츠는 이렇게 말했다. "나는 제품 이름을 보고 어떤 제품인지 추리하는 괴상한 버릇이 있습니다. 꼭 짚어 설명하긴 어렵지만, 사물을 어떻게 부르는지와 우리가 그 사물에 애착을 느끼는 원리를 이어주는 것은 뭔가 매력이 있거든요." 이 책에서 본 수많은 사례에서처럼 제품의 은유가 먼저 떠올랐다는 뜻이다.

티베츠는 직장을 그만두고 집 거실에서 1년간 뚝딱거린 끝에 이 프트IF This Then That, IFTTT('이럴 때는 이렇게'라는 뜻-옮긴이)라는 회사를 열었다. 이 서비스에서는 드래그 앤드 드롭 방식으로 디지털 서비스 두 개를 연결할 수 있다. 한 동작이 발생하면 자동으로 다음 동작이 촉발된다. 이제는 '레시피(여기서는 동작을 조합하고 조건을 설정한 명령을 뜻한다-옮긴이)'를 활용하면 아침에 일어나자마자 스마트밴드가 이를 감지한 다음 커피를 내리거나, 온도조절장치가 집 안에 사람이 없음을 감지하고 전등을 끄거나, 우리가 다른 사람의 인스타그램 사진에 등장하면 집안 전등을 깜빡이게 할 수도 있다. 이 중 어떤 용도는 터무니없어 보일 수 있지만, 그렇게 느끼는 이유는 발명가 본인이 아니기 때문이다. 티베츠의 말에 따르면, 핵심 목표는 디지털 세상에서 우리가 한 번도 누려보지 못한 혜택, 진정한 의미의 행동 유도성을 만드는 것이다. '이 서비스도 좋네. 하지만 이런 용도로 바꿔보면 어떨까?'라는 관점이다. 티베츠는 수많은 기업을 사람들이 쓰는 명령문 속 동사로 축소하고 싶어 한다.

지금까지 이프트 명령문이 수백만 건 이상 만들어졌고, 매일 수백만 개씩 더 만들어지고 있다. 이 회사 서비스의 사용자 수는 수백만 명이 넘는다. 그렇다고는 해도 아직 얼마 안 되는 벤처캐피털 투자로 운영되는 불안정한 스타트업이다. 크게 성공하며 첫발을 디뎠지만 오래 지속할 동력은 아직 찾지 못한 다른 젊은 기업에 비해 특

사람들이 바라는 것은 무엇인가

별히 더 오래간다는 보장이 없다. 그러나 이프트는 기업 중에서 새로운 종족이다. 사용자 친화성을 활용하더라도 더 많은 물건을 묶어 쓰는 데가 아닌, 물건들을 따로 떨어뜨려 놓는 데 썼기 때문이다. 이는 우리가 두고 온 세상을 나타내는 새로운 은유이며, 앞으로 이런 새로운 은유를 더 발견할 수도 있음을 시사한다.[11]

이런 가능성들은 현재의 사용자 친화적인 세상을 실제보다 그럴싸해 보이게 만드는 얄팍한 광택제 아래 숨어 있다. 애플의 디자인 전설 조니 아이브는 2019년 퇴직할 때까지 아이폰 이래 애플에서 굵직한 제품을 발표할 때마다 동영상으로 출연해 부드러운 영국식 말투로 이 경이로운 새 물건을 어떻게 디자인했는지 설명하곤 했다. 아이브는 애플에서 마치 신탁을 전하는 사람처럼 디자인의 필연성을 지지해 왔다. "우리가 낸 해결안이 너무 당연해 필연처럼 느껴지는 순간까지 다듬는 데 가장 힘을 많이 쏟았습니다. 이런 생각이 들 때까지죠. '당연히 이렇게 해야지, 달리 할 방법이 있나?'" 인터뷰라곤 거의 하지 않는 아이브가 드물게 응한 인터뷰에서 설명했다.[12] 하지만 우리가 만들어내는 물건은 결코 당연해질 수도, 필연적일 수도 없다. 다만 누군가가 불필요한 버튼이나 난해한 메뉴처럼 쓸데없이 주의를 끌 만한 부분을 매끈하게 다듬었기 때문에 그렇게 느껴질 뿐이다. 당연하게 느껴지는 이유는 누군가가 그 제품을 디자인함으로써 달리 만들 뻔했던 흔적을 모두 매끈하게 지웠기 때문이다. 그렇다고 흔적이 처음부터 없었거나, 제품을 되돌릴 수 없는 건 아니다. 우리가 만든 물건은 우리가 중요하게 여기는 가치를 반영한다. 그리고 이런 가치는 바뀔 수 있다. 비록 사용자 친화적인 세상이 아직도 우리

PART 2

를 제대로 이해하지 못해 안간힘을 쓰고 있지만, 언젠가는 이해할 수 있을 것이다.

사람들이 바라는 것은 무엇인가

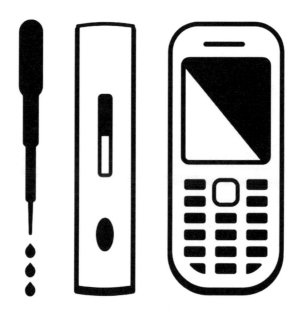

HIV 자가 진단 키트 (2014)

마치며

사용자 친화적인 눈으로 보는 세상

로버트 패브리칸트

> 쉬움과 단순함은 다른 개념이다. 진정한 단순함을 발견하고,
> 발견한 내용을 실행하는 일은 대단히 어려운 일이다.
>
> – 존 듀이, 《경험과 교육Experience and Education》

2014년 클리프 쿠앙과 내가 이 책을 구상했을 때, 그저 중요하지만 덜 알려진 디자인 이야기를 세상에 알리고 말려던 것이 아니었다. 오히려 이 책을 읽은 독자가 디자인을 소비할 때 더 날카로운 눈으로 판단하고, 특히 일상에 매일 새롭게 파고드는 사용자 경험 디자인을 비판적인 시선으로 보도록 돕고자 했다. 디자이너로서 나는 사용자 중심의 정신을 우리 경험 전반에 적용해야 한다고 굳게 믿는다. 그 이하로 만족해서는 안 된다. 따라서 이 책을 기획할 때도 여러분이 독자로서 필요한 것을 고민하며 사용자 경험을 세심하게 디자인

하려 애썼다. 독자 여러분이 이 책의 사용자이자 사용자 친화적 세상의 중심이기 때문이다.

여러분이 사용자 친화적인 디자인이 어떻게 탄생했으며 그 바탕을 이루는 원리들은 무엇인지 읽었으니, 여기서는 실무자의 관점에서 바라보는 디자인은 어떤지 이야기를 나누려고 한다. 25년 이상 디자인 분야에서 다져온 **사용자 친화적인 경험을 만드는 접근 방식은 앱이나 웨어러블 기기 같은 반짝거리는 새 물건뿐 아니라 의료보험사에서 보내는 서류처럼 지루하고 일상적인 물건에도 적용할 수 있다.** 내가 처음 디자이너로 일하기 시작했을 때는 어떤 물건, 어떤 결과물이냐에 따라 완전히 다른 디자인 문제가 된다고 생각했다. 물론 마지막 단계까지 구현하려면 각기 다른 특수한 기술이 필요하다. 하지만 모두 똑같이 사용자 중심의 관점으로 접근할 수 있으며, 접근해야만 한다.

이 글에서 세세한 설명을 읽는다고 여러분이 당장 디자이너가 될 수는 없겠지만, 어느 분야에서든 자기 일에 활용해 볼 만한 도구를 몇 가지 얻어 갔으면 한다. 또 무엇보다도 누군가가 여러분을 염두에 두고 디자인한 수많은 사용자 친화적 경험을 전보다 비판적인 시선으로 보게 되었으면 한다.

돌이켜보면, 우리는 일상 구석구석에 스며 있는 마케팅과 광고의 역할을 언제 처음 의식했을까? 1950년대와 60년대는 소비자 문화에 마케팅이 어떤 영향을 미치는지 미국 대중이 막 이해하기 시작한 시기였다. 오늘날 우리는 이런 지식을 필수로 여기며, 우리 자녀들도 마케팅 메시지를 액면 그대로 받아들이지 않고 안목 있게 대처하는 요령을 갖추며 자라도록 최선을 다해 가르친다. 이 책에서 클리

마치며

프가 탁월한 필치로 설명했듯이, 우리는 사용자 친화적인 세계에서도 비슷한 변곡점에 와 있다.

*

이 안목을 갖추는 방법은 세상을 얼마든지 바꿀 수 있는 경험의 집합으로 보는 것이다. 도널드 노먼이나 그전의 헨리 드레이퍼스처럼 나도 언제나 사용자 친화적인 눈으로 주위 환경을 바라보며, 어떻게 만들면 사람들에게 더 도움이 될지, 사람들의 가치관을 더 충분히 반영할 수 있을지 늘 의식하려 한다. 얼마나 많은 경험이 이 기본적인 기준조차 충족하지 못하는지 늘 불만스럽다. 동네 마트에 있는 무인 셀프 계산대부터 조악한 조작 방식이 얼마나 뒤죽박죽 뒤섞였는지 생각해 보자. 동작 선택은 터치스크린 메뉴를, 물품 인식은 센서를, 결제는 카드리더기를, 비밀번호를 누를 때는 키패드를, 서명(수천 년 전부터 이어졌지만 오늘날에는 아무 의미 없는 행위가 아닌가)할 때는 스타일러스까지 사용한다. 여러분도 나처럼 공통점이라고는 전혀 없는 이 조작 방식들을 올바른 순서로 해내는 방법을 겨우겨우 익혔다가, 계산된 물품을 포장대에 제대로 올려놓지 않았다고 경고음을 들었을지 모른다. 한눈에도 각각의 상호 작용을 만든 팀들이 소통 없이 따로 디자인하고 각자 개발했다는 사실이 보인다. 내게는 이런 이음매가 보이고, 그래서 더 의욕이 솟는다. 디자이너로서 나는 키패드든 터치스크린이든 매장 배치든 어느 한 부분만이 아니라 전체를 다루고 싶다.

사용자 친화적인 눈으로 보는 세상

전체를 다루고자 하는 시각은 1980년대 중반 내가 그래픽 디자이너로 처음 일하기 시작했을 때 상상했던 디자이너의 길과 큰 차이가 있다. 처음에는 뉴욕시 보건병원공사 같은 대형 회사의 로고를 디자인했다. 디자이너 여럿이 한 팀이 되어 몇 주 동안 의료 시스템의 현황을 조사하고, 각자의 경험에 비추어 병원이 앞으로 어떻게 변화할지 새로운 관점을 형성해 본 뒤 추상화된 브랜드 정체성 작업 하나하나에 모두 녹여낸다. 이 전체 과정에 신바람이 나면서도 무척 답답했다. 이토록 창의적인 사고를 많이 끌어오는데 나오는 건 로고 하나야? 설령 아름다운 로고라 해도 전체 시스템이 사람들을 대하는 방식이 나아지지는 않는데? 새로운 병상을 디자인하든, 대기실을 디자인하든, 병상 모니터를 디자인하든 마찬가지였다. 의료 시스템처럼 복잡한 대상을 개선하려면 산업디자인부터 서비스 디자인, 환경 디자인까지 다양한 전문성뿐 아니라 이들을 결합하는 능력도 필요하다.

388

*

동료들과 내가 간절히 기다린 기회가 바로 그런 일이었다. 특히 2001년 닷컴 버블이 붕괴하며 디지털에만 존재하던 기업들이 하룻밤 사이에 사라진 다음에는 더욱 확신이 들었다. 다행히 내가 합류한 프로그 디자인은 한 지붕 아래 여러 가지 디자인 전문성을 넓게 갖춘 몇 안 되는 디자인 회사였다. 다양한 능력을 한자리에 모으니 정말 신바람이 났다. 사용자 친화적인 디자인의 새로운 기회를 개척할 수 있었을 뿐 아니라 거기에 따르는 막중한 책임도 생겼다(8장에서 다룬

마치며

디즈니의 매직밴드 프로젝트처럼). 이런 다양한 능력을 투입하는 목적이 무엇이어야 하는가? 디자인 작업과는 별도로 평생의 고민이 되었다. 하지만 답을 찾으려면 우리가 만드는 대상에 매달리지 말아야 했다. 저명한 일본 산업디자이너이자 IDEO 초창기 직원 후카사와 나오토 Fukasawa Naoto가 유려하게 표현했듯이, 가장 좋은 디자인은 '행동 속에 녹아 없어져' 예술성을 뽐내기보다 투명하게 사라진다. 달리 말해, 우리 디자인의 성공은 결과의 심미성이 아니라 사람들의 실제 행동에 어떻게 맞추고 그 행동을 어떻게 도울지 관찰하는 데 있다.[1] 이 교훈은 이 책을 읽은 독자에게는 당연하게 다가오겠지만, 현장에서는 꽤 자주 무시당한다. 구글글라스처럼 뛰어난 디자이너와 엔지니어들이 참여했는데도 무참히 실패한 사례를 보면 알 수 있다.

우리 팀에 새로 디자이너가 합류하면, 나는 제품이나 기술이 아닌 '행동 양식이 우리의 재료'라고 말해준다. 폰트와 색을 만지작거리고(특별히 재능도 없었지만) 사용자 인터페이스를 만들며 디자이너로서 첫발을 디딘 내 초기 경험과는 전혀 다른 생각이다. 행동 양식이 디자인 재료라는 생각은 디자인을 대하는 관점의 전환이며, 이 때문에 우리는 자유로워지거나 더 좌절할 수도 있다. '좋은 디자인'은 특정 분야의 재능만으로 만들어지지 않기 때문이다. 그 대신 사람들이 그 디자인에 반응하는 방식에서 발견할 수 있다. 나아가 디자이너는 작업의 의도와 결과물의 아름다움뿐 아니라, 결과가 세상에 미치는 영향까지 겸허하게 받아들여야 한다는 뜻이기도 하다. 세상에 미치는 영향은 환경(일회용 쓰레기 발생에 대한 우려)을 포함해 사람들의 행동을 좌우함으로써 발생하는 포괄적인 사회적 파장까지 아우른다.

사용자 친화적인 눈으로 보는 세상

이런 차원의 문제를 다루고자 나와 비슷한 디자이너들은 점점 기존과 다른 고객과 협력자를 찾아 나서고 있다. 그중 특히 공공 부문 조직들은 내가 라비 차트파Ravi Chhatpar와 2014년 달버그 디자인을 설립하며 처음 시작한 사업의 주요 고객이다. 하지만 디자이너가 무슨 자격으로 보편적인 사회문제를 해결한단 말인가? 우리가 하는 일에는 전부 위험부담이 따른다. 스마트 디자인의 공동 창업자이자 아버지가 터커 자동차의 창업자인 터커 비마이스터Tucker Viemeister는 디자이너라는 직업을 '세상에서 가장 위험한 직업'이라고 재치 있게 이야기하곤 한다. 디자이너는 의사나 전기 엔지니어가 아니다. 자율주행차나 HIV 자가 진단 키트를 디자인하기 위해 특수한 자격을 갖추지 않는다. 하지만 우리는 무엇이든 만지작거리도록 고도로 훈련된 데다, 정식 자격 증명을 대신하고도 남을 만큼 시제품을 만드는 능력이 탄탄하다. 우리는 이 책에 실은 디자인 원리에 충실하면서 다양한 방법으로 사용자에게 필요한 것을 찾고, 해결안을 재빨리 개발하고 시험해 보며, 사용자 피드백을 수집한다. 사용자에게서 시작해 피드백을 수집하고 반복하여 시도하는 디자인 원리들이 이제 독자에게도 상식처럼 느껴졌으면 한다. 하지만 사용자가 약국에서 감기약을 찾는 사람이든, 가족이나 친구와 소식을 주고받으려는 어르신이든, 원리 원칙에서 만족스러운 사용자 경험까지의 극적인 도약은 어떻게 이루어지는가?

사용자 중심 디자인 과정을 단계별로 따라가면 어떤 모습일까?

마치며

1 사용자에서 시작한다

가전제품이나 개인용 건강관리 앱 디자인을 의뢰받았다고 상상해 보자. 어느 사용자와 어떤 필요 사항에 초점을 맞출지 어떻게 판단하면 좋을까? 우선 본인에서 출발할 수 있지만, 이때는 자연스레 다른 사람보다 자신을 앞세우게 되어 이 접근이 금세 족쇄가 될 수 있다. 오히려 동료나 친구, 가족 또는 같은 동네의 약국에 다니는 사람 등 여러분과 공통분모가 있는 사람 몇 명을 골라 거기서 출발하면 더 나을 수 있다. 이 사용자들이 어떤 상황인지, 무엇을 바라는지 공감할 수 있으니 합리적인 시작점이다. 하지만 이런 공통된 기반이 있더라도 사람들이 실제로 하는 행동을 관찰하기 시작하면 개인에게 필요한 사항은 금세 다양하게 확장되곤 한다. 커피처럼 평범한 제품도 얼마나 다양하게 주문하는지만 봐도 알 수 있다. 오늘날처럼 극도로 개인화된 문화에서 두 명 이상의 공통분모를 찾아내는 눈은 어떻게 얻을까?

내가 프로그 디자인에서 디자이너로 일할 때, 이런 편견을 예방하는 접근법을 몇 가지 개발했다. 새로운 맥락이나 상황에서 디자인 조사를 진행할 때, (월가의 거래소든 르완다의 신용조합이든) 사용자들이 누구와 가장 먼저 상의하는지, 누구의 말을 가장 신뢰하는지 이해하기 위해 의사 결정 계통도를 그려 연결 고리를 시각적으로 직접 표시하도록 했다. 이런 활동으로 예상 밖의 수확을 얻기도 한다. 예를 들어 미국의 대형 의료보험사의 의뢰로 고객 경험 전반을 재편할 때, 우리 프로그 디자이너들이 플로리다주 펜서콜라에서 미용사들과 이야기를 나누게 될지 꿈에도 몰랐다. 하지만 우리는 프로젝트에 착수한 뒤 가장 먼저 전형적인 고객에게 다가가 '자녀가 아플 때 누구와 상의하세요?'라고 물었다. 우리가 만나본 여성 중 꽤 여럿이 개인 건강 문제를 미용사와 이야기한다고 답했다. 약사와 의사와는 달리 미용사는 건강 관련 상품을 판매해도 아무 이득을 보지 못한다. 그렇기 때문에 자기 고객에게 신뢰를 주는 조언자이자 의료 업계에 부족했던 사용자에 대한 통찰을 얻을 수 있는 귀중한 자원이며, 새로운 아이디어의 보고가 될 수도 있다. 의사와 달리 미용사는 서비스를 시작하기 전에 시간을 조금 더 들여 머리를 감겨주거나 두피 마사지를 하는 등 가장 간단한 방법으로 고객을 편안하게 해주고 배려받는 느낌을 받게 해준다. 우리는 소비자가 의료 서비스에 대한 조언을 접할 때에도 마사지나 페디큐어처럼 자신을 돌볼 수 있는 매력적인 대안과 묶여 있을 때 더 귀담아들으려 한다는 사실을 알게 되었다. 이 깨달음 덕택에 우리 팀은 의료상담사들이 당뇨병이나 류마티스성 관절염 등 치료 비용이 높은 질병의 환자를 지원하는 프로그램을 어떻게 바꾸면 좋을지 제안할 수 있었다.

흥미로운 집단을 찾아낸 다음에는 그 사람들의 방식에 맞춰 만나야 한다. 마케팅이 주도하는 조직들은 흔히 신제품을 개발한 다음 고객에게 매력적으로 보일 방법을 연구하는 실수를 저지른다. 이 방법은 대부분 실패한다. 대부분의 신제품이 굳이 필요 없어 보이는 이유도 여기에 있다. 기업들은 그 대신 사용자에게 무엇이 필요한지 이해한 다음 거기서 거슬러 올라가며 꼭 필요한 제품이나 기능, 메시지를 개발해야 한다. 그렇기 때문에 사용자의 공간으로 직접 찾아가야 하며, 조사를 진행할 때 사용자에게 주도권을 쥐여주어야 한다. 사용

마치며

자가 직접 자기 세계를 안내해야 한다(스탠퍼드대학교 디자인 교수 데브 파트낵Dev Patnaik은 이를 '그랜드 투어Grand Tour(17세기부터 19세기 초반까지 특히 영국 상류층 자제들 사이에서 유행한 유럽 여행–옮긴이)'라고 부른다). 사용자의 가정이든 일터든, 사용자의 삶 속 평범한 물건에서 가장 풍성한 이야기와 깨달음을 얻기도 한다.

디자이너들은 사용자의 삶을 새로운 각도로 볼 수 있도록 다양한 방법을 개발했다. 예를 들어 누군가에게 핸드백이나 책가방, 배낭을 열어 내용물을 보여주고 그 물건을 늘 가지고 다니는 이유를 설명해 달라고 부탁할 수 있다. 그중에는 열쇠나 립밤처럼 실용적인 이유로 휴대하는 물건부터 최근 여행 중 구입한 자잘한 장신구처럼 감성적인 이유로 휴대하는 것까지 있다. 프로그에 함께 있었던 동료 잰 칩체이스Jan Chipchase는 노키아Nokia에서 전 세계를 다니는 연구원으로 일하며 이 조사 방법을 완성했고, 이를 '가방 매핑bag-mapping'이라 불렀다. 칩체이스는 다음과 같이 설명했다. "가방 매핑은 사용자가 속한 사회의 규범을 익히는 데 유용합니다. 우리가 휴대하거나 휴대하지 않기로 결정하는 물품은 우리 모습과 우리가 생활하고 일하는 환경을 반영하거든요." 다시 말해, 우리는 이 기법으로 사물 자체가 아닌(물론 이것도 흥미롭겠지만) 그 사물을 선택한 근본적인 원인, 특히 습관적인 선택의 이유를 밝힐 수 있다. 사람들이 중요하다고 말하는 것과 일상에서 매일 실제로 하는 행위에 어떤 차이가 있는지 알아보기에 좋은 방법이기도 하다. 우리 스마트폰 속 앱도 형태만 다를 뿐 선택의 성격은 비슷하다. 잰 칩체이스가 당시 세계 최대의 휴대전화 기업인 노키아에서 일할 때 이 기법을 완성한 이유도 이 때문이다.

2 사용자의 입장이 되어 본다

사용자 친화적인 디자인은 사용자에게 어떤 것이 필요한지 명확히 이해한 데서 최고의 결과가 나온다는 가장 기본적인 전제를 바탕에 두고 있다. 멋있는 제품이나 인터페이스를 만들겠다는 욕구에서가 아니다.[2] 이런 정신을 처음으로 실제 일에 접목한 사람은 헨리 드레이퍼스였다. 그는 '사용자 입장이 되어 보기'를 매우 즐겼고, 때로는 트랙터 운전·공장 재봉질·주유도 해보았다. 오늘날의 디자이너들에게는 드레이퍼스식으로 일반 사용자의 일상 경험에 뛰어드는 일은 이제 기본이다. 이 일상을 새로운 눈으로 보는 것이 관건이다. 쉬울 것 같지만, 오늘날과 같은 과잉 자극 세상의 수많은 방해물을 생각하면 인내심이 굉장히 많이 필요하다. 예를 들어, 출퇴근하는 사람들이 버스정류장이나 기차역에서 길을 어떻게 찾는지 관찰할 때, 가장 심하게 길을 잃고 혼란스러워하는 사람을 우리가 더 주의 깊게 볼 수 있다. 이 사람들은 출퇴근 혼잡 시간 동안 기차역이 꽉 차 있을 때 길을 어떻게 찾는가? 도움은 누구에게 청하는가? 프로그에서는 보통 2인 1조로 진행하던 이런 관찰 기법을 하루에 몇 시간씩 몇 주 동안 여러 도시에서 진행할 수 있다. 또 같은 상황을 기차역이 텅 빈 심야 시간과 시끌시끌한 출퇴근 시간 모두에 관찰하는 일도 중요하다.

디자이너들은 종종 운동 프로그램이나 블루 에이프런Blue Apron 같은 온라인 음식 배달 서비스 등의 새로운 경험을 직접 시도해 봄으로써 사용자에게 공감해 보려 할 수도 있다. 직접 체험하면서 디자이너들은 최고와 최악, 자신감이 가장 높아지는 순간과 실수나 실패를 주의 깊게 성찰한다.[3] 당연하고 쉬워 보이지만, 기업 경영인 중에

마치며

401(k) 퇴직연금 계좌를 새로 개설하는 일이든 새로운 피임법을 시도해 보는 일이든 자사 제품을 처음부터 끝까지 꼼꼼히 사용해 본 사람이 얼마나 적은지 안다면 깜짝 놀랄 것이다. 재치 넘치는 저가항공사 제트블루JetBlue의 최고경영자를 지낸 데이비드 닐먼David Neeleman은 1년에 몇 차례씩 시간을 따로 할애해 승무원으로 근무하는 것으로 유명했다. 고객과 직원에게 더 가까이 다가가, 매일 일상에서 필요한 것과 불편한 점을 이해하기 위한 행보였다. 하지만 내 경험상 안타깝게도 이런 경영자는 드물다.

2017년, 달버그에서 내가 이끄는 팀이 아프리카 남부의 젊은 여성을 위한 새로운 성 건강 관련 제품을 개발하는 몇 개 조직과 협업했다. 고객 팀과 첫 워크숍을 하는 동안 우리 팀의 크리에이티브 담당자는 참석자 가운데 이 제품의 속임약placebo 형태를 사용해 본 사람이 몇 명인지 궁금해했다. 이 담당자를 제외하고 손을 든 사람은 회사의 최고경영자뿐이었다. 여기서 우리는 중요한 깨달음을 얻었다. 젊은 여성들이 제품을 처음 써볼 때 그 경험이 얼마나 이상할지를 정작 이들을 돕고자 하는 우리 고객들은 충분히 이해하지 못한 듯했다. 그 후 한 가지 조사에서는 이 제품의 이해를 돕는 은유를 여러 개 발견했다. 이를테면, 한번은 사용자들에게 껌을 씹으며 시간이 지날수록 입속에서 껌 맛이 약해지는 현상을 돌아보게 했다. HIV를 예방하기 위한 항레트로바이러스 약도 시간이 지날수록 몸에 용해되어 점점 사라지고 언젠가는 재복용해야 하는 현상과 비슷했다.

위의 사례에서처럼 디자이너들은 기존의 방식에 익숙하지 않은 새로운 사용자로서 다른 관점을 제시하기도 한다. 직접 사용하거나 체험해 보지 못하면, 새로운 관점을 '낚으러' 갈 수 있다. 나는 디자이너들에게 가끔 맥락을 백팔십도 바꿔보라고 독려한다. 예를 들어 CVS 미닛클리닉MinuteClinic(약국 체인 CVS의 24시간 간이진료소-옮긴이)에서의 대기 경험을 개선해 달라는 의뢰를 받았다면, 먼저 자정 무렵 대기 인원이 들끓는 응급실 대기실을 관찰한 다음 고급 스파를 이용해 보는 것이다. 디자이너들은 가능할 때는 역할을 바꿔보기도 한다. 제인 풀턴 수리가 언급했듯이, "가장 중요한 부분은 사람들이 무얼 하는지 알아차리는 데서 그치지 않고 그 행동의 동력이 무엇일지 진정으로 이해하려 노력하는 것"이며, 다양한 관점에서 볼수록 유리하다. 가끔은 판매대 뒤로 들어가 사람들의 행동을 반대편에서 볼 수도 있다. 드레이퍼스가 자주 하던 취미로, 그는 어떤 작업을 하는 중이든 처음 방문하는 도시마다 상점과 쇼핑센터를 다니며 관찰했다.

이런 디자인 기법들의 바탕에는 세상이 어지럽고 마구잡이인 것 같아도 알고 보면 아니라는 사용자 친화적인 시대의 기본 전제가 깔려 있다. 사람들의 행동과 선택은 일정한 규칙성과 과정을 따른다. 처음에는 논리적으로 보이지 않을 수 있지만, 사람들 고유의 규칙을 익히고 진정으로 그 사람 입장이 되면, 플로리다주 펜서콜라에 살든 르완다 키갈리에 살든 그 사람의 반복되는 일상을 움직이는 숨은 진실에 다가갈 수 있다.

3 안 보이는 것을 눈에 보이게 한다

이 책에서 클리프가 설명하듯이, 피드백은 매일 매 순간 우리를 둘러싸며, 우리가 사용자 친화적인 세계를 이해하도록 돕는다. 우리

마치며

는 보통 잘 디자인된 피드백을 당연하게 여긴다. 아침에 일터로 출발할 때도 일상의 반복되는 행위를 이끌어주는 습관적 피드백 순환 고리를 만나게 된다. 현관문을 잠글 때 만족스러운 딸깍 소리와 촉감을 느낀 뒤 차를 타러 간다. 마당을 가로질러 보행로를 걸어 차가 주차된 자리로 가는 동안 휴대전화가 진동으로 이메일 도착을 알린다. 자동차 스마트키를 누르면 차가 삑 소리를 내며 지난번 주차한 그 자리에 있다고 알려준다. 피드백은 사용자 친화적인 디자인의 가장 근본적인 언어다. 하지만 피드백을 디자인할 때 언제, 그리고 어디에서 제공할지 결정하는 건 가장 어려운 숙제로 남아 있다.

＊

디자이너들이 피드백을 제공하는 방법이 이만큼 다양하고 풍부하게 확장된 모습에 매일 경탄한다. 하지만 피드백은 성가실 때도 많다. 항상 곤란한 때에만 나타나는 듯한 스마트폰 피드백을 생각하면 이해하기가 쉽다. 실제로 적절한 피드백을 제공하는 일은 보기보다 어려운 디자인 문제이며, 조금만 빗나가도 사용자는 직관적으로 알아차린다. 뉴욕시 지하철에서 승차권을 긁으려 해보면 알 수 있다. 나처럼 매일 지하철로 출퇴근하는 사람에게는 이 동작이 습관처럼 되어 의식하지도 않는다. 긁고 회전문을 지나가기까지 한 동작처럼 자연스럽다. 하지만 긁는 동작이 부드럽고 자신감 넘치지 않으면 회전문은 잠기고 승객은 차가운 스테인리스 막대에 허벅지를 세게 부딪힐 것이다. 이것을 누가 디자인했을까? 아마 문제의 승객은 카드

사용자 친화적인 눈으로 보는 세상

를 긁는 동작이 성공했음을 알리는 희미한 소리를 인식하지 못했을 것이다. 이 소리는 디자인 회사 사무실에서 시험해 보았을 때는 완벽하게 작동했을 테지만, 시끄러운 브루클린 지하철역에서 이 소리를 듣기는 현실적으로 불가능에 가깝다.[4]

1990년대 초반 내가 사용자 경험 디자이너로 일하기 시작했을 때, 내가 다루었던 경험은 초창기 은행 자동화 기기ATM 인터페이스처럼 대부분 외부 연결이 없는 독립적인 성격이었다. 기계와 사용자 사이에는 단순한 피드백 순환 고리만 존재해, 스키너 박사가 발명한 상자(9장 참고)와 크게 다르지 않았다. 디자인의 과제는 물리적인 버튼과 화면 위 정보를 합쳐 매끄러운 상호 작용이 되도록 매우 단순하게 대응시키는 작업으로 압축되었다.《도널드 노먼의 디자인과 인간 심리》에서 설명한 문제들과 크게 다르지 않다. 바로 동작과 반응이다. 만족스러운 해결안이 개발되면 다른 문제에도 여러 번 재사용할 수 있었다. 하지만 이제 피드백은 단순한 스키너 상자를 빠져나와 사용자 친화적인 세상에 등장했다. 사전에 철저히 시험해 보지 않으면 통근자 수백만 명이 고통을 감당해야 하는 세상이다.[5]

주눅이 들 만큼 일이 많아 보이지만, 꼭 그렇지만은 않다. 내가 아는 디자이너 여럿은 '오즈의 마법사' 기법을 즐겨 사용한다. 복잡한 시스템에 고객사가 실제로 투자하고 개발하기 전에 사용자들에게 어떻게 받아들여질지 알아보기 위해 다양한 속임수를 동원하여 그 시스템의 예상 작동 방식을 흉내 내는 방법이다. 존 패짓과 캣 홈스가 각각 카니발과 마이크로소프트에서 새로운 사용자 경험을 개발할 때 많이 의존했던 기법이다. 기본 개념은 간단하다. 현재 존재

마치며

하지 않는 피드백을 어떤 방법으로 표현할지 알아낸다. 어떤 동작을 확인해 줄 때 불빛을 번쩍이거나 효과적인 신호음을 내도록 개발할 수도 있다. 그다음에는 시험해 본다. 근사한 디자인 도구 없이도 적정 시점, 배치, 촉각적 피드백 등을 거의 정확하게 흉내 낼 수 있다. 프로그 시절 한 팀은 이 접근법을 시리로 아이폰을 검색하는 것과 유사한 음성 인식 서비스 디자인 프로젝트에 활용하는 실력이 꽤 늘기도 했다. 오즈의 마법사 기법으로 사용자 조사 참가자들이 조회한 내용에 따라 정보 화면을 다르게 제시함으로써, 서비스 중 인공지능 부분을 모의로 구현할 수 있었다.

그렇다면 디자이너들은 어떻게 날카로움을 잃지 않고 '제2의 귀(자신의 취향과 별개로 대다수의 취향을 알아보는 귀-옮긴이)'를 발달시켜 사용자 경험의 중요한 측면인 피드백을 세심하게 다듬을 수 있을까? 우리 디자이너들은 저마다 독특한 요령을 터득했다. 나는 다른 지역에 갈 때 새로 접하는 경험이 어떻게 구성되어 있는지 늘 유심히 본다(7장에서 퍼트리샤 무어가 로위 디자인 프로젝트로 러시아에 방문했을 때처럼). 처음으로 유럽이나 아시아의 어느 호텔에 들어섰을 때 내 객실 전등이 켜지지 않아 당황했던 때가 기억난다. 스위치를 눌렀는데 피드백이 없었다. 아무 일도 일어나지 않은 것이다. 결국에는 누군가가 방문 옆 납작한 구멍에 카드키를 삽입하는 방법을 알려주었고, 만족스러운 '딸깍' 소리가 들리며 기적같이 방 전체에 불이 들어왔다. 더욱이, 나갈 때 방 불을 끄느라 신경 쓸 필요가 없었다. 카드키를 잡아 뺀 다음 나가기만 하면 끝이었다. 이번에는 피드백의 부재(내가 나가는 동안 불이 잠시 켜져 있었다)에서 왠지 해방감을 느꼈다. 이 좋은 걸

집에서도 경험하지 못할 이유는 없지 않은가? 스마트 컨트롤러 같은 걸로 작동시키면 되지 않을까? 피드백을 미시적(전등 스위치의 물리적인 행동 유도성)인 것에서 거시적(필요에 따라 맞춰주는 환경)인 것으로 바꾸는 순간, 개인화된 공간에 대해서도 전혀 다르게 접근해 볼 수 있다. 우리가 예측한 방향, 그리고 예상을 살짝 비껴가는 새로운 경험, 이 사이의 작은 차이야말로 특정 제품(또는 스마트 환경)에 대한 선입관을 크게 전환할 수 있다.

나는 이처럼 종종 타지에서 영감을 얻지만, 집에서도 기회는 충분히 많다. 아이폰과 안드로이드 폰 사이, 또는 구글 지도와 웨이즈 Waze 같은 경쟁 제품 사이를 갈아타다 보면 그 디자인의 세세한 의사 결정 사항이 모두 눈에 확연히 들어온다. 마치 다른 나라에 방문한 것 같다.[6] 구글벤처스Google Ventures의 사용자 경험 파트너 마이클 마골리스Michael Margolis가 즐겨 하는 조언이 있다. "경쟁자를 첫 시제품으로 삼아라." 다른 디자이너들이 그 제품에 쏟아부은 노력을 십분 활용해 거기에서 배우라는 이야기다. 피드백 디자인이라는 똑같은 난제를 만났을 때 다른 디자이너들은 어떤 선택을 했는지 이해하기에 이만한 방법이 없다.

4 이미 있는 행동에 숟가락을 얹는다

종종 함께 일하는 디자이너들에게 영화 촬영기사가 된 듯 상황을 관찰하라고 주문하기도 한다. 아주 세세한 장면(누군가가 냅킨을 접거나 계산서를 나누는 방식)부터 굵직한 장면(사람, 특히 식당을 관리하고 운영하는 인력이 들고나는 흐름)까지 그때그때 자유자재로 확대했다 축소하며, 범위마다 규칙성을 찾아보는 방식이다. 사람들이 사용하는 사물에는 어떤 것이 있는가? 어느 부분에서 자신감 넘치게 몰입하고, 어느 부분에서 주춤거리고 짜증 난 기색을 보이는가? 사람이 모이는 장소는 어디이며, 그 이유는 무엇인가? 각각의 팀에 이때 의외이거나 혼란스럽다고 느끼는 부분을 주의 깊게 기록해 두라고 한다. 행동의 규칙성이 자연스레 떠오를 것이다.[7]

이 접근 방식을 활용하면 보통과 다른 행동이 눈에 띄기 시작한다. 디자이너들은 사용자를 관찰하는 도중 우연히 이런 튀는 행동을 만날 때 늘 뛸 듯이 기뻐한다. 같은 상황에서 예닐곱 명 정도를 관찰하면, 가끔 한두 명 정도가 눈에 띄는 반응이나 행동을 보인다. 이런 사람이 단 한 명만 있어도 새로운 관점을 얻을 수 있지만, 그 사람과 반드시 한 번 더 (편견을 접은 채) 일대일로 이야기를 나누며 그의 동기와 요구가 남들과 어떻게 다른지 이해해야 한다. 바로 여기에 이 접근의 묘미가 있다. 어쩌면 이 사람은 가족과 특별한 날을 기념할 때나 고객을 접대하는 데 전혀 다른 멘탈모델을 형성해 왔을지 모르고, 이 정보가 오픈테이블OpenTable(레스토랑 예약 서비스-옮긴이)이나 링크드인, 아메리칸 익스프레스American Express에 귀중한 시사점이 될 수도 있다.

일반적으로 디자이너들은 새로운 경험을 만들 때 마케팅 임원들이 상상해낸 미래 경험보다는 (지금은 특이해 보이더라도) 사람들이 현재 보이는 행동 양식을 바탕 삼아 새 경험을 추가하고 싶어 한다. 사람들이 식료품을 구매할 때 냉장고에게 부탁하려고 할까? 그걸 누가 알겠는가. 쉽게 대답할 수 없는 문제다. 특히 기존 사용자가 거의 없

401

사용자 친화적인 눈으로 보는 세상

을 때는 말이다. 그러므로 사용자 조사를 할 때는 제품이나 서비스의 대상 고객에 구애받지 않고 멀리 내다보기도 한다. 새로운 식단 계획 서비스를 기획할 때 색다른 시각을 얻기 위해 자녀가 10명 이상 되는 가정을 조사할 수 있다. 아니면 병원 안내 서비스를 디자인할 때 이해를 넓히기 위해 의료보험 가입에 쩔쩔매는 이민자들을 만나볼 수도 있다. 핵심은 남들보다 요구가 뚜렷하고 큰 탓에 어쩔 수 없이 보통과 다른 특이한 행동을 하게 되는 사람들을 염두에 두는 것이다. 이 접근 방식은 오늘의 틈새시장이 내일의 대세가 된다는, 또 다른 사용자 친화적인 디자인 원칙을 바탕에 두고 있다. 오늘날 특이한 행동을 연구하는 데 조금씩 투자해 놓으면, 미래에 대규모로 수용도를 높이는 데 초석이 될 수 있다. 프로그에 있을 때는 이처럼 극단적이거나 특이한 사례 조사를 경쟁사와 차별점을 찾는 데 중요한 도구로 삼았다. 우리 고객들처럼 자기 분야에 깊이 몰두해 온 사람들은 좀처럼 볼 수 없는 해결안의 실마리가 되었기 때문이다.

달버그에서는 다양한 문화권을 넘나들며 일하기 때문에 예상치 못했던 행동 양식을 늘 발견한다. 특히 제약이 많은 환경(5장에서 델리에 거주하는 여성 레누카가 처한 것처럼)에서 흔히 우리의 눈길을 끈 것은 사람들이 제품과 서비스 여러 개를 엮어 사용하는 현상이었다. 유니세프의 혁신사무소와 협업해 자카르타와 나이로비, 멕시코시티 세 개 도시의 사용자와 만나 생활 속에서 건강을 어떻게 관리하는지, 어떤 방법으로 자녀들을 안전하게 학교로 데려가는지 알아보았다. 우리는 나이로비 최대의 빈민가에서 도시락을 팔아 가족의 생계를 잇는 제시카라는 여성을 만났다. 제시카는 유튜브를 이용해 새로운 조

마치며

리법을 찾고, 점점 수가 늘고 있는 동네 고객들에게 왓츠앱WhatsApp 메신저를 통해 점심 메뉴를 보냈다. 독자 여러분도 친구들과 저녁 모임을 계획하기 위해 여러 가지 앱을 넘나드는 등 각자의 생활에서 비슷한 일을 할지 모른다. 각각의 앱이 제 할 일을 완벽하게 해내고 있다고 느낄지 모르지만, 디자이너들은 여기서 각 앱을 단순히 더한 것보다 가치가 커지는 통합된 모습을 꿈꿀 것이다. 평소에 운동을 하는 독자라면 매일 각종 장비와 앱과 강좌를 이리저리 조합하며 지낼지 모른다. 피트니스 기업 펠로톤Peloton은 운동기구와 미디어 스트리밍, 화상으로 지도하는 강사들을 매끄럽게 통합하는 데서 고급스러운 경험을 만들 기회를 포착했다. 각각의 요소는 다른 데서도 쉽게 찾을 수 있지만, 이를 영리하게 묶은 디자인 덕택에 훨씬 더 편리하고 사용자 친화적인 경험이 탄생했다. 이는 사용자들이 기꺼이 지갑을 열고 투자자들이 인정할 만한 가치제안이며, 2018년 기준으로 40억 달러의 가치를 평가받았다.

어떤 사용자들은 매일 임시방편으로 때우는 데 만족하지 않고 한 발짝 더 나아가 주변 환경을 자신에게 맞추거나 개선할 것이다. 대부분의 디자이너는 이런 사용자들 나름의 차선책이나 개선책에 특별히 주의를 기울이는데, 사용자 자신에게는 이른바 요령이 몸에 익어 전혀 의식하지 못하게 되었을 때도 포착할 수 있도록 훈련이 되어 있다. 이런 상황에서는 제인 풀턴 수리가 우리만의 '사소한 시스템little systems'이라고 부르는 개인용 맞춤 해결안을 수없이 관찰하게 된다. 흔한 예로 포스트잇 메모지를 컴퓨터 화면에 붙이거나 TV 셋톱박스나 DVR 기기에 사용법을 붙이는 경우가 있다. 최근에 뉴욕

사용자 친화적인 눈으로 보는 세상

JFK 공항에서 비행기가 연착했을 때, 어떤 출장객이 바퀴 달린 여행 가방을 순식간에 영화관으로 변신시키는 광경을 보았다. 가방 손잡이 부분을 적당히 끌어올려 거기에 아이패드를 완벽한 자세로 받치니 완성이었다. 사람들은 보통 자신의 요령을 들키면 이를 약점처럼 여기거나 능력이 부족하다는 신호라고 생각하고 변명을 늘어놓지만, 사실은 주변 환경을 자기 입맛에 맞게 바꿀 수 있는 수완과 재치가 넘친다는 증거다. 우리가 이 사용자가 고안한 차선책과 심리적 보완책에 관심을 보이면 보통 깜짝 놀라지만, 이런 행동이야말로 새로운 생각이 나올 만한 보물 상자다. 이런 차선책에서 디자이너는 현재 경험에서 줄줄 새고 있는 틈새를 발견하고 이를 채울 수 있는 완전히 새로운 제품이나 서비스를 고안할지도 모른다(5장 192쪽 애플의 단축어 기능, 10장 381쪽 IFTTT 참고). 나이로비의 제시카를 몇백 명 더 발견하면 가정식 식사 배달 서비스를 출시할 기회를 찾을지도 모른다. 실제로 뭄바이에서 올라셰프Holachef 창업자들이 인도의 오랜 다바왈라 dabbawala(도시락 배달원-옮긴이)8 전통을 바탕으로 이런 서비스를 출시했다. 혹은 리그 오브 키친League of Kitchens 창업자들이 뉴욕과 로스앤젤레스에서 개척하고 있듯이, 난민들이 각자의 집에서 독특한 풍습을 살려 식사를 차리고 새로운 수입원을 얻을 기회를 찾을지도 모른다.

5 은유의 사다리를 차곡차곡 타고 올라간다

조지 레이코프가 설명했듯이(5장 참고), 우리는 은유를 통해 자신이 속한 세계를 이해한다. 은유는 디자이너에게 강력한 도구가 된다.

마치며

은유는 어디서든, 심지어 사탕 진열대에서도 영감을 얻어 탄생할 수 있다. 예전 프로그의 동료이자 애플에서 여러 해 동안 운영체제 디자인 부서를 이끈 코델 라츨라프Cordell Ratzlaff의 이야기에 따르면, 스티브 잡스는 언젠가 라이프 세이버Life Savers(알록달록한 색의 고리 모양 사탕-옮긴이) 사탕 한 알을 사용자 경험 디자이너 한 명의 컴퓨터 모니터에 테이프로 붙여 새 운영체제 OS X에서 버튼을 나타낼 은유로 삼았다. 알록달록하고 반짝이는 버튼은 사용자들의 사랑을 듬뿍 받았다. 다만 오늘날의 은유는 표면의 성격을 넘어 이제 제품의 동작 방식에 영향을 주고, 우리가 그 제품과 어떤 방식으로 상호 작용해 나갈지 제시하는 수준이 되었다(5장에서 설명한 '사다리' 참고). 디자이너들은 더 폭넓은 관계를 체계화하고 안내할 만한 은유를 늘 찾아다닌다. 예를 들어 독자 여러분은 디즈니 매직밴드가 팔찌처럼 생겼으니, 장신구의 은유를 따랐다고 생각했을지 모른다. 하지만 물리적인 형태가 비슷했을 뿐, 그것으로 끝이다. 프로그의 디즈니 작업을 이끈 개념은 성경 속 '왕국의 열쇠' 은유이며, 방문객이 각자 원하는 방식 그대로 놀이공원을 즐길 수 있는 (왕족과 같은) 특권을 얻는다는 뜻이었다. 이 은유는 디즈니월드 내 모든 사람과 사물의 특성과 행동을 단적으로 나타내며, 앞으로 사용자의 경험을 한 단계 높은 '마법'의 세계로 이끌 잠재력까지 지닌다.

때에 따라 제품군 안에 강력한 은유가 등장한 후부터는 디자이너의 작업이 훨씬 쉬워지기도 한다. 우리가 소셜 네트워크에서 수신하는 정보의 흐름을 체계적으로 정리할 때, RSS(여러 웹사이트에서 자주 업데이트되는 콘텐츠를 간단한 목록으로 요약·제시하는 표준. RSS 문서를

'피드' 또는 '웹 피드'라고 부른다-옮긴이)에서 수립되고 트위터가 대중화한 피드 은유가 널리 채택된 현상을 떠올리면 된다(5장 169쪽 참고). 스냅Snap(스냅챗의 모기업-옮긴이) 같은 기업에 소속된 디자이너라면 페이스북이나 트위터가 피드를 어떻게 디자인했는지 참고하며 개선 아이디어를 찾을 수도 있다. 그렇다고 스냅챗의 고유한 은유를 버리지는 않을 것이다. 사용성 분야의 대가이자 도널드 노먼과 닐슨 노먼 그룹Nielsen Norman Group을 공동으로 설립한 제이컵 닐슨Jakob Nielsen은 제이컵의 법칙으로 알려진 이 효과를 다음과 같이 설명했다. "사용자들은 대부분의 시간을 다른 웹사이트에서 보낸다. 그렇기 때문에 당신의 웹사이트도 나머지 웹사이트와 똑같이 작동하길 원한다."9

이 효과는 디지털 세계뿐 아니라 어디서나 볼 수 있다. 자동차의 친숙한 형태에는 20세기 초엽 발생해 주요 제조사가 받아들였던 '말 없는 마차' 은유가 지금도 강력하게 작용한다. 4장에서 살펴보았듯이, 우리 생활에서 자동차의 역할이 근본적으로 바뀌고 있다.10 자율주행차를 나타낼 만한 가장 유용한 은유가 무엇일까? 예전에 협업했던 다임러크라이슬러DaimlerChrysler의 임원은 자동차의 미래를 마차가 아닌 사무 공간의 은유로 보았다. 사무실과 휴게실의 결합으로서 단순히 한곳에서 다른 곳으로 최대한 효율적으로 이동하는 것이 아니라 생산성을 높이는 것이 목적인 공간이었다. 디자이너로서 우리는 익숙한 제품이 생소한 것으로 변형될 때 전환 과정을 돕는 역할로 참여하는 경우도 많다. 프로그에 있을 때, 미국 주크박스jukebox(동전을 넣으면 노래를 들려주는 영업용 기계-옮긴이) 시장에서 선두를 달리는 기업의 프로젝트에서 이 역할을 생생히 체험했다. 바에 들어선 손님

마치며

이 좋아하는 음악을 몽땅 주머니에 담아 가지고 들어온다면, 물리적인 주크박스의 의미는 무엇일까? 이 두 가지 기기는 어떻게 소통해야 할까? 이 새로운 경험으로 전환할 때 어떤 은유가 도움이 될까?

다행히 은유는 일반적인 사용자 조사 과정에서 자연스럽게 떠오를 때가 많다. 사람들의 말과 행동에 주의를 기울이기만 하면 된다. 달버그의 디자인팀은 최근에 인도네시아의 모바일 저축 서비스를 구축하기 위해 잠재 고객들을 조사했는데, 주민들이 저축한 금액을 익숙한 단위로 볼 수 있다면 그 가치를 더 쉽게 이해하고 받아들인다는 사실을 알게 되었다. 예를 들면 쌀 몇 킬로그램, 식용유 몇 리터, 이런 단위 말이다. 통신사인 우리 고객이 출시하려는 디지털 저축 계좌에서는 이 측면이 특히 중요했다. 물리적인 돈에 비해 디지털 돈은 손에 잡히거나 와닿지 않기 때문에, 쌀이나 식용유의 은유는 이 서비스를 처음 사용하는 사람에게 신뢰를 주었다. 언뜻 이런 변화를 세련된 소비자 마케팅 기교 정도로 생각할지 모르지만, 이 은유에서 고객의 행동 양식에 대해 더 심오한 진실을 알 수 있다. 가난한 사람이라면 저축해 놓은 재산을 끊임없이 불려야 한다. 그러려면 한 가지 기능으로는 부족하다. 이들 말고도 은행 계좌가 없는 각 개발도상국의 수십억 명에게는 '안전하게 넣어 놓는' 서구식 멘탈모델이 은유로서 전혀 적합하지 않다. 이 사람들이 '자금을 저장하는' 목적을 이해하지 못해서가 아니다. 다만 돈이 일상에서 소 구매나 지참금, 친구의 소규모 사업 지원금으로 활용될 수 있는 데 비해, 저장하는 일은 상대적으로 가치가 떨어질 뿐이다.

사용자 친화적인 눈으로 보는 세상

6 내부 원리를 겉으로 드러낸다

이 책의 제목은 우리 아버지 리처드 패브리칸트를 보고 생각해 냈다. 매우 명석하고 활동적이지만 기술에 대해서는 인내심이라곤 조금도 없는 88세 노인이다. 새로운 기술을 다루다가 잘 안 되어 짜증이 복받칠 때마다 아버지는 내게 늘 똑같은 핀잔을 준다. "난 이 아이폰은 사용자 친화적일 줄 알았다!" '사용자 친화적'이라는 말이 이만큼 매서운 때도 없다. 요즘 아버지는 나와 만날 때마다 당신이 오려둔 〈뉴욕타임스〉 서평이 든 킨들Kindle을 건네주신다. 그중에서 아버지 눈에 든 책을 내가 구입하고 내려받아 읽어드리는 걸 즐겨 들으신다. 책을 찾는 법을 한 단계씩 차근차근 알려드리기를 수없이 반복해도, 멘탈모델이 영 입력되지 않는다. 무엇보다 기기 내 검색과 온라인 서점 검색을 구분하고, 그 사이를 전환하는 것을 이해하지 못하신다. 말로도 정리하기 어려운 영역이다. 언어도 이 앞에서는 금세 무너져 내린다. 우리 부자는 같은 대상을 지칭한다고 생각하지만, 아닐 때가 많다.

멘탈모델은 이제 수면 아래에서 작용한다. 사용자들은 자신이 제품이나 서비스의 작동 원리를 근본적이고 개념적으로 어떻게 이해했는지 설명하기 어렵다. 그것을 정리할 만한 자기 인식 방법이나 언어를 모르는 탓이다. 하지만 일상이 제대로 돌아가려면 무의식적인 멘탈모델에 의지해야 한다. 우리는 각자 자기만의 논리를 세워 대충 더듬더듬 세상을 돌아다니고, 새로운 경험을 만날수록 이 작용이 두드러진다. 그러므로 디자이너들은 사용자들의 멘탈모델 경계선이 어디인지 시험해 보며 마음속의 논리를 드러내는 기법을 개발해 왔

마치며

다. 앞서 설명한 여러 기법과 마찬가지로, 디자이너는 제품이나 서비스에 정답인 멘탈모델이 있다고 가정해서는 안 된다. 사람들은 보통 이해가 잘 안 될 때 스스로를 탓한다. 언제든 사용자의 편을 들어 제품(또는 제품 디자이너)의 결점을 탓해주는 것이 디자이너의 역할이다. 생각보다 어려운 일이다. 특히 그것을 만든 디자이너가 나라면![11]

실제로 우리 모두 헷갈릴 때가 있다. 내 운동 습관 전체가 어쩌다가 앱이 되어버렸더라? 내 원두 분쇄기가 어쩌다가 캡슐로 둔갑했지? 사용자 친화적인 세계에서는 제품이 기능(무엇을 할 수 있는가)보다 경험(독창적이고 디지털로 개선된 상호 작용)에 따라 재정의되기도 한다. 더 나아가 제품의 개념까지 전보다 모호해졌고, 이는 책이든 TV든 자동차든 마찬가지다.[12] 제품이 내게 응답하고, 따라다니고, 더 나은 사용법을 추천하기까지 한다는 것이 무슨 뜻일까? 이런 새로운 시대에는 그때그때 상황에 맞는 새로운 멘탈모델을 만들며, 이때 피드백 순환 고리가 큰 역할을 한다. 디자이너는 이런 각각의 정신 모형을 수면 위로 끌어올려 제품이 사용자의 기대에 부합하며, 사용자의 생활에 자연스럽게 녹아들게 만들어야 한다.

어느 디자인 프로젝트에서든 나는 사용자에게 제품이 어떻게 작동하는지 떠올려서 그려보라고 요청하는 기법을 꾸준히 써왔다. 이런 활동은 텔레비전 리모컨처럼 밀도가 높은 인터페이스에서 특히 효과적이다. 대부분의 사용자는 음량이나 채널 등 기본적인 사항을 기억하지만, 그다음부터는 사용자마다 멘탈모델이 제각각이다. 더 복잡한 과정, 이를테면 DVR 기기에 남은 녹화 저장 용량을 관리하는 방법을 그려본다면 한 가족 안에서도 사용자 사이에 멘탈모델이 다양하게 달라지는 모습을 쉽게 드러낼 수 있다. 〈스펀지밥Sponge-Bob〉을 몇 편이나 저장해 둘까? 늘 최신 영상을 목록에서 가장 상위에 두어야 할까? 〈왕좌의 게임Game of Thrones〉은 또 어떻게 하고? 단, 사용자가 기억만으로 다양한 선택지를 그리고 이름을 붙이게 해야 이 사람이 이해한 모습을 더 깊이 들여다볼 수 있다(사용자 친화적인 세상에는 캡션이 없다는 것을 기억하자). 나는 특히 그림에 포함된 부분만이 아니라 제외된 부분에 주의를 기울이려 노력한다. 그런 다음 사용자에게 단순한 일을 처음부터 끝까지 해내는 과정을 소리 내어 해설해 달라고 한다(디자이너들이 '소리 내어 생각하기think-aloud'라고 부르는 기법). 그 후에 사용자에게 몇 가지 행동을 설명해 달라고 한다. 이미 몸에 익은 일과 혹은 케빈 베이컨이 나오는 영상을 검색해 보는 일처럼 평소에 시도해 보지 않은 일도 요청한다(여러분의 케이블 박스에도 아마 이 기능이 있을 것이다!).

이런 활동을 통해 어떤 제품이 지금처럼 작동하는 원리와 이유에 대한 사용자의 멘탈모델이 어디까지 효과를 발휘하고, 어느 지점에서 한계를 드러내는지 알 수 있다. 이를 통해 각종 맞춤 기능이 자동차(크루즈 컨트롤)든 전자레인지('감자구이' 기능)든 텔레비전 리모컨(화면 속 화면Picture in Picture, PiP 기능)이든 명확한 장점에도 불구하고 왜 거의 사용되지 않는지 이해하게 될 것이다. 이런 기능이 표준화되긴 했지만, 누구에게나 필요한 기능은 아닐 수 있다. 하지만 이 기능으로 가장 큰 혜택을 누릴 만한 사람들도 기존의 멘탈모델에 이 기능을 추가하기 어려워하다가 마지막에는 존재한다는 사실조차 잊을 수 있다. 완전히 사라지는 것이다. 또 우리가 이해한 작동 방식을 누군

마치며

가 크게 바꿀 때 우리가 왜 그토록 완강하게 저항하는지도 이해하게 될 것이다. 예를 들어, 기존 자동차에서 전기차로 전환하는 과정을 생각해 보자. '주행거리 불안', 즉 배터리가 죽어 발이 묶이는 것에 대한 두려움처럼 의도치 않은 감정적 영향이 있을 수 있다. 이 어려움은 여러 디자이너가 계기판 시각화 방법 개선이나 다른 피드백 형태 등으로 해결하기 위해 적극적으로 노력하고 있다.

1958년, 인지심리학자 조지 밀러George Miller는 인지 부하라는 개념을 처음 정리했는데, 단기기억의 범위를 연구하다가 이를 발견했다. 그 결과 보통 사람은 단기기억에 다섯에서 아홉 가지 정보만 저장할 수 있다는 밀러의 법칙이 널리 알려졌다. 용량을 결정짓는 마법의 숫자가 명확한지에 대해서는 논란이 있다. 하지만 대부분의 디자이너들은 직관적으로 이 법칙의 본질을 알아보고, 관계있는 항목끼리 '묶어' 인지 부하를 줄이고 멘탈모델의 일관성을 강화하려 한다. 아마 독자 여러분은 이런 디자인 전략이 생활 속 다른 경악스러운 제품에도 일관되게 적용되기를 바랄지 모른다. 이를테면 이상한 이름과 모양과 색 버튼이 어지럽게 붙어 있는 리모컨에도 적용되면 얼마나 좋겠는가. 적어도 나는 그러기를 빈다.

7   범위를 확대한다

이 책에서 강조하는 원칙 중에 사용자 친화적인 제품은 시간이 지날수록 사용자와 돈독한 관계를 쌓아가야 한다는 생각이 있다. 디자이너들은 자동차를 소유하거나 온라인상에서 가족사진을 관리하는 일처럼 수년 혹은 수십 년 동안 이어질지 모르는 제품의 여정에서 만족스러운 경험을 어떻게 예측하고 사전에 계획하는가? 현재 주어진 디자인 업무를 이 정도로 확장하는 일은 변수가 너무 많아서 매우 어렵게 느껴질 수 있다. 단 몇 시간 동안의 제품 여정이라 해도 사용자들은 다양한 목적과 욕구 사이에서 외줄을 타느라 종종 주의가 산만해진다. 기업들은 이처럼 매우 기본적인 사실을 놓치고 사용자들이 한 번에 한 가지 일에 집중하고 있다고 치부해 버린다. 그렇기 때문에 사용자 친화적인 디자인이 사용자를 위해 단기적으로뿐 아니라 장기적으로도 흩어진 점들을 연결해야 한다. 어떤 경험이든 연결되지 않거나 해결되지 않은 요소는 브랜드나 서비스 공급자에 대한 신뢰를 떨어뜨릴 수 있다. 고객센터에 전화를 걸었을 때, 이미 계정 번호를 눌렀는데 통화 연결된 직원이 왜 번호를 또 물어보는 거지? 이런 현상은 디자인 프로세스의 특징만이 아니고 인지심리학에도 깊이 연결되어 있다. 1920년대에 소비에트연방의 정신과 의사 블루마 자이가르닉Bluma Zeigarnik은 실험을 통해 미해결 과제가 잘 해결된 과제보다 기억하기 쉽다는 사실을 밝혔다. 이 발견은 자이가르닉 효과로 알려졌다.

사용자 경험은 한 순간이나 한 번의 상호 작용이 아닌 전체 여정에 걸쳐 일어나야 한다.[13] 온라인상에서 호텔을 예약할 때부터 호텔방 베개에 머리를 댈 때까지, 그리고 며칠 후 체크아웃을 할 때까지 벌어지는 일을 모두 상상해 보자. 각 단계는 꽃목걸이처럼 여러 개의 피드백 순환 고리를 통해 상호 연결되어 우리를 다음 단계로 인도하면서도, 줄곧 우리에게 쉽고 편안하고 안정된 느낌을 주어야 한다. 소비자 중심 기업으로 가장 성공했다고 알려진 메리어트Marriott와 디

마치며

즈니마저도 전체 여정의 모든 단계에서 한 발 뒤로 물러서서 고객 관점에서 객관적으로 보기는 어려워할 수 있다. 이 기업들의 조직 구조역시 마케팅, 제품 운영, 고객 지원 등 단절된 기능별 조직인 데다 고객 접점 역시 소매, 디지털 등 비슷한 상황이기 때문이다. 일반적인 사용자가 어렵사리 거쳐야 하는 여러 단계를 모두 상세히 지도로 그려 놓으면 언제나 무릎을 탁 치는 놀라운 경험이 된다. 이런 약점들은 사용자 친화적인 경험을 효과적으로 구현하는 데 걸림돌이 될 수 있다. 이 책에서 존 패짓의 목소리(8장 참고)가 강하게 울리는 이유다. 언뜻 단순한 메달리온이나 팔찌 하나로 여러 가지 다른 약점을 보완할 수 있다고 믿고 싶을 수 있다. 하지만 그렇게 쉽게 해결되는 예는 거의 없다. 패짓의 이야기로 알 수 있듯이, 각 단계마다 의사 결정을 내리는 조직이 다르기 때문이다.

413

디자이너들이 특히 중요하게 생각하는 부분은 사용자의 여정이 실제로 시작하고 끝나는 지점이다. 이 부분이 잘 보이지 않을 때도 많다. 디자인을 의뢰한 고객은 소비자가 상점에 들어서는 순간이나 앱을 여는 순간에 모든 것이 시작된다고 간주할지 모르지만, 실제로는 직접 접점이 발생하기 훨씬 전부터 사전 경험이나 다른 요소가 전체 사용자 경험을 형성하고 있다. 이처럼 아무도 돌보지 않는 제품과의 직접 접점의 사전, 사이, 사후의 지점이 흔히 최고의 디자인 기회일 때가 있다. 피드백으로 이 부분의 경험을 강화함으로써 예상치 못한 기쁨을 주는 방식으로 전체 여정을 매끄럽게 이어줄 수 있기 때문이다. 어떤 때는 사용자 여정이 몇 년 또는 평생 이어지기도 한다. 나는 전 세계의 의료 및 보건 영역 디자인을 많이 한다. 이 분야에서는 갓 태어난 아기나 청소년에 불과한 아기 엄마의 전체 의료 여정에서 개선점을 추적하는 데 관심이 모이고 있다. 이것은 어떤 모습을 띠어야 할까?

카니발 크루즈 이야기에서 단서를 찾을 수 있다. 다만 훨씬 긴 기간에 걸쳐 개인의 고유한 생활 리듬과 생애 주기에 맞춰 디자인한다는 측면에서만 다를 뿐이다. 최근에는 쿠시 베이비Khushi Baby라는 조직을 도와준 적이 있다. 쿠시 베이비는 아기의 고유 식별 기호와 어린 시절의 의료 기록을 누적 저장하는 장치를 아기가 항상 착용할 수 있는 저가의 작은 장신구로 개발했다. 이 제품은 현재 인도 우다이푸르 지역 70여 개 마을을 대상으로 무작위 대조시험 단계를 거치는 중이다. 이 제품의 반응이 좋은 이유는 기술 혁신 때문이 아니다. 이 제품에는 전부 간단한 기술만 적용되었다. 그보다는 아기 엄마들이 공감할 수 있는 독창적인 디자인 때문이다. 디자인 과정은 가장 먼저 각 마을에서 수백 명의 아기 엄마와 만나고, 아이들이 병을 물리쳐준다는 장신구를 검은 끈에 달아 걸고 다니는 모습을 관찰하면서 시작되었다. 이런 문화적 의미가 잘 맞은 덕분에 이 목걸이는 오래도록 착용할 수 있는 지속 가능성을 확보하게 되었다. 가족 안에서 위 세대가 아래 세대에게 넘겨줄 수 있는 고유의 의식이자 습관을 형성할 수 있는 것이다. 이런 문화적인 깨달음을 어떻게 확장해 엄마와 아이의 의료 여정에 접목할 것인가? 개인과 가정 고유의 문화에 기반을 두고 습관을 형성하는 디자인은 달버그에서 하는 일의 최전선이자 포괄적인 사회문제를 해결하고자 노력하는 디자이너들의 장기적인 목표다.

마치며

8 형태는 감성을 따른다

사용자 만족도가 기능적 혜택보다 감성적 혜택에 얼마나 많이 좌우되는지에 디자이너들이 놀랄 때가 있다. 하지만 사용자와 감성적 연결 고리가 적중하면 열악한 피드백부터 난해한 멘탈모델까지 앞서 설명한 어려움을 많이 극복할 수 있다(감성적인 아름다움과 사용용이성 인식의 상관관계는 1995년 히타치 디자인 센터에서 처음 발표했으며, 250여 명을 대상으로 다양한 은행 자동화 기기 사용자 인터페이스를 실험했다).[14] 디자이너로서 우리의 사명은 사용자들이 아무 일 없이 생활을 이어 나가도록 작동을 원활하게 해주는 것이 아니다. 우리의 사명은 사용자들에게 기쁨과 의외의 발견을 선사하고, 그들과 시간이 흐를수록 의미가 깊어지는 관계를 맺는 것이다. 스타벅스 같은 회사들이 매일 아침 짧다면 짧은 인상을 위해 미적인 경험과 감성적인 경험을 세심하게 다듬는 데 들이는 노력을 생각해 보자. 완벽하게 맛있는 카푸치노 한 잔의 감성적인 보상은 제법 명확하다. 하지만 소득세 신고 과정처럼 일 년에 딱 한 번 하고 가능하면 완전히 피하고 싶은 일은 어떤가?

인튜이트Intuit의 최고경영자 브래드 스미스Brad Smith는 감성적인 디자인의 열렬한 지지자가 되었다. 이 회사가 세금 기록 소프트웨어로 가장 잘 알려져 있으니 의외일 수 있다. 인튜이트는 조사 과정에 사용자 친화적인 방식을 도입함으로써 사용자들이 자사 제품을 어떻게 인식하는지에 영향을 미치는 감정 층이 여러 단계 있다는 것을 발견했다. "소비자들은 소득세 신고 준비 과정에서 소프트웨어 사용에 60억 시간을 할애합니다. 그 시간을 줄여주기 위해 할 수 있는 일은 모두 좋은 선물이 되겠죠. 소득세 신고 과정의 마지막 단계에는 대부분의 납세자들이 환급을 받습니다. 그리고 그중 70퍼센트에게는 이 환급금이 그해 받는 가장 거액의 수표입니다. 이런 맥락에서 우리는 소프트웨어의 순수 기능에 상대적으로 신경을 덜 쓰고, 고되고 지루한 일이 줄어들고 환급금이라는 횡재를 향해 속도가 높아질 때의 감정적 이득에 대해 더 깊이 생각하기 시작했지요." 스미스가 제시한 방향성에 따라 인튜이트 제품 개발팀은 수만 시간을 "고객들이 실제로 제품을 사용하는 모습을 옆에서 보는 데" 들였다. 스미스는 이렇게 말했다. "고객 옆에서 관찰할 때, 고객이 좋아한 요소에는 관찰 기록에 웃는 얼굴을 그려 넣고 곤란한 문제에 부딪혔을 때는 슬픈 얼굴을 그려 넣었습니다. 피드백 과정을 단순화하려고 디자인을 사용한 사례죠. 우리는 엔지니어와 제품 담당자와 디자이너에게 기능만으로는 이제 충분치 않다고 거듭 강조했어요. 이제는 제품에 감성을 넣어야 합니다."[15]

나는 우리 디자이너들에게 제품 여정에도 연애 과정처럼 오르내리는 감정선이 있다고 생각하길 주문할 때도 있다. 우리 팀은 사용자들에게 더 이상 맞지 않는 제품이나 서비스에 이별의 편지를 써달라고 요청하기도 한다. 이런 이별 편지를 보면 사용자 친화적인 디자인이 사용성을 넘어선 훨씬 큰 의미라는 것을 깨닫는다.

프로그의 설립자이자 나의 전 상사인 하트무트 에스링어Hartmut Esslinger는 제품 디자이너 가운데 최초로 감성의 강력한 힘을 인정하고 긍정적인 사용자 경험을 이끄는 데 적극적으로 활용한 사람이다.[16] 그의 좌우명인 '형태는 감성을 따른다'는 지금도 프로그 디자인

팀들이 작업의 기준으로 삼는다.17 도널드 노먼도 늘 디자인의 과학적인 면을 강조했지만, 서서히 이런 사고방식에 공감하며 이 주제에 관해 책까지 집필해 2003년 《감성 디자인Emotional Design》이라는 제목으로 출간했다. 하지만 이런 사고방식을 적극적으로 받아들인 기업은 드물다. 그 때문에 금융 서비스 소프트웨어 기업의 가장 앞서가는 모습이 더욱 놀랍기도 하다. 애플처럼 사용자들에게 깊은 감정을 끌어내는 제품을 만들 줄 아는 기업마저 가끔 실수를 하는 것도 비슷하게 놀랍다. 애플이 이모티콘의 힘을 인정하고 iOS 운영체제에 직접 반영하기까지 얼마나 오래 걸렸는지 생각해 보면 된다. 우리 딸 이비가 열세 살일 때 첫 아이폰을 사준 날을 지금도 기억한다. 제품을 집에 가져와 설치를 마치자마자 이비는 곧바로 가장 친한 친구 이솔라에게 문자를 보내기 시작했다. 그런데 메시지를 치기 시작했을 때 이모티콘은 하나도 쓸 수 없었다. 아직 특수 키보드는 설치하지 않은 상태였기 때문이다. 딸은 풀이 죽어 나를 바라보며 말했다. "아빠, 이건 내가 원한 휴대전화가 아니에요!" 딸에게는 제품의 인상을 결정짓는 중요한 순간이 대실패로 끝났던 것이다.

디자이너의 결정적 순간

사용자 친화성도 이제 디자인 세계에서 관행화되고 미국 기업 내에서 제도화되었지만, 여러분이 내 조언을 따른다고 해서 대단한 제품을 만들 거라는 보장은 없다. 내가 조금 전까지 설명한 접근 방식은 여러모로 사용자 친화적인 디자인 세계의 진입로일 뿐이다. 가장 중요하고 고된 작업은 세부적인 디자인으로, 조화롭게 완성될 때까지 시제품으로, 시험으로, 다시 시제품으로 끝없이 반복하는 과정이다.

결정적인 순간은 생각보다 빨리 온다. 디자인 결과물을 아무 지시도 설명도 없이 누군가의 앞에 놓았을 때다. 대부분의 디자이너는 이때 첫 사용자가 어떻게 할지 기다리는 순간이 오면 시간이 느리게 멈추는 것 같다고 말할 것이다. 이 디자인을 어떻게 대할 것인가? 내가 이렇게 심혈을 기울여 만든 디자인 요소에 어떻게 반응할 것인가? 내게는 늘 첫 사용자가 반응하기 전 몇 초 동안에 이 디자인이 가장 객관적으로 보인다. 어쩌면 공감 능력이 발휘되는 것인지도 모른다. 사용자의 눈을 빌려 작업 결과를 보는 첫 순간은 대단히 귀중하다. 최선을 다했는데도 웬일인지 드러나지 않던 미세한 문제들을 수없이 마주하게 된다. 가끔은 시간을 멈춰 시제품을 작업실로 도로 가져가 딱 몇 부분만 고쳐 올 수 있기를 바랄 때도 있다. 금방 디자인을 다듬을 수 있고, 또 다듬게 되기를…. 반복하고 또 반복해서. 디자이너와 사용자 사이의 피드백 순환은 사용자 친화적인 세계의 팔딱팔딱 뛰는 심장이다.[18]

사용자 앞에 뭔가를 놓을 때마다 각기 다른 부분이 눈에 띌 것이다. 프로그 시절 우리는 대형 소비재 기업의 의뢰를 받고 피부 미세 박피 기기를 디자인하는 중이었다. 공학적으로는 간단한 제품이라 우리는 다양한 형상과 미세하게 다른 조작부 배치를 시험해 볼 수 있었다. 사용자 조사를 여러 번 하는 동안 탁자에 십여 가지의 시제품을 놓고 젊은 여성 소비자들이 어떤 디자인을 가장 먼저 집어 드는지, 어느 디자인을 가장 오래 들고 있는지 주의 깊게 관찰했다. 처음

마치며

에는 참가자들이 선호하는 디자인에 특별한 규칙성이 없어 보였다. 하지만 똑같이 젊은 여성이었던 우리 팀 연구 담당자는 이 참가자들이 각 모형을 집어 들 때마다 흔히 매끈하게 다듬어진 자기 손을 바라본다는 사실을 알아차렸다. 참가자들은 손을 돋보이게 하는, 즉 손이 더 우아해 보이는 제품에 매력을 느꼈던 것이다.[19] 이 통찰을 통해 우리 산업디자인팀은 제품의 모양과 표면 질감을 조금씩 개선해고 완성해 나가는 과정을 쉽게 이어갈 수 있었다.[20] 젊은 여성들이 디자인에 보인 긍정적인 반응 덕분에 우리 고객은 자신감을 얻어 처음과 다른 소비자층을 겨냥한 전략을 수립했고, 결과적으로 제품을 시장에 출시했을 때 크게 성공했다.[21]

❋

　　이와 같은 통찰은 사후에 되돌아보면 명확해 보이고, 어떤 때는 뻔해 보이기까지 한다. 하지만 한창 헤매는 중일 때는 전혀 그렇게 느껴지지 않는다. 디자인 과정은 길고 긴 시간 동안 답이 보이지 않을 때도 있다. 디자인팀이 좌절하고 사기가 떨어질 때도 많다. 따라서 흩어져 있거나 흐릿하던 조각들이 마침내 제자리를 조금씩 찾아가기 시작하면 말도 못 하게 만족스럽다. 특히 현재 내 작업의 핵심을 이루는 사회문제에 도전할 때는 더욱더 보람 있다.

　　때로는 실질적인 진전이 보일 때까지 수년씩 걸릴 수도 있다. 나는 2008년에 한 디자인 팀과 남아프리카공화국의 비영리단체 한 곳과 협업해 누구든(특히 다른 사람의 눈이 두려워 성 건강 진료소를 찾지 않을 만한 젊은 사람이라면) HIV를 혼자 비밀리에 자가 진단할 수 있는 셀프서비스 경험을 만드는 작업을 시작했다. 4년 후, 나는 콰줄루나탈주의 작은 도시이자 세계에서 가장 높은 HIV 감염률이 눈에 띄는 에덴데일의 대형 공공 병원의 사무실에 앉아 있었다. 옆방에서는 긴장한 기색의 젊은 여성이 HIV 자가 진단 키트가 든 포장을 열었다. 우리는 이 키트를 세심하게 디자인했고, 휴대전화로 전문 HIV 상담사와 연결해 주는 서비스와 묶어 제공했다. 두 가지를 결합하여 가정용 임신 진단처럼 간단하게 결과를 제공하려는 것이었다. 우리는 직전까지 이틀 밤을 꼬박 새우며 진단 키트가 어떻게 접혀야 하는지를 놓고, 그리고 키트 포장 안쪽에 인쇄된 설명에 진단에 필요한 사용자의 혈액량 세 방울(두 방울이 아닌)을 정확히 표시할 방법을 놓고 수십

번씩 미세한 조정을 했다.

젊은 여성은 포장을 열어 줄루어로 된 설명을 천천히 읽었다. 그러더니 어느 지점에서 휴대전화를 들고 원격 지원을 고려했다가, 다시 받지 않기로 결정하고 혼자 진단을 제대로 끝냈다. 음성이라는 결과를 제대로 확인했다. 우리는 안도의 한숨을 크게 내쉬었고, 그 후 후속 검사를 더 해보니 이 자가 진단이 병원에서 전문 HIV 상담사가 진단한 결과만큼 정확해져 있었다. 그 후 몇 달 동안 이 성공적인 결과를 수백 번씩 재현할 수 있었고, 그러면서 전체 경험을 더 쉽고 정확하게 이끌어 갈 수 있도록 수없이 디자인을 개선했다. 천천히 고생하며 공들여 개선한 결과, 100번 중 64번을 실패하던 끔찍한 검사 경험은 어느덧 임상 실험에서 98퍼센트의 정확도를 내세우게 되었다.[22] 온라인 매체 〈사용자 경험 52주52 Weeks of UX〉의 공동 설립자 조슈아

마치며

포터Joshua Porter가 즐겨 말하듯이, "지금 눈에 보이는 행동은 우리가 디자인으로 만든 행동이다." 이 동네에서 자가 진단 시험을 다시 진행했을 때는 젊은이들이 참가하려고 밖에 줄까지 서 있었다.

　　이 젊은 여성의 이야기를 하는 이유는 독자 여러분이 사용자 친화적인 디자인이 쉽다는 오판을 하지 않기를 바라기 때문이다. 절대 쉽지 않다. 디자인 업계에서는 이토록 복잡다단한 디자인 프로세스를 스탠퍼드 디스쿨 같은 곳에서 전 세계 경영학도와 공학도에게 수학 공식처럼 똑 떨어지는 문제 해결 접근법으로 가르친다는 사실에 많은 이들이 좌절감을 느낀다. 그렇게 느끼는 것도 무리가 아니다. 하지만 디자인을 일종의 연금술처럼, 주변 세계와 여러분 같은 사용자에게 드러나지 않는 블랙박스처럼 다뤄서도 안 된다. 사용자 친화적인 디자인의 바탕을 이루는 믿음 체계와 전제들은 다양한 사람이 꼼꼼히 뜯어보고 물어볼 수 있도록 밝은 대낮에 환히 드러나야 한다. 특히 현재 디자인이 다루는 문제의 규모나 보편성을 생각했을 때 까딱 잘못하면 대대적인 규모로 의도하지 않은 결과를 초래할 수도 있기 때문이다. 궁극적으로는 여러분, 즉 사용자가 여기에 소개된 원리를 기준으로 우리 디자이너들에게 책임을 물어야 한다. 그러지 않고서야 디자이너들이 어떻게 이 책에서 드러난 넓은 범위의 사용자 경험과 씨름해 우리 모두와 전체 사회에 도움이 되게 만들겠는가?

사용자 친화적인 눈으로 보는 세상

'사용자 친화성' 발전사

요즘은 매일 새로운 기술이 나타나 마치 우리 일상을 더 쉽고 편안하고 편리하게 해줄 것처럼 행세하며 우리를 약 올리곤 한다. 하지만 그중 어떤 제품은 성공하고, 다른 제품은 실패하는 원인은 무엇일까? 단서는 역사에서 얻을 수 있다. 컴퓨터와 디지털 기술이 출현하기 한참 전부터 지금까지, 수 세기 동안 이어지고 있는 제품의 연표라는 큰 맥락에서 본다면 도움이 될 것이다. 고대 그리스 시대에 큰 성공을 거뒀던 제품에도 사용자 친화적인 디자인의 핵심 원리가 있다. 다음은 이정표가 될 만한 디자인이나 사건의 일부 목록이다.

1716년: 루이 15세 팔걸이의자

루이 15세는 베르사유 궁전에 있던 수직적이고 뻣뻣한 왕좌를 버리고 편안한 라운지 의자를 선택함으로써 권위의 개념을 근본적으로 바꿨다. 편안함이야말로 가장 큰 권력이자 특권이라는 자신감의 표현이다.

1874년: 쿼티 타자기 자판, 크리스토퍼 레이섬 숄스

쿼티QWERTY 자판 배열은 타자 치는 속도를 줄여 기계 고장을 피하기 위해 1870년대 초반 크리스토퍼 레이섬 숄스Christopher Latham Sholes가 고안했고, 레밍턴 앤드 선스 기업E. Remington and Sons이 대중화했다. 창업자 레밍턴은 설계안을 독점하지 않기로 했고, 그 결과 이 자판 배열은 업계 표준이 되어 오늘날까지 불멸의 존재로 남아 있다.

1894년: '메이크시프트', 윌리엄 모리스

윌리엄 모리스William Morris는 산업혁명 초기에 유럽 시장을 잠식한 값싼 공장 생산 제품의 낮은 품질과 사용성을 꼬집기 위해 '메이크시프트makeshift(적당히 대충대충–옮긴이)'라는 말을 처음 사용했다.

423

1898년: 자동차 운전대, 찰스 롤스

자동차 생산 초기에 제조업자들이 자동차를 어떻게 조종할지에 대해 다양한 장치를 실험한 뒤, 선박 조종의 은유가 몇몇 제조업자 사이에 자리 잡기 시작했다. 이 디자인을 최초로 대량생산한 사람은 롤스로이스의 찰스 롤스Charles Rolls였다.

1900년: 코닥 브라우니 카메라, 이스트먼 코닥과 월터 도윈 티그

이스트먼 코닥Eastman Kodak사는 '버튼만 누르세요. 나머지는 알아서 해드립니다'라는 문구로 쉬운 사용성을 내세우며 카메라를 판매했다. 이를 위해 창업자 조지 이스트먼George Eastman은 전체 공급망을 필름 현상 중심으로 재정비했다. 그 결과 당시 전문가의 취미 생활이었던 사진이 (초기 개인용 컴퓨터처럼) 진정한 소비자 기술로 거듭났다.

1907년: AEG 가전제품, 페터 베렌스

20세기 초에 기술이 일반 가정으로 처음 들어올 때는 전기주전자 등 편리하고 시간을 절약해 주는 전기 제품이 주를 이루었다. 많은 이들이 최초의 현대적 산업디자이너라고 평가하는 페터 베렌스는 디자인의 힘을 알아본 사람이었다. 디자인으로 이런 전기 제품을 아름답고 사용하기 쉽게, 기쁨을 주고 시대를 대표할 만하게 만들 수 있다고 생각했고, 훗날 현대 산업의 미래를 낙관하는 바우하우스의 설립 철학에 기여했다.

1909년: 셀프리지 백화점, 해리 고든 셀프리지

셀프리지는 백화점 중 최초로 제품을 계산대 아래에서 꺼내 개방된 선반에 진열했다. 고객들은 직원의 도움을 요청하지 않고도 제품을 직접 만져보고 고를 수 있게 되었다.

1911년: 과학적 관리법의 원리, 프레더릭 윈슬로 테일러

테일러가 공장 근로자들의 효율성을 빈틈없이 조사해 발표하자, 노동의 낭비를 줄이고 생산성을 극대화하기 위한 인간공학과 사용성에 관한 관심이 높아졌다. 테일러가 개발한 시간 절약 방안은 행동을 최적화함으로써 기계의 성능에 맞추고 인적 오류를 최소화할 수 있다는 생각에 바탕을 두었다.

1915년: 포드 생산 라인, 헨리 포드

포드 생산 라인은 테일러의 과학적 관리법을 가장 완벽하게 적용한 사례였다. 포드는 소비자의 취향이나 맞춤 기능을 모두 배제하고 모델 T를 단일 형태로 최대한 값싸게 제조하도록 생산 라인을 최적화했다. 그 결과 처음에 825달러였던 자동차 한 대 가격을 1924년에는 260달러로 낮췄다.

1920년대: 가정학, 크리스틴 프레더릭

가정학은 여성이 자기 발전을 추구할 수 있도록 여가 시간을 확보해주기 위해 탄생한 학문이다. 가정학은 집 안에서의 효율을 추구하면서 세탁기 등 여러 가지 가전제품 발달의 기틀을 마련했다. 가전제품 산업의 성장 덕택에 베렌스, 드레이퍼스, 로위 외에 여러 초기 산업디자이너들이 꾸준히 일할 만큼 일감이 풍부해졌다.

1921년: 현대적인 에스노그래피, 프랜츠 보애스

인류학자 프랜츠 보애스Franz Boas는 1920년대에 태평양 해안 북서부에 거주하는 아메리카 원주민을 연구하다가 사람들의 일상생활을 관찰하는 방법을 상세히 정리했다. 보애스가 개발한 관찰법은 앨폰스 샤페이니스, 헨리 드레이퍼스, 제인 풀턴 수리, 도널드 노먼, 잰 칩체이스 등이 활용한 현대적 에스노그래피 기법의 기초가 되었다.

1925년: '새로운 정신', 르코르뷔지에

르코르뷔지에는 장식적인 요소를 벗겨내고 단순화된 대량 생산품으로 '살기 위한 기계'를 채우는 현대적인 미감을 소개했다. 혁신적인 성격의 만국박람회 전시에 르코르뷔지에는 미감과 공학의 교차점에서 아름다움을 찾을 수 있다는 바우하우스의 철학을 담았다.

1927년: 모델 A, 헨리 포드

헨리 포드는 모델 T를 다양하게 변형하자는 의견에 오랫동안 반대했지만, 제너럴모터스를 비롯한 다른 제조사들과 경쟁이 치열해지자 모델 A를 출시할 수밖에 없었다. 포드 자동차로서는 처음으로 다양한 색상과 부가 기능을 제공하는 모델이었다.

1927년: 〈메트로폴리스〉 기계인간Maschinenmensch 로봇, 프리츠 랑·발터 슐츠미텐도르프

프리츠 랑 감독은 기술이 미래 사회에 미치는 영향을 암울한 미래상으로 제시했으며, 이 미래상을 더 발전한 세계를 대표하는 사절 역할의 여성 로봇으로 표현했다. 로봇은 조각가 발터 슐츠미텐도르프 Walter Schulze-Mittendorff가 형상화했다.

1930년: RKO 극장, 아이오와주 수시티, 헨리 드레이퍼스

수시티에 새로 열었지만 전혀 인기를 끌지 못한 RKO 극장에서 헨리 드레이퍼스는 사흘간 고객 행동을 관찰했다. 동네 농부와 노동자들이 더러운 작업용 장화를 신고 감히 고급 카펫이 깔린 극장 로비에 들어갈 엄두를 내지 못한 사정을 알게 된 드레이퍼스는 카펫 위에 값싼 고무 깔개를 몇 장 덮어 문제를 말끔히 해결했다. 기술로 무장한 신제품일수록 사회 관습을 따라야 시장에서 자리 잡는다는 사실을 처음 알린 사건이었다.

1930년: 스키너 상자, 벌허스 프레더릭 스키너

스키너 상자는 동물이 실험자의 의도대로 입력을 받고 반응하는 과정만 분리함으로써 피드백 순환 고리가 어떻게 행동을 유도할 수 있는지 밝혔다. 스키너가 추구하던 환원주의적 사고방식은 점차 외면당했지만, 피드백과 보상이 인간의 뇌에 미치는 영향에 관한 중요 연구들이 여기서 파생했다.

1933년: 시어스 토퍼레이터 세탁기, 헨리 드레이퍼스

토퍼레이터 세탁기는 드레이퍼스가 큰 성공을 거둔 첫 제품 디자인으로, 깔끔한 아르데코식 외관에 청소하기 어려운 이음새는 모두 제거했다. 사용자의 실제 생활 방식을 알아본 선구적 디자인으로서, 그 후에도 의료 기기 등 곳곳에서 널리 적용되었다. 또 하나는 사용자의 심리를 고려한 요소로, 사용자가 모든 기능을 손쉽게 이해하도록 조작부를 모두 한곳에 모았다. 제품 이름 토퍼레이터는 여기서 착안했다. 이런 구성 방식은 오늘날 앱과 전자 기기 사용자 인터페이스 디자인의 바탕을 이루게 되었다.

1936~1945년: B-17 플라잉 포트리스 전투기의 날개 플랩 조작부, 앨폰스 샤페이니스

앨폰스 샤페이니스는 제2차 세계대전 중 발생한 조종사 과실 사고의 원인을 깊이 조사한 후, 조사 결과를 바탕으로 조종사가 손의 감각만으로 구분할 수 있도록 형태별로 구별한 조작 장치를 발표했다. 샤페이니스의 체계는 오늘날에도 전 세계 항공기에 사용된다.

1947년: 폴라로이드 즉석카메라, 에드윈 랜드와 윌리엄 도윈 티그

코닥이 사진 산업을 지배하던 시절, 폴라로이드는 필름을 현상하는 복잡한 과정을 모두 사용자 친화적인 형식으로 통합하여 고객들이 즉각적인 만족감을 느낄 수 있도록 함으로써 산업을 완전히 뒤집었다. 인스타그램의 최초 로고가 폴라로이드의 원스텝OneStep 모델이었다.

1950년: 《인간의 인간적 활용The Human Use of Human Beings》, 노버트 위너

사이버네틱스 분야는 기계가 인간의 반응성을 거의 정확하게 모방하는 방법을 정리하며 시작했고, 현대 컴퓨터공학에 영향을 주었다. 창시자 노버트 위너는 (컴퓨터 등) 제어 시스템에서 피드백의 역할과 (놀이공원 등) 사회 시스템에서 피드백의 역할이 비슷하다고 주장하며 사이버네틱스의 사회적 의미를 널리 알렸다.

1950년대: 디즈니랜드, 월트 디즈니

월트 디즈니는 상상을 현실로 만들고자 실제와 똑같이 세밀하게 디자인한 첫 테마파크를 열었다. 오늘날에는 대수롭지 않게 여겨지지만, 이때 디즈니랜드의 영향으로 처음부터 끝까지 일관된 경험을 전달하는 디자인이 시작되었다고 할 수 있다.

1953년: 하니웰 원형 온도조절기, 헨리 드레이퍼스

드레이퍼스의 가장 큰 성공작이자 시대를 대표한 디자인이다. 형상과 상호 작용 방식을 하나로 조화롭게 합쳐 쉽게 조작할 수 있게 만들었다. 이 디자인에 착안하여 후에 네스트 스마트 온도조절기가 탄생했다.

1954년: 피츠의 법칙Fitts's Law, 폴 피츠

피츠는 자신의 이름을 딴 이 법칙으로 버튼 크기와 사용하기 쉬운 정도 사이의 관계를 정리했다. 피츠는 다학제적 성격의 인간과 컴퓨터의 상호 작용 분야를 창시한 인물 중 한 명이다.

1956년: 밀러의 법칙, 조지 밀러

인지심리학자 조지 밀러는 인지 부하라는 개념을 처음 정리한 사람 중 하나로, 단기기억의 범위를 연구하다가 이를 발견했다. 연구 결과는 밀러의 법칙으로 정리되어 디자이너들이 복잡성을 줄이고 제품에 기능을 많이 욱여넣으려는 압력에 반대할 때 널리 활용되었다.

1959년: 프린세스 전화기, 헨리 드레이퍼스

드레이퍼스는 어린 소녀들이 둔중한 AT&T 전화기를 들고 침대에 숨어들어 가는 모습을 보고 프린세스 전화기를 인체에 맞게 디자인

했다. 여러 색상으로 출시했고, 통신기기를 사회적 맥락에 맞춰 만든
다는, 당시로서는 획기적인 생각을 담았다.

1960년: 《인간의 측정》, 헨리 드레이퍼스와 앨빈 틸리

조와 조지핀이라는 평균적인 남성과 여성의 신체 비례를 최초로 체
계적으로 정리한 책으로서, 제품 디자인의 길잡이가 되었다. 훗날 이
를 이어 미국 항공우주국이 《인체 측정학 자료집Anthropometric Source
Book》을 출간했고, 이는 제품 디자이너들의 가장 기본적인 참고 자료
가 되었다.

1960년대: 대화 로봇 엘라이자, 요제프 바이젠바움

MIT에서 개발된 엘라이자ELIZA는 최초의 챗봇이다. 심리치료사의
역할을 대신하는 프로그램으로 개발되었으며, 사용자가 입력한 말
을 단순히 되받아 질문했다. 상담에 참여한 사람들이 엘라이자와 몇
시간이고 대화를 이어가는 모습에 발명자 요제프 바이젠바움Joseph
Weizenbaum은 깜짝 놀랐다. 사람들이 기계와 소통할 때도 선뜻 마음
을 내준다는 걸 알게 된 것이다.

1968년: '데모의 지존'에서 소개한 하이퍼텍스트·커서·마우스·인
터넷, 더글러스 엥겔바트

개인용 컴퓨터의 근간이 될 핵심 디자인 개념들을 실시간 데모로 소
개했다. 더글러스 엥겔바트는 스탠퍼드 연구소 소속 당시 이 데모를
개발했고, 연구소는 나중에 애플에 약 4만 달러에 마우스 특허 사용

권을 빌려주었다.

1970년대: 좋은 디자인의 10가지 원리, 디터 람스

브라운의 최고 디자인 책임자로 34년을 근무한 디터 람스는 (장식의 반대 개념으로서) 단순함이야말로 사용자 친화적인 디자인의 핵심 가치라고 믿었고, 이 믿음을 바탕으로 소비자 가전 분야에서 시대를 대표하는 디자인을 많이 만들었다. 디터 람스는 1970년대에 자신의 디자인 철학을 10가지 원리로 정리했고, 오늘날 수많은 디자이너가 이 원리를 신성한 교리처럼 지킨다. 애플에서는 조니 아이브가 디자인을 이끌던 시절 디터 람스의 대표 디자인을 본뜬 제품이 적지 않다. 세 가지만 꼽자면 첫 아이팟은 브라운 T3 라디오를, 첫 아이폰 계산기 앱은 브라운 ET44 계산기를, G5 맥프로는 브라운 T1000 라디오를 원형으로 삼았다.

431

1972년: '사용자 친화성', 할런 크라우더

기록상 '사용자 친화성'이라는 용어가 소프트웨어 설계에 처음 적용된 사례는 크라우더가 IBM에서 운영 연구 업무 시절 작성한 어느 프로그래밍 백서에서였다. 하지만 사용자 친화적인 디자인이 조금 더 일반화된 개념으로 알려진 것은 12년 후 애플이 매킨토시 컴퓨터를 처음 소개했을 때였다. 애플은 이 컴퓨터를 '보통 사람을 위한' 컴퓨터라고 홍보했다.

'사용자 친화성' 발전사

1979년: 스리마일섬 발전소 사고

인지심리학자 도널드 노먼은 미국 역사상 최악의 원자력발전소 사고를 조사해 사고 원인을 밝혔다. 조사 결과 수많은 설계 오류가 나타났고, 이는 스트레스 상황에서 우리 두뇌가 실제로 작용하는 방식이 공학적 설계 구조와 전혀 달랐기 때문이다. 노먼은 여기서 확장한 연구 결과를 《도널드 노먼의 디자인과 인간 심리》에서 발표해 디자인 분야에 한 획을 그었다.

1980년대 초반: 잔디깎이 사용성, 제인 풀턴 수리

제인 풀턴 수리는 영국 정부의 프로젝트로 잔디깎이, 체인톱 등의 가전제품을 사용하다 발생하는 사고를 조사했다. 풀턴 수리는 이 연구로 사람들이 제품을 경험하는 일상생활의 미묘한 맥락을 이해하고자 했으며, 이런 접근은 IDEO 디자인 방식의 바탕을 이룰 뿐 아니라 디자인 업계 전체에도 영향을 미치게 된다.

1982년: 그리드 컴퍼스 노트북 컴퓨터, 빌 모그리지

그리드 컴퍼스는 최초의 노트북 컴퓨터다. 게다가 최초로 조개처럼 뚜껑을 여닫는 형태에, 앉은 자세에 맞춰 화면 각도를 조절할 수 있어 휴대 가능하면서 편리했다. 사용자 친화적인 첨단 기기의 등장을 예고한 제품이기도 했다. 모그리지는 이후 IDEO를 공동으로 창업하고, '인터랙션 디자인'이라는 신조어를 만들어 사용자들이 기술을 대하는 다양한 방법을 설명했다.

1984년: 사이클로닉 진공청소기(시제품), 제임스 다이슨

최초의 초강력(사이클로닉) 진공청소기를 만들기까지 제임스 다이슨은 시제품을 5000개 이상 제작했다. 공업적으로 먼지를 걸러내는 방식에서 영감을 얻은 다이슨은 기존의 먼지 주머니가 필요 없으며 막히지도 않는 시제품을 만들었다. 마침내 1993년에 다이슨사의 첫 모델 DA001이 출시되었다. 기존 제품들과 결정적인 차이는 투명한 플라스틱으로 된 먼지 주머니인데, 청소기로 빨아들인 먼지의 양이 그대로 보이는 피드백을 제공하자 사용자들은 제품을 자꾸만 사용하고 싶어 했다.

1984년: 매킨토시 컴퓨터, 스티브 잡스

애플의 첫 역작은 처음으로 최신 기술을 일반 사람들의 구미에 맞게 만들어내며 여러 의미에서 큰 영향을 미쳤다. 매킨토시에서는 책상(데스크톱)과 창(윈도) 등 익숙한 은유를 매개로 새로운 개념을 많이 소개했고, 얼굴을 살짝 든 것처럼 사용자를 향해 살짝 기울인 외장 덮개로 친숙한 느낌을 주려 했으며, 화면 속 디지털 사물을 마우스와 커서로 직접 조작할 수 있게 함으로써 물리적인 사물을 다루듯 직관적인 느낌을 주었다. 애플은 일부러 소비자에게 매킨토시를 '보통 사람', 즉 일반 사용자를 가장 많이 생각하는 제품이라고 소개했다. 초기 광고 문구는 다음과 같았다. "컴퓨터가 이렇게 똑똑하니, 사람에게 컴퓨터를 가르치기보다 컴퓨터에게 사람에 대해 가르치는 게 낫지 않을까요?" 애플이 디자인에 적극적으로 투자한 결과 실리콘밸리에서는 프로그, IDEO 등 디자인 기업들이 첫 매킨토시 컴퓨터 디자

433

인에 참여하며 디자인 분야가 크게 성장했다.

1985년: 노인 체험 특수복, 퍼트리샤 무어

무어는 막 디자인에 입문한 젊은 디자이너 시절, 드레이퍼스의《인간의 측정》에서 나타내는 평균적인 사용자만을 대상으로 디자인하는 업계의 기본 전제에 의문을 제기했다. 무어는 활동을 제한하면서 노인의 외모와 경험을 그대로 재현할 수 있는 특수복을 입고 다님으로써 업계가 제대로 대우하지 않는 계층을 대변하고 이들을 위해 디자인하고자 노력했다. 그럼으로써 포괄적 디자인이라는 개념을 제시하고, 충분히 대우받지 못하는 사람들을 먼저 생각함으로써 더 나은 제품을 만드는 디자인 정신을 개척했다.

1988년: 《도널드 노먼의 디자인과 인간 심리》, 도널드 노먼

도널드 노먼이 최초로 인지심리학 원리에 디자인을 연계하자, 그 결과는 수십 년 동안 제품 및 사용자 경험 디자이너들에게 디자인의 진리로 추앙받았다. 하지만 노먼도 사용자 친화적 디자인에서 감성과 기쁨의 중요성을 인정하는 데는 조금 오래 걸렸고, 2003년에 속편 격인《감성 디자인》을 출간했다.

1990년: 옥소 껍질 벗기기 칼, 샘 파버와 댄 포모사

어느 주방에든 하나쯤 있는 옥소 주방용품 브랜드는 자전거 핸들 같은 두툼하고 잡기 쉬운 손잡이가 달린 단순한 껍질 벗기기 칼에서 탄생했다. 이 제품은 퍼트리샤 무어 등이 정리한 포괄적 디자인 정신을 나타내는 원형이 되었다. 옥소의 창업자 샘 파버는 관절염을 앓는 아내 벳시가 사과를 깎지 못해 쩔쩔매는 모습을 본 후 고무로 된 두툼한 손잡이를 고안했다.

1990년대: 페르소나, 앨런 쿠퍼

쿠퍼는 사용자를 직접 조사해 이들의 필요 사항을 합성 인물인 페르소나로 나타내는 프로세스를 고안했다. 이 작업의 목적은 디자이너들이 타인의 요구와 욕구에 공감할 수 있는 도구를 주는 것이었다. 그럼으로써 드레이퍼스의 《인간의 측정》에 나타나는 이상화된 사용자를 상상하며 너무 많이 넘겨짚는 등 디자인 과정 중 빠지기 쉬운 함정을 피하고자 했다. 페르소나는 오늘날 디자인 과정에서 흔히 사용하는 도구다.

435

1992년: 에런 체어, 돈 채드윅Don Chadwick과 빌 스텀프Bill Stumpf

이 의자를 대표하는 그물 같은 메시 소재는 원래 노인의 욕창을 예방하는 용도로 개발되었지만, 수많은 사무실 근무자가 편안하게 앉는데도 큰 역할을 했다. 결국 역사상 수익을 가장 많이 낸 사무용 제품을 낳았다.

1996년: '다가오는 조용한 기술의 시대', 마크 와이저와 존 실리 브라운John Seely Brown

마크 와이저와 존 실리 브라운은 이 선구적인 논문에서 인간이 주의를 기울이거나 집중할 필요 없이 인간의 인식 주변부에 기술이 자연스럽게 머무는 새로운 컴퓨터의 미래상을 소개했다. 이 모습을 스파이크 존즈는 영화 〈그녀〉에서 실감 나게 그렸고, 아마존은 디지털 비서 알렉사를 출시해 전 세계 수백만 가정에 소개했다. 오늘날 스마트폰이 끊임없이 우리 주의를 끌려 하는 절박한 현실 속에서 이 미래상의 실현이 더욱 기다려진다.

1997년: 원 클릭 주문, 아마존

아마존은 원 클릭 주문 기능에 특허를 받으면서 원래 강점이었던 사용자 친화적 디자인을 결정적인 경쟁 우위로 굳혔다. 원 클릭 주문은 장바구니에서 결제로 이어지는 과정에 걸리적거리는 요소를 거의 모두 제거하고 인터넷 쇼핑의 세계에서도 '즉각적인 만족감'을 실현했다. 역사상 가장 사업적 가치가 큰 버튼이라는 평가를 받다가 2009년 페이스북의 '좋아요' 버튼에 자리를 내주었다.

1997년: 구글, 래리 페이지와 세르게이 브린

래리 페이지Larry Page와 세르게이 브린Sergey Brin은 웹페이지의 내용뿐 아니라 사람들이 그 내용에 링크를 거는 빈도까지 반영하는 독창적인 알고리즘을 고안해 인터넷에 혁명을 일으켰다. 구글을 대표하는 '원 박스one box' 디자인은 버튼 하나로 해결하는 폴라로이드 카메라의 단순한 동작 그대로 무한한 지식의 우주 속에서 필요한 정보 한 조각을 찾으려는 의도로 탄생했다.

1999년: 이모티콘

이모티콘은 일본 통신사 NTT 도코모Docomo가 당시 가장 앞선 인터넷 플랫폼이었던 아이모드i-mode의 기능으로 출시했다. 대화에 재미를 더해 메시지 활용 빈도를 높이려는 의도였다. 언어학자들이 주장하듯이, 이모티콘은 오늘날 우리가 소통하는 방식을 완전히 바꾸고 있다.

1999년: 2초 되감기, 폴 뉴비Paul Newby

디지털 영상 녹화기 티보TiVo는 텔레비전과 디지털 영상의 새로운 시대를 열었다. 초기 기능 중 광고 건너뛰기 외에 가장 인기를 많이 끈 기능은 2초 되감기였다. 사용자들이 텔레비전을 보는 모습을 관찰하던 중, 등장인물이 방금 전 한 말을 묻는 현상을 포착한 데서 탄생했다.

2001년: 애플 아이팟, 조니 아이브·토니 퍼델Tony Fadell·필 실러Phil Schiller

1970년대에 소니 워크맨이 등장했을 때처럼, 아이팟 역시 신기능보다 새로운 사용자 경험 때문에 인기를 끌었다. 아이팟 클릭휠은 애플의 오랜 강점인 하드웨어와 소프트웨어의 자연스러운 결합을 나타냈다. 아이팟 디자인은 처음에 뱅 앤드 올룹슨Bang & Olufsen 전화기에서 영감을 얻었지만, 드레이퍼스의 하니웰 원형 온도조절기와 디터 람스의 대표작 브라운 T3 개인용 라디오의 디자인도 연상된다.

2003년: 아이튠스 스토어, 애플

아이튠스 스토어가 출현하자 불법 음원에 대안이 생겨 음악 산업이 안정화되었고, 사용자 친화적인 디자인으로 한 산업 생태계 전체를 바꿀 수 있다는 사례가 되었다. 아이팟(과 훗날 아이폰)으로 음악을 둘러보고 구매하고 내려받고 관리하는 과정이 쉬워지자 사용과 구매 과정에도 선순환이 일어났다.

2004년: 퓨전 자동차 대시보드, IDEO와 스마트 디자인

자동차 회사 포드는 올바른 운전 습관을 형성하기 위해 양산형 하이브리드 차량인 포드 퓨전의 대시보드 사용자 인터페이스에 과감한 은유를 적용했다. 사용자 인터페이스는 운전자들이 연료와 브레이크를 조심스럽게 다루면 녹색 잎이 돋아나는 모습을 보여주며 친환경적인 운전 습관을 독려했다. 사용자 친화적인 디자인과 지속 가능성을 조화하려는 시도였다.

2007년: 아이폰 멀티터치 화면, 애플

아이폰 출시 전 애플의 시가총액은 740억 달러였다. 2018년에는 1조 달러 이상이었다. 스티브 잡스는 늘 컴퓨터를 점점 더 자연스러운 방식으로 다룰 방법을 꿈꿔왔다. 잡스의 애플은 마침내 기기 하나로 여섯 개 이상의 역할을 하는 아이폰에서 그 방법을 발견했고, 그 결과 컴퓨터는 개인용 기기를 넘어서서 자나 깨나 항상 우리 곁을 지키게 되었다. 하지만 그럼으로써 애플은 24시간 끊김 없는 접속 상태와 끊임없이 주의를 요구하는 방해물이 우리를 괴롭히는 세상을 몰고 왔으며, 그 세상이 지금도 계속 우리 삶에 영향을 미치고 있다.

2008년: 앱스토어, 애플

아이폰이 가장 중요한 첫걸음이긴 하지만, 앱스토어야말로 모바일 혁명을 본격적으로 꽃피운 발명이다. 모바일 앱이 등장하면서 앱의 편리함과 용이성, 오락성, 연결성, 오용 가능성 때문에 크게 영향받지 않은 산업이 없을 정도다. 사용자 경험 디자이너의 수요가 폭발적으로 증가하기도 했다.

2009년: 설득하는 디자인 행동 모델Behavior Model for Persuasive Design, B.J. 포그

스탠퍼드대학교 행동 디자인 연구실을 설립한 B. J. 포그는 사용자 행동을 바꿀 수 있는 간단한 모델을 발표했다. 사용자에게 동기를 부여하고, 알맞은 순간에 계기를 마련한 뒤 행동을 취하기 쉽게 만드는 원리다. 포그의 모델은 인스타그램 창업자들을 비롯해 수많은 동시대 앱 디자이너와 개발자들에게 영감을 주었다. IT 기업들은 보통 포그의 연구 결과를 제품 개발에 적용해, 수십억 명씩 되는 사용자들에게 습관이 되는 제품을 만들기 위해 노력해 왔다. 우리가 이런 제품을 끊고 자유로워질 수 있는지, 그럴 의지가 있는지는 아직 논의가 필요해 보인다.

439

2009년: '좋아요' 버튼, 저스틴 로즌스타인·리아 펄먼·에런 시티그Aaron Sittig·마크 저커버그 외

역사상 가장 큰 성공을 거둔 버튼이다. 이 버튼 하나로 사용자들은 호감이나 반감이 조금이라도 드는 순간 곧바로 반응할 수 있게 되었다. 이 효과가 증폭되자 수십억 명이 정보를 받아들이는 방식이 완전히 바뀌었다. '좋아요' 버튼 덕분에 사회에서는 과거에 보지 못한 새로운 사회적 교류의 층이 생겼다. 또한 피드백이 우리 심리 형성에 큰 영향을 준다는 사실을 다시 확인할 수 있었다.

2011년: 네스트 학습형 온도조절기, 토니 퍼델·벤 필슨Ben Filson·프레드 볼드Fred Bould

네스트 학습형 온도조절기는 보통 스마트폰처럼 첨단 기기에나 적용할 법한 사용자 친화적인 디자인을 누구도 신경 쓰지 않는 평범한 가전에 적용하는 중요한 사건이었다. 포드 퓨전 자동차의 대시보드처럼 네스트 온도조절기도 은근한 개입을 효과적으로 활용해 제품의 편리함을 높일 뿐 아니라 친환경적인 사용을 유도했다. 네스트의 사용자 인터페이스는 드레이퍼스가 디자인한 하니웰 원형 온도조절기의 후손 격이다.

2012년: 디자인 원칙, 영국 정부

영국 정부는 공공 서비스를 사용자 요구에 맞추는 데 그치지 않고 다양한 사람들의 접근성을 높이기 위해 사용자 중심 디자인 원리를 적극적으로 도입했다. 영국 정부가 도입한 디자인 프로세스, 즉 사용자의 욕구를 이해하고 시제품을 만들어 시험해 본 다음, 결과를 반영해 다시 여러 번 시제품을 만드는 전체 과정은 핀란드와 프랑스, 스페인, 뉴욕시를 비롯한 여러 정부와 지자체에서도 도입했다.

2013년: 〈그녀〉, 스파이크 존즈
사랑 이야기이면서도 사용자 친화적인 기술이 우리 감정에까지 녹아드는 모습에 대한 경고다. 이 영화는 컴퓨터가 우리 주변 세계에 자연스럽게 조화되어 눈에 보이지도 않고 어디에나 존재하는 미래를 나타낸다.

2013년: 디즈니 매직밴드와 마이매직플러스, 존 패짓·프로그 디자인
디즈니 매직밴드 시스템은 우리의 욕구가 발생하기도 전에 물리적인 주변 세계가 알아서 해결해 주는 미래를 언뜻 보여주었다. 시스템 전체가 마법처럼 느껴지도록 열쇠나 결제 절차, 줄서기 등 일상생활의 번거로움을 없앴고, 그럼으로써 스마트폰과 함께 성장한 세대의 마음을 끌고자 했다.

2013년: 구글글라스, 구글
구글은 증강현실AR을 상업화하겠다고 너무 서두른 나머지, 보통 사람이 얼굴에 컴퓨터를 두르고 다니는 일이 얼마나 부끄럽고 민망한 일인지를 간과했다. 제품의 실제 기능은 제한적인 데다 성능은 느리고 불안정했지만, 이처럼 물리적인 세계에 디지털 정보 막을 덧입히는 과제는 빠른 속도로 이어지고 있다. 대표적으로 스마트폰 카메라에 비친 대상의 정보를 검색할 수 있는 구글 렌즈와 인스타그램의 얼굴 필터가 있다.

2014년: 알렉사, 아마존

아마존이 2014년에 조용히 출시한 이 스마트 스피커는 예상치 못하게 인기몰이를 했고, 이 제품이 수백만 대씩 팔리자 거대 IT 기업 사이에 대화형 사용자 인터페이스 개발 경쟁이 붙었다. 경쟁이 불붙자, 오랜 의문이 다시 머리를 들었다. 적어도 최초의 챗봇 엘라이자만큼 오래된 물음이다. 기술의 의인화는 어디까지가 적당한가? 인간과 얼마나 비슷해야 바람직한가?

2014년: 모델 S 오토파일럿 기능, 테슬라

테슬라는 자율주행이라는 인상을 주는 기능을 간단한 소프트웨어 업데이트 형식으로 슬그머니 내놓았다. 새로운 제품과 앱이 등장할 때도 설명이 별로 필요 없어야 한다고 여기는 사용자 친화성의 시대이기에, 오토파일럿 기능이 어디까지 가능하고 어디부터 불가능한지 경계가 흐릿했고, 때때로 치명적인 결과가 발생했다.

2016년: 인스타그램 스토리

인스타그램은 사용자들이 점차 남을 의식하며 포스팅을 조심스러워하자 2016년 스냅챗의 간판이었던 증발하는 메시지 기능을 베꼈고, 엄청난 성공을 거뒀다. 불과 몇 해 전, 사용자 경험을 혁신하면 소비자의 마음을 살 수 있다는 성공 공식을 아이팟 클릭휠이 증명했고,

스냅챗도 그 뒤를 따랐다. 하지만 디지털 제품의 시대인 만큼, 어떤 혁신이든 오래지 않아 베끼는 자가 나타나기 마련이다.

2016년: 개인정보보호법General Data Protection Regulation, GDPR, 유럽연합

유럽연합은 사용자에게 자기 개인 정보의 통제권을 부여하는 법을 제정함으로써 사용자 친화적인 디자인의 새로운 가능성을 열었다. 하지만 점차 중요성이 증대되는 더 포괄적인 디자인 문제를 미해결로 남겨두었다. 자신의 개인 정보가 어디로 갔는지, 그 대가로 어떤 혜택을 받게 될지 사용자가 직접 파악하는 권한 문제다.

주

1 혼란스러운 디자인

1   Mike Gray and Ira Rosen, *The Warning: Accident at Three Mile Island* (New York: W. W. Norton, 1982), 73.

2   Ibid., 84; Daniel F. Ford, *Three Mile Island: Thirty Minutes to Meltdown* (New York: Viking, 1982), 17.

3   Gray and Rosen, *Warning*, 85.

4   Ibid., 74.

5   Ibid., 77.

6   Ibid., 43.

7   Ibid., 87.

8   Ibid., 90.

9   Ibid., 91.

10   Ibid., 111−12.

11   Ibid., 187−88.

12   Ibid., 188−89.

13   Elian Peltier, James Glanz, Mika Grondahl, Weiyi Cai, Adam Nossiter, and Liz Alderman, "Notre-Dame Came Far Closer to Collapsing Than People Knew. This Is How It Was Saved," *New York Times*, July 18, 2019, www.nytimes.com/interactive/2019/07/16/world/europe/notre-dame.html.

14   Sheena Lyonnais, "Where Did the Term 'User Experience' Come From?," *Adobe Blog*, https://theblog.adobe.com/where-did-the-term-user-experience-come-from.

15   맥락을 더 알고 싶다면 다음을 참고하라. Donald A. Norman, "Design as Practiced," in *Bringing Design to Software*, ed. Terry Winograd (Boston: Addison-Wesley, 1996), https://hci.stanford.edu/publications/bds/12-norman.

html.

16 도널드 노먼과의 인터뷰, 2014년 12월 11~12일.

17 Ford, *Three Mile Island*, 101.

18 Gray and Rosen, *Warning*, 104.

19 Ford, *Three Mile Island*, 133.

20 Jon Gertner, "Atomic Balm?," *New York Times Magazine*, July 16, 2006, www.nytimes.com/2006/07/16/magazine/16nuclear.html.

21 Cam Abernethy, "NRC Approves Vogtle Reactor Construction—First New Nuclear Plant Approval in 34 Years," *Nuclear Street*, February 9, 2012, http://nuclearstreet.com/nuclear_power_industry_news/b/nuclear_power_news/archive/2012/02/09/nrc-approves-vogtle-reactor-construction-2d00-first-new-nuclear-plant-approval-in-34-years-2800with-new-plant-photos_2900_-020902.

22 Marc Levy, "3 Mile Island Owner Threatens to Close Ill-Fated Plant," AP News, May 30, 2017, www.apnews.com/266b9aff54a14ab4a6bea903ac7ae603.

23 Gray and Rosen, *Warning*, 260.

24 Mitchell M. Waldrop, *The Dream Machine: J.C.R. Licklider and the Revolution That Made Computing Personal* (New York: Viking, 2001), 54 – 57.

25 또는 행동경제학자 대니얼 카너먼이 글로 밝혔듯이, "우리 인생에서 후회를 견딜 만한 수준으로 억제할 수 있는 가장 중요한 이유는, 하지 않은 행동의 결과가 어땠는지에 대해 확실한 정보가 없다는 것이다. 우리가 다른 직업 혹은 다른 배우자를 선택했을 때 행복했을지 완벽히 확신할 수는 없다. … 따라서 우리는 그때 의사 결정이 과연 최선이었는지에 대해 가슴 아픈 진실로부터 자신을 보호할 수 있다." Quoted in Michael Lewis, *The Undoing Project: A Friendship That Changed Our Minds* (New York: W. W. Norton, 2016), 264.

26 Tim Harford, "Seller Feedback," *50 Things That Made the Modern Economy*, BBC World Service, August 6, 2017, www.bbc.co.uk/programmes/p059zb6n.

27 Waldrop, *Dream Machine*, 57 – 58.

28 로비 스타인과의 인터뷰, 2016년 11월 11일.

29 Gray and Rosen, *Warning*, 19 – 21.

30 단, 제1, 2번 원자로는 설계에 약간 차이가 있었다. 제2번 원자로는 급하게 지어진 탓에 문제가 더 많았다.

31 스리마일섬 발전소의 두 번째 변화는 조금 더 은근한 모양새를 띤다. 무엇이든 잘못되었을 때 직원들의 대처법이 있다. 제2번 원자로 사고 당시는 직원들이 사고 가능성

445

이 있을 때 틀에 박힌 목록에 따라 절차대로 조치를 취하도록 훈련되어 있었다. 오늘날에는 같은 상황이 발생할 때 절차가 아닌 증상으로 시작해, 확인해야 할 사항이 담긴 체크리스트를 꼼꼼히 따른다. 서로 상충하는 정보가 복잡하게 얽힌 꼴을 분리하고 파악하려 애쓰는 대신, 체계적으로 가능성을 한 가지씩 차단한다. 이 새로운 절차를 도입한 목적은 원래 어떻게 돌아가는지가 아니라, 지금 어떤 상황인지에 몰입하게 직원들을 돕는 것이다.

달리 설명하면, 이제 발전소 직원들의 머릿속에는 만에 하나 사고가 난다면 어떻게 날 수 있는지 새로운 멘탈모델이 있다. 기존 방법은 벨레즈와 하우저와 제2번 원자로의 모든 사람에게 주어진 절차 바깥 어딘가에 있을 모호한 가능성을 시사할 뿐이었다. 새로운 방식은 순서도의 연결선을 체계적으로 따름으로써 직원이 한 번에 고려해야 할 정보의 가짓수를 제한하고, 그럼으로써 직원들은 오류를 더 효과적으로 잡아낼 수 있다. 멘탈모델의 힘은 대상이 어떻게 작동해야 하는지 예상하게 도와주고, 올바른 상태를 추리하게 도와주는 것이다.

32　어떤 제품이 우리를 짜증 나게 하는 대표적인 이유는 멘탈모델이 부재하거나 있더라도 혼란을 준다는 것이다. 애플이 소개한 기능 중 최악의 기능인 아이클라우드iCloud를 생각해 보자. 원래는 컴퓨터에 있는 파일을 전부 간단히 백업할 수 있는 수단이다. 그래서 이게 무엇인가? 글쎄 누가 알겠는가. 어떤 때는 드롭다운 메뉴 중 한 항목이 '아이클라우드에 백업하기'다. 어떤 때는 웹사이트다. 어떤 때는 로그인해야 하는 양식이다. 또 다른 때는 당황스러운 경고 메시지로, 내가 등록했는지 기억나지 않는 무슨 기능에 당장 조치를 취하라고 독촉한다. 이 중 어디서도 우리가 머릿속에 그릴 만한 물건일 경우는 없다. 말 그대로 선택지가 자욱해 흐릿한 '구름'이다. 유사하게 파일을 백업할 수 있는 드롭박스Dropbox와 비교해 한참 뒤진다. 드롭박스는 컴퓨터에 있는 폴더에 불과하며, 멘탈모델이 단순하다. 폴더는 물건을 저장하는 곳이니, 무엇이든 이 폴더에 넣으면 저장된다. 폭발적인 사용자 수 증가와 수천 명으로 늘어난 직원 수, 100억 달러에 육박하는 기업 가치로 나타나는 드롭박스의 성공은 오직 개념이 전무했던 영역에 멘탈모델을 제공했기 때문에 가능했다.

33　때로는 개념의 대응이 달라져 멘탈모델이 덩달아 무너질 때가 있다. TV를 생각해 보면, 라디오처럼 채널을 위아래 방향으로 조작해 바꾸던 때가 있었다. 과거에는 TV도 방송 전파를 타고 채널 정보를 수신했고, 각 채널은 라디오 주파수의 한 영역이었기 때문에 쉽게 이해되는 개념이었다. 오늘날 넷플릭스와 HBO Go와 아마존 프라임의 시대에는 TV가 사용하기에 지독히 불편한 기기가 되었다. 채널을 이리저리 바꾸는 개념이 더 이상 TV의 생리에 맞지 않기 때문이다.

34　이런 경향을 'IT의 소비자화'라고 부르기도 하지만, 듣기만 해도 하품부터 나오는 말로 표현한 탓에 얼마나 큰 변화를 예고하는 개념인지 충분히 살리지 못했다.

2 산업의 기원을 찾아서

1   플라덴 바버리치와의 인터뷰, 2015년 8월 11일.

2   보 글레스피와의 인터뷰, 2015년 10월 31일.

3   보고회 및 플라덴 바버리치와의 인터뷰, 2015년 6월 30일.

4   존스턴의 연구는 성폭력에 대한 저항과 방어와 차별되는 개념으로서 성폭력의 예방
     에 초점을 맞췄다. 바에서의 한 장면을 상상해 보자. 한 여성이 생각했던 것보다 술을
     많이 마셨다고 느낀 순간 문득, 저녁 내내 자기 일행에게 붙어 있었던 한 남성이 자기
     를 지그시 바라보는 느낌이 든다. 어쩌면 그중 누군가와 수업을 함께 들었거나, 친구
     의 친구인지도 모른다. 그런데 친구들이 간 뒤에도 이 남성은 따라붙으면서 친절을 베
     풀려고 한다. 존스턴은 이런 상황을 타개할 방법을 고민하기 시작했다. 근처에 있던
     누군가가 끼어들어 여성이 괜찮은지 물어보려면 어떻게 해야 할까? (더스티 존스턴과의
     인터뷰, 2016년 2월 18일.)

5   플라덴 바버리치와의 인터뷰, 2015년 9월 15일.

6   Bill Davidson, "You Buy Their Dreams," *Collier's*, August 2, 1947, 23.

7   Henry Dreyfuss, "The Industrial Designer and the Businessman," *Harvard Business Review*, November 6, 1950, 81.

8   Russell Flinchum, *Henry Dreyfuss, Industrial Designer: The Man in the Brown Suit* (New York: Rizzoli, 1997), 22.

9   Beverly Smith, "He's into Everything," *American Magazine*, April 1932, 150.

10   Gilbert Seldes, "Artist in a Factory," *New Yorker*, August 29, 1931, 22.

11   Smith, "He's into Everything," 151.

12   (아마도 드레이퍼스 본인의 자취에서) 이 실마리를 찾은 건 드레이퍼스의 서류를 뒤적이러
     뉴저지주에 있는 쿠퍼 휴이트 국립디자인박물관 기록보관소를 방문했을 때였다. 드
     레이퍼스의 프로젝트 전체를 타자기로 입력해 놓은 목록에 누군가가 극장 프로젝트
     전체에 단호하게 'X'를 그어 놓았다.

13   Flinchum, *Henry Dreyfuss, Industrial Designer*, 48.

14   이런 구도 때문에 산업디자인 업계의 선조 격인 윌리엄 모리스가 '메이크시프트'라는
     말을 제시했다. 윌리엄 모리스, 안코츠 취미협회Ancoats Recreation Committee가 후
     원하는 모임 연설 '메이크시프트' 중. 1894년 11월 18일, 영국 맨체스터 안코츠의 뉴
     이즐링턴 홀에서. www.marxists.org/archive/morris/works/1894/make.htm.

15   Alva Johnston, "Nothing Looks Right to Dreyfuss," *Saturday Evening Post*, November 22, 1947, 132.

16   Ibid., 20.

17 Ibid.

18 Arthur J. Pulos, *American Design Ethic: A History of Industrial Design* (Cambridge, MA: MIT Press, 1986), 261.

19 Ibid., 304.

20 Ibid.

21 Ibid., 305.

22 Jeffrey L. Meikle, *Design in the USA* (New York: Oxford University Press, 2005), 91.

23 Ibid.

24 Pulos, American Design Ethic, 331–32.

25 David A. Hounshell, *From the American System to Mass Production, 1800–1932* (Baltimore: Johns Hopkins University Press, 1985), 280–92.

26 Pulos, *American Design Ethic*, 330.

27 Johnston, "Nothing Looks Right to Dreyfuss," 21.

28 Ibid.

29 Ibid.

30 Smith, "He's into Everything," 151.

31 Johnston, "Nothing Looks Right to Dreyfuss," 135.

32 Seldes, "Artist in a Factory," 24.

33 도리스의 아버지는 부유한 기업가로서 사회사업에 헌신하기 위해 은퇴했다. 어머니는 여성 참정권 운동가이자 산아제한 지지자이며, 미국이 근로 시간을 더 효과적으로 활용하기 위한 일광절약시간제(일명 서머타임)를 도입하는 데 중요한 역할을 했다.

34 Smith, "He's into Everything," 151; Johnston, "Nothing Looks Right to Dreyfuss," 135.

35 Meikle, *Design in the USA*, 108.

36 Ibid., 107.

37 Johnston, "Nothing Looks Right to Dreyfuss," 135.

38 Meikle, *Design in the USA*, 114.

39 최초의 사용자 친화적인 주방은 여성에게 가정의 선장 역할을 기대하던 17세기 네덜란드에 지어졌으며, 주택의 건축이 이런 경향을 반영했다. 영국과 프랑스의 상류층 주택에 부엌이 주된 주거 공간에서 분리되어 있거나 지하실에 숨겨져 있던 양상과 달리, 네덜란드의 주방은 가정의 심장부로 인식되었다. 네덜란드 여성들은 이런 주방을 가족 일상의 일부로 만들었다. 여성들은 자기 자신이 사용하기 편리하도록 공간을 직접 디자인했으며, 벽을 따라 구리로 된 주방용품들을 걸고, 온수를 끌어오고, 선반을 달아 귀중히 여기는 가정용품을 전시했다. 상세한 정보는 다음을 참고하라. Witold

Rybczynski, *Home: A Short History of an Idea* (New York: Viking, 1986).

40　Dreyfuss, "The Industrial Designer and the Businessman," 79.

3　누가 만든 오류인가

1　S. S. Stevens, "Machines Cannot Fight Alone," *American Scientist* 34, no. 3 (July 1946): 389–90.

2　Francis Bello, "Fitting the Machine to the Man," *Fortune*, November 1954, 152.

3　Stevens, "Machines Cannot Fight Alone," 390.

4　Ibid.

5　Ibid.

6　Donna Haraway, *Simians, Cyborgs, and Women: The Reinvention of Nature* (New York: Routledge, 1990), 47–50.

7　오늘날 인간과 컴퓨터의 상호 작용 분야에서 피츠는 컴퓨터 사용자 인터페이스 버튼 디자인의 근거를 이루는 피츠의 법칙을 발견한 사람으로 가장 잘 알려졌다. 피츠의 법칙은 버튼의 크기가 크고 거리가 가까울수록 찾기 쉽다는 직관적인 사실을 수학 공식으로 증명한다. 중요한 버튼일수록 커야 한다는 이 규칙은 요즘 소프트웨어 어디서든 적용되어 있다. 이걸 조금 더 은근하게 적용한 예로는 대부분의 컴퓨터 프로그램 상단에 있는 작업표시줄이 있다. 작업표시줄 찾기가 이토록 쉬운 이유는 커서가 작업표시줄에 닿는 순간 멈추기 때문이다. 크기가 무한히 커진 것처럼 조금 빗나가든 크게 빗나가든 작업표시줄을 잡는 데 아무 문제가 없다. 어쨌든 도달한 것이다.

8　Alphonse Chapanis, "Psychology and the Instrument Panel," *Scientific American*, April 1, 1953, 75.

9　Bello, "Fitting the Machine to the Man," 154.

10　Chapanis, "Psychology and the Instrument Panel," 76.

11　Stevens, "Machines Cannot Fight Alone," 399.

12　Ibid., 394.

13　Ibid., 76.

14　Ibid., 399.

15　Chapanis, "Psychology and the Instrument Panel," 76.

16　Bello, "Fitting the Machine to the Man," 135.

17　Bill Davidson, "You Buy Their Dreams," *Collier's*, August 2, 1947, 68.

18   Russell Flinchum, *Henry Dreyfuss, Industrial Designer: The Man in the Brown Suit* (New York: Rizzoli, 1997), 89–90.

19   Russell Flinchum, "The Other Half of Henry Dreyfuss," Design Criticism M.F.A. Lecture Series, School of Visual Arts, New York, October 25, 2011, https://vimeo.com/35777735.

20   Henry Dreyfuss, "The Industrial Designer and the Businessman," *Harvard Business Review*, November 6, 1950, 80.

21   Dreyfuss, "The Industrial Designer and the Businessman," 135.

22   Henry Dreyfuss, *Designing for People*, 4th ed. (New York: Allworth, 2012), 20.

23   조와 조지핀은 진화를 거듭해 백분위수 1에서 99까지 모든 종류의 인간을 200여 개의 그림으로 나타내게 되었다.

24   Dreyfuss, "The Industrial Designer and the Businessman," 78.

25   Jorge Luis Borges, "On Exactitude in Science," in *Collected Fictions* (New York: Viking, 1998).

26   실제로 사용자의 손이 화면 위 동작을 가리지 않게 하는 이 개념은 우버의 급부상에 기여한 디자인 요소가 되었다. 처음에는 우버 앱에서 사용자가 손가락 끝으로 자기 위치를 표시하게 되어 있었다. 하지만 이렇게 하면 손가락에 가려 표시하려는 위치를 알 수 없었다. 우버는 곧 앱 디자인을 바꿨고, 핀이 중앙에 고정되어 있는 동안 사용자가 지도를 움직여 위치를 맞출 수 있었다.

27   Dreyfuss, "The Industrial Designer and the Businessman," 79.

28   Flinchum, *Henry Dreyfuss, Industrial Designer*, 168.

29   랠프 캐플런과의 인터뷰, 2016년 4월 29일.

30   로버트 패브리칸트가 지난 10년간 꾸준히 주장해 왔다. 패브리칸트의 인터랙션 디자인 협회Interaction Design Association 학회 발표 참고, 2009년 밴쿠버. https://vimeo.com/3730382.

4   신뢰받는 제품이란

1   Alex Davies, "Americans Can't Have Audi's Super Capable Self-Driving System," *Wired*, May 15, 2018, www.wired.com/story/audi-self-driving-traffic-jam-pilot-a8-2019-availability.

2   Victor Cruz Cid, "Volvo Auto Brake System Fail," YouTube, May 19, 2015, www.youtube.com/watch?v=47utWAoupo.

3 RockTreeStar, "Tesla Autopilot Tried to Kill Me!" YouTube, October 15, 2015, www.youtube.com/watch?v=MrwxEX8qOxA.

4 Andrew J. Hawkins, "This Map Shows How Few Self-Driving Cars Are Actually on the Road Today," *The Verge*, October 23, 2017, www.theverge.com/2017/10/23/16510696/self-driving-cars-map-testing-bloomberg-aspen.

5 아이러니하게도 아우디는 폭스바겐 기업 소속이고, 폭스바겐은 당시 배출 가스 조작 스캔들로 신뢰에 금이 가 있었다. 이 사례에 등장하는 엔지니어와 디자이너들은 스캔들과 무관하다.

6 브라이언 래스롭과의 인터뷰, 2016년 1월 8일.

7 Asaf Degani, *Taming HAL: Designing Interfaces Beyond 2001* (New York: Palgrave Macmillan, 2004).

8 이브 베하와의 인터뷰, 2017년 6월 22일.

9 Clifford Nass, *The Man Who Lied to His Laptop: What Machines Teach Us About Human Relationships* (New York: Current, 2010), 12.

10 Ibid., 6–7.

11 William Yardley, "Clifford Nass, Who Warned of a Data Deluge, Dies at 55," *New York Times*, November 6, 2013, www .nytimes.com/2013/11/07/business/clifford-nass-researcher-on-multitasking-dies-at-55.html.

12 Byron Reeves and Clifford Nass, *The Media Equation: How People Treat Computers, Television, and New Media Like Real People and Places* (New York: CSLI Publications, 1996), 12.

13 H. P. Grice, "Logic and Conversation," *Syntax and Semantics, vol. 3, Speech Acts* (Cambridge, MA: Academic Press, 1975), 183–98.

14 Nass, *Man Who Lied to His Laptop*, 8.

15 에릭 글레이저와의 인터뷰, 2016년 10월 20일.

16 Frank O. Flemisch et al., "The H-Metaphor as a Guideline for Vehicle Automation and Interaction," National Aeronautics and Space Administration, December 2003; Kenneth H. Goodrich et al., "Application of the H-Mode, a Design and Interaction Concept for Highly Automated Vehicles, to Aircraft," National Aeronautics and Space Administration, October 15, 2006.

17 William Brian Lathrop et al., "System, Components and Methodologies for Gaze Dependent Gesture Input Control," Volkswagen AG, assignee, Patent 9,244,527, filed March 26, 2013, and issued January 26, 2016, https://patents.

justia.com/patent/9244527.

18   브라이언 래스롭과의 인터뷰, 2016년 7월 10일.

19   브라이언 래스롭과의 인터뷰, 2016년 2월 22일과 25일.

20   Lathrop et al., "System, Components and Methodologies."

21   Rachel Abrams and Annalyn Kurtz, "Joshua Brown, Who Died in Self-Driv-
      ing Accident, Tested Limits of His Tesla," *New York Times*, July 1, 2016,
      www.nytimes.com/2016/07/02/business/joshua-brown-technology-en-
      thusiast-tested-the-limits-of-his-tesla.html; David Shepardson, "Tesla
      Driver in Fatal 'Autopilot' Crash Got Numerous Warnings: U.S. Govern-
      ment," Reuters, June 19, 2017, www.reuters.com/article/us-tesla-crash/
      tesla-driver-in-fatal-autopilot-crash-got-numerous-warnings-u-s-gov-
      ernment-idUSKBN19A2XC;"Transport Safety Body Rules Safeguards 'Were
      Lacking' in Deadly Tesla Crash," *Guardian*, September 12, 2017, www.
      theguardian.com/technology/2017/sep/12/tesla-crash-joshua-brown-safe-
      ty-self-driving-cars.

22   "Transport Safety Body Rules Safeguards 'Were Lacking.'"

23   Ryan Randazzo et al., "Self-Driving Uber Vehicle Strikes, Kills 49-Year-
      Old Woman in Tempe," AZCentral .com, March 19, 2018, www.azcentral.
      com/story/news/local/tempe-breaking/2018/03/19/woman-dies-fatal-hit-
      strikes-self-driving-uber-crossing-road-tempe/438256002/.

24   Carolyn Said, "Exclusive: Tempe Police Chief Says Early Probe Shows No
      Fault by Uber," *San Francisco Chronicle*, March 26, 2018, www.sfchron-
      icle.com/business/article/Exclusive-Tempe-police-chief-says-early-
      probe-12765481.php.

25   Jared M. Spool, "The Hawaii Missile Alert Culprit: Poorly Chosen File
      Names," *Medium*, January 16, 2018, https://medium.com/ux-immersion-in-
      teractions/the-hawaii-missile-alert-culprit-poorly-chosen-file-names-
      d30d59ddfcf5; Jason Kottke, "Bad Design in Action: The False Hawaiian
      Ballistic Missile Alert," Kottke .org, January 16, 2018, https://kottke.org.

26   Eric Levitz, "The Hawaii Missile Scare Was Caused by Overly Realistic
      Drill," *New York*, January 30, 2018, http://nymag.com/intelligencer/2018/01/
      the-hawaii-missile-scare-was-caused-by-too-realistic-drill.html; Nick
      Grube, "Man Who Sent Out False Missile Alert Was 'Source of Concern' for
      a Decade," *Honolulu Civil Beat*, January 30, 2018, www.civilbeat.org/2018/01/

hawaii-fires-man-who-sent-out-false-missile-alert-top-administrator-resigns; Gene Park, "The Missile Employee Messed Up Because Hawaii Rewards Incompetence," *Washington Post*, February 1, 2018, www.washingtonpost.com/news/posteverything/wp/2018/02/01/the-missile-employee-messed-up-because-hawaii-rewards-incompetence.

27   A. J. Dellinger, "Google Assistant Is Smarter Than Alexa and Siri, but Honestly They All Suck," *Gizmodo*, April 27, 2018, https://gizmodo.com/google-assistant-is-smarter-than-alexa-and-siri-but-ho-1825616612.

28   다양한 사례를 확인하려면 다음을 참고하라. Tubik Studio, "UX Design Glossary: How to Use Affordances in User Interfaces," UX Planet, https://uxplanet.org/ux-design-glossary-how-to-use-affordances-in-user-interfaces-393c8e9686e4.

29   사미어 사프루와의 인터뷰, 2016년 5월 5일.

5   은유의 사다리가 필요한 이유

1   레누카와의 인터뷰, 2016년 7월 3일.

2   Jessi Hempel, "What Happened to Facebook's Grand Plan to Wire the World?," *Wired*, May 17, 2018, www.wired.com/story/what-happened-to-facebooks-grand-plan-to-wire-the-world.

3   Ibid.

4   연구원 녹취록, 2015년 2월 24~28일.

5   Klaus Krippendorff, *The Semantic Turn: A New Foundation for Design* (Boca Raton, FL: CRC, 2005), 168.

6   연구원 녹취록, 2015년 2월 24~28일.

7   George Lakoff and Mark Johnson, *Metaphors We Live By*, 2nd ed. (Chicago: University of Chicago Press, 2003), 15.

8   Ibid., 158.

9   Ibid., 7-8.

10   아마도 디지털 세계에서 최초의 정보 피드는 애플의 선행 기술 그룹이 처음 개발한 RSS 피드였을 것이다.

11   Micheline Maynard, "Waiting List Gone, Incentives Are Coming for Prius," *New York Times*, February 8, 2007, www.nytimes.com/2007/02/08/automo-

biles/08hybrid.html.

12   데이비드 왓슨과의 인터뷰, 2016년 7월 12일. 이언 로버츠와의 인터뷰, 2016년 11월 28일. 제프 그린버그와의 인터뷰, 2016년 5월 26일. 리처드 화이트홀과의 인터뷰, 2016년 5월 10일. 댄 포모사와의 인터뷰, 2016년 5월 10일.

13   운전에서 피드백을 다루는 데 문제가 딱 하나 있었다. 지금 이 순간의 행동과 시간이 지날수록 좋은 일을 할 기회를 어떻게 연결할까? 우리가 장기간에 걸친 행동 변화에 유독 취약한 이유는 실제 변화가 작용하는 모습을 볼 수 없기 때문이다. 사람들이 행동을 바꾸기 위해서는 지금 개선하는 운전 방식이 장기적으로 어떤 효과를 내는지 즉각 확인할 수 있도록 피드백을 제공해야 했다. 고작 몇 분 동안 운전을 잘해서는 별 소용이 없었다. 그 몇 분이 점점 누적되어야 했다.

14   Jane Fulton Suri, "Saving Lives Through Design," *Ergonomics in Design* (Summer 2000): 2-10.

15   빌 앳킨슨과 앤디 허츠펠드 인터뷰, 2018년 5월 14일.

16   브루스 혼과의 인터뷰, 2018년 5월 9일.

17   빌 앳킨슨과의 인터뷰. Michael A. Hiltzik, *Dealers of Lightning: Xerox PARC and the Dawn of the Computer Age* (New York: HarperCollins, 1999), 332-45.

18   앤디 허츠펠드와의 인터뷰.

19   Hiltzik, *Dealers of Lightning*, 340.

20   Alan Kay, "A Personal Computer for Children of All Ages," Proceedings of the ACM National Conference, Xerox Palo Alto Research Center, 1972, Viewpoints Research Institute, http://worrydream.com/refs/Kay%20-%20A%20Personal%20Computer%20for%20Children%20of%20All%20Ages.pdf.

21   2010년 기준으로 래리 테슬러의 스바루Subaru 자동차 번호판 글씨는 'NO MODES' 이었다.

22   은유가 사물을 설명할 뿐 아니라 새로 발명하는 데에도 핵심 역할을 한다는 사실을 처음으로 알아차린 사람은 창의력의 작용 원리에 깊이 몰두한 철학자 도널드 숀Donald Schon이었다. 숀은 창의력이 튀어 오르는 순간을 포착하려고 노력하다가 결국 한 회사의 허락으로 발명 과정을 관찰하게 되었다. 페인트 붓을 제조하던 이 회사는 당시 값싼 인조모로 된 제품 개발을 시도하고 있었다. 하지만 오랜 노력에도 불구하고 모든 시제품이 실패하며 페인트 색을 끊김 없이 바르지 못하고 끈끈한 덩어리만 남았다. 그러다가 어느 날 숀이 지켜볼 때 연구원 한 명이 자기도 모르게 은유를 내뱉었다. "페인트 붓은 꼭 펌프 같네!"
       처음에는 아무도 이런 논리의 비약을 이해하지 못했다. 하지만 이 연구원은 페인트 붓에서 털이 전부가 아니라는 설명을 하려는 것이었다. 모세관력의 작용으로 페인트 붓은 털과 털 *사이*에 페인트를 머금고 운반한다. 붓털이 벽 표면에서 구부러지면 그 사이 공간이 확 퍼진다. 그럼으로써 페인트가 흐르고 일정하게 발리도록 통로가 생긴다. 이 깨달음을 바탕으로 연구원들은 새로운 멘탈모델을 가지고 새로 시작했다. 이들은 인조모의 굵기나 양에 초점을 맞추기보다 인조모가 어떻게 *구부러지는지*를 중심으로 다시 설계하기 시작했다. 쇤의 설명에 따르면 "'펌프로서 페인트 붓'이라는 개념은 새로운 대책과 설명과 발명을 생성했기 때문에 연구원들에게 '생성하는 은유'였다."

23 R. Polk Wagner and Thomas Jeitschko, "Why Amazon's '1-Click' Ordering Was a Game Changer," Knowledge@Wharton by the Wharton School of the University of Pennsylvania, September 14, 2017, http://knowledge.wharton. upenn.edu/article/amazons-1-click-goes-off-patent.

24 가장 초기 운전대는 엔진 달린 트랙터와 면화 따는 기계에 쓰였다. 운전대의 전신은 배에서 방향을 돌리던 키 손잡이었다. 그리고 배에서는 키 손잡이가 방향타를 왼쪽으로 돌리면 배는 오른쪽으로 돈다. 따라서 초기 자동차는 운전대를 움직이는 *반대* 방향으로 차체가 움직였다. 하지만 자동차는 점점 친숙한 존재로 발달했고, 점차 배의 조종에 빗대던 은유도 없어졌다. 이때부터는 운전대를 오른쪽으로 돌리면 차도 오른쪽으로 가는 규칙이 '자연스러워'졌다.

455

25 은유가 변하는 예시를 하나 더 살펴보자. 애플 노트북 사용자라면 2010년 언저리에 트랙패드의 스크롤 방향이 바뀐 것을 알아차렸을 것이다. *위*로 스크롤하면 화면이 아래로 움직이던 기존 방식에서 '자연스러운' 방향, 즉 아래로 스와이프하면 화면 아래로 내려가도록 바뀐 것이다. 기존 방향은 망원경처럼 작동한다. 사용자가 움직이면 망원경은 그때그때 시야에 들어오는 대상에 머문다. 즉 사용자가 읽고 있던 부분이 *위*로 이동하며 화면에 나타난다. 자연스러운 스크롤은 다르다. 종이에 적힌 내용을 읽으면서 종이를 위쪽으로 미는 모양새다. 첫 번째 은유는 데스크톱 컴퓨터의 시대에 각 창이 화면의 내용을 망원경처럼 보는 기능이었을 때 통했다. 두 번째 은유는 터치스크린에서만 통하며, 그 이전에 화면이라고 생각했던 물건이 이제는 종이처럼 되었다는 뜻이다. 그 후에 주위 사람들에게 컴퓨터를 어떻게 설정하는지 물어보았을 때 세대에 따라 대답이 나뉘었다. 자연스러운 스크롤을 해제한 사람은 데스크톱 컴퓨터의 시대에 성장한 사람들뿐이었다. 스마트폰의 시대에 자란 사람들은 자연스러운 스크롤 설정을 그대로 켜둔다.

26 조사 녹취록, 2015년 2월 17~21일.

27 Ellis Hamburger, "Where Are They Now? These Were the 10 Best iPhone Apps When the App Store Launched in 2008," *Business Insider*, May 17,

2011, www.businessinsider.com/the-best-iphone-apps-when-the-app-store-launched-2011-5.

28   Lindy Woodhead, Shopping, Seduction and *Mr. Selfridge* (New York: Random House, 2013); Tim Harford, "Department Store," 50 Things That Made the Modern Economy, BBC World Service, July 2, 2017, www.bbc.co.uk/programmes/p056srj3.

29   Ari Weinstein and Michael Mattelaer, "Introduction to Siri Shortcuts," presentation at the Apple Worldwide Developers Conference, McEnery Convention Center, San Jose, June 5, 2018, https://developer.apple.com/videos/play/wwdc2018/211/.

30   Cliff Kuang, "Fuchsia, Google's Experimental Mobile OS, Solves Glaring Problems That Apple Doesn't Get," *Fast Company*, May 10, 2017, www.fastcompany.com/90124729/fuchsia-googles-experimental-mobile-os-solves-glaring-problems-that-apple-doesnt-get.

31   데카르트는 웬 악령에게 사로잡혀 계속 잠을 자고, 그 악마가 꿈속의 경험 전체를 지배한다는 상상을 했다. 현대 철학자들은 이를 '통 속의 뇌' 사고 실험이라고 부른다. 영화 〈매트릭스〉도 이와 비슷하다.

32   체화된 인지 분야의 실험 일부는 분야 전체를 뒤흔든 이른바 재현성 위기 때문에 심리학 분야에서 면밀히 검토하고 있다. 하지만 '신체 감각에 근거한' 연구는 아직 활발히 이루어지고 있다.

33   Samuel McNerney, "A Brief Guide to Embodied Cognition: Why You Are Not Your Brain," *Scientific American*, November 4, 2011, https://blogs.scientificamerican.com/guest-blog/a-brief-guide-to-embodied-cognition-why-you-are-not-your-brain.

34   필리파 머더실과의 인터뷰, 2016년 3월 22일.

35   1921년에 이미 심리학자들의 연구 결과에서 각진 선을 본 사람은 '분노', '진지함', '긴장'을 연상했고, 곡선을 보고는 '슬픔', '고요', '온화'를 떠올렸다고 밝혔다.

36   최근 어느 학자는 자동차의 페이시아가 왜 널찍한지를 설명하기 위한 연구를 진행했다. 더 넓은 손목시계와 자동차를 연구한 후 그녀는 사람들이 더 넓은 얼굴을 공격성과 연결 짓는 성향이 있기 때문에 넓은 디자인이 더 주도적인 느낌을 준다는 결론을 내렸다. Mark Wilson, "The Reason Your Brain Loves Wide Design," *Fast Company*, August 24, 2017, www.fastcodesign.com/90137664/the-reason-your-brain-loves-wide-products.

6 공감의 도구화

1   *The Simpsons*, season 2, episode 28, "O Brother Where Art Thou," aired February 21, 1991, www .dailymotion.com/video/x6tg4a5.

2   Tony Hamer and Michele Hamer, "The Edsel Automobile Legacy of Failure," *ThoughtCo.*, January 6, 2019, www .thoughtco.com/the-edsel-a-legacy-of-failure-726013.

3   밥 매킴과의 인터뷰, 2016년 11월 29일.

4   Julia P. A. von Thienen, William J. Clancey, and Christoph Meinel, "Theoretical Foundations of Design Thinking," in *Design Thinking Research*, ed. Christoph Meinel and Larry Leifer (Cham, Switzerland: Springer Nature, 2019), 15, https://books.google.com/books?id=-9hwDwAAQBAJ.

5   William J. Clancey, introduction to *Creative Engineering: Promoting Innova-tion by Thinking Differently*, by John E. Arnold (self-pub., Amazon Digital Services, 2017), 9.

6   John E. Arnold, *The Arcturus IV Case Study*, edited and with an introduction by John E. Arnold, Jr. (1953; repr., Stanford University Digital Repository, 2016), https://stacks.stanford.edu/file/druid:rz867bs3905 /SC0269_Arcturus_IV.pdf.

7   Morton M. Hunt, "The Course Where Students Lose Earthly Shackles," *Life*, May 16, 1955, 188.

8   Arnold, *Arcturus IV Case Study*, 139.

9   래리 라이퍼와의 인터뷰, 2016년 4월 22일.

10 Hunt, "Course Where Students Lose Earthly Shackles," 195-6.

11 William Whyte, Jr., "Groupthink," *Fortune*, March 1952.

12 Clancey, *Creative Engineering*, 8.

13 Ibid.

14 See also Barry M. Katz, *Make It New: The History of Silicon Valley Design* (Cambridge, MA: MIT Press, 2015).

15 데이비드 켈리와의 인터뷰, 2016년 12월 15일.

16 Katherine Schwab, "Sweeping New McKinsey Study of 300 Companies Reveals What Every Business Needs to Know About Design for 2019," *Fast Company*, October 25, 2018, www.fastcompany.com/90255363/this-mckinsey-study-of-300-companies-reveals-what-every-business-needs-to-

know-about-design-for-2019.

17 Jeanne Liedtka, "Why Design Thinking Works," *Harvard Business Review*, September/October 2018, https://hbr.org/2018/09/why-design-thinking-works.

18 제인 풀턴 수리와의 인터뷰, 2016년 6월 30일.

19 댄 포모사와의 인터뷰, 2016년 5월 20일.

20 팀 브라운과의 인터뷰, 2016년 1월 7일.

21 이 때문에 모그리지는 훗날 최초로 '인터랙션 디자인'이라는 용어를 사용해 제품의 물리적인 기능만이 아니라 디지털 기능까지 아울렀고, 이 말은 대상의 전체 경험을 나타냈다.

22 쿠퍼는 이미 소프트웨어 디자이너들 사이에서 비주얼 베이직Visual Basic의 발명자로 유명했다. 프로그래머들이 위젯widget 체계를 활용해 프로그램을 만들 수 있는 그래픽 프로그래밍 도구로, 나중에 마이크로소프트가 인수했다. 쿠퍼가 초기 사용자들을 조사하기 위해 준비 중일 때, 사용자들 사이의 공통점을 발견했다. 이를테면 다른 사람이 짠 코드 부분을 찾지 못해 어찌할 바를 모르는 프로그래머나, 아니면 프로그래머들이 왜 늘 일정을 못 맞추는지 이해하지 못하는 제품 매니저 등이었다. 페르소나는 이런 세세한 특성들을 쉽게 설명 가능한 요약본으로 만드는 나름의 도구였다. 상세한 내용은 다음을 참고하라. Alan Cooper et al., *About Face: The Essentials of Interaction Design*, 4th ed. (New York: Wiley, 2014).

23 이 장면들은 나중에 제인 풀턴 수리와 IDEO가 자그마한 책으로 엮어 《무심결에 하는 행동?》으로 출간했다.

24 이런 실험 결과 6년 후에는 메이요 클리닉의 '잭과 질Jack and Jill' 상담실이 개설되어 현재까지 의료 사업의 모범적인 기준으로 남았다. 의료 서비스의 품질은 검사 수와 기술에 비례하는 게 아니라, 의사와 환자 사이의 대화와 소통의 질에 달렸다는 깨달음에서 왔다. 그 결과 잭과 질 상담실은 '주방 식탁'을 둘러싸고 배치되어 있다. 방 안에는 진단용 침대나 도구가 전혀 없고, 그 대신 상담실 사이에 공용 진단실이 별도로 있다.

25 Avery Trufelman, "The Finnish Experiment," *99% Invisible*, September 19, 2017, https://99percentinvisible.org/episode/the-finnish-experiment.

26 Pagan Kennedy, "The Tampon of the Future," *New York Times*, April 1, 2016, www.nytimes.com/2016/04/03/opinion/sunday/the-tampon-of-the-future.html.

458

7 인간성을 디자인하다

1 John Markoff, *What the Dormouse Said: How the Sixties Counterculture Shaped the Personal Computer Industry* (New York: Penguin, 2005), 148–50.

2 "Military Service—Douglas C. Engelbart," Doug Engelbart Institute, www .dougengelbart.org/about/navy.html.

3 Markoff, *What the Dormouse Said*, 48.

4 John Markoff, *Machines of Loving Grace: The Quest for Common Ground Between Humans and Robots* (New York: Ecco, 2016).

5 Matthew Panzarino, "Google's Eric Schmidt Thinks Siri Is a Significant Competitive Threat," *The Next Web*, November 4, 2011, https://thenextweb. com/apple/2011/11/04/googles-eric-schmidt-thinks-siri-is-a-signifi- cant-competitive-threat.

6 데릭 코널과의 인터뷰, 2016년 5월 20일.

7 Alex Gray, "Here's the Secret to How WeChat Attracts 1 Billion Monthly Users," World Economic Forum, March 21, 2018, www.weforum.org/agen- da/2018/03/wechat-now-has-over-1-billion-monthly-users/.

8 컴퓨터가 대중의 상상력 속에 진입하기도 전부터, 우리 인류는 대화가 가능한 기계를 꿈꿔왔다. 프리츠 랑 감독의 1927년작 고전 영화 〈메트로폴리스〉는 산업디자인이라 는 직업이 미국에서 처음 탄생할 무렵이 배경이다. 이 영화에서는 지상에 사는 오만한 특권층과 기계가 지배하는 도시의 지하층에서 노역에 시달리는 반항적인 최하층 계 급 사이에 계급전쟁이 벌어진다. 과학자 한 명이 있는 자와 없는 자 사이를 이어주고 자 이상적인 중재자 역할의 로봇을 개발한다. 로봇은 산업화된 신세계를 대변하지만 인간이 이해할 수 있는 방식으로 소통한다. 스포일러 경고! 결국 로봇은 살인적인 존 재로 돌변한다.

9 로넷 로런스Ronette Lawrence와의 인터뷰, 2018년 5월 13일.

10 캣 홈스와의 인터뷰, 2015년 11월 7일, 2016년 2월 12일, 2015년 5월 19일.

11 예를 들어 〈마이너리티 리포트〉부터 〈아이언맨〉과 〈프로메테우스〉까지 공상과학영화 의 등장인물이 컴퓨터를 사용할 때면, 홀로그램으로 이루어진 데이터의 바다를 능숙 하게 돌아다니며 읽을 수 없을 만큼 빠르게 휙휙 지나가는 복잡한 정보들을 쉽게 넘 긴다. 이 장면의 의미는 분명하다. '인간은 아직 이렇게 하지 못하지만, 언젠가는 할 수 있을 것이다. 언젠가는 인간이 이 정보를 전부 순식간에 처리할 수 있을 것이다. 언젠 가는 인간이 초인간적으로 변할 것이다.' 마침 이런 미래상은 '데모의 지존'을 만든 더 글러스 엥겔바트의 생각과 통한다. 엥겔바트는 사람들을 새로운 컴퓨팅 방식의 전문

459

가로 만들어, 이들이 예전의 삶을 버리고 새 삶으로 갈아타는 것이 발전이라고 믿었기 때문이다(실제로 엥겔바트는 사람들이 데이터를 순식간에 처리할 수 있는 가상 세계를 만들고 싶어 했다).

12   K. K. 배럿과의 인터뷰, 2014년 11월 18일.

13   어거스트 드 로즈 레예즈와의 인터뷰, 2016년 2월 12일.

14   어거스트 드 로즈 레예즈와의 인터뷰, 2015년 11월 17일, 12월 2일.

15   퍼트리샤 무어와의 인터뷰, 2015년 10월 16일.

16   Pat Moore and Charles Paul Conn, *Disguised: A True Story* (Waco, TX: Word, 1985), 63.

17   Cliff Kuang, "The Untold Story of How the Aeron Chair Was Born," *Fast Company*, February 5, 2013, www.fastcompany.com/1671789/the-untold-history-of-how-the-aeron-chair-came-to-be.

18   "Microsoft AI Principles," Microsoft, www.microsoft.com/en-us/ai/our-approach-to-ai.

19   존 프리드먼과의 인터뷰, 2018년 2월 9일.

20   James Vincent, "Google's AI Sounds Like a Human on the Phone— Should We Be Worried?," *The Verge*, May 9, 2018, www.theverge.com/2018/5/9/17334658/google-ai-phone-call-assistant-duplex-ethical-social-implications.

21   Nick Statt, "Google Now Says Controversial AI Voice Calling System Will Identify Itself to Humans," *The Verge*, May 10, 2018, www.theverge.com/2018/5/10/17342414/google-duplex-ai-assistant-voice-calling-identify-itself-update.

22   스테퍼니 헤이와의 인터뷰, 2017년 5월 23일.

23   오드라 코클리스와의 인터뷰, 2017년 5월 23일.

8   개인을 위한 맞춤형 서비스

1   Austin Carr, "The Messy Business of Reinventing Happiness," *Fast Company*, April 15, 2015, www.fastcompany.com/3044283/the-messy-business-of-reinventing-happiness

2   멕 크로프턴과의 인터뷰, 2014년 8월 1일.

3   Carr, "The Messy Business of Reinventing Happiness."

4   존 패짓과의 인터뷰, 2016년 12월 21일.

5   Rachel Kraus, "Gmail Smart Replies May Be Creepy, but They're Catching On Like Wildfire," *Mashable*, September 20, 2018, https://mashable.com/article/gmail-smart-reply-growth/.

6   John Jeremiah Sullivan, "You Blow My Mind. Hey, Mickey!," *New York Times Magazine*, June 8, 2011, www.nytimes.com/2011/06/12/magazine/a-rough-guide-to-disney-world.html.

7   Jill Lepore, *These Truths: A History of the United States* (New York: W. W. Norton, 2018), 528 참고. 월트 디즈니의 미적 감각을 살펴보려면 다음을 참고하라. John Jeremiah Sullivan, "You Blow My Mind. Hey, Mickey!"

8   존 패짓과의 인터뷰, 2016년 10월 1일, 11월 8일, 12월 28일 및 2017년 7월 31일, 8월 1일.

9   톰 스태그스와의 인터뷰, 2014년 8월 1일.

10   닉 프랭클린과의 인터뷰, 2014년 8월 1일.

11   톰 스태그스와의 인터뷰.

12   맥 크로프턴과의 인터뷰.

13   Brooks Barnes, "At Disney Parks, a Bracelet Meant to Build Loyalty (and Sales)," *New York Times*, January 7, 2013, www.nytimes.com/2013/01/07/business/media/at-disney-parks-a-bracelet-meant-to-build-loyalty-and-sales.html.

14   Carr, "The Messy Business of Reinventing Happiness."

15   Ibid.

16   Scott Kirsner, "The Biggest Obstacles to Innovation in Large Companies," *Harvard Business Review*, July 30, 2018, https://hbr.org/2018/07/the-biggest-obstacles-to-innovation-in-large-companies.

17   존 패짓과의 인터뷰, 2017년 7월 31일, 8월 1일.

18   Ibid.

19   현재 이 이상향에 가장 가까운 곳은 미국 기업이 아니다. 중국 거대 기업 텐센트Tencent의 메시지 플랫폼 QQ는 이 기업의 수많은 계열사 제품을 사용하는 진입로 역할을 한다. 계열사 제품들을 모으면 아마존, 구글, 페이스북, 페이팔Paypal, 우버, 옐프 Yelp 등 미국의 웬만한 IT 기업이 제공하는 서비스를 단일 브랜드라는 한 지붕 아래에서 모두 사용할 수 있다.

20   세계 최대 유람선 목록을 보려면 다음을 확인하라. Wikipedia, "List of largest cruise ships", https://en.wikipedia.org/wiki/List_of_largest_cruise_ships,

2019년 3월 12일 평가 기준.

21 잰 스위츠와의 인터뷰, 2017년 7월 31일.

22 존 패짓과의 인터뷰, 2017년 7월 31일, 8월 1일.

23 마이클 정겐과의 인터뷰, 2017년 7월 31일, 8월 1일.

24 존 패짓과의 인터뷰, 2017년 7월 31일, 8월 1일.

25 잰 스위츠와의 인터뷰, 2017년 7월 31일, 8월 1일.

26 Tim Wu, "The Tyranny of Convenience," *New York Times*, February 16, 2018, www.nytimes.com/2018/02/16/opinion/sunday/tyranny-convenience.html.

27 Luke Stangel, "Is This a Sign That Apple Is Serious About Making a Deeper Push into Original Journalism?," *Silicon Valley Business Journal*, May 9, 2018, www.bizjournals.com/sanjose/news/2018/05/09/apple-news-journalist-hiring-subscription-service.html.

28 Sam Levin, "Is Facebook a Publisher? In Public It Says No, but in Court It Says Yes," *Guardian*, July 3, 2018, www.theguardian.com/technology/2018/jul/02/facebook-mark-zuckerberg-platform-publisher-lawsuit.

29 Nathan McAlone, "Amazon Will Spend About $4.5 Billion on Its Fight Against Netflix This Year, According to JPMorgan," *Business Insider*, April 7, 2017, www.businessinsider.com/amazon-video-budget-in-2017-45-billion-2017-4.

30 닉 드 라 마르와의 인터뷰, 2017년 1월 13일, 8월 29일.

9 편리성의 함정

1 리아 펄먼과의 인터뷰, 2017년 5월 2일.

2 저스틴 로즌스타인과의 인터뷰, 2017년 3월 16일.

3 실제 그래픽은 에런 시티그가 디자인했다.

4 Justin Rosenstein, "Love Changes Form," Facebook, September 20, 2016, www.facebook.com/notes/justin-rosenstein/love-changes-form/10153694912262583; and Wikipedia, "Justin Rosenstein," https://en.wikipedia.org/wiki/Justin_Rosenstein.

5 페이스북의 기업공개 서류 참고. United States Securities and Exchange Commission, Form S-1: Registration Statement, Facebook, Inc., Washington, D.C.: SEC, February 1, 2012, www.sec.gov/Archives/edgar/

data/1326801/000119312512034517/d287954ds1.htm.

6   Nellie Bowles, "Tech Entrepreneurs Revive Communal Living," SFGate, November 18, 2013, www.sfgate.com/bayarea/article/Tech-entrepreneurs-revive-communal-living-4988388.php; Oliver Smith, "How to Boss It Like: Justin Rosenstein, Cofounder of Asana," *Forbes*, April 26, 2018, www.forbes.com/sites/oliversmith/2018/04/26/how-to-boss-it-like-justin-rosenstein-cofounder-of-asana/.

7   Daniel W. Bjork, *B. F. Skinner: A Life* (Washington, D.C.: American Psychological Association, 1997), 13, 18.

8   Ibid., 25–26.

9   Ibid., 54–55.

10   Ibid., 81.

11   Ibid., 80.

12   XXPorcelinaX, "Skinner—Free Will," YouTube, July 13, 2012, www.youtube.com/watch?v=ZYEpCKXTga0

13   Natasha Dow Schüll, *Addiction by Design: Machine Gambling in Las Vegas* (Princeton, NJ: Princeton University Press, 2014), 108.

14   Lesley Stahl, *Sixty Minutes*, "Slot Machines: The Big Gamble," CBS News, January 7, 2011, www.cbsnews.com/news/slot-machines-the-big-gamble-07-01-2011/.

15   데이비드 잘드와의 인터뷰, 2017년 1월 20일.

16   Alexis C. Madrigal, "The Machine Zone: This Is Where You Go When You Just Can't Stop Looking at Pictures on Facebook," *The Atlantic*, July 31, 2013, www.theatlantic.com/technology/archive/2013/07/the-machine-zone-this-is-where-you-go-when-you-just-cant-stop-looking-at-pictures-on-facebook/278185.

17   사용자 인터페이스가 가변적 보상뿐 아니라 인간관계의 상호성과 소외공포감 같은 '어둠의 법칙'을 어떻게 활용하는지 자세히 살펴보려면, 사용자 경험 분야 내에 기술 중독에 대한 논쟁을 촉발한 트리스탄 해리스의 글을 읽어보길 권한다. Tristan Harris's essay "How Technology Is Hijacking Your Mind—from a Magician and Google Design Ethicist" (*Medium*, May 18, 2016).

18   Sally Andrews et al., "Beyond Self-Report: Tools to Compare Estimated and Real-World Smartphone Use," *PLoS ONE* (October 18, 2015), https://journals.plos.org/plosone/article?id=10.1371/journal.pone.0139004.

19   Julia Naftulin, "Here's How Many Times We Touch Our Phones Every Day," *Business Insider*, July 13, 2016, www.businessinsider.com/dscout-research-people-touch-cell-phones-2617-times-a-day-2016-7.

20   Sara Perez, "I Watched HBO's Tinder-Shaming Doc 'Swiped' So You Don't Have To," *TechCrunch*, September 12, 2018, https://techcrunch.com/2018/09/11/i-watched-hbos-tinder-shaming-doc-swiped-so-you-dont-have-to/.

21   Betsy Schiffman, "Stanford Students to Study Facebook Popularity," *Wired*, March 25, 2008, www.wired.com/2008/03/stanford-studen-2/.

22   Miguel Helft, "The Class That Built Apps, and Fortunes," *New York Times*, May 7, 2011, www.nytimes.com/2011/05/08/technology/08class.html.

23   B. J. Fogg, "The Facts: BJ Fogg and Persuasive Technology," *Medium*, March 18, 2018, https://medium.com/@bjfogg/the-facts-bj-fogg-persuasive-technology-37d00a738bd1.

24   Simone Stolzoff, "The Formula for Phone Addiction Might Double as a Cure," *Wired*, February 1, 2018, www.wired.com/story/phone-addiction-formula/.

25   Noam Scheiber, "How Uber Uses Psychological Tricks to Push Its Drivers' Buttons," *New York Times*, April 2, 2017, www.nytimes.com/interactive/2017/04/02/technology/uber-drivers-psychological-tricks.html.

26   Taylor Lorenz, "17 Teens Take Us Inside the World of Snapchat Streaks, Where Friendships Live or Die," *Mic*, April 14, 2017, https://mic.com/articles/173998/17-teens-take-us-inside-the-world-of-snapchat-streaks-where-friendships-live-or-die#f8S7Bxz4i.

27   앨런 쿠퍼 '오펜하이머 위기' 주제의 〈인터랙션 18〉 학회 강의, 2018년 2월 6일, https://vimeo.com/254533098.

28   Max Read, "Donald Trump Won Because of Facebook," *New York*, November 9, 2016, http://nymag.com/intelligencer/2016/11/donald-trump-won-because-of-facebook.html.

29   Joshua Benton, "The Forces That Drove This Election's Media Failure Are Likely to Get Worse," *Nieman Lab*, November 9, 2016, www.niemanlab.org/2016/11/the-forces-that-drove-this-elections-media-failure-are-likely-to-get-worse/.

30   Tom Miles, "U.N. Investigators Cite Facebook Role in Myanmar Crisis," Reu-

ters, March 12, 2018, www.reuters.com/article/us-myanmar-rohingya-facebook/u-n-investigators-cite-facebook-role-in-myanmar-crisis-idUSKCN-1GO2PN.

31 Amanda Taub and Max Fisher, "Where Countries Are Tinderboxes and Facebook Is a Match," *New York Times*, April 21, 2018, www.nytimes.com/2018/04/21/world/asia/facebook-sri-lanka-riots.html.

32 Amy B. Wang, "Former Facebook VP Says Social Media Is Destroying Society with 'Dopamine-Driven Feedback Loops,'" *Washington Post*, December 12, 2017, www.washingtonpost.com/news/the-switch/wp/2017/12/12/former-facebook-vp-says-social-media-is-destroying-society-with-dopamine-driven-feedback-loops/.

33 Taub and Fisher, "Where Countries Are Tinderboxes and Facebook Is a Match."

34 Matthew Rosenberg, "Cambridge Analytica, Trump-Tied Political Firm, Offered to Entrap Politicians," *New York Times*, March 19, 2018, www.nytimes.com/2018/03/19/us/cambridge-analytica-alexander-nix.html.

35 미할 코신스키와의 인터뷰, 2017년 4월 25일, 5월 18일, 7월 7일, 12월 4일.

36 Michal Kosinski, David Stillwell, and Thore Graepel, "Private Traits and Attributes Are Predictable from Digital Records of Human Behavior," *Proceedings of the National Academy of Sciences* 110, no. 15 (April 13, 2013): 5802–805, www.pnas.org/content/110/15/5802.full.

37 Sean Illing, "Cambridge Analytica, the Shady Data Firm That Might Be a Key Trump-Russia Link, Explained," *Vox*, April 4, 2018, www.vox.com/policy-and-politics/2017/10/16/15657512/cambridge-analytica-facebook-alexander-nix-christopher-wylie.

38 Joshua Green and Sasha Issenberg, "Inside the Trump Bunker, with Days to Go," *Bloomberg News*, October 27, 2016, www.bloomberg.com/news/articles/2016-10-27/inside-the-trump-bunker-with-12-days-to-go.

39 Kendall Taggart, "The Truth About the Trump Data Team That People Are Freaking Out About," *BuzzFeed News*, February 16, 2017, www.buzzfeednews.com/article/kendalltaggart/the-truth-about-the-trump-data-team-that-people-are-freaking.

40 Sam Machkovech, "Report: Facebook Helped Advertisers Target Teens Who Feel 'Worthless,'" *Ars Technica*, May 1, 2017, https://arstechnica.com/infor-

mation-technology/2017/05/facebook-helped-advertisers-target-teens-who-feel-worthless/.

41   Elizabeth Kolbert, "Why Facts Don't Change Our Minds," *New Yorker*, February 27, 2017, www.newyorker.com/magazine/2017/02/27/why-facts-dont-change-our-minds.

42   Mark Newgarden and Paul Karasik, *How to Read* Nancy: *The Elements of Comics in Three Easy Panels* (Seattle: Fantagraphics, 2017), 98.

43   토머스 웬트 '인간 중심 디자인 비판, 또는 디자인의 탈중심화' 주제의 〈인터랙션 17〉 학회 발표, 2017년 2월 7일, www.slideshare.net/ThomasMWendt/critique-of-humancentered-design-or-decentering-design.

44   Tim Wu, "The Tyranny of Convenience," *New York Times*, February 16, 2018, www.nytimes.com/2018/02/16/opinion/sunday/tyranny-convenience.html.

45   Nellie Bowles, "Early Facebook and Google Employees Form Coalition to Fight What They Built," *New York Times*, February 4, 2018, www.nytimes.com/2018/02/04/technology/early-facebook-google-employees-fight-tech.html.

466

10   디자인과 인간이 나아가야 할 길

1   레슬리 사홀리 오세트와의 인터뷰, 2016년 11월 18일.

2   이런 구도는 여러 개발도상국에서 활발히 일어나고 있다. 예를 들어, 휴대전화 덕택에 멕시코시티와 자카르타, 델리에서 디자인 주도의 혁신적인 교통수단 실험이 진행 중이다. 한편, 세계 최대의 모바일 결제 시스템인 엠페사M-Pesa가 널리 사용되면서 수십 개의 새로운 서비스에 플랫폼 역할을 한다. 일례로 디지팜Digifarm은 농부들의 장터 서비스인데, 달버그 디자인과의 협업으로 사파리컴Safaricom이 개발했다.

3   해리 웨스트와의 인터뷰, 2016년 3월 3일.

4   See "How We Work Grant: IDEO.org," Bill and Melinda Gates Foundation, www.gatesfoundation.org/How-We-Work/Quick-Links/Grants-Database/Grants/2010/10/OPP1011131; "Unlocking Mobile Money," IDEO.org, www.ideo.org/project/gates-foundation; and "Giving Ed Tech Entrepreneurs a Window into the Classroom," IDEO.org, www.ideo.com/case-study/giving-ed-tech-entrepreneurs-a-window-into-the-classroom.

5   Avery Trufelman, "The Finnish Experiment," *99% Invisible*, September 19,

2017, https://99percentinvisible.org/episode/the-finnish-experiment/.

6 저스틴 로즌스타인과의 인터뷰, 2017년 3월 16일.

7 리아 펄먼과의 인터뷰, 2017년 5월 2일.

8 Jean M. Twenge, "Have Smartphones Destroyed a Generation?," *The Atlantic*, September 2017, www.theatlantic.com/magazine/archive/2017/09/has-the-smartphone-destroyed-a-generation/534198/.

9 Larissa MacFarquhar, "The Mind-Expanding Ideas of Andy Clark," *New Yorker*, April 2, 2018, www.newyorker.com/magazine/2018/04/02/the-mind-expanding-ideas-of-andy-clark.

10 린든 티베츠와의 인터뷰, 2015년 1월 20일.

11 티베츠의 관점은 마크 와이저의 주장과 비슷한 구석이 있다. 당시 유비쿼터스 컴퓨팅은 오늘날 우리가 구글부터 디즈니월드까지 다양한 곳에서 확인할 수 있는 기술 발전을 대부분 예측했다. 와이저는 이음매 없는seamless 디자인이 오히려 덫이 될 수 있으며, 기기에서 기기로 연결되는 모습이 겉에 드러나는 '이음매 있는seamful' 디자인을 목표로 삼아야 한다고 주장했다.

12 Marcus Fairs, "Jonathan Ive," *Icon* 4 (July/August 2003), www.iconeye.com/404/item/2730-jonathan-ive-%7C-icon-004-%7C-july/august-2003.

마치며 사용자 친화적인 눈으로 보는 세상

1 헨리 드레이퍼스가 수시티 RKO 극장에서 영화 관람객을 관찰한 것처럼(73~74쪽 참고).

2 이 원칙은 이제 영국 정부의 업무 방식에 적용되어 있고, 유엔 기구 대부분에서도 '개발 정책의 디지털 원칙'을 통해 업무 방식에 적용했다. 개발 정책의 디지털 원칙은 내가 이끌었던 프로그와 유니세프 혁신사무소의 협업 프로젝트에서 일부 도출되었다.

3 "'경험experience'이라는 단어의 어원은⋯ '시험 또는 시도'라는 뜻의 라틴어 *experientia*로 거슬러 올라간다. 이 단어는 반복해서 시도한다는 뜻과 궁극적인 완성이라는 뜻을 모두 함축하는 '실험experiment', '전문가expert'와도 관련 있다. '경험'은 세상과 직접 접촉함으로써, 그리고 시간이 지날수록 쌓인다. 경험은 직접적이고, 중간 매개가 없으며, 변함없이, 원래부터, 우리 몸과 뗄 수 없는 관계에 있다." Carina Chocano, "Why Suppress the 'Experience' of Half the World?," *New York Times*, November 28, 2018, www.nytimes.com/2018/10/23/magazine/why-suppress-the-experience-of-half-the-world.html.

4   Robert Fabricant, "Why Does Interaction Design Matter? Let's Look at the Evolving Subway Experience," *Fast Company*, September 19, 2011.

5   1장에서 논의했듯이, 노버트 위너는 대규모 정보 시스템에서 피드백 연구의 핵심 인물이었다. 1950년대에 《인간의 인간적 활용: 사이버네틱스와 사회》를 출간해 이 분야를 대중에게 널리 알렸다

6   아이폰 사용자들은 애플이 아이폰5를 출시하면서 구글 지도를 빼버리고 자사의 지도 애플리케이션을 넣는 무례를 저질렀을 때 디자인에서 이런 은근하지만 강력한 차이가 왜 중요한지 깨달았을 것이다.

7   애플과 IBM 연구소에서 일한 톰 에릭슨Tom Erickson은 2005년에 발표한 영향력 있는 논문에서 이런 상호 작용의 규칙성을 설득력 있게 설명했다. "Five Lenses: Towards a Toolkit for Interaction Design," http://tomeri.org/5Lenses.pdf.

8   다바왈라는 125년 전부터 인도, 특히 뭄바이에 발달한 도시락 배달 및 환수 시스템으로, 각 가정과 식당에서 따끈한 도시락을 받아 20만 명의 일터로 배달한다. 배달 목적지와 인수자를 색깔로 구별하는 체계가 갖춰져 있다.

9   Jon Yablonski, "Jakob's Law," Laws of UX, https://lawsofux.com/jakobs-law.

10 온라인 데이팅 서비스 매치닷컴Match.com의 수석 과학 자문위원 헬렌 피셔Helen Fisher는 베이비붐 세대에게는 자동차가 '굴러다니는 침실' 외에는 아무 의미가 없다는 사실을 발견했다. "Technology Hasn't Changed Love. Here's Why," filmed June 2016 in Banff, Canada, TED video, www.ted.com/talks/helen_fisher_technology_hasn_t_changed_love_here_s_why.

11 프로그 같은 회사는 보통 피드백 조사에서 중립성을 확보하기 위해 해당 제품을 디자인하지 않은 디자이너에게 조사 진행을 맡긴다.

12 디자인 분야 교육자이자 작가 존 콜코Jon Kolko가 저서에서 이와 같이 언급했다. *Well-Designed: How to Use Empathy to Create Products People Love* (Boston: Harvard Business Review, 2014).

13 존 듀이가 중요한 저서 《경험과 교육》에서 설득력 있게 제시했다.

14 1983년 조너선 그루딘Jonathan Grudin과 앨런 매클린Allan Maclean은 이와 비슷한 연구 결과를 발표했다. 사용자들은 종종 더 효율적인 대안을 알고 있을 때에도 심미적인 이유로 더 느린 인터페이스를 선택하기도 한다는 것이다. 하지만 성공적인 사용자 인터페이스 디자인을 위해서는 오로지 효율성에 과학적으로 접근해야 한다는 시각을 지녔던 마이크로소프트 동료들은 이 논문에 반감을 표했다.

15 Smith, "Intuit's CEO on Building a Design-Driven Company," *Harvard Business Review*, January/February 2015, https://hbr.org/2015/01/intuits-ceo-on-building-a-design-driven-company.

16 페터 베렌스 역시 감성과 기쁨의 효과를 인정했고, 공산품 디자인에서도 마찬가지였다. "엔지니어라고 해도 모터를 구입할 때 면밀히 조사하려고 각 부분부터 뜯어보지는 않는다고 생각합니다. 전문가라고 해도 겉모습을 보고 구매합니다. 따라서 모터도 생일선물처럼 보여야 합니다." 드레이퍼스 또한 진공청소기 같은 관심 밖의 가전제품도 크리스마스트리 아래에 놓았을 때 잘 어울릴 만큼 아름답게 만들고자 했다.

17 에스링어의 좌우명은 바우하우스의 디자인 정신인 '형태는 기능을 따른다'와 노골적으로 결별하는 선언이었다. 이 정신은 당시 독일 제품 디자인을 지배했고, 후대에 디터 람스의 작업에서도 드러난다. '형태는 기능을 따른다'는 표어는 앞서 미국 건축가 프랭크 로이드 라이트Frank Lloyd Wright의 스승 루이스 설리번Louis Sullivan이 처음 언급했다고 알려져 있다.

18 사용자 행동을 점점 작은 단위로 추적할 수 있는 기술이 다양하게 발달하면서, 점차 데이터를 활용해 이 과정을 반복할 수 있게 되었다.

19 우리의 관찰 결과도 5장에서 필리파 머더실이 질레트에서 디자인의 단초로 삼은 조사 결과와 다르지 않다.

20 델프트 공대 긍정적 디자인 연구소Delft Institute of Positive Design의 최근 연구 결과에 따르면, 우리는 제품을 손에 잡는 방식으로 그 제품에서 느끼는 긍정적인 감정을 무의식중에 표현한다.

21 이 이야기는 헨리 드레이퍼스가 1959년 시장에서 대성공을 거둔 AT&T의 '프린세스 전화기'를 디자인할 때의 경험과 크게 다르지 않다. 그는 젊은 여성들이 침대에 누워 친구들과 전화로 수다를 떨 때 전화기를 무릎에 괴는 모습을 보고 영감을 얻어 디자인했다.

22 As documented in Mary Dong et al., "Can Laypersons in High-Prevalence South Africa Perform an HIV Self-Test Accurately?," presented at the 2014 International AIDS Conference, Melbourne, Australia, July 20–25, 2014, http://pag.aids2014.org/EPosterHandler.axd?aid=10374.

세상을 바꾸는 사용자 경험 디자인의 비밀

유저 프렌들리

1판 1쇄 인쇄 2022년 8월 31일
1판 1쇄 발행 2022년 9월 7일

지은이 클리프 쿠앙·로버트 패브리칸트
옮긴이 정수영
펴낸이 고병욱

기획편집실장 윤현주 **책임편집** 조은서 **기획편집** 장지연 유나경
마케팅 이일권 김도연 김재욱 이애주 오정민
디자인 공희 진미나 백은주 **외서기획** 김혜은
제작 김기창 **관리** 주동은 **총무** 문준기 노재경 송민진

펴낸곳 청림출판(주)
등록 제1989-000026호

본사 06048 서울시 강남구 도산대로 38길 11 청림출판(주) (논현동 63)
제2사옥 10881 경기도 파주시 회동길 173 청림아트스페이스 (문발동 518-6)
전화 02-546-4341 **팩스** 02-546-8053
홈페이지 www.chungrim.com
이메일 cr1@chungrim.com
블로그 blog.naver.com/chungrimpub
페이스북 www.facebook.com/chungrimpub

ISBN 978-89-352-0002-3 03320